アイデンティティ

青年と危機

エリク・H・エリクソン
中島由恵 訳

新曜社

ERIK H. ERIKSON

IDENTITY

Youth and Crisis

Japanese translation rights arranged with
W. W. Norton & Company, Inc.
through Japan UNI Agency, Inc., Tokyo

ロバート・P・ナイトと
デイヴィッド・ラパポート
に捧ぐ

まえがき

ポール・フェダーン博士は、私が一九二〇年代後半にウィーン精神分析研究所で学んでいたときの教師の一人であったが、新しい概念を作ることにも失言にも同じく独創的な、魅力ある人物であった。当時、彼の「自我境界」の概念は、重要ではあるが曖昧であるとして、大いに論議された。われわれ学生は、その概念を説明するのに必要だと思われるだけ、セミナーを連続して開いてくれるよう先生に嘆願した。セミナーは三日間、夕方から長時間にわたって開催された。最終回を終えるにあたり、彼はようやく自分を理解してもらった、という面もちで、書類を収めながら、次のように問うたのだった。「さて、私自身、わかったのかな。」

アイデンティティについて書いてきたことを読み返して、私は一度ならずこの質問を自らに問いかけたが、急いで付け加えなければならないのは、本書は、アイデンティティについて決定的な説明を与えるものではない、ということである。この主題について書けば書くほど、この言葉はあらゆるところに広がってゆき、計り知れない深みをもつものになってしまう。できることはただ、多様な文脈の中でこの概念が不可欠であるということを立証してゆきながら、探究することなのである。

そういう次第で本書の各章は、過去二十年間の主要論文を改訂したものに、同じ頃書いた論文からの抜粋を加えて構成されている。これらの論文のうちのいくつかは、精神分析モノグラフのシリーズとして発表したものだが、それにはデイヴィッド・ラパポートの序文が付されていて、その中では彼が十年前に見なしたように、私をあくまで精神分析学理論の中に位置づけている。私は、臨床観察を証拠の一部として公表せねばならない、人間発達についての著者という役割を心地よく思ったことは一度もない。しかしこの問題は、学生と読者によって、われわれの手から離れて、というより、ほとんどもぎとられてしまっている。本来は専門家に向けて書かれた著作が教室や書店に出てしまっているからだ。それゆえ、それらが本書のように改訂した上で論文集の中に収録されるのは適切なことかもしれない。また、これらを読みたいという好奇心が不健全ということはない。現代の学生は、より包括的な自己定義を求めて、人間の多様性のみならず逸脱をも知りたいと強く願っており、本書によって、十分詳細に何であるかを見きわめたり、共感したり、あるいは距離をとることができるのである。

また、今日、私と同じ専門分野の研究者には、通常の貯め込み本能を超えて、以前には本に含められなかった散在する論文を集め、再刊行する新しい理由が生まれつつある。一つには、単独の評論や論文は、豊富な示唆を含んでいる点では優れているが、その基盤の確かさという点では一歩譲るからである。多くの論文を一冊の本にまとめてはじめて、各論文が何を問題として取り上げ、全体として何を意味するようになったのかを真に知ることができるのである。何年か後にそれらの論文を改訂するとき、当時とは異なる話し方で異なる聴衆に話している自分の言葉を聞くのは、不安なことではある。特に、当時どんな聴衆に向かって、そして誰に反駁して話していたのかを忘れてしまっている場合には、なおさらそうである。しかし私は、論点の強調は「各時代の論文」に、記録の性格づけは本全体に委ねた。それらの記録は、私が、数少ない観察を長く心の中で反芻するタイプの臨床家であることを示している。そのような観察はいつでも、初めて行ったときに、予想もしなかったことへの驚きと、長い間待ちわびていたものが確認できたことへの喜びとが一体となって、強く印象づけられたものであった。そのため私は、同じ観察をよく種々の文脈の中で異なった読者に紹介して、そのたびごとに理解を深めていただきたいと願うのである。

そして最後に、アイデンティティについて書く、またはこれまで書いてきたということは、人間発達について記してきた者に、特別な客観的課題を課す、ということを述べておきたい。著者は、自分自身の思索を激しい歴史的変動の光に照らして再評価する必要を、逃れられないのである。実際、私は、プロローグにおいて過去を振り返り、本書の元となった論文が書かれた二十年の間に、「アイデンティティ」および「アイデンティティの危機」という概念のもつ並外れた、しばしば奇妙でさえある魅力に、多少とも光を当ててみたい。それに対して読者には、その歴史感覚を動員して、本書に収載した長期間にわたる多くの論文が、現代の諸発展によってどれだけ確認されたか、また、どの観察が、その一時的な推移状況の中でのみ説得力をもつものであったと考えられるかを、判断していただきたい。読者がそうするにあたっての一助として、本書の末尾に、もとの掲載雑誌と日付とを載せた。現代の一部の大いに騒ぎ立てるが非暴力的な青年たちのいくつかの新形態の表現と、（ある種化学的に引き起こされた）内的冒険を考えると、最後に挙げた論文がかなり古いことに注意してほしい。これはそれでよいのである。というのも、一時的な流行や気まぐれを通り過ぎて、長い目で見ることだけが、年月を経たメッセージがわれわれの関心を引こうとしたものを読み取る助けとなるからである。また、街頭の暴力が、この論文が書かれたときに最高潮に達したというのでもない。しかしこれもまた、青年および若い成人指導者の役割に関心を向けるよう求めているのである。

もしも本書が少しでも読むに堪えるものであるとするならば、それは妻ジョアン・エリクソンとパメラ・ダニエルスさんの準備作業によるものである。

パメラ・ダニエルスさんは、ハーヴァード大学で私が受け持つライフサイクルについての講座の主任助手である。原論文を読み、繰り返しが必要最小限となるよう巧みに削除し、学生を当惑させると知っている部分を丁寧に明確なものにしてくれた。

ジョアン・エリクソンは、私が書くものにいつも手を入れてくれている。私が何を言いたいのかを彼女以上によく知っている者はいないし、また、彼女以上に私が自分の流儀で、必要とあれば長すぎる文章であっても言いたいことを言うよう気づかってくれる者はいない。しかし本書は、オースティン・リッグズ・センターにおける数年間にわたる彼女との協同研究の成果でもある。彼女はそこで、患者のための新しい「活動プログラム」を立ち上げた。このプログラムは精神療法と並んで必要不可欠なものとなり、重大な危機にある青年の内面的資質をテストし、促進させるのに効果的であることが立証されたのである。

各章でも少しばかり謝辞を述べたが、二十年以上にわたる実践と教授、カウンセリング、旅行などでお世話になった方々のお名前は、参照文献に圧縮できるものではない。私は本書を今は亡き二人の友人に献呈したい。それは、彼らを失ったことがとても惜しまれるというだけではなく、彼らが、本書にも、他の人々の著作の中にも、生きているからである。バークシャーズのオースティン・リッグズ・センターで、ロバート・P・ナイトは医科の主任を務め、デイヴィッド・ラパポートは研究主任だった。二人は驚くべき好一対で、背景も容貌も気質や精神の働き方までまったく違っていたが、個人としてそれぞれ傑出した著作をものしたのみならず、類い希な治療的・理論的なセンターを共に設立したのである。それはいつか必ずや、歴史家によって書かれるだろう。そこで私も、本書に記されているように、二十年間という最も長い期間にわたる親密な研究上の交友を経験したのである。

フィールド財団がアイデンティティ問題の研究に最初の助成をしてくれたのは、オースティン・リッグズ・センターに対してであった。私はこのまえがきを、最初のフィールド財団研究員として、壮年期のガンディーについて一冊の本を書くという仕事の傍ら、記している。後にフォード財団が、リッグズへの一般助成の一部として、旅行と研究のためのさらなる機会を提供してくれた。もう少し小さな研究に対しては、シェルター・ロック財団が援助を続けてくれた。最後に、同財団の「精神医学研究のための基金」が『青年ルター』執筆を援助してくれたが、これは本書と対をなす著作である。というのも、本書が数多くの人生と時代をあれこれと探究しているのに対して、『青年ルター』は、一人の人生を扱っているからである。

しかし、題名から言えば、本書は『幼児期と社会』に続くものである。これら三冊の本は、すべて、互いに親密な関係にあるので、類似しているところや繰り返しがある。友人同士が家族のように似てくるのを許すように、それを許していただければと願う。

多くの人がここに収録された手稿をタイプしてくれたが、サンチューのアン・バートほど巧みに、しかも気持よく行ってくださった方はいない。

一九六七年マサチューセッツ州コッチュイにて

E・H・E

目　次

装幀＝新曜社デザイン室

第1章　プロローグ

1

アイデンティティという概念を再検討するということは、その歴史を素描することに等しい。この用語が本書で述べるような特殊な意味で初めて用いられて以来二十年を経たが、その間、この語が広くさまざまに用いられるようになり、概念上の文脈も非常に拡大してしまったため、いまやアイデンティティとは何であり、また何でないかをより明確に、最終的に記述すべきときがきたようである。しかし、この概念の本質上、その言葉の意味するところは、変転きわまりない歴史的状況によって変化し続けるのである。

「アイデンティティ」および「アイデンティティの危機」という用語は、一般的な用いられ方としても科学的な使用法としても、その定義を求めることすらほとんど意味のないことに思われるほど幅広く自明なことを意味するか、あるいは他方では、測定という目的のためにあまりにも狭く定義されたものを意味し、そのためその全体的な意味あいが失われ、何か他の名称で呼んでもよいようなものになってしまった。

たとえば、この用語の広がりすぎた使われ方の例を挙げれば、新聞の「アフリカのアイデンティティの危機」という見出し、あるいはピッツバーグのガラス工場の「アイデンティティの危機」への言及、アメリカ精神分析学会会長の引退講演のタイトル「精神分析学のアイデンティティの危機」、最後に、ハーヴァード大学のカトリック学生による、木曜の夜八時かっきりに「アイデンティティの危機」(仮装パーティのどんちゃん騒ぎ)を開催するという広報。このように用いられれば、この用語の品位も大いに変わるであろうと思われる。この括弧は、それがくくっている言葉と同様に重要である。誰もが「アイデンティティの危機」という言葉を聞いたことがある。それは好奇心と浮かれ騒ぎと不快が入り混ざった複雑な気持ちを引き起こすが、しかし、「危機」という言葉のこのような働きによって、その用語の響きがもつほど致命的なものとはならないと約束する。換言すれば、この示唆に富む用語は、お題目的な用いられ方をされるようになったのである。

他方、社会科学者たちは、ときどき、「アイデンティティの危機」、「自己アイデンティティ」、「セクシュアル・アイデンティティ」などという用語を作って、そのとき自分が研究している測定可能な項目に当てはめ、自分の研究をより独自のものにしようと試みる。論理的または実験的操作性をもたせるため(そして学者の世界でよき交友関係を保つため)、彼らはこれらの用語を、社会的役割、個人の特性、意識的自己イメージなどという用語と同じようにとりあつかい、この概念のもつ、より扱いがたく、またより悪魔的な——つまりしばしばより活力に満ちた——言外の意味を捨て去ろうとするのである。実際、あまりにも無差別にそのような用法が横行するようになったので、私がこの用語を精神分析的自我理論の文脈の中で初めて用いた本の書評をしたドイツ人は、先ごろ、それを**アメリカ的大衆心理学**のお気に入りのテーマと呼んだほどである。

　しかし、喜ばしいことに、アイデンティティの概念化は一連の妥当性のある調査をもたらし、それらは、アイデンティティとは何かをより明確にしたわけではないにせよ、それが社会心理学において有用であることを証明したのである。そして、「危機」という言葉がもはや切迫した破局を意味しなくなったことは、喜ぶべきであろう。なぜなら、そのことがアイデンティティという用語の理解の障害となったように思われるからである。危機は今では、成長、回復、さらなる分化のための資源を集結させながら何とか発達しなければならないときに必要な転回点、決定的瞬間を指すものとして受け入れられている。これは多くの状況に適用できる。たとえば、個人の発達や新しいエリートの出現に際しての危機、また、個人の治療や急激な歴史的変動の緊張状態における危機などである。

　私が初めて「アイデンティティの危機」という用語を用いたのは、私の記憶が正しければ、第二次世界大戦中、「マウント・シオン退役軍人リハビリテーション・クリニック」での特殊な臨床的目的のためであった。第二次世界大戦という国家的な緊急事態のゆえに、異なる信条、流派の精神医学研究者が仲睦まじく共同研究できたわけだが、その中にエマニュエル・ウィンドホルツやヨセフ・ウィールライトがいた。当時われわれは、患者の大部分は「砲弾ショック」症でもなく、仮病でもなく、戦争という危急状況を経て、個人同一性《パーソナルセイムネス》の感覚と歴史的連続《コンティニュイティ》性の感覚を失っていると結論した。彼らは、自分自身に対する中心的な制御の欠如という点で傷ついていたが、それを担えるのは、精神分析学的枠組みで言えば、自我の「内的主体」のみである。したがって、私は「自我アイデンティティ」の喪失について語ったのである。[1]それ以来、われわれは、同様の中心的混乱が、いわば自分の内部の戦争のために混乱を覚えている重篤な葛藤状態にある青年や、社会に闘いを挑んでいる混乱した反乱者や、破壊的非行者の中に存在することに気づいた。したがって、これらすべての場合において、「アイデンティティの混乱」という用語は一定の診断的意義をもつのであり、そのような障害の評価と治療に影響を与えずにはいない。若い患者は暴力的なこともあれば鬱状態のこともあり、非行に走ったり引きこもったりするが、彼らの危機は、患者が致命的な診断のもつあらゆる悪い意味あいの状態に陥りがちであるという類の機能停止状態というより、急性でおそらくは一過性の危機なのである。そして精神分析学的精神医学の歴史の例にもれず（世紀の変わり目のヒステリーのように）、最初は重篤な障害のグループの一般的な力動パターンと認識されていたが、のちに、個人発達の特定の段階に「属する」標準的な危機の病理的な悪化、その過度の延長、またはそこへの退行であることが明らかとなった。こうしてわれわれは、標準的な「アイデンティティの危機」が、青年期と成人初期に属すると知ったのである。

「アイデンティティの危機」という用語を最初に使用したときについて述べるにあたって、私は「私の記憶が正しければ」と言った。このようなことは記憶しておくべきなのであろう。しかし実際は、のちに特別のものとなる用語も、最初は、自分が当然と思い、他人も当然と思うはずだと思って使っていることがしばしばある。これに関連して思い出されるのが、気の滅入ることの多い戦争下の日々を少しでも晴らすために、ノーマン・ライダーが聞かせてくれた数多くの話の一つである。ある老人が、毎朝おう吐していたが、彼はそのことで医者に行こうとはしなかった。家族はやっと説き伏せて、診断のためにマウント・シオン病院に行かせた。ライダー博士が彼におもむろに近づき、「おからだは、いかがですか」と言うと、すぐに彼は「元気です。絶好調ですよ」と答えた。そして、実際に、さらに検査してみると、老人のからだは予想されたとおり、健康であった。ついにライダー博士は少しばかりじれったくなって、「だって、あなたは毎朝おう吐するそうじゃないですか」と言った。するとその老人は、ちょっと驚いた様子で言った。「そうですが、誰でもするんじゃないんですか。」

この話で、「アイデンティティの危機」は自分の症状であるが、他人もまたもっていると単純に仮定していると言いたいのではない。もちろん、それにも一理あるわけではあるが。私が言わんとするのは、誰もがあるときに経験し、したがって現在それを激しく経験している人々の中にその存在を認めることのできる何物かに、私が最もわかりやすい名称をつけたということである。

そこで、これらの用語が臨床に由来することから判断して、問題の病理的側面と発達的側面を結びつけて、臨床事例に典型的なアイデンティティの危機を生活史のそれと区別するものが何であるかを見ることは理にかなっているであろう。しかしこのように個人の人生を強調すると、「アイデンティティ」や「アイデンティティの危機」という用語のそれ以外のより広い使用は単なる比喩となり、定義の場では許されない疑わしいものになるだろう。かのカトリックの学生たちが、自分たちの個人的な危機をちょって一緒に楽しみ、一晩のうちに克服してしまうのは、少なくともユーモラスではある。しかし、アフリカ諸国の状態や学術団体の状況と、危機にある青年そのものは、一体どのような関係をもちうるであろうか。ある国が歴史的・経済的な「青年期」にあるとか、「偏執病的な政治スタイル」を発達させた、などと、よく傲慢と言い訳を混在させて用いられるのは、単なる比喩的用法にすぎないのであろうか。もしもある国家が「青年期」にあると言えないのならば、個人のタイプのアイデンティティの危機は、青年人口の主要な部分によって共有されうるのだろうか。さらに、「アイデンティティ混乱」という用語の気まぐれな用法に立ち帰るならば、青年が自分たちはアイデンティティの危機を経験するはずであるということを知らないならば、青年の一部が開けっぴろげに混乱させられたり混乱したりするであろうか。

過去二十年間の歴史が示しているのは、いくつかの臨床用語が、診断医のみならず、もともとの意味を超えて拡大診断された人々、またこの場合、われわれの用語をそのまま繰り返して、かつては無言で内的で無意識的と見なされてきた葛藤を騒々しく表現する一部の年齢集団によっても、使われ始めているということである。

2

われわれの用語に対する今日の反響のもつ意味を考える前に、専門上および概念上の先駆者をまず振り返ってみたい。今日アイデンティティという用語に言及されるときは、しばしば、何かしら騒々しい顕示的なもの、多少とも絶望的な「探究」、またはほとんどわざとらしく混乱した「探索」などを指しているが、まずは、疑いもなくアイデンティティを所有していると自覚したときに、それがどのように感じられるものであるかを強く主張している二つの定式化を提出してみたい。

私の二人の証人は、あごひげをはやした、家父長的な心理学の創始者たちであり、われわれのアイデンティティに関する思考はその心理学に基礎を置いている。私がアイデンティティの感覚と呼びたいものが、はつらつとした同一性と連続性の主観的感覚として、ウィリアム・ジェームズが妻に宛てた手紙[2]の中に最もよく描写されているように思われる。

人間の性格というものは、精神的もしくは道徳的な態度の中にはっきり見て取れるものです。そのような態度が身に宿るとき、人間は、物事に積極的に、しかも生き生きと関わる自分を、きわめて深く、強く感じるのです。そのような瞬間には、次のように叫ぶ内なる声が聞こえてきます。「これこそが真実の私だ！」

そして、そのような経験は、常に次のような要素を含んでいる。

……能動的な緊張感、言うならば自分自身を支えているという感覚、そして外界の諸事物がそれぞれの役割を果たし、私の営為を十全な調和のとれたものにしてくれることへの信頼感、しかもその際に、いかなる担保をつけなくともそうなるだろうという信頼感、というような要素のことです。だから試みにそれを担保付きにしてみるがよい……その態度は、私にとって直ちに生気のない、刺激の乏しいものとなってしまうのです。次にその担保を取り除いてみるがよい。すると私は（私が ueberhaupt、元気いっぱいであると仮定しての話ですが）、ある種の深い熱狂的な歓喜を、また、すべてのことを進んで行い、すべてのことを喜んで耐えようという激しい意欲を、感じるのです。……この歓喜や意欲は、言葉では具体的に表現できないような単なるムードや感情ではあっても、少なくとも私にとっては、明らかに、すべての能動的・理論的決断を下す際の最も深い原理をなしているのです。

ジェームズは「性格」という言葉を使っているが、私としては、彼はアイデンティティの感覚を描写しているのであり、しかも、原則的には誰でも経験できるようなものとして描写しているのだ、と主張したい。彼にとってそれは、当時の「道徳哲学」の時代の意味で、精神的かつ道徳的なのである。そして、彼はそれを、熱心に「探求」するものとしてよりは、気づきとして、ほとんど予期しなかった驚きのように「突然出会うもの」として、経験している。それは（人を身動きとれなくさせる疑問というよりは）能動的な緊張であり、さらに、「担保なしに」挑戦をさせないではおかないものであり、確証を求めているうちに霧散してしまうようなものではない。ちなみに、ジェームズがこれを書いたとき、彼は三十代で、青年時代に、誠実にそして絶望的な深さでアイデンティティの危機に直面して取り組み、種々の文化的・哲学的・民族的なアイデンティティの緒要素を経験後、アメリカ・プラグマティズムの心理学者・哲学者となっていた。彼は、先に引用した文章の真中の辺で、翻訳不可能な「ueberhaupt」というドイツ語を使っているが、それは、ヨーロッパにおける彼の苦悩に満ちた学生時代を反映しているのであろう。

ジェームズの生活史を研究すると、新しく拡大しつつあるアメリカ文明において、彼が長引くアイデンティティの危機にあったこと、そして「自分で作り上げる」アイデンティティが出現しつつあったことがわかる。われわれは、今後、ジェームズに繰り返し立ち戻ってくるだろう。しかし、さらにアイデンティティの定義を進めるために、ここで、古代人の運命に根ざした個人的・文化的アイデンティティの統合を主張している言明に転じよう。シグムント・フロイトは、一九二六年、ウィーンのユダヤ人文化教育促進協会での演説で、次のように述べた。[3]

私をユダヤ民族に結びつけていたものは（私はそれを認めることを恥じるものでありますが）、信仰でもなければ民族的な誇りでもありませんでした。というのは、私は今まで神を信じてきませんでしたし、また、人類文明のいわゆる「倫理的」基準に敬意を払わなかったわけではないにせよ、事実上、無宗教で育てられたのですから。私は、民族的熱狂に引き込まれそうになりますと、いつも、われわれユダヤ人が共に生活している人々の例を警告として、有害な誤った熱狂であると考え、それを抑制しようと努力したのでした。けれども、そのほかにも、ユダヤ民族とユダヤ人を抑えがたく惹き付けるものが山ほどあります。——数多くの不分明な感情の力。それは、強くなればなるほど、言葉では表現できなくなるのです。そして、内的アイデンティティの明確なる意識。つまり、共通の精神構造をもつことの心安らかなプライバシーです。このようなことは別にしましても、私の苦難だらけの人生行路にとって必要不可欠なものとなった二つの特徴は、ひとえに私のユダヤ人としての性質に負うものだという自覚が、私にはありました。私はユダヤ人でありましたため、他の民族の人々の知性の働きを限定してしまった数多くの偏見から自由であったこと、そして、私はユダヤ人であったため、いつでも野党に与する用意ができており、「凝縮された多数派（compact majority）」と折り合わなくともやってゆける備えができていたことです。

どう翻訳しても、フロイトのドイツ語原文における独特の言葉の選択を正しく伝えることはできない。「不分明な感情の力」とは〈dunkle Gefuehlsmaechte〉であり、「共通の精神構造をもつことの心安らかなプライバシー」というのは〈die Heimlichkeit der inneren Konstruktion〉である。後者の表現は、単に「精神的」なのではなく、またまったく「プライベート」なのではなく、それを内に共有しあっている人々のみが理解でき、また、概念的な言葉ではなく神秘的な言葉によってのみ表現可能な、深い共同体感なのである。

これらの重要な文章は、理論的な著作からではなく、特定のコミュニケーションからの引用である。つまり、中年になって結婚した男が妻へ宛てた手紙と、専門領域で長い間孤立していた独創的観察者が自分の「同胞」に向けた演説である。しかしそれらは詩的のびやかさに溢れていながら、訓練された精神が作り出した産物であり、アイデンティティの肯定的感覚の主要な側面を、ほとんど体系的に例証している。もちろん、天才の訓練された精神というものは、特殊なアイデンティティを含んでいるものであり、特殊なアイデンティティの問題は、専門家としての出発点において、しばしば長引くアイデンティティの危機をもたらす。しかし、アイデンティティを定式化するにあたっては、まず、そのような訓練された精神を当てにせざるをえないのであり、そこから、人間に普遍的と思われるものへと進むことができるだろう。

フロイトがアイデンティティという用語を、一般的な言葉としてではなく、しかも最も中心的な民族的意味を込めて使ったのは、このときだけである。そして、当然期待されるように、彼は、私が悪魔的でしかも活力的と呼んだ問題の側面のいくつかを、的確に指摘している。――実際、それらの諸側面は生き生きとした力をもてばもつほど、「言葉では表現できなくなる」。なぜなら、フロイトの言う「内的アイデンティティの意識」には、長い迫害の歴史を通して追い払われ、軽蔑されてきた民族が抱き続けてきた、苦い自尊心の感覚が含まれているからである。それは、機会の制限という敵意に満ちた条件を克服して、特殊な（ここでは知的な）天賦の才能の中に宿っていた。同時にフロイトは、大胆な思索の自由という肯定的アイデンティティと、「私たちユダヤ人が共に生活している人々」の中に見られる否定的性向、つまり、「他の民族の人々の知性の働きを限定してしまう偏見」とを、対照させている。したがって、一人の人間または集団のアイデンティティというものは、他の人間や集団のアイデンティティと相対的なのであり、また、強固なアイデンティティを獲得したという誇りは、たとえば「凝縮された多数派」に象徴されるような、より支配的な集団のアイデンティティからの内的解放を意味しているのだということが、わかるのである。同じ歴史的展開が、一方では偏見をもつ多数派が知性を自由に行使することを制限し、他方では孤立した少数派の知性の働きをよりたくましいものにしたという主張には、見事な勝利が示されている。これらの問題すべては、人種との関係を論ずる際に、改めて検討する必要がある。[4]

そしてフロイトはさらに続ける。彼は、「私たちユダヤ人が共に生活している人々」によく見られるような「民族的熱狂」に引き込まれそうになると、それを抑制しなければならなかったことを、さりげなく認めている。ジェームズの場合と同じく、フロイトの青年期の熱意を調べることによってはじめて、心理的な「尊厳の力」の研究に自然科学の方法を応用するというイデオロギーのために、彼がどのようにして他の野心を振り払うようになったかがわかってくるのである。奇しくもフロイトの夢の中に、彼の抑圧された（またはジェームズの言う「放棄された」、もしくは「殺された」）自己についての素晴らしい記録がある。というのも、われわれの「否定的アイデンティティ」は、幽霊のように夜中に訪れるからである。[5]

3

これら二人の文章と、その背後にある二人の人生とは、アイデンティティのいくつかの次元を確証するのに役立つし、また同時に、この問題が何故にそれほど誰もに関わることでありながら、把握しがたいのかを説明するのにも役立つ。なぜなら、われわれは、**個人の中核に**、かつ、**彼の共同体文化の中核に**「位置づけられた」過程、つまり、実際、これら二つのアイデンティティのアイデンティティを確立する過程を扱っているからである。ここでアイデンティティの複雑さを測るために立ち止まって最小限必要のことを述べるとするならば、次のようなことを端緒にすべきであろう（それを述べるために、少し時間をとることにしよう）。心理学の用語で言えば、アイデンティティの形成は、反省と観察の同時的な過程を含んでいる。これは、精神活動のあらゆるレベルで働く過程であって、この過程によって人は、そうすべきだと彼が理解したところにしたがって自分を判断し、他者は、自分自身や彼らにとって重要な類型との比較で彼を判断する。他方彼は、彼を判断する他者を、彼らと、彼にとって適切となった類型との比較において自分を理解するしかたにしたがって他者のやり方を判断する。この過程は、幸いにも、そして必然でもあるのだが、内的条件と外的環境とが一緒になって、苦痛に満ちた、または意気揚々とした「アイデンティティ意識」を募らせる場合を除いては、ほとんどが無意識的である。

そのうえ、この過程は常に変化し、発達している。最善の場合、それは分化が増大する過程であり、しかも、自分にとって重要な他者の輪が母親から「人類」へと拡がっていくのを意識するにつれて、ますますより包括的になってゆく。この過程は、母親と赤ちゃんが、互いに触れあい認めあうことのできる二人の個人として、はじめて真に「出会う」ところから「開始」され、互いに認めあうことができなくなるまで「終了」することがない。しかし、指摘したように、この過程には、青年期における危機が付きものであり、それは過去によって規定されているとともに、将来の多くを規定する。そして最後に、いまや明らかなことだが、アイデンティティについて論ずる際、個人の成長と共同体の変化とを切り離すことはできないし、また（『青年ルター』の中で例証しようとしたように）、個人の人生におけるアイデンティティの危機と、歴史発達におけるその時代の危機とを切り離すこともできない。なぜなら、両者は相まって互いに他を規定しあい、真に相互関連的だからである。事実、心理的なものと社会的なもの、発達的なものと歴史的なものとの間のすべての相互作用は――それにはアイデンティティの形成が原型としての重要性をもつが――、一種の**心理・社会的相対性**としてのみ概念化されうる。したがって、重要なのは次のことである。すなわち、交互に演じられる単なる「役割」や、単なる自意識過剰な「見かけ」や、単なる力んだ「姿勢」などは、今日「アイデンティティの探究」と呼ばれているものの目立つ側面ではあるものの、おそらくは、本質ではありえないだろうということだ。

パーソナリティ心理学や社会心理学には、アイデンティティ、またはアイデンティティの混乱としばしば同一と見なされているいくつかの用語がある。たとえば、一方では、自己概念、自己像、自己尊重など、他方では役割多義性、役割葛藤、役割喪失などである。しかし、協同研究という方法が、現時点では、この一般的な研究領域でベストのアプローチであるとはいえ、前述の事実に照らして考えれば、この領域をそのような用語で置き換えるのは、明らかに誤っていると思われる。そのようなアプローチには、人間がどこからどこへ向かって発達するのかを解明しようとする人間発達の理論が、未だ欠如している。なぜならアイデンティティは、パーソナリティの装具とか、何か静的で不変なかたちの「達成」として「確立」されることは決してないからである。

他方、伝統的な精神分析学的方法もまた、アイデンティティを十分に把握することはできない。なぜならそれは、環境を概念化する用語を作り出さなかったからである。精神分析学的な理論化に見られるある種の習慣、つまり、環境を「外部世界」とか「対象世界」と呼ぶ習慣は、環境を全面的なアクチュアリティをもつものとして考慮に入れることができない。ドイツのある民族学者は、環境が単にわれわれの周囲にあるのみならず、われわれの内部にもあることを表すため、「環世界（Umwelt）」という言葉を導入した。事実、発達論的観点からするならば、「以前の」環境は、永久にわれわれの内部にある。また、われわれは、現在を「以前」とする連続的過程の中に生きている以上、たとえ新生児であっても、環境をもったことのない人間としていかなる環境に遭遇することもないであろう。したがって、アイデンティティを把握する一つの方法論的前提条件は、そのような環境を包含しうるほどに洗練された精神分析学であり、もう一つは、精神分析学的に洗練された社会心理学であるだろう。両者は相まって新しい領域を開拓し、それ自身の洗練された歴史を創造してゆかねばならないであろう。しかし当分の間は、アイデンティティの発達のようなものが存在するとしたときに、歴史的な事例や一般的な発達、断片的な個人史、伝記中の出来事などのもつ意味がより明確になるかどうかを調べようと試みることができるだけである。そして、当然ながらそのことは、ある事柄の意味がより明確になると思われるのはその何であり、なぜであり、またいかにしてなのかということを、詳細に書き留めることに役立つ。

しかしいったん歴史的な視野を受け入れると、先に私が揺るがぬ信条として引き合いに出した引用は、定住的な中産階級の文化的条件に高度に規定された種類のアイデンティティ形成に実際結びついている確率が高いという問題に直面する。確かに、ジェームズもフロイトも、村から町へ、町から町へと移住してきた、初期産業化時代の中産階級に属していた。ジェームズは、周知のように、移民の孫である。にもかかわらず、彼らの家庭や学問は、また彼らの属していた学会や臨床サークルは、学問上の問題に革命的であったときですら、その道徳観や理想の点では、きわめて安定していたのである。つまり、「当てにできる」こと（フロイトが道徳に対する自分の態度を特徴づける際に用いた表現）が、成功の機会をも規定する、と言ってもよいであろう。彼らが掴んだチャンス、それは、十九世紀中産階級の革命的精神であった。ダーウィンは、人間性そのものを人間の祖先である動物と関連づけ、マルクスは、中産階級の精神それ自身が階級的に規定されたものであることを暴露し、そしてフロイトは、われわれの理想や意識すらも、無意識的な精神生活に依存するものであるとした。

それ以来、国家間の戦争、政治革命、道徳的反抗運動などがあいつぎ、それらは、すべての人間的なアイデンティティを支えてきた伝統的な基盤を揺るがした。肯定的アイデンティティと否定的アイデンティティの関係についての根本的に異なった見解を証言する目撃者が欲しいなら、歴史的視野を転じて、現代アメリカの黒人作家に目を向けてみればよい。過去の世代の人々の希望の中や、現代コミュニティで利用可能な資源の中に、「凝縮された多数派」によって少数者に押し付けられた否定的イメージを克服するのに役立つようなものが、何もないとしたら？　そうであれば、創造的な個人は、否定的アイデンティティを自己蘇生の最も基本的な出発点として、受け入れねばならないように思われる。それゆえに、現代アメリカの黒人作家の間では、「不可聴性」、「不可視性」、「無名性」、「無顔性」などという言葉が、ほとんど儀式のように主張されている。たとえばラルフ・エリソンは、「顔なき顔の空虚さ、歴史の外に横たわる声なき声の空虚さ」と記す。しかし、責任ある黒人作家たちは、書き続けているし、ますます力強く書き続けている。なぜなら、小説は無の深みを確認するときですら、集合的な回復に近い何物かの創造に貢献できるからである。[7] これは、後で見るように、搾取されている人々における普遍的な傾向なのだ。インドの国家としての解放について最も雄弁に語った自伝的記録の一つが、『知られざるインド人の自伝』という「否定的」な題名をもつ本であるのは、決して偶然ではない。文学的内省の習慣がない青年たちの場合、そのような深層の否定的アイデンティティが一時的な暴力でないなら、軍事的闘争へと向かうことによってのみ再受容されるということに、何ら驚くところはない。

4

さて、二十年前の出発点の話や、概念や診察の話はおいて、現代の青年を**見る**こととしよう。青年とは、いつの時代でも、第一に、騒々しくてはっきりそれとわかる連中と、精神病医の関心の的となったり、小説家によって生命を与えられたりする、おとなしい受難者とを意味している。最も人目を引く若い世代の中に「アイデンティティの意識」を増悪させた者たちがおり、肯定的・否定的アイデンティティというわれわれの定式化のみならず、潜在的・顕在的な行動や、意識的・無意識的な過程に関するわれわれの仮定をも台無しにしかねないほどである。われわれにはまったく程度の違いとしか思えないことも、彼らは相対主義的な「構え」として表現する。

今日の青年は二十年前の青年とは違う。年寄りはどんな時代でもいつもこう言ってきたし、これは近頃の傾向であり、真実であると思ってきた。しかし、ここで言いたいのは、とりわけわれわれの理論に関連したことである。つまり、二十年前にはわれわれは、多少とも無意識的なアイデンティティの葛藤に悩んでいる青年がいるであろうと慎重に述べたのだったが、今日では、ある種の青年たちが、不確かさなど微塵もなく、かつては内的な秘密と見なしていたことを、実際にアイデンティティの葛藤があると露骨に見せびらかしている――そして、これ見よがしにエドワードジャケットや革ジャケットを着込む。性的アイデンティティの混乱？　確かに混乱している。青年が街を歩いているのを見ても、よほど図々しく覗き込まない限り、男性か女性か区別するのは不可能なのだ。否定的アイデンティティ？　それも事実だ。青年は、「社会」が禁止しているものなら何にでもなりたがろうとしているようだ。少なくともこの意味では、彼らは「一致」している。心理・社会的モラトリアムというお気に入りの概念について言えば、確かに青年は、この同調主義的な世界から提供されているアイデンティティを自分が本当に欲しているのかどうか、確信がいくまで、徹底的に時間をかけようとしていることだけは明らかである。

ところで、彼らが主張しているものは、われわれが意味しているものと本当に同じなのであろうか。そして、彼らのアイデンティティの葛藤状態を変化させた同じ出来事によって、われわれ自身も、またわれわれが意味したことも、変化してはいないであろうか。まさにこの疑問は、心理歴史的な展望を開くものであり、ようやくこの問題を考えるところにたどり着いた。しかし、まず検討しなければならないのは、将来の世代の変化が加速し、現在の世界の状態はここにとどまるのか、あるいは（急いで話し方を調整して）われわれと共に――そしてわれわれに先行して――推移するのか、である。

ある意味で、古い世代が飽き飽きしながらも「現実」と呼ぶもののために成長し参加するというアクチュアリティを犠牲にすることが決してできない年齢集団は、同時に、理論を行動へと転化し、教えることもまた行為することだということを例証するはずだ、というのは、まったく理にかなっている。先に述べたように、環境のもつイデオロギー構造が自我にとり必須となるのは、青年期においてである。なぜなら、全世界についてのイデオロギー的単純化なくしては、青年の自我は、自分の経験を、自分の特定の才能や集団参加の増大に応じて組織化することができないからである。したがって、青年期というのは、個人が、子ども時代の発達の初期段階よりも、歴史的現在によりいっそう接近する段階である。児童期の先行するアイデンティティはもっと無意識的なものであり、変化するとしてもその変化の速度はきわめて遅いが、アイデンティティの問題それ自身は、歴史的時代と共に変化してゆく。実際、それは歴史の産物なのだ。したがって、アイデンティティの問題について議論するということは、そしてわれわれ臨床家の意見が求められているこの時代に、その諸側面を描写するということは、文化的歴史に立ち入ること、またはおそらく、文化的歴史の道具になることを意味するのである。

こういう次第で、最初は潜在的だと思っていたものの多くが、現在では、スローガンに表明され、路上で示威され、雑誌で流布されている。しかし、両性愛の混乱が一部の青年で現在、ポーズやあからさまな挑戦になったからといって、そのことは、彼らが――世代として――、基本的な性の違いについて明確でないとか、麻痺しているとか、または、性生活において節操がないとかいうことを意味するのであろうか。私はそうではないと思う。彼らが反対する性の伝統的な類型化は、性生活にとって決して一様に有益なわけではなかった。また、彼らの非礼な言動が示しているような否定的アイデンティティが、彼らを本当に支配しているのであろうか。私はまったくそうは思わない。確かに、両親が彼らの外見にうろたえるのを見て、彼らは喜んでいる。そのような誇示こそ、実は、主として両親流の同調主義や見せかけに基づいているのではない、ある種の肯定的アイデンティティを主張する宣言なのである。そのような非同調主義もまた、友愛の確認を求める懇請であり、したがって新たな儀式化された性格を帯びる。これは、すべての反抗的アイデンティティ形成における逆説の一つなのだ。もちろん、真に否定的で卑劣な可能性を孕む、より危険な誇示も存在する。たとえば、「町に入ったら、できるだけ忌々しい目つきで見ろ」をモットーとするオートバイ乗りの青年の誇示がある。これは、潜在的に犯罪者アイデンティティに近いものであり、彼らに同調したくない人々の拒絶を糧としているのである。

青年の中には、われわれの書くものを読み、われわれの用語をほとんど日常語的に使っている者もいるようだ。時には彼らは、われわれが彼らの話していることを理解しているようだと単に認めるが、私はこれをいつも、お世辞以上に受け取るというわけではない。しかし私は、それを、フロイトが「受動を能動に変える」と呼んだあの古いゲームの一側面、そして、青年らしい実験の新しい一形態として認識してもいる。彼らの行動はしばしば、こう宣言をしているように思われる。「われわれがアイデンティティの『危機』に悩んでいるなどというのは誰か。われわれは、それを選択し、積極的に経験し、それが起こるようにしているのだ」と。同じことは、以前には潜在的であったその他の主題を受け入れることについても言えるし、なかんずく、世代間に内在的なアンビヴァレンスについても言える。かつては、敏感な青年たちに、彼らが実は依存している両親を憎悪してもいるのだということを慎重に示そうとしたものだが、現在では彼らは、すべての両親に対するあからさまに不快な、あるいは無関心な拒否とともにわれわれを訪れるのであり、彼らは実際は——ある意味では——両親を好ましく思っていることを彼らに納得させるのに困難を覚えている。しかも、このように言う前に、多くの青年はそのことをすでに知っているのだ。おそらくこれは、精神病学的啓発への適応の、より新たな開放的形態の一つなのかもしれない。それは、昔は言葉で表現されていたので、より安全に見える形態をとっていた。というのも初期フロイトからこのかた、知識を得た人々は、自分の神経症の名前を口にし、フロイトの洞察に適応してきた——そして、その神経症をも保ち続けてきたのである。

このゲームは、実際、過去においてはより危険であったかもしれない。もしもヒステリー症の歴史について書くとすると、性的願望は、ヒステリーが精神病理の世界を支配していた間は抑圧されていたが、精神病学的啓発の結果、熱心に公然化されるようになる。ヒステリー症の兆候は減少し、性格上の問題がそれにとって代わる。フロイトの時代に、社会的意味あいをもつ神経症的流行病であったものが、現代では、神経症的意味あいをもった一連の社会運動となった。このことは、少なくとも、多くの隠された問題についての共同研究の必要性、および、両親を道徳的に否定すべく独自の倫理と自分たちなりの活力を発達させようとしている青年世代について、よく知ることの必要性を示唆している。

同時に、臨床家は、次のような可能性にも敏感でなければならない。つまり、すべての極端なアイデンティティの混乱の中には、マウント・シオン時代にわれわれがピンスク・ミンスク・メカニズムと呼んだものがあるということである。これは、無意識の策略を理解するための、現代に通じるユダヤ人の知恵の一つである。ポーランドのある駅で、ある男が仕事上の競争相手に出会い、どこに行くのかと尋ねた。相手の男は、逃げ腰で、「ミンスクへ」と答えた。「ミンスクだって」と最初の男は追いかけながら叫んだ。『ミンスクへ行く』と言えば、きっとピンスクへ行くと考えるに違いないと思っているんだろう！　この嘘つきめ！　君は**本当は**ミンスクへ行くんだ。」

言い換えると、何か悪性のアイデンティティ混乱をもっているように思われる青年には、これがある。しかし、これは少なくとも彼らの年齢に特有な危機であり、また、今ではある青年たちがそれをよりあからさまにもっているのは、自分たちが当然それをもっていると思われていることを知っているからだということを、承知しておくのは役に立つ。しかし、この危機が、流行または精神病様の状態の中で顕在化するのか、もしくは、犯罪的行動または狂信的運動の中で、あるいは、創造的努力、またはあまりに突飛な社会的行動の中で顕在化するのか、われわれ臨床家は警戒心を休めてはならない。相談を受けたときわれわれにできるのは、葛藤状態にある幼児期のステレオタイプがどの程度、今でもその人の行動を支配しているか、そして、何らかの夢中になっている社会的問題の中に自己を失うことによって、自己を発見する機会がどのくらいあるかの診断を試みることによって、彼の自我の強さを評価するよう努めることだけである。

5

現代の青年を眺める際、アイデンティティの形成は、青年において「危機的」なことであるとはいえ、実際には**世代的問題**であるということを忘れがちである。ゆえに、古い世代の側が、次の世代におけるアイデンティティ形成に先行しなければならない力強い理想像を提供するという責任を、ある意味では放棄しているように見えるという問題を看過してはならない――たとえ、青年が明確に定義された一連の古い価値に反抗できるようにするだけだとしても。

最近のあるテレビドキュメンタリー番組で、マサチューセッツ州レキシントン市の青年を取り上げていた。私が思うに、この町が選ばれたのは、ここがアメリカ的自由の揺籃の地であったからだろう。このドキュメンタリーは、「自由な」アメリカの青年に何が起こったかを、または少なくとも彼らが公然とどう振る舞うかを、きわめて率直に示していた。しかし、両親の姿はそこにはほとんど登場しなかった。確かに、青年たちのために自分の家を開放してあげたと思われる婦人が一人登場しており、十二歳から十五歳までの十代の子どもたちが、放課後その婦人の家で勉強したり、その庭で遊んでいたりしていた。しかし、その他の家庭のことはほとんど語られなかった。両親たちが登場するのは、十代の子どもについて議論するための会合に招集されたときだけで、まるで他の惑星からの侵略者のようであった。そしてこれが、現在の「マスコミ」の中での、青年の映し出され方なのである。そして、指摘すべきは、このようなマスコミは、いまや、情報を伝達することに満足しておらず、大胆かつ効果的なやり方で、自らを世代間の仲介者に仕立てあげようとしていることだ。そのため、ときおり、青年は、自分たちが試みに「投影」した自我イメージによって戯画化されてしまい、また両親は、気味の悪いハプニングに遭わないよう離れてしまう。けれども、両親の制裁も両親の怒りとともに減退してしまい、また、青年は、言うに足りない両親よりも、むしろ、頑固な両親を（まるで）追い払いたがっているとしばしば感じさせられる。というのも、もし私が間違っていなければ、親は、しばしば青年に、自分たちは成長しすぎた少年少女であり、がらくたの世界と購買力を楽しんでいるだけだという印象をもたせようとしていて、それによって核爆弾とピルを生み出したこの技術時代における世代の新しい意味という、圧倒的な大問題を回避することを許されているのである。

それでは、アイデンティティの強さが生まれてくる現代の主要な源泉はどこにあるのだろうか。私の言う現代とは、予期された将来を含む現在のことである。というのも、過去を解明しさえすればことたりたと思いがちなわれわれ臨床家の習慣を、何としても克服せねばならないからである。したがって私は、――経済的・宗教的・政治的、または地域的・全国的などの――アイデンティティの強さが伝統的に何であったかという問題については、ここでは論じない。それらすべては、イデオロギー的視点と一体となる過程にあるのであって、その中で、予期され、実際に計画される技術的進歩の未来観が、伝統のもつ力の大半にとって代わるのである。このような源泉を「イデオロギー的」と呼ぶとき、私はこの言葉を、説得力ある世界像を与える観念体系への、普遍的な心理的欲求を意味するものとして用いている。

少なくとも事例史や自伝（これは表面的には事例史に似ている場合がしばしばある）の意味を理解しようと努めたり、また、若い精神医学者や人文系の学生を教えたりしているわれわれのような人間の多くは、機械時代の産物であるイデオロギーをもつ大多数の青年にはすぐ手に入るアイデンティティの源泉との接触を失っている場合がよくある。そのような青年は、概してわれわれを必要としていないし、必要としている者は、われわれが創り上げた「患者の役割」を引き受けている。またわれわれの理論も、彼らを包含する必要があると考えるには及ばない。それでもなお、国の内外を問わず、大方の青年は、その才能と機会のゆえに、現代の技術的傾向と科学的方法に十分馴染んでおり、人間の誰もが人生にくつろぎを感じてきたように、そのような世界にくつろぎを感じていると、仮定しなければならない。私個人としては、重商主義文化や農業文化の時代、あるいは書籍文化の時代でさえ、技術時代ほど原則的に「疎外」されることが少なかったという議論は、どうしても受け入れることができないでいる。思うに、農民や商人や猟人は自分たちの技術によって現代ほど支配されてはいなかったと考えるのは、われわれの回顧的ロマンチシズムにすぎない。以上のことを研究課題として整理すれば、次のように言える。いかなる技術社会、いかなる歴史的時期においても、支配的な技術を自らのアイデンティティの発達と結合させ、彼らがなるものになることができた（「適切に」養育された）タイプの人間がいた。彼らは、少々の優位性や劣等性とは無関係に、その文化的統合体の中に安んじることができた。それは彼らに、物事を一緒に、そして正しく為す中に、共同的認証と一時的な救済となるものがあるということを確かにしたのである。そして、その正しさは、獲物の捕獲や食物の収穫、ものの生産や財産の蓄積、または技術的問題の解決というように、その形態は何であれ、「自然」の豊かな応答によって証明された。そのような統合や適応の中で、毎日の数知れない仕事や相互活動は実際的にパターン化され、自発的に儀式化され、それらは指導者と被指導者、男性と女性、大人と子ども、特権をもつ者ともたない者、才能に恵まれた者と雑用を進んで行う者など、すべての人間が共有しうるものとなる。つまり、そのような統合体のみが、その時代におけるさまざまなアイデンティティ形成とその必然的な触発された活動の感覚とを調和させられるのである。もっとも、多くの、またはほとんどの人間にとっては、顕著な狭さ、奉仕の強要、限定された地位等々の仕切りを作ることによってのみ調和することができた。そのような統合体のそれぞれは、まさにその実用的性格のゆえに（「それがうまく機能し」単なる慣例と習熟によって維持されるという事実のゆえに）、同時に、特権を堅持し、犠牲を強制し、不平等を制度化し、矛盾を構造化するようにも作用する。どんな社会でも、批判的に見るものにとっては明白なことだ。しかし、そのような統合がどのようにして組織の産生物の中に組み込まれ、それらの間の自然な溶剤だという感覚に至るのか、いかにしてある種の完全さと自己賛美のスタイルを支配的なものとするのか、そして、それはいかにして、同時に、人間の思考や経験の範囲を限定し、世界の新しく編まれた親密な関係を破壊してしまいそうなもの、彼をあらゆる異様な出来事、とりわけ死や殺人の恐怖にさらしかねないようなものを眼に触れさせないようにするのか――これらすべての問題に、これまでわれわれは深層心理学の観点からほとんど取り組んではこなかった。いまや、「自我」について、新たな次元を検討する必要がある。

文化、文明、技術の歴史は、このような統合の歴史であって、革新的な人間が現れるのは、著しい歴史的変遷の時期においてのみである。現行の体制に縛られているにはあまりに洞察力に優れた者、日常の複雑な「必要」の裏に隠された存在の純粋な真理を見ないでいるにはあまりに誠実であったり、葛藤に苦しんでいる者、取り残された「貧しい者」を看過するにはあまりに憐れみの情に富む者。われわれは、臨床家、イデオロギーをもつ者として、自身の臨床学的イデオロギーのゆえに、最上層も最下位も、よりよく理解できる。したがってわれわれは、しばしば、まさにその中間的性格のゆえに、われわれを支えていてくれる普通の人間が広範に存在していることを、当然のことと思い込んでしまう。しかし、「正常心理学」に貢献することを望むならば、われわれは、文化的・技術的統合体を理解すべく努めねばならない。なぜならそれは、繰り返し、この世を引き継いでゆくものなのであるから。

そして常にそのような文化的・技術的統合体とともに、大人であることの新たな定義が可能となる。それなくしては、アイデンティティに関するいかなる疑問も、わがままな贅沢でしかない。大人であることの問題とは、アイデンティティの時期を切り抜けたのち、大事に思う人々、そのアイデンティティに責任を負う人々を、どのようにケアするか、なのである。

もう一つの問題は、いかなる時代の文化的統一体であれ「典型的な」大人が、文化的調和と、そしておそらくは完全性というスタイルのために、自ら放棄し、あるいは他人に要求でき、そうするつもりであることが何であるのか、ということだ。哲学者ソクラテスが、『弁明』において、アテネの文化的統合体の構造を露わにしたやり方から判断すると、彼が最期の瞬間に、死は生きる条件にとって唯一の救済手段であると宣言したのは、必ずしも自分自身のためだけではなかったかもしれない。医者であるフロイトは、重商主義および初期産業主義の時代に向かって、彼の時代においてのみならず全人類の歴史を通して、偽善的道徳がどんな悲惨事を引き起こしてきたかを明らかにした。そうすることによって、彼は、フィリップ・リーフが**治療的志向**と呼んだものを発見したわけだが、それは、個別の症状の臨床的治療をはるかに超えるものである。しかし、技術への同調が人間のために何をもたらすのかを知らなければ、それが人間に対して何をもたらすのかを知ることはできない。もちろん、至る所に存在する単なる数字上の増加は、最初は、かつての多くの質的問題を、単なる量的対処の問題に変換するだけである。

したがって、大多数の青年が、一種の兄弟愛的同一化のもとに、両親と同調できるとすれば、それは親も青年も、自分たちを維持し、自らを加速させる生活様式を供給するという重荷を、技術および科学に任せているからである。このために、青年には、新しい価値観を進むがままに作り出すことが期待すらされているというのも、ありそうに思える。しかし事実は、無限の進歩に結びついた価値というのは、その方向のみならず想像力をも拘束するがゆえに、信じられないほど保守的な観念と結びついている場合がしばしばある。こうして、技術の拡大というのは、何世代にもわたって骨身を惜しまず働いてきたアメリカ人がもたらした当然の報酬である、と見なすことができよう。保守的な礼節と現在の政治機構が、技術的規律と手を携えて、ホームタウンのすべての礼拝堂が残っているように残る限り、拡張主義の理想を制限するいかなる必要性も感じられない。超機械の性質そのものの中に組み込まれた悪に関しては、新しい原理を無理して導入することなく、適当な制御装置や矯正装置が、ぎりぎり間にあうよう発明されるだろうという期待が常に存在している（この期待は、潜在的なアメリカ・イデオロギーの重要な一部分となっている）。そして、それらの装置が「作用する」間は、超機械、組織、団体などは、そこでの仕事に積極的に従事していると思っているすべての人々に対して、十分に「立派な」、または少なくとも調節可能なアイデンティティを提供してくれるのである。

したがって、また、ベトナム戦争に反対すべきいかなる理由も見出せない大多数の青年は、世界大戦的愛国心や反共主義、徴兵や軍事訓練への従順などの複合によって、また、同じ楽しみを放棄し、同じ危険に立ち向かい、同じ不愉快な命令に従わねばならなかったことからくる揺らぐことのない連帯感、すなわち男性にとっての最高潮の感情によって、鼓舞されている。しかし、これらすべてには技術的イデオロギーから生じた新しい要素がある。それは、兵隊を専門家に仕立てあげ、装備が機械化され、兵隊の忠誠心は政策や戦略に対するほとんど非人格的な技術的服従と化し、標的は、手にした素晴らしい武器の射程距離の範囲内に収まるのだ。明らかに、ある種の「性格構造」のみが、他の何物にもまして、そのような世界観に最もよく適合できるが、しかし全体的に言えば、どの世代も、生涯を通してみれば、さまざまな統合された態度をもつことができるものなのである。

けれども、新しい倫理が進歩に追いつくまでは、技術的拡張や国家的自己主張の限界は、既知の事実や倫理的考慮、一言で言えばアイデンティティの確信によって決定されず、超機械の範囲と限界が気まぐれな遊び半分の試行によって決定されてしまうという危険を感知する。そして超機械が、多くの人の良心にとって代わる。これは、関わる者が皆豊かな奴隷になるかもしれず、これこそ、新しい「ヒューマニスト」の青年が、自身の存在を「賭けて」、そして生活を維持できる最小限のものがあればよいのだと主張することによって、阻止しようとしているものなのだと思われる。

6

次に、大部分のわれわれにとってよりなじみ深い、アイデンティティのもう一つのイデオロギー的源泉、つまり、実際に青年をしてアイデンティティの問題をあれほどまでに鋭く意識させている、ネオヒューマニズムについて検討しよう。技術的拡張に統合されてしまった青年を軽蔑している「ピースニック」と呼ばれる人々は、ヒューマニストであり、彼らの文化的統合のスタイルは、きわめて昔風の感情や理想をもっているが（見たところ、彼らはしばしば中世都市の地下から出てきたかのようだ）、他方で、マハトマ・ガンディーにその近代的形態が始まった（決してガンディーとともに終焉したのではない）市民的不服従と非暴力の理想に親和性が高い。[8] ここでは、無思慮な機械化への反対が、管理組織や軍国主義的熱狂への嫌悪感と一体となっており、また、銃の射程内に置かれた人間も実存的な個人なのだという考え方とも一体となっている。このような見解と技術主義的見解とは対立し、反発しあうことは明らかだ。なぜなら、どちらかの見解を部分的にであれ認めるならば、地すべり的に、世界観の全体的構成の再変に至るからである。したがって、これら二つの見解は、まるで他方が敵であるかのように、対立することがしばしばある。しかしその敵は兄弟かもしれず、友人かもしれず、あるいは、人生の異なる段階における自分自身かもしれないのである。

二十年前、われわれは、大いに躊躇しながら（当時アイデンティティという用語はきわめて疑わしく思われていた）、アイデンティティの諸問題を、青年の**イデオロギー的欲求**に関連づけた。そして、事実、多くの急性的混乱の原因を、遅く生まれたがゆえに、「あそこ」の世界大戦の軍事的熱狂や、こちらの戦後数年間の過激主義に遅れてやってきた青年の側の、一種のイデオロギー的栄養不良に求めた。アメリカの青年は反イデオロギー的であり、その代わりにアメリカ的な「生活様式」を、しかも快適な生活様式を賛美している、というのが、われわれの議論であった。もちろんわれわれには、技術によってあまりにも強化された「唯物主義的」傾向は、青年にとってバランスを見出すのが難しいだろうという懸念はあった。青年にとって、イデオロギーはすべて政治的で外国のものとなり、マッカーシズムが、ほとんどすべてのアメリカ人の間に、過激な思考様式への恐怖心を作り出すのに成功して以来、ますますそうなった。そしてその恐怖心は、精神的外傷となるほどに、かつて慣れ親しんだアイデンティティを否定的なものへと転換させたのであった。

しかしそれ以後、アメリカ青年の中には、公民権運動や平和部隊の中で、現実の、そして普遍的な要求に向けられた確信できるイデオロギー的傾向によって心を動かされたならば、不慣れな困難や規律をも甘んじて受け入れることができるということを示して見せた者たちがいた。実際、無制限な軍備拡大やベトナム戦争拡大への思慮のない同意に反対するというような普遍的な問題において、青年は、大半の大人よりも先見の明があるということを立証した。マッカーシズムによって洗脳された親世代を戦慄させることになったが、彼らは親たちが放棄した理想のいくつかを復活させたのである。

しかし、私の概念的手段が許す範囲内においてではあるが、大多数の青年は、一定のアイデンティティの強さを、技術的拡張というイデオロギー的パッケージの全体から引き出していると論じた後ではじめて、われらがネオヒューマニストの青年について、より均衡のとれた観点から論じることができる。というのも、**専門家**という支配階級——「自分が何をしているかを知っている」人々——と、普遍主義者という熱心な新しい集団——「言うことを文字通りに意味する」人々——の相互作用が、その時代のアイデンティティの可能性を常に決定するとは限らないのではないだろうか。しかも、文字通りに意味する人々は、第三の集団、つまり、すべての関係者から見捨てられた人々を深く気にかけ、また彼らの擁護者となることが、しばしばある。現代においては、そういう人々というのは、技術や教育において恵まれない人々であり、能力か機会、または（当然）その両方を欠如しているために、すべてのイデオロギーから切り離されてきた人々なのである。したがって、革命的な変化の時代においては、特権を与えられすぎた人間と、特権を剥奪された人間とが、互いに手を差し伸べあうことがしばしばある。両者とも、「凝縮された多数派」の巨大な文化的統合体に対しては、境界に位置する者であるからだ。

新しい若いヒューマニストの中でも、より成熟した青年は、人間生活における公分母、すなわち、豊かさと発展途上とを橋渡しするある種の世界規模のアイデンティティを捜し求めている。そうでなければ実りのない反抗に終始したか、完全に引きこもってしまったであろう青年たちにとって、社会における彼らの葛藤を適切で活動的な運動へと向けうる能力は、疑いもなく潜在的な治療的価値をもつ。同時に明らかだと考えられるのは、これらすべての集団がもっている「治療的」価値、および政治的価値は、それら集団のもつ共同体的な潜在力、および、それら集団のリーダーの規律と創発性にかかっているということである。

ヒューマニストの青年の抗議は、ロマンチックな古き良きエドワード朝風の風俗、賑やかなワンダーフォーゲル運動から、「新左翼」への没入、「機械」が人間の意志を押しつぶそうとしている世界の至る所でのむき出しのヒロイズムとの一体感まで、多岐にわたっている。換言すれば、その範囲は、あらゆる機械への服従に逆らう抵抗から、不可逆的な技術的未来における人間的権利と尊厳の再定式化にまでわたる。こういう要求に照らして、彼らが当惑しており、時に異様に見えたとしたならば、安定した中産階級や自由世界を前提として、すべての価値を飽くなき探究の対象とするのは、啓蒙主義の伝統であったということを想起しなければならない。いまや青年は、この「啓蒙」され、かつ「分析」された世界に何が残されているかを、あれこれ試さなくてはならない。たとえば、精神分析学の啓蒙によって、幼児期性欲や性的倒錯は、古い抑圧に代えて啓蒙的判断を推進することによって公共的に問うことができるとされた。いまや倒錯は、実際あらゆる種類の逸脱と同じく、その魅力の限界が、活字や行動の中に見えてしまう。したがって、実験するという相対的自由のみが、親世代の過激な啓蒙と旧式の道徳とが失敗したところを自己修正できる唯一の道なのである。しかし思うに、青年の探究というのは、何でも許されるというものではなく、むしろ、本当に価値あるものに、直接立ち向かう新しい方法の探求なのではないだろうか。

青年は彼ら自身のために、彼ら自身によって、われわれに反抗して、自らの人生を儀式化しようとする最初の試みを行う。そのような挑発や挑戦に直面して、古い世代は、あまりにも唯々と、あまりにも早く、処罰者および批判者としての重要な役割を放棄してしまっている。われわれは疑いなく、このような状況の悲劇的な再評価を眼にすることになるだろう。なぜなら、何らかのリーダーシップなくしては——そしてもし必要ならば、力いっぱいに抵抗するリーダーシップなくしては——青年のヒューマニズムは不適切なものとなり、また、個人的にも集団としても、完全にエピソード的な「意識の拡大」に終わる危険があるからだ。

さて、思索を進めてユートピアを描いてみよう。新しい、専門的‐技術的アイデンティティと、普遍主義的‐ヒューマニズム的アイデンティティとが真に分極化する可能性は、このような分極化はいかなる時代にあっても総合的アイデンティティの標識であるという単純な理由によって、認められねばならない。技術的・科学的進歩を当然とし、その中で、その進歩とともに成長した新しい世代は、根底的に新たな実際的可能性と日々向き合っているので、根底的に新たな思考様式を受け入れる準備ができているであろう。このことによって、新しい文化と新しい社会形態とが連結され、専門化と、新たな内的自由とのバランスをとる方法をもたらすかもしれない。そして、ネオヒューマニストの青年は、日常生活を通じてすでに十分に参画している機械時代に適応する何らかの方法を発見するであろう。こうして、それぞれの集団は、すでにその感受性とたくましさを活性化させる用意ができており、他の集団を動かすことができるであろう。しかし分極化は、連続的緊張であり、ダイナミックな相互作用である。したがって私は、技術的なアイデンティティとネオヒューマニズム的なアイデンティティとの明確な対立がぼやけるだろうとは予測しないし、まして望みもしない。ダイナミックな相互作用は、明確な分極を必要とするからだ。私が言いたいのは、青年は、さまざまな多様性をもちながら、共通の運命を分かち合う、つまり、世代的過程自体の変化を分かち合うということだ。こう言ったからといって、私は、人間のライフサイクルも、その中でのアイデンティティの位置に関する自分の考えも、放棄するわけではない。むしろ私は、アイデンティティにとって最も重要な諸段階をさらに区分すれば、それらの各段階は、それぞれ異なったしかたで世代的機能を果たすであろう、と考えている。すでに今日、古い世代、つまり両親世代と、若い世代、つまりまだ親になっていない世代との単なる区分は、これまで述べてきたことからお気づきのように、かなり時代遅れになりつつある。技術的変化が急速であるため、どんな伝統的な方法も、よく制度化されて若い世代がすぐ学ぶことができ、あるいは実際、革命的なやり方で抵抗するというようなしかたで古くなっていくことが、不可能になってしまった。たとえば、歳をとるということは、自分が職業的に時代遅れになったと気づく人と、提供すべきより恒久的な何物かをもっている人とでは、まったく異なる経験になるだろう（すでにそうである）。同じく、若い青年も、年長とより若い者に分けられ、おそらく若すぎず歳をとりすぎてもいない専門家が中心的決定者の位置に移動しつつある――そして、それぞれ一定期間だけ、自己の専門性の特定の段階が優越的地位を占める。彼の力が、多くのしかたで、親の伝統的制裁力にとって代わるだろう。しかしこのことは同時に、「若者世代」は、より明確に、年長世代とより若い世代に峻別されるだろうし（あるいは、大学教師としての私の観察からも証言できることだが、すでに峻別されている）、そして、年長世代は、より若い世代の行動の方向の多くに学ばねばならない（また学ぼうとする）ということを意味している。このように、永続的かつ永続的に変化する権威者としての親の相対的衰退と若い成人専門家の登場は、一つの変化をもたらしつつある。そのような若い権威者に導かれた年長の青年が、若い青年の行動に対する責任を――そしてわれわれが専門家と年長の青年の方向に対する責任を――ますます引き受けなければならなくなりつつあるという変化である。しかしこのことは、年長の青年における年齢特殊的な倫理的能力を認識し、促進することによってのみ可能なのだ。そして、それこそが、真のアイデンティティの基準なのである。われわれがいつもこの潜在的能力を無視し、良き父権主義的なやり方で否定さえしているということが、禁じることによって秩序を維持しようというわれわれの忠実で見え透いた試みよりも、おそらく、青年がより憤慨するところなのである。ともかく、将来の倫理は、互いの世代間の関係に関わることがより少なく、もっと全体的なライフスパンが伸張したという枠組みの中での、個人間の相互作用に関わるものとなるであろう。そこでは、男女両性にとっての新しい役割が人生の全段階において出現し、選択とアイデンティティの一定のものさしが共通の価値となり、どこにおいてであれ、生まれるべく予定されたすべての子どもに、原則的に保証されるであろう。

これは、二度と固定した伝統となることはないので、おそらく、時代遅れの「運動」の関心とはならないであろう。新しい社会的革新が、固定した伝統と旧式の運動の両者にとって代わるであろう。しかし、そのような社会的革新は、絶え間ない変化における決定的瞬間に価値を置く、新しい若々しい倫理感からのみ出現しうるのである。

7

ここまでユートピア的方向に進んできたが、最後に、人間の過去に、しかも今度は人間の大変長期にわたる発達、すなわち、社会発生的進化に話を戻そう。まず、エデンの園について少しばかり見てみよう。

個人的なアイデンティティを求める人間の欲求は、どのようにして進化したのだろうか。ダーウィン以前においては、その答えは明白であった。神がアダムを自分の姿に似せて、神のアイデンティティの遊び相手として創造したので、神はすべての人間に、個性化と信仰の栄光と絶望を与えたのである。私はこれよりも良い説明に出会ったことがない。もちろん、エデンの園は、創造の調和から追放されて以来、多くのユートピア的変形を蒙ってきた。そしてこの追放は、人間のアイデンティティを、永遠に、人間の労働や他者との協同のしかたや、技術的・共同体的プライドに縛りつけたのだった。

昔あるニュー・イングランド人が庭で仕事をしていると、一人の牧師が傍を通りかかって、神とその男が共に働いて作った立派な作物にお祝いの言葉を述べた。するとその男は、「おかげさんで」と答えた。「それに牧師さんは、神様が一人で作物をお作りになったところもご覧になればよかったんですよ。」このような話の中では、神は死んではおらず、ふさわしい位置を占めている。技術の発展段階に応じてそれぞれの文化的統合体は、未知なるものを馴染みのものにするやり方をもっている。しかし、啓蒙された技術的人間は、過去のいかなる時代の人間よりもうぬぼれが強く、宇宙は人間のために存在するのであり、人間の姿に似せて作られた神は、実験精神が旺盛で、人間のために喜んで道を譲る、と思い込んでいるように思われる。何しろ私はあるとき、賢い男たちが、基本的に人間が学んで理解しえないものはいまや自然の中に存在しない、と主張しているのを聞いたことがある（女性たちからは聞いたことがない）。「死も、ですか」と、ある女性がこうした形而上学的技術至上主義者の一人に尋ねると、彼は、謎めいた笑みを浮かべてうなずいた。彼は続けて、したがって原則的に人間には、自然や人間の性質の中にあるすべてのものを、青写真に合わせて変えることができるのだ、と言った。「誰の青写真に合わせるのですか」とその女性が尋ねると、彼はまた笑みを浮かべた。このように、人間が、かつては天国に（今では原理的に征服可能な天国に）投射していた永遠に変わることのないアイデンティティを再び内面化し、大量生産されるアイデンティティの青写真に合わせて自分を作り直そうとするのは、今日の文化的統合体の一部となっている。しかし人間は、今日では自分自身を全面的に破棄することもできる以上、全人類的なアイデンティティが不可避の目標となった。

しかしながら、このような中で、ヒューマニズムや自由至上主義の復活した形態は機能しないであろう。忘れてはならないのは、それらのもともとの唱道者たちは、先に述べた二つのもの、巨大爆弾（原水爆）と小さなピルのことを知らなかった。それらは、生と死に打ち克つ力を人間に与えはしないにしても、生まれるべき者が誰で死すべきものが誰であるかの決定権を人間に与えることは明らかであり、その決定権は、新たな「政治」形態を求めるであろう。

こうして私は、最終的な視点に至った。それはいずれにせよ、アイデンティティの問題の包括的な重要性に光を当て、また、性急に、いかなる方法論や定義にも定住してしまわないための最良の論拠を提供するであろう。というのも、心理・社会的なアイデンティティを求める人間の欲求は、まさしく人間の社会発生的な進化の中に錨を下ろしているからである。(ウォディントンによれば)権威を受容することが、人間の社会発生的な進化を特徴づけるものであると言われてきた。思うに、アイデンティティの形成はこのことと切り離せない。真の権威が存在しうるのは、限定された集団的アイデンティティの内部においてのみだからである。

種としての人類は、私が**擬似種**と呼ぶものに分かれることによって生き延びてきた。まず始めに、それぞれの群れや部族、階級や国家が、次いですべての宗教体もまた、自分たち以外のすべてを、間違った神が作った珍奇で無用の発明品だと見なして、唯一の人類となった。自分たちこそ選民であるという幻想を強化するために、すべての部族は彼らに固有の作品、神話と、のちには歴史を作り上げた。そのようにして、特有の生態や道徳に対する忠誠心が確保されたのである。誰も、他のすべての部族がどのようにして現れたのかまったく知らないが、しかし彼らが存在している以上、彼らは少なくとも、否定的アイデンティティを投射するスクリーンとしては有用であった。それはきわめて不愉快ではあれ、肯定的アイデンティティに必要な片割れであったのだ。この投射は、領土の主張と相まって、「神の栄光」という名のもとに、互いに虐殺しあう理由を与えた。したがって、アイデンティティは人間の進化の過程で「善きもの」であると言いうるとするならば――善きものとは、実際、今まで生き延びてきたものにとって必要不可欠であったと思われるものであるからである――、われわれは、この死すべき者を分かつシステムに、それぞれの擬似種が、すべての他者に対するその優越性を再確認するという機能を過重に背負わせてきたという事実を看過してはならない。おそらく、われわれおよび青年がアイデンティティに関するもろもろの思想に注意を向けつつあるのは、まさに、擬似種の栄光化は今日では人類そのものの終焉をもたらしうることを、二つの世界大戦が示したからであり、また、包括的な人間的アイデンティティは、普遍的技術への期待の一部でなければならないということを知っているからである。そしてこの期待はまた、われわれの青年の多数派と少数派のある部分を、一つの世界に統一するものでもある。しかしこれは、古いアイデンティティすべてを、致命的な危険にさらすことにもなる。したがって、「偏見をもった」人々は、どこにいる人であれ、残虐な延命のための戦闘を挑むかもしれないし、また、「若い」民族的アイデンティティの中にあって危機にさらされている、発展途上にある国々や古い歴史をもつ国々は、世界的なアイデンティティの形成を遅らせ、危うくさせようとするかもしれない。

それゆえ、擬似種というのは、すべての集団的アイデンティティの中でもより邪悪な側面の一つなのである。しかし、すべてのアイデンティティには、個人を危険にさらす「疑似的」な側面がある。というのも、人間の発達はアイデンティティとともに始まるのではないし、アイデンティティとともに終わるのでもないからであり、アイデンティティもまた、成熟した大人にとっては相対的存在とならざるをえないからである。心理・社会的アイデンティティは、人間の過渡的存在を今ここに、錨のように固定させるのに必要である。過渡的であるからといって、重要でないということではない。アイデンティティを求める人々を、ノーマン・ブラウンは「迷える者」と擁護し、ティモシー・リアリーは「脱落」の思想を述べたが、私は、行き迷うためには自己を発見していなければならないし、脱落するためには何かに所属していなければならない、と指摘したい。少年にとどまることを選択するすべての実存主義がもつ危険は、それが世代的過程に対する責任を回避し、またそうすることによって、結実しない人間的アイデンティティを唱導するところにある。われわれは多様な人生の研究を通して、アイデンティティの道徳的基盤を提供する児童期を越えて、また青年期のイデオロギーを越えて、大人の倫理のみが、次の世代に、人間性の全過程を経験する平等な機会を保証してやれる、ということを学んできた。そして個人が、自分のアイデンティティを超越し、かつできうる限り真に個性的になり、すべての個人的特徴を越えるほどに真に個性的になるのを許すのは、ひとえにこの大人の倫理のみなのである。

こうして、アイデンティティの問題を位置づける文脈が大きく拡大されたことに気づくのである。退役軍人や重篤な混乱に陥った青年の問題から出発して、われわれは、個人の発達における規範的危機を定式化するに至った。非行の問題や暴力的騒乱の問題から、社会発生的進化という全体的枠組みにおけるアイデンティティの重要性に気づくに至った。また、アイデンティティの社会的拘束性の問題から出発して、アイデンティティの自己超克という問題を認識するに至った。以下では、われわれ自身の観察の断片の詳細すべてを検討することによって、これらの諸段階を振り返ってみよう。そうすれば、少なくともアイデンティティという用語をわれわれが使い始めたとき、どこから出発したのかがわかるだろうし、また、アイデンティティという用語がわれわれをどこに案内してくれるのかも、おそらくわかるであろう。

人間存在の中心的側面に関して言えば、われわれは、その時々に、個人的・概念的・歴史的理由から何が適切かを概念化しうるにすぎない。そして、そうしている間にも、そのデータや結論は刻々と変化してゆく。とりわけ、われわれの概念化や解釈が、歴史的に自己意識の時代の一部となり、洞察や行為がたちまち互いに影響しあい、新しい「伝統」が形成される余裕をほとんど残さないときにあっては、なおさらそうである。このようなときには、人間に関するすべての思索は、生きながらの実験となる。人々の自我の認識、その認識への注目の新しさは、最初、心の科学的神話か、科学的用語や方法の神話的利用に帰着してしまった。それはまるで、社会科学が、自然哲学から純粋科学、および応用科学へと発展した自然科学の長い進歩の全過程を、短期間のうちに、緊急の実際的な目標をもって、繰り返すことができるし繰り返すのだというかのようであった。しかし、心理・社会的な科学の対象である人間は、測定可能でしかも適切なカテゴリーに分類されるに十分なほど、じっと静止してはいない。二十年間にわたる仕事を振り返り議論するにあたって、それを、見捨てられる諸システムの中にあって生き延びると期待されるシステムとして提示することはできない。それが暫時もつかもしれない歴史的妥当性と重要性とによって、限定されてもおり強化されてもいる、一片の概念的な存在として、提示しうるにすぎないのである。

第2章　観察の基礎

1　臨床家のノート

精神分析学における自我の研究は、この「内的エージェンシー」と社会生活との関係について、まだ説明に着手さえしていない。同じ民族グループとして関心を共有する人々、同じ歴史的時期を生きている人々、競いあったり協力したりしながら経済的追求を行っている人々は、善悪に関する共通のイメージによって導かれてもいる。これらのイメージは無限に変化し、文化的差異や歴史的変化の本質的なとらえ所のなさを反映している。現代の社会モデルのかたちにおいては、それらは、すべての個人における自我統合の苦闘の中に、そして、すべての患者におけるその失敗の中に、はっきりとした具体性を帯びている。しかし、伝統的な症例史においては、患者の居住地・民族的背景・職業といったものは、その人の個人的なアイデンティティを隠す必要がある場合に、まっさきにすっかり変更されてしまう項目である。そうしても症例の内的なダイナミクスはそのまま保たれると判断される。それゆえ、患者の背景に共通する価値の本質そのものは、きわめて「表面的な」ものであり、必ずしも「精神分析学的な」関心ではないと見なされる。私は今は、このような無視の理論的根拠について論じるつもりはなく、[1]単に私の観察記録を提供するにとどめたい。それは、臨床的にも理論的にも、現代の社会的モデルが適切であり、「社会的要因」によって「も」果たされている役割[2]に対して、簡単に見下したような賛辞を述べて適当にあしらってよいものではないことを示唆していると思われる。

精神分析学がおしなべてこうした要因を無視してきたことは、当然ながら、社会科学との和解を促進することにならなかった。その一方で、社会や歴史の研究者たちは、単純な事実を、軽率にも無視し続けている。つまり、すべての人間は母親から生まれたという事実、誰もがかつては子どもであったという事実、あらゆる民族のあらゆる人々が、子ども部屋からその人生を始めているという事実、そして社会は子どもから両親へと発達しつつある世代によって構成されており、彼らはその生きている時代の歴史的変化を吸収し、子孫のために歴史を作り続けることを運命づけられているという事実である。

精神分析と社会科学が共に手を携えてはじめて、最終的に、変化し続ける共同体という場面での個人の人生航路を示すことができる。この方向への意欲的な試みは、一般的には新フロイト主義者と呼ばれる卓越した精神分析学者たちによって行われてきたが、彼らは「自我心理学」の分野での努力を考慮していない。彼らの専門用語のあるものは、私から見ると、フロイトのいくつかの基礎的な概念を議論の新しい風潮に過剰に当てはめているように見えるので採用することはせず、ここでは、私の観察記録を提供するにとどめておきたい。それらは、自我の社会秩序に対する関係を新たに定式化する道を準備する助けとなるだろう。

Ⅰ　集団アイデンティティと自我アイデンティティ

a

フロイトの自我について、また自我と社会との関係についての元々の定式化が、当時の精神分析的議論の全般的傾向や彼の時代の社会学的定式化に依存していたのは避けがたいことだった。理論化するにあたっての焦点は、「イド（id）」、すなわち人間を内側から駆り立てる本能的な力にあった。一方、最初の集団心理学的議論では、フロイトはフランス革命後のフランスの社会学者、ル・ボンによる集団行動の観察に言及している。このことが、以後の「集団としての」人間についての精神分析的議論に影響を残すことになった。というのも、ル・ボンの「群衆」は状況に反応するだけの人々であり、二つのしっかり定まった社会段階の間で無政府状態を楽しむ怠惰な群集であり、最良か最悪の場合にあっては、指導者に導かれた群集だからである。そうした群集は確かに存在するし、この定義は間違いではない。しかし、このような社会学的なモデルと、精神分析の方法を支配している心理学的なモデル、すなわち、二人きりの治療的状況の中で生じた、転移・逆転移の証拠をもとに再構成される個人史との間には、大きな隔たりがある。結果として生じた方法論的な相違は、精神分析学的思想の中に、自らの幼児期の家族関係の布置を「外的世界」に永遠に投影し続ける孤立した個人と、フロイトが人間の「不明瞭な集合体」と呼んだものの中に埋没している「大衆の中の個人」とを、過剰なまでに人工的に分化させる傾向を長く残すことになった。しかし、人間は心理的に一人になりうるのだろうか。「一人」である人間は、集団の中にいるときと、本質的に異なる人物になるのだろうか。今、一時的に孤立した状況にある人間や、分析家と二人で個室にいるときの人間は、「政治的」動物であることを止め、社会的行動（あるいは無活動）を、どんな階級レベルであれ、しなくなるのだろうか。こういったことやこれに似たステレオタイプを、注意深く再考すべきである。

こういうわけで、自我の概念は最初、生物学的なイドと社会学的な「群衆」という対立しあうものの定義によって説明された。つまり自我とは、経験を組織づけ合理的な計画を立てる個人の中枢であり、無秩序状態にある原始的な本能と無法状態の集団精神との両方から危険にさらされている。カントは道徳的な市民の座標として「天上の星」と「内なる道徳律」を挙げたが、初期のフロイトは、脅かされた自我を、内なるイドと周りを取り囲む群集の間に置いたと言えるだろう。

周りを取り囲まれた個人の不安定な道徳性を保護するために、フロイトは自我の内部に超自我を設定した。ここでもまた、当初強調されたのは、自我に押し付けられている外在的な負荷であった。フロイトの指摘によると、超自我とは、自我が従わなくてはならないすべての制約を内在化したものである。それは、まず両親からの決定的な影響によって子どもに強制され、後になると、専門家としての教育者や、「環境」や「世論」を作り上げている、「範囲のはっきりしない世間の人々からの影響」も、決定的な意味をもつようになる。[3]

こうした周囲の人々からの強圧的な拒絶を受けて、子どもが元来もっているナイーヴな自己愛《セルフラヴ》は、妥協を迫られることになるとされる。子どもは自分を評価するモデルを探し、そのモデルを真似ることによって幸せを求める。その試みがうまくいくと、子どもは自尊感情を獲得するが、それは、もともとのナルシシズムや万能感がそのまま複製されたというほどに満足のいくものではない。

このような初期の概念モデルは、臨床的精神分析の議論の方向性や実践上の目的を決定し続けているが、精神分析研究の焦点は、さまざまな発生的な問題に移行してきている。そこには、個人の発達における社会組織の積極的必要性を立証する観察も含まれる。明確なかたちをもたない人間集団の中での自我消失についての研究から、社会生活における幼児的な自我の、まさに起源という問題に関心を移さなくてはならない。どのような社会組織の圧力が子どもを否定しがちかという問題を強調する代わりに、われわれは、どのような社会秩序がまず子どもが生き続けられるようにし、特有のやり方でその欲求を満たしながら、子どもたちを特定の文化スタイルの中へと導いていくのかを明らかにしたいと考えている。そして、エディプス三角形のような本能的な「所与」を、人間の非合理的な行為を説明するための、還元不能の構図として受け入れる代わりに、われわれは、社会組織が家族の構造を決定するしかたを探求している。なぜなら、フロイトがその人生の最晩年に言ったように、「……超自我の中で働いているのは、これら両親の個人的質だけではなく、両親自身に決定的な影響を及ぼしたものすべてであり、彼らが生活している社会的階級の嗜好や基準、彼らが生まれた人種の特性や伝統である」からである[4]。

b

フロイトは、セクシュアリティが誕生と同時に始まることを明らかにし、また社会生活が個々人の人生の開始と同時に始まるという事実を明示するための道具も与えてくれた。

そうした道具は、いわゆる原始的な社会の研究にも応用できる。そうした社会においては、子どものしつけが、明確な経済システムや小規模で流動性のない社会的プロトタイプの目録と統合されているように見える。こうした集団における子どものしつけは、経験を組織化するその集団に固有の基本的な方法、あるいはわれわれが集団アイデンティティと呼ぶものが、乳児の初期の身体的経験に伝えられ、それを通して、乳児の芽生え始めた自我にも伝えられてゆくという方法である。

集団アイデンティティという概念について説明するために、まず、H・S・メキールと私が一九三八年に行った人類学的な観察を簡潔に述べておくことにする。[5] われわれは、アメリカ・インディアンの再教育策の一部において、スー族のバッファロー狩人としての歴史的アイデンティティが、再教育を担ったアメリカ人の役人たちの職業的、階級的アイデンティティと、いかに対照的であったかを記述した。そして、この二つの集団のアイデンティティが、極端に異なる地理的あるいは歴史的パースペクティヴ（集合的自我－空間－時間）、および、根本的に異なる経済的な目標と手段（集合的ライフプラン）に基づいていることを指摘した。

スー族の今に残るアイデンティティにおいては、先史時代の過去は強力な心理的リアリティであった。この征服された部族は、過去の経済のアイデンティティの名残りを再統合することに失敗した現在に対する受動的な抵抗と、そして、未来が過去へと戻り、時間が再び無歴史的になり、猟場が無限に広がり、バッファローが無尽蔵となる復元――狩をする遊牧民の無限に遠心的な生活を再び可能にする復元――の夢からなるライフプランに、あたかも従っているように行動することを、決してやめようとしなかった。それに対して、連邦政府の教育者たちは、求心的で場所を限定した目標の価値、たとえば、家や敷地、暖炉、銀行口座といったものの必要を説いた。それらはすべて、過去は克服されるものであり、そして将来に達成されるはずのこれまでにない高い水準の生活のためには、現在の充足を犠牲にするというライフプランによって、はじめて意味を獲得するものである。つまり、この未来に到達する道は、外側の復元ではなく、内側の改革によるというのである。

むろん、このどちらかの集団の一員として経験するすべての事柄、そしてこの両方の集団の成員によって共有され議論される経験は、いかなるものであれ、そこに共存しているプランの座標の位置に従って定義されなければならないことは明らかである。原始的な部族のプランでは、人は生産の資源と手段に直接結びついている。彼らの道具は、人間の身体の延長である。また、その集団に属する子どもたちは、技術的あるいは魔術的な営みに参加する。彼らにとって身体と環境、幼児期と文化は、危険に満ちているとしても、それらすべてが一つの世界を成している。社会的プロトタイプの目録は小規模で流動性がない。それに対してわれわれの世界では、機械が身体の延長であることをはるかに超えて、人間の組織全体が機械の延長になろうとしている。魔術はそれらを仲介する役割しか果たさない。幼児期は人生全体から切り離され、その時期に固有の伝承をもった人生の一断片になってしまう。文明が拡大し多層化し特殊化していくことによって、子どもたちは、自我の基盤を、移ろいやすく部分的で矛盾を孕んだプロトタイプに求めることを要求される。

インディアンの子どもたちが、この二つのプランの両方を生きることを強制されて、しばしば期待をブロックされ麻痺状態にあって、野心をもてないのも不思議ではない。なぜなら、成長しつつある子どもが生き生きとした現実感を獲得するためには、次の自覚をもてなければならないからである。それは、経験を積み重ねてゆく自分独自の方法、すなわち自我統合が、自らの属する集団アイデンティティの中で、成功した一事例として認められているという自覚であり、そしてそれが、集団アイデンティティの求める時間・空間とライフプランに一致しているという自覚である。たとえば、自分が歩けるようになったことに気づいた子どもは、フロイトの言う移動運動エロティシズムという意味でのリビドー的快感の約束によって、あるいはアイヴス・ヘンドリックの労働原理という意味での操作欲求によって、単に歩くという行為を反復し完成させようとする衝動に駆られているわけではない。むしろ、この子どもは、「歩ける自分」という新しい地位と評価に、たまたまその属する文化のライフプランの座標の中でどんな意味合いをもつかも含めて、気がついてもいる。それは、「捕食されそうになって、素早く逃げる自分」「遠くへ行こうとする自分」「まっすぐに立ち上がろうとする自分」「遠くに行き過ぎてしまうかもしれない自分」であるかもしれない。「歩ける人」であることは、数ある子どもの発達段階の一つとなり、身体を自由に動かせるようになることと文化的な意味が一致することを通して、また身体をきちんと動かせる喜びと社会的な承認が一致することを通して、子どもたちに現実的な**自尊感情**をもたらす。この自尊感情は、決して単なる幼児的な万能感のナルシシズムの延長ではない。この自尊感情はゆっくりと成長し、手ごたえをもって実感される集合的未来に向かう着実な歩みを自我が確実に統合することができる、社会的リアリティの中でうまく機能している自我に発達しつつある、という確信となる。この感覚を、私は暫定的に**自我アイデンティティ**と呼んだ。これから、この概念が指し示す範囲を、主観的な経験として、力動的な事実として、集団心理的な現象として、臨床的研究の主題として、記述してゆかねばならない。

しかしここで、パーソナル・アイデンティティと自我アイデンティティを区別することが必要である。

パーソナル・アイデンティティをもっているという意識的な感覚は、同時に生じる二つの観察に基づいている。時間・空間の中で自分自身の存在の自己斉一性《セルフセイムネス》と連続性《コンティニュイティ》の知覚と、他者が自分の斉一性と連続性を認めているという事実の知覚である。しかし、私が自我アイデンティティという言葉で呼んだものは、単に存在という**事実**以上のことである。いわば、この存在の自我の**質**《クオリティ》ともいうべきものである。したがって、自我アイデンティティとは、その主観的側面においては、自我が統合する方法、すなわち**その人の個人性**《インディヴィジュアリティ》**のスタイル**には、自己斉一性と連続性が存在するという事実の自覚なのであり、そしてこのスタイルが、直接関係をもっている共同体における**重要な他者の意味**の斉一性と連続性と一致するという、事実の自覚なのである。

C

イドの話に戻ろう。フロイトが物理学におけるエネルギーの概念を心理学に応用したのは、計り知れぬほど重要な一歩であった。しかし、**本能的エネルギー**が物理学における閉鎖系でのエネルギー保存と同様に、転移、置き換え、転換されるというこの理論モデルのみを強調することは、歴史・文化的な状況に置かれた人間を観察したデータを見ていく上で、適切な助けとはならない。

われわれは、社会的イメージと有機体的な力の関連を見つけなくてはならない。しかもそれは単に、イメージと力が、よく言われるような「相互に関係している」という意味ではない。それ以上のものを含んでいる。つまり集団アイデンティティと自我アイデンティティとの、またエートスと自我との相互補完が、自我統合にとっても、社会組織にとっても、大きなエネルギーの潜在力を提供するということである。私は最初、この問題に対して、幼児期のトラウマ――臨床的観察が示すように、これは人間に普遍的なものである――と、そうしたトラウマが所与の部族においてどのようなかたちをとるかに関する人類学的観察とを比較することによって、接近しようと試みた。こうした経験は、母親の乳房の喪失である場合もあるだろう。スー族のすべての者が幼児期に経験する「典型的な」トラウマは、授乳している母親たちが、歯が生え始めた乳児を、それまで寛大に与えられていた乳房を噛んだという理由で罰するときに「生じる」。子どもたちはこれに対して、一様に怒りをもって反応するという。そして、部族の個体発生的な「楽園からの追放」は「固着」を引き起こすが、われわれはそれがスー族の集団アイデンティティと個人的発達にとって決定的な関連があることを見出した。スー族の太陽踊りの英雄は、宗教上の儀式が最高潮に達すると、小さい針金を自分の胸に打ち込み、その針金を紐で結び、その紐を柱にくくりつける。独特のトランス状態の中で踊りながら後ずさりしていくと、やがてロープがピンと張って針金が彼の胸を引き裂き、勢いよくほとばしり出た血が身体を流れていく。この強烈な行動の中に、本能的な意味と社会的な意味の両方を見出すことができる。彼は、母親の乳房との習慣的親密性という楽園を失うことになった罪を勇敢に償っているのであるが、同時に儀式上の英雄として、すべての者に共通する悲劇的な出来事を劇的に表現してもいるのである。[6]

同じような例が、ユーロク族にも見られる。ユーロク族の男性は、女性と共に過ごした後、スウェットハウス〔儀式や治療に使う蒸気小屋〕の火で身体を温め、身体が十分に柔らかくなり湿ったら、壁にあいた卵型のごく小さな穴に無理やり身体をねじ込んで外に出て、そのまま冷たい川の中に飛び込む。そのようにしてもう一度生まれ変わることにより、女性の束縛という危険から自由になり、純潔と強さを取り戻し、神聖な鮭を捕りに行くのにふさわしい状態になる。ここでもまた、儀式的な償いを通して、男性の自尊感情と内的な安心が回復される。その一方で、同じユーロク族は、年に一度、ダムを造って川をせきとめ、一冬を越すに足る量の鮭を確保するという共同作業を為し遂げた後、乱交にふけり、乱痴気騒ぎの酒宴の躁的解放を経験して、あっさりと贖罪を捨て去ってしまう。すべてのこのような儀式的行為の中に、「イド」と「超自我」が、葛藤に満ちた対立的配置に置かれていることを観察できる。それはまた、われわれが「私的な儀式」、すなわち患者たちの衝動的・強迫的な症状の中に認めるようになったものである。

しかしながら、もしこれらのドラマチックな両極端の状況の中間にある比較的均衡のとれた状態に限定するならば、あるいは、もし一年の周期の中でインディアンとして行う日常的な雑事を淡々とこなす以上のことはしていないときに彼らの特徴を捉えようとするならば、それらの記述は適切な理論的枠組みを欠いたものになる。われわれは、人間がいつであれどこであれ、刻々と変化する感情や観念の中で、常に存在している葛藤をはからずも示すという事実の、微細な兆候を探している。それはどうしようもなく落ち込んだ状態から、フロイトが「ある種の中間状態」と言及した状態を通って、高揚した快適な状態に至るまでの気分の変化の内に現れる。しかしながら、この中間状態は力動的にはあまりに取るに足りないため、そうではないものを示すことによってしか、つまり、躁的傾向も抑うつ的傾向もその時点においては明確には認められない、あるいは、自我の戦場に一時的な休戦が存在している、超自我が一時的に好戦的でなく、イドも休戦に応じている、というように述べるしか、定義できないのだろうか。

d

さまざまな「心の状態」がある中で、比較的に均衡がとれた状態を定義する必要性は、戦時における兵士たちの士気を評価するにあたって切実なものになる。かつて私は、人間の行う努力の中でもほとんど極限に近い環境の一つである、潜水艦の中の生活を観察する機会に恵まれた[7]。

潜水艦においては、乗組員の感情的な柔軟性や社会的な資質が厳しく問われる。若い志願兵たちは、英雄的な期待と男根‐運動的な空想を抱いて潜水艦での生活に臨むのだが、しかし全体的に見ると、細かな雑事に追われ、抑制された空間の中で潜水艦の日常を過ごし、また、行動するときは何も見ず何も聞かず何も言わない役割を要求される中で、そうした期待と空想が実現されることはない。極限的に困難な状況が長引いてくると、間もなく乗組員の間の極端な相互依存と、快適さと人命に対する相互責任が、最初の空想に取って代わるようになる。乗組員と艦長の間には公式の規律に縛られない、ある種の共生関係が築かれる。驚くべき機知と生まれながらの知恵により、沈黙のうちに取り決めが成り立ち、艦長は、機能と人間性が絶えず綿密に調整される潜水艦という有機体全体にとっての感覚システムとなり、頭脳となり、良心となる。またこの取り決めによって、乗組員たちは補償のメカニズムを発動させ（たとえば、気前よくたっぷりと食物を皆で分けあう）、それによって単調さに耐えながら、同時に、瞬時の行動に備えておく。確かに、極限的な環境に対するこうした自動的な相互調節は、最初に見たときには、原始的な遊牧生活やある種の口唇的な不活発への退行に見られる「精神分析的な意味」を予感させる。事実、精神医学の議論においては、単に類似しているという理由によって、部隊全体、乗組員全体、あるいは職業集団全体が、主に潜在的な同性愛や精神病的傾向に動機づけられているのではないかと疑われることも稀ではない。そして、あからさまに同性愛者であることが疑われる人は、時により、潜水艦の乗組員から最大限の嘲りと残酷さをもって扱われるのが事実である。しかし、なぜ人はこのような生活を選ぶのか、とてつもなく単調な日々とときおり襲われる悪夢のような危険にもかかわらず、なぜ人はこの生活に固執するのか、そして何よりも、なぜ彼らはその中で良好な精神状態、威勢の良さ、ときおりのヒロイズムを保つことができるのか。こうした問いに対して、われわれは満足しうる力動的な答えをもっていない。

任務にあたっている潜水艦の乗組員、働いているインディアン、成長しつつある子どもが、ある行為をしているその時その場所で自分が行っていることと自らを一体と感じている人と共通にもっているのは、こうした「中間状態」と同種のものなのである。そしてそれこそ、われわれが、子どもたちに成長しても維持し続けてもらいたいと願い、患者たちにその自我の統合機能が回復したときに手に入れてもらいたいと願っているものである。それが達成されたとき、遊びはより独創的になり、健康は内から光を発するように輝き、セクシュアリティはより自由になり、仕事はより意味を帯びたものになる。そうであるならば、われわれは自我統合と社会組織の相補性に光を投げかけるような概念を必要としているのであり、それをこれまでにない高いレベルへと拡大していくことが、社会的にも個人的にも、すべての治療的努力の目標になる。

Ⅱ　自我の病理学と歴史的変化

a

子どもは同一化する機会を多くもっている。子どもは自分自身を、現実の、あるいは架空の男性や女性と、もしくはさまざまな習慣や特性と、職業や考えと、多かれ少なかれ実験的に同一化する。ある種の危機によって、子どもはラディカルな選択を迫られることもある。しかし、子どもの生きているその歴史的な時代は、さまざまな同一化の断片を有効に組み合わせるための社会的に意味のあるモデルを、ごくわずかしか提供しない。そしてそのモデルが有効であるのは、〔子どもの〕身体の成熟段階と、〔その子なりの〕自我の統合のしかたと、文化の側からの要求とに、すべて同時に応じることができる場合である。

多くの子どもの神経症的な、あるいは逸脱行為に走った症例において見られる絶望的なまでの激しさは、思慮のない「指導」や罰から、芽生えつつある自我アイデンティティを防衛する必要に迫られていることの表現であるかもしれない。観察者から見て、むき出しの本能的表現が激しく表れているように見える現象は、多くの場合、可能なただ一つのしかたで統合し昇華することを認めてほしいという、子ども自身の嘆願なのである。だからこそ、若い患者は特定の治療方法にしか応じようとしないのだろう。すなわち、すでに形成されつつあるアイデンティティに必要不可欠な条件を完成させるか、それを再編成する助けとなる治療方法にしか、応じようとしないのだろう。治療や指導によって、好ましくない同一化の代わりに、より好ましい同一化を置き換えようと試みても、それによって彼らのアイデンティティ形成が元来向かっていた方向が変化することはない。

ここで脳裏に浮かぶのは、ある退役したドイツ軍人のことである。彼は、ナチズムを受け入れることができなかったか、もしくはナチズムから受け入れられなかったために、アメリカに移住してきた。彼の幼い息子はこの国に来る前にナチズムの教化を受け入れる時間がほとんどなかったので、他の子どもたちと同じく、きわめて自然にアメリカの文化や風習に慣れていった。ところが、その息子は、次第にあらゆる権威に対して神経症的に反抗するようになった。彼が「古い世代」に対してぶつけた言葉やその表現のしかたは、明らかに、彼が一度も読んだことがないナチの著作のものであった。そしてその態度は、無意識的に、ヒトラー・ユーゲントの反抗であった。表面的な分析からは、ヒトラー・ユーゲントのスローガンに同一化していたこの少年は、父親に対する攻撃者に同一化していることが示唆された。

この時点で、両親は息子を陸軍士官学校に行かせることに決めた。私はこの息子が激しく抵抗するだろうと思っていた。ところが金色の線章、星、階級が約束された制服を受け取った瞬間、その少年に劇的な変化が起こった。まるでこれらの軍のシンボルが、彼の内的秩序に、突然の決定的な変化を与えたかのようだった。いまや少年は、アメリカのプロトタイプである士官学校の制服に身を包んだ、無意識のヒトラー・ユーゲントとなった。そして一市民にすぎない父親は、彼にとって危険でもなければ重要でもなくなった。

しかし、この父親と、関連する父親に代わる者たちが、どこかある時点で、無意識的なジェスチャーによって[8]（とりわけ第一次世界大戦中の手柄を話しているときに）、この少年の中に軍人的プロトタイプを築き上げる助けをしたことは確かである。この軍人的プロトタイプは、数多くあるヨーロッパ的な集団アイデンティティの一つであり、また、ドイツ人にとっては、数少ない完璧にドイツ人的、かつ高度に専門化されたアイデンティティの一つとして、特別な重要性をもっている。ゆえに、軍人的アイデンティティは政治的展開によってその成就から外された人たちにとってさえも、多くの部分的同一化の歴史的焦点として無意識的な支配力をもち続けていたのである[9]。

子どもたちに歴史上の人物、あるいは実在する人物を善悪のプロトタイプとして受け入れさせるさらに微妙な方法には、ほんのちょっとした愛情、誇り、怒り、罪悪感、不安、性的緊張などの感情を示すことが含まれる。そういう提示自体のほうが、そこで使われた言葉、そこに込められた意味、そこに含まれている哲学よりも、子どもたちにこの世界で本当に重要とされていることの輪郭を伝える。すなわち、子どもたちの属する集団の空間 - 時間、およびそのライフプランのパースペクティヴの諸変数を伝達するのである。同じくらい捉えにくいのが、社会経済的・文化的なパニックである。こうしたパニックは家族全体を巻き込み、人々を幼児期的な贖罪心理に退行させ、その反動としてより原始的な道徳律へと逆戻りさせてしまう。こうしたパニックが、たまたま時期的にも、また力動的な質においても、子どもの心理・性的な危機の一つと重なると、それらは症状の「選択」に重要な役割を果たすことになる。なぜならすべての神経症は、人々と共有するパニック、その人個人の不安、身体的な緊張のすべてを同時に反映しているからである。しかしそれはまた、この例にあるように、症状は個人的な退行と歴史的な退行が合体したものでありうるということを意味している。その結果、われわれの罪の文化においては、幼児期の罪の意識と贖罪心理に退行するだけではなく、歴史的にもより初期の、さらに厳しい行動原則の内容と形式に反動的に逆戻りしてしまう。集団の社会経済的な情勢が危険にさらされると、あたかも外側の危機が内なる危機として扱われる必要があるかのように、暗黙の道徳律がより制限的になり、より魔術的になり、より排他的になる。そして、これは臨床的に見て重要なのであるが、患者が自分の子ども時代の環境として繰り返し描くのは、あまりに多くの変化が同時に起こったために生じたパニック状態の、いくつかの場面が凝縮したものであることが多く、そこにさまざまな葛藤を引き起こす出来事が「詰め込まれて」いるのである。

ある五歳の男の子の場合、何度も暴力的な攻撃と突然の死が偶然に重なった経験をした後で痙攣を起こしたが、この子の暴力のとらえ方そのものが、家族の歴史によって問題のあるものになっていた。この子の父親は東欧系ユダヤ人で、五歳のときに温和で物静かな祖父母に連れられてニューヨークのイースト・サイドにやってきた。彼がそこで生き残るためには、それまでのアイデンティティ要素の上に、先に殴ったヤツが勝ちだというアイデンティティを重ね合わせるしかなかった。父親はこのイメージを丹念に、患者である男の子の芽生え始めたアイデンティティに根付かせたが、しかし、それがどれほどの代償を払うことになるかを教えることはなかった。やがて父親はそれなりの経済的成功を収め、ニュー・イングランドの小さな街の大通りに店を構え、近くの住宅街に引っ越した。そこで父親は、初め息子に要求していたタフであることを取り消す必要に迫られた。その代わり父親は、嘆願したり脅したりしながら、いまや生意気ざかりで好奇心溢れる息子に、商店の息子というものは異教徒にも優しく接するべきだと印象づけようとした。このアイデンティティ要素の再評価は、男の子の男根‐運動段階の只中に起こった。この段階は、明確な方向づけと新しい表現の機会を必要とする時期である。さらに偶然にも、父親が移住の犠牲となった年頃と同じでもあった。家族のパニック（「優しくあらねば、商売をしてゆかれない」）、個人の不安（「タフでなければわが身が危険なのに、一体どうすれば優しくなれるのか」）、父親に対する攻撃性を外集団に向けるというエディプス的な問題、矛先のない怒りによって引き起こされる身体的な緊張。本来これらはすべて別々の出来事であるにもかかわらず、有機体、環境、自我が同時に変化したために、どれを優位とすべきか、その相互調節を経ることがないまま、相互にショートしてしまったのである。こうして男の子のてんかん発作が現れることになった[10]。

b

さてここで、成人の治療を行う際に出会う転移や抵抗の中に歴史的プロトタイプが再び姿を見せる様子を記述してみよう。以下の抄録は、幼児的なアイデンティティ危機と患者の大人としてのライフスタイルとの関係を物語っている。

ある女性のダンサーは、非常に容姿に恵まれていたが、身長がきわめて低かった。彼女は背筋をピンと直立させておかずにはいられず、踊るときにぎこちなく不格好になってしまう症状に悩まされていた。分析によって、彼女のヒステリー性の直立は無意識のペニス羨望の表れであり、これは子ども時代に誘発されたもので、自己顕示癖に伴って出てきたものであることが明らかになった。この患者は、第二世代のドイツ系アメリカ人の家に生まれた唯一の女の子であった。父親は成功を収めたビジネスマンで、ある種の自己顕示的な個人主義に傾きがちなタイプであり、自らの立派な体格を非常に誇らしく思っていた。彼はブロンド髪の息子たちに対しては、しっかりと姿勢を正すよう言い聞かせていたが（もはや意識的にプロイセン人であることを期待したわけではないであろう）、黒髪の娘にそれを要求することはなかった。むしろ父親は、女性の身体そのものを、見せる価値のあるものだとは思っていなかったようである。このように不平等に扱われたことによって、患者は兄弟に張り合おうとし、ダンスの中で「改善された」姿勢を見せたいという望みを強くしたが、この姿勢は、彼女が一度も見たことのないプロイセンの祖先のカリカチュアであった。

こうした症状に含まれる歴史的な意味は、症状を防衛する患者の抵抗を分析することによって明らかになる。この患者は、意識的な「肯定的な」考えの中では、いつも自分の父親と分析医を比較して、共に背が高く、「北欧的な」身体つきであると思っていた。ところが分析医が夢の中に、背の低い、小汚い、しわくちゃのユダヤ人となって出てきたことで、非常に動揺してしまった。彼女は明らかに、劣った人種と男らしさの欠如を象徴するこのイメージによって、彼女の症状に潜む秘密を解き明かそうとする権利を分析医から奪おうとした。しかしそれは、御しがたい歴史的プロトタイプのペア、すなわち、理想的なプロトタイプ（ドイツ的、背の高い、男根的）と邪悪なプロトタイプ（ユダヤ的、背の低い、去勢された）が彼女の脆い自我に脅威を与える危険性を明るみに出すものでもあった。この患者の最終的な自我アイデンティティは、この危険な二者択一を、非常に現代的なダンスを踊る直立したダンサーという役割の中に組み込んで、昇華させようと試みたのだった。これは創造的な解決法と言えるが、しかし依然として、自分の女性としての身体の劣等性に対するあまりにも自己顕示的な抵抗を潜ませていた。父親の男性顕示癖やドイツ人的な偏見は、彼女が子ども時代に感覚的に体験したことを通して彼女の内に植え付けられていたために、無意識の中で、危険なまでに大きな破壊力を保ち続けていたのである。

思うに、こういう分析を通して、一般的に次のようなことが言えるのではないか。無意識の邪悪なアイデンティティ、つまり自我がそれに似るのを最も恐れるアイデンティティは、多くの場合、侵害された（去勢された）身体、排除された民族集団、搾取されたマイノリティといったイメージによって構成されている。それが症状として現れる際には実に多様な形をとるにもかかわらず、この結びつきは広く浸透し、男性にも女性にも、多数派にも少数派にも、今ある国家あるいは文化的単位におけるあらゆる階層においても当てはまる。なぜなら自我は、統合しようとする努力の過程で、最も力強い理想的なプロトタイプと邪悪なプロトタイプを（いわば勝ち抜き戦の最終勝者のように）取り入れ、それによって、すでに存在している二者択一のイメージの全体、すなわち優越か劣等か、善か悪か、男性的か女性的か、自由か隷属か、力強いか無力か、美しいか醜いか、黒人か白人か、背が高いか低いか、といったイメージ群を、この単純な二者択一の構図の中に組み入れようとするからである。そして、当惑するほど数多くの小競り合いを、一つの戦い、一つの戦略にまとめようとする。この点で、過去に関するより均質的な潜在的イメージが、個々の抵抗の中で、その反動的な影響を発揮する。この点は今後の課題であるが、患者の自我が探し求めている、患者にとって重要な二者択一の構図の歴史的基礎を理解することになるはずである。

付け加えるならば、いかなる集団の形成過程においても、道徳的・性的な二者択一の構図と民族的な善や悪のプロトタイプの無意識的な結びつきが不可欠である。精神分析は、それらを研究することによって、治療法を完成させると同時に、集団の偏見に無意識的に含まれているものへの知識を深めることになる。しかし、われわれの患者の理想的なプロトタイプと邪悪なプロトタイプを一覧にしてみたとき、ユングが遺伝的プロトタイプ（「元型」）理論の基礎とした、臨床的事実にも直面することになるだろう。

ちなみにユングの理論は物議を醸したが、これは概念上の論争が観察者のアイデンティティ問題という問題、特に元となった観察の初期段階におけるそれに光を当てることができるという根本的な事実を思い起こさせる。ユングが精神分析の仕事の中にアイデンティティ感覚を見出すことができたのは、ひとえに、彼の祖先たちの宗教的・神秘的な時間‐空間と、彼がフロイトのユダヤ人の先祖の中に感じたあらゆるものとを並置することを通してであったようである。こうして彼の科学上の反逆は、いくらかのイデオロギー上の退行と、結果的には（控え目に否認されているが）反動的な政治行動を引き起こすことにもなった。この現象は、精神分析運動の中での、彼の発見に対する反応にも認められる。当時、精神分析において共有されていた集団アイデンティティは、フロイト個人の偉大さへの同一化を基礎としていた。精神分析的観察者は、それを危険にさらすのではないかという恐怖から、ユングの行き過ぎを無視したのみならず、彼が観察した種類の普遍的事実も、実際無視することを選んだのである。

いずれにせよ、「アニマ」「アニムス」といった概念、すなわち、男性の女性的な「側面」や女性の男性的な「側面」を表す心的イメージは、私の女性患者の戯画化された男性らしさ・女性らしさの中にも、彼女のもっと本質的なイメージの中にも、認められるように思われる。自我の総合機能は、未解決の幼児的同一化やその断片を、より少ないイメージと擬人化されたゲシュタルトの中へ包摂するよう、絶えず働き続ける。その過程において、現存している歴史的プロトタイプが用いられるだけではない。共有される心象の産物を特徴づける圧縮メカニズムや、画像的な表現といった方法も用いられる。ユングの「ペルソナ」概念の中には、脆弱な自我が、強制力をもつ社会的プロトタイプに売り渡された姿を見て取ることができる。偽りの自我アイデンティティが確立され、それは「見かけ」を脅かす諸経験や諸機能を、統合するというよりも、むしろ抑圧してしまう。たとえば、男性性の支配的なプロトタイプの強制力によって、男性は、自分の自我アイデンティティの中から劣った性、すなわち去勢された人間の邪悪なイメージを特徴づけているあらゆるものを排除する。それによって、この男性の受容的・母性的な傾向は隠され、未発達なままに残され、罪悪感に苦しめられることになり、取り残されたものから男性らしさという甲羅が作られることになる。

C

治療における試みも、改革主義者の試みも、抑圧、排斥、搾取に基礎を置いたあらゆるシステムにおいて抑圧されている者、排除されている者、搾取されている者は、無意識のうちに支配者たちによって自分たちがその代表とされてしまった邪悪なイメージを受け取り、それを正当なものと信じてしまうという悲しい事実を明らかにする。

以前、背が高く頭のよい、米国西部の農業に影響力をもっていた牧場主の患者がいた。彼はユダヤ人として生まれ、大都市のユダヤ人街で育てられたが、このことは妻以外、誰も知らなかった。その人生は、外面的には華やかな成功を収めていたが、さまざまな強迫症状や恐怖症のために悩まされていた。分析の結果、これらの症状は、彼が育った近隣の環境を再現するもので、その環境の輪郭を、西部の谷間を自由に動き回る彼自身の動きに重ね合わせていることがわかった。彼の友人も敵も、目上の者も目下の者も、誰もが知らず知らずのうちに、少年時代の彼に惨めな思いをさせたドイツ人の少年や、アイルランドのギャングたちの役割を演じていた。彼らは、毎日学校に通う途中の小さなユダヤ人の少年を惨めな気持ちにさせた。その通学路は、孤立しているがより洗練されたユダヤ人の街から、借屋通りやギャング闘争の敵意に満ちた残響を通りぬけて、民主的な教室という一時的な安息の地へと、この少年を導くものであった。この人物の分析は、以下の事実に対する悲しい理解をわれわれにもたらした。すなわち、邪悪なユダヤ人アイデンティティに関するシュトライヒャーの知見は、実は多くのユダヤ人自身が隠しもっているイメージとそれほど違わないこと、そしてその結果、逆説的にユダヤ人たちは、自分が何者であるかを考える上で、もはや過去が大して重要な意味をもたない地域においてすら、そのイメージを生きようとしてしまうという事実である。

問題の患者は、ユダヤ人にとって唯一かつ真の救済者となるのは形成外科医であると、本気で思っていた。こうした病的な自我アイデンティティをもつ場合の身体自我においては、人種を特徴づける上で戦略的に重要であるとされる身体部位（この患者の場合は鼻であり、前述のダンサーの場合は背骨）は、肢体が不自由な者にとっての手足や、一般的な神経症患者にとっての性器と似た役割を果たしている。問題となる身体部位は、他の部位とは異なる自我緊張を帯び、実際より大きく重く感じたり、実際より小さく、肉体から切り離されているように感じたりすることもある。どちらの場合にも、身体全体から分離しているように感じられながら、しかし他方では、他者の注目にさらされ、最も目立っているようにも感じられる。病的な自我アイデンティティの場合も、肢体が不自由な者の場合も、注目にさらされて苦痛を感じる身体部位を隠そうとして隠し切れない夢や、その部位を誤って失ってしまった夢を見ることがある。

個々人の自我の空間‐時間と呼ばれるものの内には、このように、子ども時代の周囲の環境についての社会的トポロジーと、自らの身体像の輪郭が保存されている。これらを研究するためには、患者の子ども時代の歴史を以下のような事実と相互に関連づける作業が必要である。その家族が定住生活を送っていた場所の歴史――家族が住んでいたのは、典型的なアメリカ東部だったのか、南部か、あるいは西部や北部のフロンティアだったのか。後二者の地域は、それぞれアメリカ版のアングロ・サクソン的な文化アイデンティティの中に徐々に組み込まれてきた地域である。その人の家族が、どのような場所から、どのような場所を通って、どのような場所に向かったのか――こうした移住は、それぞれの時代ごとに、発展するアメリカ的性格を特徴づける両極の生活、すなわち、極端な定住型生活と極端な移住型生活を示す可能性がある。その家族の宗教上の回心や改宗、そしてそのことが社会階層としてもつ意味。社会階層の標準に自らを合わせようとして失敗したり、その階層の地位を喪失したり、放棄したりすること。そしてとりわけ、何をしようと、どこであろうと、最も力強い文化的アイデンティティの感覚を与えてくれた、個人あるいは家族の要素。

強迫的な祖父はすでに他界していたが、生前は実業家で、東部大都市の中心地区に大邸宅を構えていた。遺言により、たとえ超高層ビルやマンションが周囲に建ち並んだとしても、邸宅は家族の城として残しておくよう命じられていた。邸宅は、保守主義を象徴するいささか不吉なシンボルとなり、X家がこの家を引っ越す必要も売り払う必要もなく、拡張する必要も増築する必要もないことを世間に告げていた。旅行が便利になったという話も、大邸宅とその延長と見なされる場所の移動、つまりクラブや夏を過ごす別荘、私立学校、ハーヴァード大学などとの間を結ぶだけの、世間から孤立した快適な通路の話としてしか受け止められていなかった。その家の暖炉の上には今でも祖父の肖像画が掛けられており、小さな電球がその紅潮した頬を照らし続けていた。その顔には、力強さと満ち足りた表情が広がっていた。祖父の「個人主義」的な仕事ぶりや、彼が子どもたちの運命にほとんど原始的とも言える影響力をもっていることに誰もが気づいていたが、しかし誰も、それを問題にすることはなかった。むしろ、祖父のそうした影響力は、敬意や几帳面さや倹約などを過敏に示すことによって、過剰に補償されていた。このような祖父をもつ孫たちは、自分自身のアイデンティティを見出すためには、その邸宅から脱出する必要があることに気がついていたし、世間を巻き込んでいる狂った努力〔経済的競争など〕に加わらなくてはならないことに気がついていた。孫たちの何人かは、それに成功した。それができなかった孫たちは、その大邸宅を内在化されたパターンとして受け取った。つまりその大邸宅を基本的な自我空間として受け取り、その自我空間が、誇りや苦痛を伴う引きこもり、強迫症状、性的不感症といった彼らの防衛メカニズムを決定していたのである。彼らの精神分析治療は異常に長く続いた。その理由の一端は、分析室が彼らにとっての新しい邸宅にならなければならず、また、分析医の考え込む沈黙やその理論的なアプローチが、あの大邸宅の儀式的な隔離に取って代わらなければならなかったためである。ところが、患者の礼儀正しい「陽性」転移は、分析医の控え目な態度が容赦ない祖父よりも抑制的な父親に似ているように思われた時点で、終わりを告げた。そして父親イメージと、それとともに転移も、分裂したようであった。弱く温和な現在の父親イメージが、力強い祖父のイメージと融合して成り立っていたエディプス的父親イメージから切り離された。分析がこの二重のイメージに近づくにつれてさまざまな空想が現れ、それによって、患者の真の自我アイデンティティに対して祖父がいかに圧倒的な重要性をもっていたかが明らかになった。これらの空想は、暴力的な権力感覚や、優越感に満ちた怒りを示していた。この優越感に満ちた怒りによって、外見的には抑制されているこうした人々は、あらかじめ用意された優越的特権が与えられている場合以外には、経済的競争に加わることが難しい。かつては最上の階層に属していたこうした人々も、アメリカ的生活の中で、やがて何も相続しない最下層の仲間入りをすることになる。そのすべてをまた最初から開始する強さをもたない限り、現在いる階層から自由競争に参加することはできないのである。そうした強さをもつことができない場合、患者たちは治療を拒むことがある。なぜなら、治療には自我アイデンティティの変化、すなわち歴史の中で変化した経済的条件のもとで、自我を再構成することが含まれているからである。

そうした深い断念を打ち破る唯一の方法は、その子どもは実際のところ、祖父のことを素朴で温かい人間であると思っていたこと、また、祖父は原始的な権力によってその地位を獲得したわけではなく、むしろ歴史にその能力を愛されたからであることを裏付ける記憶に、真剣に目を向けることである。

d

次に、ある少年の事例を挙げよう。この少年の祖父母は西部にやってきたが、「そこではやる気を奮い立たせる言葉以外は、ほとんど耳にすることはなかった」。この祖父というのは精力的でやる気に満ちた男で、技術者として新しく挑戦しがいのある仕事を求めて、広大な土地を転々と移動していた。その挑戦の当初の目的を達すると、その仕事を他人に譲り、また別の場所に移った。妻でさえも、たまに子作りするときくらいしか、夫と顔を合わせる機会がなかった。典型的な家族パターンのとおり、彼の息子たちは父親のペースについてゆくことができず、立派な定住者として置き去りにされた。こうしたライフスタイルの変化を、それぞれにふさわしい言葉で表現するならば、「こんな所から出て行ってやる」と特徴づけられる存在から、「ここにいて、あいつらを締め出してやる」と決意する存在へと変化した、と言える。よくあることだが、その祖父の一人娘（つまり患者の母親）だけが、父親と同一化し続けた。ところが、まさにその同一化のために、彼女は父親に匹敵するような強い夫と結婚することができなかった。彼女は軟弱な男と結婚して、定住した。そして息子を信心深く勤勉になるように育てた。息子は、時には向こう見ずで移り気になり、時には抑うつ的になった。時には大きくなりすぎた非行青年のようでもあり、別のときには愉快な酒好きの西部人として、一緒にいて楽しい人物でもある。

ところが、この心配性の母親は、当の母親自身が少年の子ども時代を通して、定住した父親〔夫〕を軽蔑していたこと、そして、地理的・社会的な移動の欠如に対しても、結婚生活の欠如に対しても公然と非難し、むしろ少年の祖父の功績を理想化していたこと、ところがその一方で、少年が大胆に元気よく動き回っていると、落ち着いた近所づきあいをかき乱すことを恐れて、いつもパニックを起こし、それを罰しようとしたことに、気づいていなかった。

次に、別の地域からの問題について考えてみよう。中西部出身のある女性は、並外れて女性らしく繊細であったが、東部に住む親せきを訪ねてきた機会に、精神分析医を訪れた。常に感情が抑え付けられているように感じ、あらゆることに対して軽度の不安を感じていた。予備的な分析治療の間、彼女はまるで生気を失っているように見えた。数週間が経過してからようやく、ときおり、連想が次々と生み出されて、圧倒されるようになった。そのすべてがセックスや死に関する恐ろしい印象であった。これらの記憶の多くは、無意識の深層から現れたのではなく、意識の中の、ある隔離された一隅から出てきたもので、そこにすべての恐ろしい事柄を締め出していたが、時に彼女の子ども時代を取り囲む中流上層階級の秩序だった実際的なことごとを突き破って出てくるのだった。こうした生活の断片の隔離は、あらゆる強迫神経症患者にも見られるものである。この患者の場合、それは承認を受けた生活のしかたの一部であり、エートスでもあったが、ヨーロッパ人の男性から求愛されて、コスモポリタン的な雰囲気の生活を思い描こうとしたときになって、真に不快に感じるようになった。その新しい生活に彼女は魅力を感じていたが、同時にそれを抑えていた。生き生きとした想像力が呼び覚まされていたが、それは不安によって押さえつけられた。この葛藤に腸が反応し、彼女は便秘と下痢に交互に苦しんでいた。最終的な印象は、彼女は性的・社会的な問題についての想像力が貧困なのではなく、全体的に抑制されている、というものであった。

この患者の夢が、次第に秘められていた未開発の自由の源を明らかにした。自由連想を行うと、そのときはまだ苦痛を感じ生気を失っているように見えたが、夢はほとんど自律的にユーモアを帯び、想像力も豊かになっていった。あるとき彼女は、静まり返った教会の集まりに、燃え立つような赤いドレスを着て入ってゆく夢を見た。また、立派な窓に向かって石を投げつけ、その窓を割る夢を見た。しかし最もカラフルな夢は次のようなものだった。その夢の中で、彼女は南北戦争時代に、南部連合国軍側にいた。その夢のクライマックスで、彼女は巨大な舞踏場の真ん中に作られた、低いついたてで仕切られただけのトイレに座っており、金管楽器が力強く奏でる音楽に合わせて彼女の周りをくるくると回る優美に着飾った南部連合軍の軍人や南部の淑女のカップルたちに向かって、手を振っていたのである。

こうした夢が、彼女の隔離された子ども時代の一部に光を当てる助けになった。それは、南部連合軍の退役軍人だった祖父が与えてくれた、優しさに満ちたぬくもりである。祖父の世界は過去のおとぎ話だった。その形式主義にもかかわらず、祖父の家父長的な男らしさと優しさに満ちた愛情は、彼女の子ども時代の飢えた感覚を通して経験され、また、自我を探し求めていた彼女にとっては、父親や母親が与えてくれた標準的な成功の約束よりも、より直接的な補償を与えてくれるものであった。祖父の死とともに、彼女の感情は死んでしまった。なぜなら彼女の感情は、失敗した自我アイデンティティ形成の一部であり、愛情という栄養や、社会的な報酬というかたちの栄養を受け取ることができなかったからである。

南部の女性（階級や人種を超えた広がりをもつそれ自体一つのアイデンティティ）として知られる自我アイデンティティを少しでももった女性たちに対する精神分析治療は、彼女たちの特殊な抵抗によって複雑化するように思われる。確かに、患者たちは通常移住させられてきた南部人であり、その淑女ぶりは防衛であり、ほとんど症状と言ってもよいものである。治療を望む彼女たちの願いは、以下の三点に由来すると見てよい。それらはすべて、南部の文化に固有の決まり事と結びついている。カーストや人種のアイデンティティを守るために、幼い女の子に淑女のプロトタイプを押し付けることによって準備される決まり事である。

第一に、人生とは、悪意のあるゴシップが南部女性たちの些細な弱点や欠点を並べ立て、最終的な容赦ない最後の審判――淑女であるか否か――に向かう厳しいテストであるという、擬似パラノイア的な疑惑がある。第二に、男たちは、劣った卑しい性的対象を手にするには表向き女性たちを尊重するという代価を払うという、暗黙に公認されたダブルスタンダードの抑制がなければ、紳士であることを放棄するという広く受け入れられた確信がある。少なくとも男たちは、女性の名誉を傷つけようと試み、社会的に地位の高い夫をもつとか、自分の子どもをより上流の社会に嫁がせようとする女性たちの期待を傷つけようとするに違いない。〔第三に〕しかしここにはまた、女性を性的に征服する機会がやって来たときに紳士としての抑制を捨てることができないような男は弱虫であるから容赦なく挑発してやればよいという、アンビヴァレントな意味も含まれている。こうして、より高い社会的地位を求めようとする意識的な期待に支配されたライフプランの中に、常に、普通に罪悪感や劣等感といった感情が存在し、それと対照をなす、淑女であらねばならないという女性の義務感を向こう見ずな情熱の中で消し去ってほしいというアンビヴァレントな男性への期待によって病的なものになる。こうしたことのすべてにおいて、人生のどの領域でも、男性と女性の基準や言葉が心底一致し、原始的な対立を超えることを思い描けないという基本的不可能性がある。言うまでもなく、こうした無意識の基準によって、誠実で見識のある女性たちは深刻な苦悩を味わう。しかし、彼女が分析医に転移した彼女自身の葛藤に満ちた男性観のすべてを分析すると同時に、これらの内面化されたステレオタイプを言語化することによってはじめて、精神分析治療は可能になるのである。

当然ながら、精神分析家が相談を受けるのは、主に、今日のアメリカ的スタイルを支配している二者択一、コントラスト、二つの極の間の緊張に耐えられない人々である。アメリカ的スタイルでは、より大きな、より善い機会を得るために自由であろうとして、絶えず暫定的な状態を続ける必要がある。患者たちは、転移や抵抗の中で、彼らの子ども時代の重要な段階において急激に変化し鋭く対立してゆく国家、地域、階級のアイデンティティの残存物を統合しようと何度も試みるが、いずれも失敗してしまう。分析医は、患者の無意識のライフプランに組み込まれる。分析医は、ヨーロッパ出身であった場合は特に理想化され、患者のより均質な祖先と比較される。あるいは、成功する可能性を秘めたアメリカ的アイデンティティの頭の良い敵として、患者の抵抗を受ける。

しかし患者は、この国の変化の激しさと向き合う勇気をもち、経済的・文化的アイデンティティを求める苦闘に含まれる両極性と向き合う勇気をもつことが可能である。しかも彼らは、それを負わされた敵意に満ちた現実としてではなく、より普遍的な人間的アイデンティティを約束する可能性として捉えることができる。しかしすでに述べたように、これには限界がある。もしその人の子ども時代の感覚的刺激が根本的に欠如している場合、あるいは、好機を利用できる自由が「制度《システム》」によって立ち往生させられてしまう場合である。

e

精神神経症により終戦前に軍を除隊された退役軍人を対象とした研究で、われわれは自我統合が部分的に喪失される症状が何度も繰り返されるのに出会った。こうした人々の多くは、実際に「未習得の機能の段階」に退行するのである[1]。彼らの自我の境界は、衝撃を吸収する輪郭としての機能を失ってしまう。あらゆる唐突な出来事や刺激の強すぎる出来事が起こると、外部からくる突然の感覚的印象であれ、衝動や記憶であれ、それが何であれ不安と怒りが沸き起こる。感覚システムが絶え間なく「脅かされて」おり、外側からの刺激によっても、火照り、動悸、キリキリとした頭痛などの身体の感覚からの刺激によっても、攻撃にさらされる。不眠症状のために、睡眠によって夜間の感覚遮蔽を回復することもできず、夢によって感情的なまとまりを回復することもできない。記憶喪失・神経症的な虚言癖・錯乱といった症状が、時間的つながりや空間的まとまりの部分的喪失を示している。「平和時神経症」の症状とその残存物を定義する症状は、その断片的で見せかけの性質であり、あたかも、彼らの自我は組織だった神経症をもたらすことすらできなくなっているかのようだった。

こうした自我損傷は、さまざまな暴力的な出来事によって生じたように見えるケースも、無数の不快な出来事によって次第に摩耗するようにして生じたと思われるケースもあった。明らかにこうした男性たちは、あまりに多くの変化があまりに多くの点において一度に起こり、疲弊しきっていた。恒常的に**身体的緊張**、**社会的パニック**、**自我不安**があった。とりわけ、「もはや自分が誰だかわからない」と感じていた。明らかな自我アイデンティティの喪失である。斉一性《セイムネス》と連続性《コンティニュイティ》の感覚、そして自分の社会的役割に対する信念が失われていた。この分野における臨床的観察において、私は、逃れることのできない、直ちに明確にすべきこととして、アイデンティティ感覚の中心的喪失という仮説を初めて発見したのだった。

軍隊において、アイデンティティ感覚は、嘱望される将校や、高度に機械化された部隊のメンバーにおいて、最も強化される。しかし、軍隊生活の中でその自我アイデンティティが健やかに育まれた人間が、時に、除隊後に神経症になることがある。除隊後に、戦争によって、より制限のある平時のアイデンティティが維持できるよりもより野心に満ちた自己イメージをもつようになっていたことに気づくのである。しかし他の多くの人々にとっては、軍隊生活における束縛と訓練自体が、理想的な人物像を提供することにならない。なぜならアメリカ的集団アイデンティティは、各個人がある種の意図的な暫定性を保つことができる限り、つまり、次のステップは自分次第であること、どこにいようともどこへ行こうとも、もし自分が選ぶならば、そこを立ち去り逆方向に向かう権利があると確信できる限りにおいて、各個人の自我アイデンティティを支援するからである。この国においては、移住者であっても移動を命じられることを望まないし、定住者であっても定住を命じられることを望まない。なぜならこの二つのライフスタイルは、個人にとって最も私的で個人的な決定に属すると考えられる二者択一を構成する、正反対の要素から成り立っているからである。したがってかなりの数の兵士にとって、軍隊的アイデンティティは、間抜け（sucker）という卑しむべきアイデンティティを意味している。他の人にはチャンスがあり女の子を追いかける自由があるのに、自分は脱線させられ、そこから逃げ出せないと感じる。しかも間抜けであるとは、社会的・性的に去勢されることを意味する。間抜けには、母親さえ憐れみをかけてくれないだろう。

　神経症に罹った元軍人のしばしば溢れるように出てくる言葉の中には、兵士として、男性としての失敗を状況のせいにして個人的な劣等感を否定するのを助けるような記憶や予知が、一貫して繰り返し出てくる。彼らの自我アイデンティティは、身体的、性的、社会的、職業的な要素に分離してしまったために、それぞれの要素において、その邪悪なプロトタイプの危険を克服し直さなくてはならない。彼らのトラウマを背負った自我は、泣き叫ぶ赤ん坊、血を流す女性、従順な黒人、性的いくじなし、騙されやすいカモ、精神的な能無し、といったイメージと戦い、そこから逃れようとする。こういったプロトタイプはすべて、ほんの少しほのめかされただけで、殺人あるいは自殺につながるほどの怒りを引き起こし、それに続いて、さまざまな程度の苛立ちや無気力をもたらす。彼らは必要以上に誇張して、自らの自我のジレンマを状況や特定の個人の所為《せい》にしようとするが、それによって、彼らの子ども時代の歴史はますます惨めなものとなり、臨床的に正当であるよりも深刻な病状を見せることになる。そして誇張された診断は、一度記録されてしまうと、他者非難と自己非難の悪循環をさらに促すだけとなる。そうした患者たちの回復作業が効率的・経済的になるのは、臨床研究が患者の打ち砕かれたライフプランに焦点を当て、患者の自我アイデンティティの基礎となる各要素を再統合するために役立つ助言を与えることができた場合だけである[12]。

　数十万の人々が今回の戦争で自我アイデンティティを失い、徐々に、あるいは部分的にしか回復しておらず、また、数万人の人々が急性の自我アイデンティティ喪失であるにもかかわらず、精神病と誤って診断され、治療を受けているのに加えて、数え切れない人々が、急激な歴史的変化の結果として、トラウマとなる自我アイデンティティの喪失の恐怖を心底味わった。

しかし、こうした多くの人々とその医師、そして彼らと同時代の人々が、ますます精神分析的精神医学の明らかにした厳しい真実に注目するようになったという事実は、それ自体、批判的に吟味されるべき歴史的な展開である。このことは、個人の症例史《ケースヒストリー》における不安とその疾病の意味に関する限り、精神分析的な洞察がますます受け入れられていることを意味している。しかしこのように人間の失敗に関する辛い無意識的な決定要因を部分的に受容するということ、そして、患者が内省的・言語的であるとはとうてい言えない場合でも個人の治療を強調するようになったということは、急激に変化しつつある歴史的要因のもとでの社会的メカニズムの破綻に気づくことに対する、広く浸透した抵抗と見ることもできる。

歴史的変化は強制的な普遍性をもつに至り、地球規模で加速しつつあり、伝統的なアメリカ的アイデンティティに対する脅威として経験されている。それは、この国は失敗を許す余裕があるという強固な確信、そして、この国は本質的なところで、尽きることのない資源、計画の見通し、行動の自由、進歩のスピードなどの点において常に全世界をリードしているゆえに、自国の社会的な実験を発展させ、試行し、完成させるための限りない空間と果てしなき時間があるという確信を揺るがしているように思える。この防護された空間という古いイメージと爆発的な地球的一体化という新しいイメージを統合しようという試みには困難があり、深刻な不安をもたらしている。この困難は特徴的に、伝統的な方法を新たな時間・空間に応用するときにまず生じる。

精神分析家は、こうした歴史的展開の神経症的症状に対する影響を考慮しないまま、現代のライフサイクルに特有のダイナミズムの多くの部分を見逃してしまうのみならず、個人のエネルギーを、直面している集合的な課題から逸らしてしまいがちとなる。大きな規模で精神的苦痛を減少させるという取り組みは、臨床的な注意を、そのケースに対してと同じくそれをとりまく状況に対して、過去への固着、不安定な表層、不満に満ちた深層に対してと同じく将来のために芽生えつつある計画に対して、等しく向けることによって初めて思い描くことができる。

これに関連して、「自我」という言葉のこの国における一般的な用語法が、当然のことではあるが、精神分析の「自我」概念とはほとんど何の関係もないという事実は指摘しておくのがよいだろう。一般的な意味での自我は、通常、不適切な、場合によっては不当な自尊感情を指している。励ます、からかう、騒々しく主張するなど「自我膨張的」な振る舞いがアメリカ的行動様式の一部であることは言うまでもない。そうした行動様式は人々の話やジェスチャーの中に広く浸透し、あらゆる対人関係の中に入り込んでいる。この国においてそうした行動様式なしに治療的な関係を作ろうとしても、いつまでも外国風で馴染まないものにとどまるだろう。ただし、国民を「気分を良くする」ためや不安や緊張を覆い隠して人々をより良く機能させようとするために「励ます」国民的習慣を利用することは、まったくの別問題である。

弱い自我が本物の強さを獲得するのは、絶えず励まされることによるのではない。強い自我は確かに力強い社会によってそのアイデンティティの安定を得ているものの、人工的にそれを膨張させようとするいかなる試みも、それがどれほど計画的なものであろうと必要としないし、事実そうした試みには影響されない。強い自我は、本物と感じられるものを選別すること、役に立つ物事に熟達すること、必要とされる物事を理解すること、生命あるものを享受すること、病的なものを克服することを目指している。同時にそれは、同じ集団自我《グループエゴ》の内部で、他の人々と互いに励ましあう関係を創出する方向に向かう。そしてそれを通して、集団の目的が次世代へ伝えられてゆくのである。

このような発展に対して精神分析が貢献しうることは、唯一、忍耐強いヒューマニスティックな努力を通して、単に患者を限られた状況に適応させるのではなく、原始的な恐怖によって曇らされてしまった潜在的な可能性に気づくことを目指して、臨床的な経験を応用することである。しかし、精神分析学的概念の形成には歴史的決定要因も存在している。そしてそれ以上に、人間の動機づけという分野において、五〇年以上も同じ用語が使われ続けているとなると、**その用語が作られた時代のイデオロギー**を反映することや、**現代における社会変化の含意**を吸収することは、避けがたい。イデオロギー的な含意は、自我という人間の現実を検証する器官に関する概念道具を使用する中では、避けがたい歴史的要素なのである。

Ⅲ　自我理論と社会的プロセス

a

フロイトが最初に述べたことであるが、人間の自尊感情《セルフエスティーム》の源泉は以下にある。

1　幼いナルシシズムの残存物、すなわち子どもの自然な自己愛。

2　経験に裏付けられた幼児的万能感。これは子どもに自分は自分の自我理想を満たしているという感覚を与える。

3　対象リビドーの満足感、すなわち他者への愛情。

しかし、もし健康な**幼児的ナルシシズム**の残存物が存続するとするならば、母性的環境が、偶然生まれたこの社会的関連の中で生きていることが良いことであると子どもに確信させるような愛情によって、それを創造し、維持しなくてはならない。「自然な」ナルシシズムは、不快な環境の侵入に対して勇敢に戦うと言われるが、実際には、その同じ環境が提供する、スキルの感覚的な豊かさと励ましによって確認されるものなのである。一方、幼児的ナルシシズムが広範囲にわたって深刻に欠乏する事態は、すべての新生児とその母性的環境に共同体に対する信頼という個人を超えた状況を提供する、共同的統合の崩壊を招くと考えなくてはならない。そして後にこのナルシシズムがより成熟した自尊感情に吸収される際にも、それはその人が子ども時代に学んだことを用いることができる機会、それゆえ社会的な意味が連続しているという実感を獲得する機会を期待できるかどうかに、決定的に重要なのである。

もし経験が**幼児的な万能感**の健全な部分を補強するものであるならば、子どものしつけ方法は感覚的な健康と漸次的な習得を促すだけではなく、そうした健康と習得によって獲得される、確かな社会的認知を与えるものでなくてはならない。なぜなら、ごっこ遊びや大人のいんちきで養われる幼稚な万能感とは異なり、アイデンティティ感覚に貢献する自尊感情は、基本的なスキルや社会的な技術に基づいているからである。そのスキルや技術が、徐々に、遊びと巧みなパフォーマンス、自我理想と社会的役割を一致させてゆき、それゆえ確かな未来を約束するのである。

もし「**対象リビドー**」が充足されるものであるならば、性器愛とオルガスム能力は、経済的安定と感情的安心感の文化的スタイルを保証されなくてはならない。なぜなら、それらの統合によってのみ、妊娠と出産、子育てを含む性器愛のサイクル全体が完全に機能するための統一的な意味をもつことができるからである。相手に夢中になりすぎると、近親姦的な幼児期の愛を現在の「対象」に集中させてしまうかもしれない。また性器的な活動が、互いに相手を、退行を防ぐための歯止めとして利用しあうことになる危険もある。しかし相互的な性器愛は未来を向いており、またコミュニティに向いている。それは、一組の男女だけが共同して成就することができる人生の課題の分業、何らかの家族システムという第一次的な社会単位の中で生産、生殖、再創造の統合を目指した努力である。

もし、恋人同士や夫婦の自我アイデンティティがある意味で本質的に相補うものだとしたら、それは結婚生活の中で、子どもの自我の発達の利益となるように融合されうる。このような共同のアイデンティティという関係から見れば、両親イメージへの「近親姦的な」愛着は、必ずしも病的なものとは言えない。精神病理学の文献では病的可能性が暗示されることがあるが、そうとは限らないのである。それどころか、そういった選択は、民族的《エスニック》なメカニズムの一部であり、それを通して自分が育った家族と自分が築き上げていく家族との間に連続性を生み出す。それゆえ、こうした選択は伝統を永続させる。すなわち、先行する世代が習得したすべてのことを永続させ、それは、あたかも種の内部の配偶によって獲得した進化の成果を保存するのと、社会的には同じ意味をもっている。とはいえ、両親への神経症的な固着や、近親姦願望に抵抗する頑固な内的防衛は、各世代の親和性の自然なかたちではなく、その失敗である。

しかし、すでに指摘されているとおり、かつては心理・社会的な進化、部族の統合、国家や階級の統一などのために機能してきた適応メカニズムの多くは、アイデンティティが全世界的に拡大し続ける世界の中で、役割を失っている。変わりゆく歴史的条件から強さを受け取ることのできる自我アイデンティティを育むためには、まず、大人の側が歴史的な異質との共存を意識的に受け入れることが必要であり、同時に、いかなる場所で過ごそうとも、子どもたちに新しい、意味ある連続性の基盤を保証する賢明な努力も必要である。

臨床の歴史は、もし「患者の母親は支配的であった」というようなステレオタイプに陥らないようにするならば、ステレオタイプそのものを研究する上で役立つ。それらは歴史的要因をもち、それ自体に慣習的な意味あいを獲得している。精神分析的思考は、子どもを対象とした新たな研究方法に大いに貢献しうるにとどまらない。近代社会の一部が、非常に変化しつつある技術的状況のもとで、子どものしつけと歴史的発展に意味のある連続性を作り出そうと奮闘しているその自発的なやり方を研究する上でも、大いに貢献しうる。なぜなら、治療したい、あるいは導きたいと思っている者なら誰でも、アイデンティティ形成の自然の傾向を理解し、概念化し、利用しなければならないからである。

b

アンナ・フロイトの指摘するところによれば、精神分析医は、患者を観察するにあたって、「イド、自我、超自我から等距離の」観測地点に立つべきであるという。そうすることによって、その三者が機能上、相互に依存していると気づくことができ、またこれらの心の部分の一つの変化を観察しながら、それに連動して生じる他の部分の変化を見逃さずにすむ[13]。精神内部の区画化というこの概念は、人間が常に巻き込まれている巨大な心理過程を反映している。

したがって、結論として、われわれは自我の課題を（そしておそらく自我それ自体を）三つの欠くことのできない連続した過程の一つとして認識することによって、再定式化できるだろう。これらの過程によって、人間の存在は、時間的に連続的で、形態的に組織化されたものとなり、またその状態が維持される。第一の過程は――これが第一であるのは、フロイトが生物学・生理学的思考様式を心理学に導入した際に最初に研究されたからである――**生物学的な過程**であり、有機体はこの過程によって、自らのライフサイクルを生きる器官体系の階層的な組織体となる。第二は**社会過程**であり、有機体はそれによって、地理的、歴史的、文化的に定義された集団の中に組織化される。第三の**自我過程**とも呼べるものは、組織する上での原理であり、各個人はそれによって、自己経験ならびに他者に対するアクチュアリティという両面において、同一性《セイムネス》と連続性《コンティニュイティ》をもつ首尾一貫したパーソナリティとして、自分自身を保持してゆく。

　これらの過程は、それぞれ生物的・社会的・心理的な過程に専念する異なる学問によって研究されてきた。しかし、生体の「生理機能」、つまり、すべての部分間の間断無い相互作用が、各過程を相互依存させる**連関性**によって支配されていることは明らかである。これは、一つの過程で観察されたどんな変化も、他の過程の変化を引き起こし、かつその変化によって再び影響を受ける、ということを意味している。確かに、これらの過程はそれぞれ、特有の警戒信号をもっている。苦痛、不安、パニックなどである。それらは、器官の不全、自我支配《マスタリー》の障害、集団的アイデンティティの喪失、などの危険を警告する。しかしそれぞれの信号は、全体に対する脅威をも知らせるのである。

　精神病理学は、全体的な相互調整とバランスが失われたためにこれらのプロセスの一つが過度に強調されたときにそれが見かけ上示す自律を観察し、研究している。その結果、精神分析はまず、人間がイド――すなわち、欲求不満の有機体がとりわけその本能性《インスティンクチュアリティ》において動転し、自我や社会に対して押し付ける過度の要求――に隷属している状態を、あたかもイドだけが独立しているかのように研究した。次に、研究の焦点は、一見すると自律的な自我（と超自我）の奮闘による人間の隷属状態、つまり、不安定なリビドー経済を「封じ込める」ために、経験し計画する自我の力を弱める防衛メカニズムの研究に移った。おそらく次に、精神分析は人間が歴史的諸条件に隷属していることをいっそう明確に調べることによって、神経症の基礎研究を完成させるだろう。歴史的諸条件は、慣例によって自律を奪い、人間の内在的な原始的メカニズムを利用して、人々の身体的バイタリティと自我の強さを否定する[14]。

精神分析治療そのものの目標は、従来、イドの機動性（つまり、欲求充足の機会と必要な遅延、欲求不満に対する、われわれの本能的動因の適応力）、超自我の耐性（特定の行為を非難しても、それを行った人そのものを非難しない）、自我の統合力を同時に高めてゆくことであると定義されてきた[15]。この最後の点に関して、次のような提案を付け加えておきたい。自我の分析には、個人の自我アイデンティティと、その人の子ども時代の環境、青年期に危機を迎えたときの環境、大人になってから適応した環境を支配していた歴史的変化との関係を分析する作業が含まれるということである。なぜなら神経症の克服は、その人を今あるようにならしめた歴史的必然を受け入れる位置に立ったところから始まるからである。人間が自由を感じるのは、自らの自我アイデンティティと一体化することを選びうるときであり、そしてまた、与えられたものを自ら為さねばならないものへと適用することを学んだときである。そうすることによってはじめて、唯一無二の自分のライフサイクルと人間の歴史の中のある特定の一時代とが一致し、そこから（自分の世代と次世代のための）自我の強さを引き出すことができるのである。

2 全体主義について

全体主義という歴史現象を議論するにあたって、精神分析医ならば、どのような種類の無意識的な動機づけが全体主義的な方法の発明、開始、広範囲の受容につながったのかを問うだろう。より詳細に言えば、幼児期や青年期はどのようにして、人を全体主義に傾かせるのであろうか。これは、方法論的伝統によって促進されても是認されてもいない他のすべての課題と同じように、難しい問題である。そして、歴史や社会や道徳に関する著作においては、すべての人間はかつて子どもであったという単純な事実に対する言及は、本文中にほとんどなく、また索引には皆無なのである。たいていの学者にとって、幼児期は、社会科学というよりは社会事業の領域に、思想家の問題というよりは社会改良家の心配事に属するように見えるのだ。しかし、あらゆる生き物の中で人間は、長期にわたる生物学的な幼児期によって特徴づけられるのであり、また文明は、心理的な幼児期をさらに引き延ばす傾向にある。それは、人間には、学ぶ方法を学ぶ時間がなければならないからである。つまり、人間のすべての高度な専門化、ならびにすべての協調と内省という複雑な能力は、事実、引き延ばされた依存の期間次第なのである。そして人間は、依存する者としてのみ良心を発達させ、自身に対する依存が、今度は彼を依存するに足る人間にするのである。そして、いくつもの基本的な価値に関して本当に信頼されうるようになったとき、彼は初めて独立した人間となり、また、教えたり、伝統を発展させたりすることができる。しかし、この人を信じる能力は、その起源からして極端な無力状態から高度の自由感や支配感へと至る非常にゆっくりとした発達過程の中にあり、本質的に曖昧なものを内在している。しかもその発達過程は、自由を徹底的に制限し、ある人間には他者を容赦なく搾取することを許すような社会体制の中で生じるのである。

現代の人類学は、しばしば精神医学の示唆に従いながら、子どもの生命や健康を保つだけではなく、彼を通して、また彼の中に伝統を保持し、その社会の独得な文化を維持するためにデザインされたしつけの体系を、社会が「直観的に」発達させる方法を研究している。人間の引き延ばされた幼児期が、技術的能力の発達や、同情し、信頼する能力の発達に寄与することはよく知られているが、あまりにもそのことだけが知られている場合が多い。というのも、同じように明らかになりつつあるのだが、大人‐子どもという対立は、人間存在の対立の中で最初のものであり（二番目は男‐女の対立）、それは人間を搾取可能なものとし、かつ搾取を誘発するからである。子どもの、自分が依存している人々との関係において感じる無力感、見捨てられた感じ、恥や罪の意識などへの生まれながらの傾向が、彼をしつけるために体系的に、しばしば搾取と言えるほどに利用される。その結果、合理的な人間ですら、誰がより大きくより良いのか、誰が何を誰に対してできるのか、というような疑問に集約される不安や疑惑に、非合理的に心を奪われてしまう。したがって、幼児期の最初期の心理的搾取がもたらす帰結に対して、より深い洞察を得ることが必要となる。ここで私が言いたいのは、役割の違いがこのように誤用されることによって、一方の側が潜在的能力の発達過程で傷つけられ、その結果、生産的発達のためにエネルギーが自由であるべきところに、無力感を伴う怒りが蓄積されるということである。

これらすべてを認める人には、全体主義の研究において幼児期が取り上げられねばならず、そうすることで幼児期の決定的な重要性を「見落とさない」ようにして始めることが、十分納得できるに違いない。しかし、付け加えねばならないのは、この見落としは偶然のものではないらしく、したがって、簡単に修正されうるものではない点である。精神分析学は、すべての人間が幼児期の決定的に重要な経験についての記憶喪失を発達させるという、あまたの事実を示してきた。この個人的な記憶喪失が、人間の条件の解釈に見られる普遍的な盲点、つまり、社会という織物の中で幼児期が果たす決定的な機能を見落とす傾向と平行しているだろうと考える、十分な理由がある。おそらく、道徳的な人たちや合理的な人たちは、文明化された人間のイメージを絶対的かつ不可逆的なものとするために果敢に闘ってきたので、人間は誰でも、始まりから出発せねばならず、したがって幼児的な強迫や非合理的な衝動によって、人間の達成してきたことを最初からやり直す潜在力を再び獲得しなければならないということを、理解したくないのであろう。このような拒否は、あの根深い迷信、つまり、合理的で実際的な人間も、児童期の不安というメデューサ〔ギリシア神話に出てくる怪物。それを見た者は石に化したという〕に再び直面すると、彼のひたむきな気力《スタミナ》をなくしてしまうだろうという迷信を反映しているかのようだ。侮りがたい「同じ事態」が、幼児期の事実を適切に視野の中に置くすべての試みに居座っている。だがこの事実を理解するならば、ある点において破壊的なほどに子どもっぽくなることはなくなるだろうし、また、他の点でより創造的に子どものようになりうるのである。

しかしながら、真に新しい洞察を均衡のとれたかたちで定式化するのは難しい。これはおそらく、ここで論じたような普遍的な盲点が、長く疑問をもたれることなく存在してきたことの結果なのであろう。そして、幼児期の重要性への洞察がこの時代に突然現れてきたため、もう一つの、補償的な視野の喪失が発展しがちとなった。つまり、心理学者や精神病理学者の、全体主義のような社会現象を、特定の幼児期または少年期（「青春」）とか、特定の精神病（「偏執症」）とか、独特な「性格構造」（「権威主義的パーソナリティ」）などと等しいものとして説明しがちな傾向である。パーソナリティ学的アプローチからは、子どものしつけパターンや世界を概念化するしかたと、政治的信条の好みとの間の類似について、示唆的な一般化がなされた。しかしこのアプローチは、ある決定的に重要な問題、つまり、どのような条件下において、あるパターンの思想や行為（たとえば、権威主義）に投入されたエネルギーが、関連する政治的教化や効果的な大衆行動に利用できるようになるのかという問題に、ほとんど寄与するところがなかった。一方、精神病理学的なアプローチは、全体主義的な革命に積極的にであれ消極的にであれ関与した民族や人を、病理的な人間とか未成熟な人間と診断的な名前で呼び、また、そのように彼らの政治行動を説明しようと試みることによって、その論拠を弱めてしまった。しかし、人間とは多様なレベルで多様である。そして、プロテスタント的な世界にいるわれわれが「成熟した」人間、またはともかくも「論理的な人間」として要求するようになった明確な信条、意識的態度、実際的な行為の統合を歴史が許すことはめったにないのである。

　したがって、次になすべきことは、全体主義の起源や原因を、幼児期の事実や子ども時代の特定のしつけの形態に求めることではない。またそれを、一時的な苦難とか、地域的な伝染病として扱おうとするものでもない。私は、全体主義は、人間の普遍的な潜在的能力に基づいており、したがって、人間性の全側面、つまり、健康的・病的、成人・幼児、個人的・社会的などのすべての側面に関連している、という前提から出発する。全体主義はおそらく、歴史においてしばしば現実に近かったのであったが、「その」歴史的契機の到来を待たねばならなかった。この契機は、通信や組織における技術の進歩、および、全体主義国家という狂信的な観念を生み、時宜を得た革命的行為によってその実現を後押しし、さらには、権力と恐怖によってそれを維持する、といった種々の条件によって規定された。このような歴史的視点によってのみ、全体主義国家を作り上げる次のようなさまざまなタイプの人々の側におけるイデオロギー的関与の程度や種類の差異を、適切に評価しうる。それは、狂信的な支持者と狡猾な革命家、孤独な指導者と少数独裁の派閥、誠実な信奉者と残酷な搾取者、従属的な官僚と有能な管理者や兵士や技術者、熱心な追従者と無関心な労働者と麻痺した敵対者、気力を失った犠牲者と混乱した将来の犠牲者、などの人々である。私の受けた訓練や経験からは、これらすべての参加形態の中で、最も基本的ではあるがしかし必ずしも常に明白であるとは言えない要因の解明にしか、貢献できない。すなわち、全体主義が正統であるという感覚を鼓舞する、あるいは麻痺させる、心理的な前提条件である。

さて、当初の問題に立ち帰ろう。ドイツ人の言う Umschaltung（転換）と Gleichschaltung（強制的同一化）、つまり、国家はその市民の生活や運命のみならず、精神をも支配する絶対的な権力をもつものであるし、またもたねばならないという改宗にも似た確信を伴う、あの突然の完全な再編と同調に対してある条件下で有効となる、人間の傾向に光を当てるであろう、幼児期の本質に関わる何かである。

しかし私は臨床家として、別のところから出発せねばならない。つまり、全体的な**内面**の変化の例から始めなくてはならない。われわれは、正常な個人と異常な個人の生活史の中に、また、通常は精神病理的と見なされない、ときおり現れる一時的な精神状態の中に、経験や判断の均衡のとれた「全一性《ホールネス》」から、

「全面的《トータリー》」に感じ、思考し、行為する状態への突然の移行を認めることがある。そのような経験の全面的な再構築の最も劇的な臨床例が、重篤な病理との境界例に見られる。ある若い男性が、閉じこもりがちだった昔の性向を振り返りつつ、微笑みながら言った。「私は、『一人』という多数派でした」――つまり、完全に一人でいることを選択したことによって普遍的な存在であった、というわけである。またある若い女性は、同じような趣旨で、「一人であることの権利」について語った。だがこのような唯我論は、病理や成人生活に限られるものではない。すでに幼児期初期において、たとえば、起きている状態と眠っている状態との間を行き来する子どもの健康的な生活が、突然睡眠をまったく忌避したり、常に眠い状態に転じたりすることがある。また、人に囲まれているときと一人のときとを交互に繰り返す子どもの幸福な生活が、母親がいつも傍にいるよう不安げに、または怒り狂ったように要求したり、あるいは、母親が近づいてもまるで気づいた様子を見せずに無表情だったりと、変化することがある。多くの母親は、家をちょっと留守にして帰ってきてから、突然子どもが自分（母親）のことを平然と「忘れてしまっている」のに気づいて、非常に困惑する。全面的な独立も全面的な依存も、一時的または長期的に、通常見られる程度の交代に従わない状態を作り出してしまう可能性がある。また、全面的によい子であるのも悪い子であるのも、突然、両親に手の届かない状態であるように思えてくることがある。両親には、はどほどによい子で、ほんの少し悪さをするような子どもが、実際には好ましいのである。そのような全面的な再編は、幼児期の発達の重要な段階における一時的な局面として出現してくるかもしれないし、精神障害の突発を伴うかもしれない。または、大人になっても、潜在的な可能性として残るかもしれない。

物や他者への全面的な依存について言えば、小さな子どもの物への執着は誰にでもよく知られている。

それは、ときに非衛生的な汚れた人形であり、両親の恥や心配の種となるが、子どもには安全と満足感を保証する絶対的で唯一のしるしなのである。後の、暴力的な愛、憎しみ、突然の改宗や転向などは、友好的または非友好的情動を一人の人間または一つの観念に唯一焦点化すること、そのように焦点化した全情動の原始的状態化、その源泉から全面的な勝利か全面的な敗北かがやってくるというユートピア的もしくは激変の予期という点で、子どもの執着や恐怖心と共通している。

　最後に、かつてはまったく一体であったものの突然の全面的な分裂という、よく知られた例を指摘しておこう。離婚を決意した夫婦に訪れる変化である。良い夫婦と思われていた二人が、二つの排他的な全面《トータリ》性《ティ》へと突然に変化してしまうのは、彼ら二人と仲よくやっていこうと思うものにとってはすぐわかるように、かなりすさまじいことである。

　このような再編は、突然現れるように見えるかもしれないが、実は徐々に進行する。非常に勘が鋭くて勇気のある人だけが、精神分析学が他人の中に、特に患者の中に明らかにするものが、自分にも当てはまることを知っている。つまり、しばしば誇張された好みや偏好や確信などの裏にかろうじて隠れているが、人の全面的な再編への傾向や潜在的可能性がいかに強く体系的であるか、また、白が黒に変わる、またその逆になるような脅威となる完全な再方向づけに対する内的防衛に、いかに多量のエネルギーが費やされるかを知っている。突然の傾倒や改宗、突然の嫌悪の中で解き放たれた感情のみが、そのような防衛の中に「拘束された」エネルギーの大きさを立証するのである。同じように示唆的なのは、精神医学の知識を十分にもつ患者でさえも、「転移」を発達させ、そして臨床家に、言うならば一方的に依存するようになり、しかも陽性的な感情と陰性的な感情を交互に示す傾向である。これは、今まで数多く描写され、嘆かれてきたが、未だ臨床的に有用なものである。それは、内的な全体化を求める普遍的な傾向が存在することを厳然と示すものであり、宇宙哲学や宗教、君主政やイデオロギーに依存する大衆に対する多くの知識人の軽蔑の念は、適切ではない。ともあれ、そのような再編は、とりわけ幼児期に起源をもつ不安の増大に伴って必要となり、緊急の人生の危機によって呼び起こされた、より原始的なレベルにおける再適応であると理解するに至った。それらを、病理的とか「悪い」と特徴づけることは、理解するのにも克服するのにも役立たない。それらに対する目的的な行為を方向づけるためには、それらの内的な原理を、すなわち心の論理を、理解しなければならない。

　こうした例を挙げるにあたって、私は「全一性《ホールネス》」と「全面性《トータリティ》」という用語を用いた。両者ともに完全であることを意味しているが、私はこれらの違いを強調したいと思っている。全一性《ホールネス》は、さまざまな部分《パーツ》が、しかも非常に多様性に富む部分でさえも、実り豊かな連関と組織の一部になるという意味を含んでいるように思われる。こうした概念は、wholeheartedness［誠心誠意の気持ち］、whole mindedness［全神経を集中させていること］、wholesomeness［健全であること］などの言葉に最も顕著に表現されている。さらに、全一性《ホールネス》は、一つのゲシュタルトとして、その境界が開かれていて流動的であるような全体の内部における、多様な機能や部分の間の健全で有機的で漸進的な相互性を強調している。それに対して、全面性《トータリティ》は、絶対的な境界が強調されるような一つのゲシュタルトを連想させる。ある種の恣意的な境界が引かれていて、内側に属しているものは決して外側に置き去りにされてはならないし、外側にあるべきものは決して内側に入ることを許されない。全面性《トータリティ》は完全に包括的であると同時に、完全に排他的であらねばならない。絶対的であるとされるカテゴリー出発点が論理的であったか否か、あるいは、その構成要素となる部分は本当に他の部分と親和性があったか否かには、関係がない。

したがって、われわれは、たとえ心から望んでいた全一性《ホールネス》の放棄を意味するとしても、さらなる選択や変更を加えることなく全面性《トータリティ》を求める心理的な欲求を前提としなくてはならない。一言で言うとこうである。人間は、予想外の出来事によって、あるいは発達による変化によって、基本的な全一性《ホールネス》を失うと、われわれが全体主義と呼ぶものに頼ることによって、自分自身と世界を再構築するのである。すでに指摘したように、このことを単に退行的であるとか、幼児的なメカニズムだと考えるのはやめたほうが賢明である。これは原始的ではあるにせよ、経験に対処するための別の方法なのであり、ゆえに少なくとも一時的な状態としては、ある種の適応的・生存的な価値がある。正常な心理学の範疇にあるのである。ゆえに精神医学的探求を求めるとしたら、次のような問いに限定される。緊急時の適応としての一時的な方法が、固定された結末になるのを防ぐことはできるのだろうか。緊急事態が去ったとき、全体主義は自らを翻すことができるのだろうか。その構成要素が、かつては可能であった全一性《ホールネス》の中に再統合されることは、可能なのだろうか。

個人の内部においては、人生における多様で互いに矛盾しあう段階や側面の間で——直接的な印象と連想された記憶との間で、推進力のある望みと強制力のある要求の間で、存在の最も個人的な側面と最も公的な側面の間で——ある種の全一性《ホールネス》の統合が何度も生み出されるようなやり方で、経験の支配と行動の誘導を促進することが自我の課題である。その仕事を行うために、自我は、スクリーニングの方法と防衛機能を発達させると同時に、統合の様式《モード》を発達させる。自我が成熟を促す力と環境の影響との絶え間ない相互作用を通して成熟するにしたがって、緊張や多様性に対するより大きな寛容を可能にする高位のレベルの統合と、全面性《トータリティ》と一致が安全の感覚を保護するのを助けなければならない低位のレベルの秩序との間に、ある種の二重性が生まれる。個人的な水準において、全一性《ホールネス》の達成、あるいは全面性《トータリティ》の試みを促進するこうした融合と解離に関する研究は、それゆえ、精神分析的自我心理学の領域に属する。ここでは、そうした研究分野の存在を指摘するにとどめておきたい[16]。

自我の始まりを見きわめるのは難しいが、われわれの知る限りでは、「全一性《ホールネス》」が生理学的な均衡の問題である段階から次第に出現し、赤ちゃんの受け取りたいという欲求と母親の与えたいという欲求の間の相互性を通して維持される。当然ながら、母親は命を生み出す生き物であるのみならず、一つの家庭の成員でもあり、社会の成員でもある。母親は、同様に、自分の生物学的な役割とその属する共同体の価値との間に、ある種の健全な関係を感じているべきである。そうすることによってのみ、母親は身体的交流という誤ることのない言語で、赤ちゃんは母親である自分を、世界を、そして赤ちゃん自身を信頼してもよいのだということを、赤ちゃんに伝えることができる。比較的「全一的である」社会のみが、初期の生活におけるあらゆる拡散した身体的経験とあらゆる混乱した社会的合図も、次第に内的世界と外的世界を統合する連続性と同一性の感覚の中に適合しうるのだという内的確信を、母親を通じて幼児に与えることができる。このようにして出現する信仰と希望の存在論的源泉を、私は基本的信頼の感覚と呼んだ。これは最初の基本的な全一性《ホールネス》である。なぜなら、内的なものと外的なものは互いに関連しあう善なるものとして経験されるということを含んでいると思われるからである。したがって基本的不信は、統合の経験によって何らかのかたちでうまくバランスを取ることができなかった、こうしたすべての拡散した経験の総体である。赤ちゃんの内部で何が起こっているかを知ることはできないが、直接的な観察も、また圧倒的多数の臨床的証拠も、初期の不信は「全面的な《トータル》」怒りを伴い、喜びや豊かさの源泉を完全に支配し破壊さえする幻想を見ることを示している。そしてこうした幻想や怒りはその人の中で生き続け、極限的な状態や状況において蘇るのである。

実のところ、児童期のすべての基本的な葛藤は、何らかのかたちで成人の中に生き続ける。最も初期の段階は、最も深い層に保持される。疲れた人間なら誰でも、自分の期待の世界が徹底的に揺るがされたとき、一時的に部分的な不信に退行するだろう。けれども、社会組織は個人に対して、その幼児期の過去から蓄積されたような不安に関しては、持続的な集合的保証を提供するように思われる。人生の最初の最も深い葛藤を体系化し社会化するのは、組織化された宗教である、ということは疑う余地がない。そうした宗教は各々の最初の提供者のぼんやりしたイメージを、原始的な超人的保護者という集合的イメージに結びつける。また、基本的不信という不明瞭な不満に、明確な悪魔というかたちで形而上学的なリアリティを与えることにより、理解しやすいものにする。さらに、儀式を通じて、信頼の定期的な集合的回復を人々に提供する。この信頼は、成熟した大人の中で、信仰と現実主義の結合体として実る。祈りの中で、何があろうとも、信頼し続けることができる超人間的な力を確信し、神を信頼し続けることもできるのだというしるしを求める。原始的な生活では、自然の一部のみを取り上げて集合的な魔術を発達させるが、食物と富の超自然的提供者は、悪意があるとまでは言わないにせよ、まるで怒った両親であるかのように、祈りや自己犠牲によって宥める必要がある存在として、しばしば扱われる。[17] より高度な形式の宗教や儀式も、人々の中にある郷愁に満ちた名残りに向かって、その人は全一性《ホールネス》の楽園から追放されたということを、同様に明確に語っている。その楽園は、かつて自由な備え（provision）を与えたが、悲しいかな失われ、邪悪な分割、潜在的な敵意、深い郷愁といった、言い表しがたい感覚を永遠に残したのである。宗教は、定期的に、またライフサイクルの重要な危機や一年のサイクルの節目に非常に強く結びついた儀式を通して、復活される事ごとの新しい全一性《ホールネス》の感覚を回復する。[18] しかしそうした努力すべてに付きものであるが、周縁の無効に追放されるべきものが中心に再び姿を現しがちとなる。多くの残酷で冷淡で排他的な全面性《トータルネス》が、組織化された宗教のいくつもの歴史の側面を支配してきた。一つの神とその教義によって一つの宇宙が懲罰的に、あるいは慈悲深く包み込まれたという思想が、どのようにして唯一の全体的国家や唯一の全体的人類という思想を人間に抱かせるに至ったのか、という問いが出るのももっともである。なぜなら変化の時期にあって、全面的な再配置が、全体主義のみならず、より大きな全一性《ホールネス》への進歩をも保証しうることは、疑いようがないからである。

今日では、軽率な不信心者の嘲りをもってしても、独断論者の懲罰的な熱情をもってしても、ある驚くべき事実を否定することはできないだろう。多くの人類は、自然との生産的取引をしている道具的人間も、拡大し続ける世界市場において物資を交換して利益を上げている貿易人間も、その存在に全一性《ホールネス》を与える生きた信仰をもっていない、という事実である。独力で成功を収めた人間が、彼の人工の世界の中で安心感を得るためにどれほど深く心を悩ませているかは、機械との無意識的な同一化――これは原始的な人間による、自分の主要な捕獲物への魔術的な同一化と比較することができる――が、西洋的な人間の本質に関する概念一般に対して、そしてとりわけ、自動化され非人格化された子どものしつけに対して、深く浸食している中に見ることができる。摩擦を起こさず、プスプスと音を立てることもなく、煙も出さず、円滑かつ清潔に機能したいという必死の望みは、個人的な幸福、政治組織の完成、そして救済という観念にまで結びついた。ときおり、奇妙な全体主義が、技術的発展のプロセスの中から自然に新しい全一性《ホールネス》が実現すると期待している、うぶな主唱者たちにじわじわと忍び寄っているように感じられる。それは、それほど遠くない昔、誤ることのない自然の知恵から、市場の神秘的な自己調整から、また富の内的な神聖さから、至福千年が出現するだろうと考えられていたのと同じである。もちろん、機械はより実用的になるにつれて、より魅力的かつより快適に作りうる。しかし問題になるのは、その特定の善についての深い感覚がどこから生まれるのか、である。人間はこの感覚を、主要な源泉や生産技術との関係において、それなりに親しんでいるこの世界で人間らしくあるために、必要としている。それが答えられないと、この必要性は基本的不信を増大し続け、深刻で広範囲に広がってゆく。そしてこの基本的不信は、歴史的・経済的視座から見てあまりにも突然の変化に圧倒されている領域において、全体主義・権威主義を全一性《ホールネス》と取り違えて進んで受け入れようとする意志に貢献する。それらは一つの党を率いる一人の指導者、あらゆる自然やあらゆる歴史に単純な論拠を与える一つのイデオロギー、一つの中央集権化された司法機関によって破壊されるべき、生産における一つの絶対的な敵、といったような出来合いのものであり、内側に蓄積されたどうすることもできない怒りを外に向ける、安定した迂回路となる。

しかし、ここで忘れてはならないことがある。われわれが全体主義と呼ぶ一つの制度、ソビエト共産主義体制は、あらゆる革命の彼方に、軍事国家の干渉も、それに必然的に伴う階級制度による干渉も受けることのない、社会の最終的な全一性《ホールネス》を構想するイデオロギーから生まれた。こうした構想の下では、全面的な革命や全体主義的な超国家は、あらゆる国家に終焉をもたらす国家にすぎない。それは休眠状態となることによって自ら無効となり、「物と・・・生産の過程」を除いて何者にも管理されない国家無き民主主義の最終的全一性《ホールネス》として残されるだろう。こうしたユートピア的な事業において中央が「老化する」中で、どの程度、全体主義的な手段や方法が取り返しのつかないまでに硬直してしまうか、という問題については、他の議論を待つほかない。しかし、さしあたって、ソビエト世界とわれわれの世界の周縁にいる新しく出現しつつある国民（そしてその青年たち）を見落としてはならないだろう。彼らは、われわれが共有している技術的変化の時代において、一つの全体的な信念体系を必要としている。ここでは、全体主義のイデオロギーに対する、連続する子ども期の各々の意味を概説しようとは思わない。基本的信頼というかたちの「全一的《ホール》」解決か、基本的不信というかたちでの「全面的《トータル》」解決かというもともとの選択可能性——それをわれわれは信仰の問題と関連づけた——には各々類似の選択可能性が続き、それは次に、基本的な人間社会の制度の一つと関係する。[19]

ついでに、全体主義に関する精神分析の文献において、もっぱらとまでは言えないものの最も強調されている、幼児期の発達のある側面について若干の言及をしたいと思う。それは五歳頃の時期（しばしばエディプス期と呼ばれる）のことで、この時期に子どもは目的志向的かつ反抗的な主体性だけでなく、より組織化された良心をも発達させる準備が整う。三、四歳の、健康で遊び心に溢れた子どもは、最高の自律的な全一性《ホールネス》をしばしば楽しむが、これは常に脅威を与え続ける疑惑と恥の感覚を上回り、栄光と達成の大きな夢に至る。子どもが突然、恐怖症的な秘密の罪のエピソードに直面し、初期の良心の厳格性の証拠を与えるのはこの時期である。この良心は、いまやこの小さな人間が自律的な人間であるという全一性《ホールネス》を享受し、過度の征服を心に思い描くようになった以上、その子の意志に反してその子を引き裂こうとするのである。

フロイトに従えば、良心の保護者は超自我である。超自我は、内なる支配者、あるいは内なる総督のように自我に上乗せされたもので、外なる権威を代表し、主体性の目標だけでなく方法をも制限する。この比喩をさらに発展させることができるだろう。かつては外国の王に対して責任を負っていたが、この総督はいまや独立し、先住民の軍隊（およびその方法）を利用して、先住民の反乱と戦うのである。したがって、超自我はもともと両親から押し付けられた要求や制限の厳しさだけでなく、それが課された幼児期の相対的な未熟さも反映している。このようにして、人間の良心は、意識化された理想に仕えているときでさえ、ある種の無意識的で幼児的な原始性を保っているのである。両親の中に真の忍耐と確固とした態度が組み合わさったときにのみ、幼児期のプロセスを導くことができるが、それが叶わなければ、幼児期のプロセスは厳格な良心による冷酷で「修正されない」態度の犠牲になってしまう。それは初めのうち自己に向かうが、何らかの方法で後に、他人を抑圧することに焦点を合わせてゆく。

そして、罪悪感という曖昧な緊張より耐えがたいものはないという、単純ではあるが非常に宿命的な命題にその基礎を置く人生において、この内面的な分裂が、人生における「全面的《トータル》」な解決に向かう第二の重要な誘因（第一は母親からの分離）となる。ゆえに、まさにこの理由によって、ときおり、すべての道徳的曖昧さを、全面的に善い人間になるか全面的に悪い人間になることによって克服しようとする人がいるのである。全面的に「善い」人間になることは、神のさらなる栄光のために拷問者になることを学ぶことかもしれないし、全面的に「悪い」人間になることは、指導者たちや党派に断固たる忠誠心を発達させることになるかもしれないという点において、この解決は彼らのアンビヴァレントな本質を裏切るものである。明らかに、権威主義的なプロパガンダは、集団的にかつ恥じることなく、この葛藤に働きかける。

そのやり方は、国家の布告やプロパガンダによって、何であれ内的あるいは外的な「敵」と指名された人々を、完全に人間以下の社会の害虫であるとして、完全なる悪を投影させるようにしむけることによる。その一方で、改心した人間は、歴史に祝福された国家、民族、階級の構成員として、自分は完全に善い人間であると感じる。

　幼児期の終わりは、第三の、そしてより直接的に政治的な、全一性《ホールネス》の危機の時期であるように思われる。青年は自ら全一的《ホール》な人間にならなくてはならないし、それを身体的成長、性器的成熟、社会的意識における多様な変化によって特徴づけられる発達段階において達成しなくてはならない。この段階において達成される全一性《ホールネス》を、私は**内的なアイデンティティの感覚**と名づけた。青年は、全一性《ホールネス》を経験するために、幼児期という長い年月の間にそのようになった自分と、予期される将来にそうなると期待する自分との間に、あるいは、自分が思い描いている自分と、他人が彼の中に見、期待していると認識している自分との間に、ますます強い連続性を感じなくてはならない。個人について言えば、アイデンティティは、子どもが依存している人間のようになりたいと思い、しばしばそうなるように強制されていた子ども時代における、すべての一連の同一化の総体を含んでおり、またそれ以上のものである。アイデンティティはそれぞれに独自の産物であり、いまや危機と出会うが、それは同年代の仲間や家族外の指導的人物との新しい同一化によってのみ解決できる。新たな、しかし信頼できるアイデンティティの探求は、おそらく、自分自身やお互いをしばしば残酷なまでの比較の中で定義し、過剰に定義し、再定義する青年の、粘り強い努力の中に見出すことができるだろう。一方で、信頼できる整合性《アライメント》の探求は、最も新しい可能性と最も古い価値の、絶え間ない検証の中に認めることができる。その結果起こる自己規定が、個人的理由にせよ集団的な理由にせよあまりにも困難になったとき、**役割混乱の感覚**が生じる。つまり青年は、彼の性的、民族的、職業的、類型的な二者択一を統合するよりもむしろ、対置させ、断固として全面的に、いずれか一方に決定するよう駆られてしまう。

ここにおいて社会は、個人の選択を導き、狭める機能をもつ。原始社会においては常にこの機能が最重要視されてきた。彼らの思春期儀礼は、未だ不確かであることの恐怖を、儀式による劇的な表現を通して、確かな犠牲や聖なるしるしに置き換える。進歩した文明は、正しい人生計画を「確認する」、別の、より精神的な方法を見出してきた。しかし青年は、排他的な徒党やギャング集団、仲間を形成することによって、より原始的な「加入儀礼《イニシエーション》」を復活させる方法を見出してきた。アメリカでは、青年は概して原始的な伝統主義的や懲罰的な家父長主義、国家的な施策による標準化からは免れているが、にもかかわらず自発的な自己標準化が発達しており、「内部の人」には絶対的に必須である、一見すると意味がなく常に変化し続ける服装やジェスチャーや話し方が存在している。たいていの場合、これは善良な事柄であり、「他人志向」の類の相互支援に溢れているが、時に同調しない者には残酷であり、当然ながら、それが称揚しているかに見せている個人主義の伝統にはまったく無頓着である。

ここで再び個人の病理学に言及したい。この時期、少なくとも一時的にでも標準の全面的なしるしを発見する必要性が非常に大きいので、青年はときおり、アイデンティティの断片の矛盾した束にとどまるよりは、何者にもならないことを、しかも全面的に何者にもならないことを好む場合がある。通常、前精神病的、精神病的と呼ばれたり、あるいは成人の精神病に沿って診断されたりする個人の障害であっても、ほとんど意図的な、否定的アイデンティティ（およびその過去や現在のルーツ）への転換（Umschaltung）

が見られる。幾分大きな規模では、同じような否定的アイデンティティへの転換が、アメリカの大都市における非行少年（依存症者、同性愛者）の間に広がっている。大都市において、経済的、民族的、宗教的な周縁に置かれているという状況は、どんな肯定的アイデンティティにとっても貧しい基礎しか提供できない。もし教師たちや判事たち、精神科医たちが、こうした「否定的アイデンティティ」を青年の「生まれもった」、しかも最終的なアイデンティティであると受け取るならば、青年は稀ならず、不注意な共同体が彼はそうなるであろうと予測するまさにそのものになろうと、自らのプライドと欲求のすべてを注ぎ込むだろう。同様に、周縁部や権威主義的な環境に出自をもつ多くのアメリカ人青年は、過激な集団に一時的な避難場所を見出す。こうした集団では、そうでなければ対処できない反抗と混乱が、黒か白かという二者択一的なイデオロギーの中で、普遍的な正義のしるしとして受け止められる。当然、「本気で」加わる者もいるが、多くの青年はこうしたつながりに、単にいつの間にか流されてゆくのである。

したがって、確固とした内的アイデンティティの感覚のみが、青年期の過程の終了の証なのであり、また、個人としてのさらなる、そして真の成熟の条件なのだということを、心にとめておかなくてはならない。幼児期の最初の不平等の内的残存を埋め合わせ、それによって超自我の支配を弱めながら、肯定的なアイデンティティの感覚はその人が非合理的な自己非難や、重篤な神経症や精神病に特徴的な自分自身への完全な偏見や、他人への狂信的な憎悪をもたずに過ごせるようにする。しかし、こうしたアイデンティティは、その人にとって重要な意味をもつ社会集団、つまりその人が属する階級、国家、文化を特徴づけている集合的なアイデンティティ感覚から青年が受け取ることのできる支援に依存している。[20] ここで思い出しておかなくてはならないのは、それぞれの集団アイデンティティは、その独自の自由の感覚を育むという点である。これが、ある人々にとって、何が他の人々を自由であると感じさせるのか、ほとんど理解できない理由である。しかしながら、歴史的・技術的発達が大規模に、深く根付いている、あるいは力強く出現しつつあるアイデンティティ（たとえば、農村的、封建的、貴族主義的）を深刻に浸食しているところでは、青年たちは、個人的にも集合的にも危険にさらされていると感じる。すると、偽りのアイデンティティ（極端な国家主義、人種差別主義、あるいは階級意識）への全面的な没入や、完全にステレオタイプ化された、新しいアイデンティティの敵に対する集合的な激しい非難を提供する教義を支持する準備が整う。アイデンティティを失うことへの恐怖は、こういった教化を助長し、正義と犯罪行為との混合物の生成に大きく寄与する。この混合物は、全体主義的な状況下で、組織化されたテロ行為や、大規模な人種根絶のための産業を作り上げる際に利用されるようになる。また、アイデンティティの感覚を蝕む状況は、大人たちを青年期の二者択一に固着させるので、非常に多くの人々が同調するか、抵抗の中で麻痺させられてしまう。したがって私の最終的な提案は、まさに幼児期の終わりと青年期における、この全一性《ホールネス》の第三の主要な危機の研究が、全体主義《トータリズム》に向かう最も強力な潜在性を明らかにし、それゆえにわれわれの時代における新しい集合的アイデンティティの出現に非常に大きな重要性をもつ、ということである。いかなる場所でも全体主義的な宣伝は、過去の引き潮によって青年が見捨てられているという主張に集中している。このことをより深く理解することは、全体主義者を軽蔑したり禁止したりして非全体主義化を試みる現在の弱々しい傾向に代わって啓発のための他の選択肢を提供しようとするわれわれにとって、助けとなるだろう。

多様性を包含する勇気をもつことは、個人においても文明においても、全一性《ホールネス》のしるしである。しかし、全一性《ホールネス》もまた、明確な境界線を要する。われわれの文明の現在の状況では、より普遍的なアイデンティティが、技術的、科学的発展とともに出現するすべての多様性と不協和音、相対性と致死的な危険を受け入れると約束するかどうかは、まだ予測することはできないのである。

第3章　ライフサイクル――アイデンティティのエピジェネシス

アイデンティティに不可欠な概念の中に、ライフサイクルがある。というのも、青年期になるまで人は、アイデンティティ危機を経験し通過するための必要条件である身体的成長、精神的成熟、社会的責任などを発達させないと見なしているからである。実際、われわれはアイデンティティ危機を、青年期の心理・社会的側面であるとして語る。また、アイデンティティが、後の人生を決定的に規定するかたちを見出すことなしに、この段階を通過することはできない。

ここで再び、フロイトの非常に大きな影響力を与えた発見から話を始めよう。つまり、神経症的葛藤は、すべての子どもが幼児期に乗り越えなくてはならない「正常な」葛藤と内容的にそれほど大きくかけ離れたものではなく、その残存物はすべての大人がパーソナリティの奥深くにもち続けている、という発見である。なぜなら人は、身体的劣化という侵略と絶えず闘っているのとまさしく同じように、心理的に生きていくために、こうした葛藤を何度も解決し続けるからである。しかし私には、ただ生きているだけで、あるいは病気ではないというだけで、健康であること――あるいはパーソナリティに関しては、**活力ある**

（vital）という言葉を使うほうが好ましいと思っているのだが――を意味するという結論を受け入れることができないので、精神分析の分野における公式の用語ではない、いくつかの概念に頼らざるをえなかった。

私は、人間の成長を、活力に満ちたパーソナリティが乗り越えてゆく内側・外側の葛藤という観点から述べてゆくことにする。活力に満ちたパーソナリティは各々の危機から個人の内的な統一感覚を高め、判断力を高め、そしてその個人自身の、そしてその個人にとって重要な意味をもつ人々の基準に従って物事を「うまくこなす」能力を高めて、再び現れてくる。ここでの「物事をうまくこなす」という言葉の使用はもちろん、文化的相対性に関するあらゆる疑問を喚起する。ある人がうまくやっているとその人にとって重要な意味をもつ人間から評価されるのは、彼が「役に立った」ときであったり、彼が何か所有したという意味で「うまくやった」ときであったりするかもしれない。あるいは、新しいスキルや新しい知識を学んだという意味でうまくやったときであったり、単に何とかやっているにすぎないときであったりするかもしれない。周りに従うすべを覚えたときかもしれないし、激しく反抗するすべを覚えたときかもしれない。単に神経症的な症状が出ていないときかもしれないし、ありとあらゆる種類の深い葛藤を、自らの生命力の中に何とか抑え込んだときかもしれない。

何が成人の「健康な」パーソナリティを構成するかについては多くの見方がある。しかし、もしその定義を一つだけ取り上げてみるならば、つまりマリー・ヤホダの定義を借りるならば、健康なパーソナリティは、**積極的**に環境を**支配**《マスター》し、**パーソナリティ**にある種の**統一性**を示しており、世界と自分自身を**正確**に**認識**することができる。[1] これらの基準がすべて、子どもの認知的発達と社会的発達に関連することは明らかである。事実、子ども時代とは、これらの能力が初めは欠如しているが、次第に多様化していく複雑な段階を経て徐々に発達していく時期であると規定してよいだろう。それではどのようにして、人生の必要に適応する能力が増大してゆく連続的な段階を通して、活力あるパーソナリティが成長する、あるいは、いわば生じるのだろうか——ある種の活力ある情熱を保ちつつ。

成長について理解しようとするときには、**子宮内における**有機体の成長に**由来するエピジェネティック原則**を念頭に置いておくとよい。この原則を多少一般化すると、次のように説明される。成長するものはすべてグランドプランをもち、このグランドプランから各部分《パーツ》が発生し、それぞれの部分にはそれが特別に優勢になるときがあり、やがてすべての部分が機能する全体を形作る。これは胎児の発達について明らかであり、そこでは有機体のそれぞれの部分に、優勢か、あるいは欠損の危険かという重要な時期がある。誕生の時点で赤ちゃんは、母胎という化学的交換の場を離れ、彼の属する社会の社会的交換システムに加わる。そして赤ちゃんの次第に高まりつつある能力が、その属する文化の提供する機会や限界と出会うことになる。成熟しつつある有機体が、新しい器官を発達させることによってではなく、あらかじめ定められた一連の運動能力、知覚能力、社会的能力を用いることによってどのように姿を現してくるかについては、子どもの発達に関する文献に明らかである。すでに指摘されているように、精神分析はさらに特異的な経験について、とりわけ、個々の人物をその人固有のパーソナリティに定めている内的葛藤についての理解をもたらした。しかしここでも、次の理解が重要になる。最も個人的な経験の連続の中で、健康な子どもは、適切な量の適切な指導が与えられれば、発達の内的法則に従うと信じることができる。この法則は、その子どもの世話をしてその子に応えていく人々や、その子どもに準備されている制度との重要な相互作用のための、一連の潜在的可能性を創り出す。その相互作用は文化によって多種多様なかたちをとるとしても、すべてのエピジェネシスを司る「適切な速度と適切な順序」の範囲内にとどまる必要がある。ゆえに、パーソナリティは、その人にとって重要な意味をもつ人々や制度という次第に広がりゆく範囲に向かって駆り立てられ、それを認識し、それと相互作用を行うようになるための、生物としての人間の準備状態《レディネス》の中にあらかじめ定められた段階に従って発達すると言える。

以上のような理由により、パーソナリティの発達における諸段階を示すに当たって、エピジェネティックな図表を用いる。これは、フロイトの社会・性的段階の分析のために『幼児期と社会』で用いた図表に類似している。[2] 実のところ、この図表は、幼児性欲論（ここで詳細を繰り返すことは避ける）と子どもが身体的・社会的にどのように成長するかに関するわれわれの知識の橋渡しを間接的な目的としている。

図表は次ページに示した。二重線で囲まれた欄は、一連の発達段階と各構成要素の漸進的な発達を表している。言い換えると、この図表は、各部分が分化してゆく時間の進行をかたちにしており、以下のことを示している。（1）ここで論じようとしている活力あるパーソナリティを構成する各項目は、他のすべての項目と系統的に関連しあっており、それらはすべて、それぞれの項目の固有の順序における固有の発達に依存している。（2）それぞれの項目は、「その項目自体の」決定的で危機的なときが正常な発達をたどって到来する以前から、何らかのかたちで存在している。

たとえば、基本的信頼の感覚が、人生で発達してゆく精神的活力（vitality）の第一の構成要素であり、自律の感覚が第二の構成要素であり、自主性《イニシアティヴ》の感覚が第三の構成要素であるといったとき、この図表は、三つの構成要素の間に存在する数多くの基本的な関係と、それぞれの構成要素に含まれるいくつかの基本

VIII								インテグリティ 対 絶望
VII							ジェネラティヴィティ 対 停滞	
VI						親密 対 孤立		
V	時間的展望 対 時間意識の混乱	自己確信 対 自己意識	役割実験 対 役割の固定	徒弟期間 対 労働麻痺	アイデンティティ 対 アイデンティティ混乱《コンフュージョン》	性の両極化 対 両性愛的混乱	指導者－追随者 的関係 対 権威の混乱	イデオロギーへの コミットメント 対 価値の混乱
IV				勤勉 対 劣等感	仕事への同一化 対 無益感			
III			自主性《イニシアティヴ》 対 罪の意識		役割への期待 対 役割抑制			
II		自律 対 恥、疑惑			自分自身でありたいという意志 対 自己不信			
I	信頼 対 不信				相互承認 対 自閉的孤立			
	1	2	3	4	5	6	7	8

的な事実を表している。

各構成要素は、それが優勢になると、危機を迎え、言及されている各段階の終わりに向かって、ここに述べられているしかたで永続的な解決を見出す。各構成要素はすべて最初から何らかのかたちで存在しているが、しかしここでその事実を敢えて強調するつもりはないし、前後の段階に存在しているそうした要素に別の名前をつけて混乱を招くこともしない。赤ちゃんは「自律」のようなものを初めから示すことがある。たとえば、きつく抱かれると怒ったように手を自由にしようとしてもがく。しかし、通常の場合、赤ちゃんは生後二年目までは、自律のある人間であるか、それとも依存する人間であるか、という完全な二者択一的危機状態を経験することはない。またそのときまでは、環境との特別に新しい出会いを果たす準備が整わない。そのときになると、今度は環境の側が、赤ちゃんに、自律に関するその環境に特有の考えや概念を、赤ちゃんの性格、相対的な効率性、そして活力的な力の強さに決定的に寄与するやり方で、伝えることを求められているように感じる。

この出会いこそを、その結果として生じる危機とともに、段階ごとに記述してゆくことにする。各段階が危機を迎えるのは、本能エネルギーの移動と平行してある新しい部分の機能が成長し、自覚されるためであり、またその部分に特有な傷つきやすさを引き起こすためである。それゆえ、最も難しい判断の一つは、その子がその段階において、弱いのか強いのか、という問題である。おそらく次のように述べるのが最もふさわしいだろう。ある事柄については常に傷つきやすく、別の事柄についてはまったく忘れっぽく無反応であるが、同時に、その傷つきやすい事柄とまさに同じ事柄に信じがたいほど固執する。そして付け加えておきたいのは、赤ちゃんの弱さこそが、赤ちゃんに力を与えているという点である。まさにその依存性と弱さによって、赤ちゃんは周囲の環境にサインを送る。環境は、もし「直感的な」パターンと伝統的なパターンが結びついた反応性によって正しく導かれているならば、それに特別に敏感に反応する。赤ちゃんの存在は、家族全員の外的・内的生活に、一貫した持続的支配を及ぼす。家族は、赤ちゃんの存在を受け入れるために新たな方向づけを行わねばならないので、彼らも個人として、また集団として、成長する必要がある。赤ちゃんが家族をコントロールし育てるというのは、家族が赤ちゃんをコントロールし育てるというのと同じく正しい。家族が赤ちゃんを育てることができるのは、その家族が赤ちゃんによって育てられているときのみである。赤ちゃんの成長は、社会的な相互作用を目指して新たに発達してゆく赤ちゃんの潜在的可能性に奉仕するという、家族にとっての一連の挑戦によって成り立っている。

こうして、それぞれの連続する段階は、根本的なパースペクティヴの変化を含んでいるために、潜在的な危機である。ここでいう危機とは、発達的な意味であり、大惨事の脅威といったものではなく、ある一つの転換点を含意している。つまり、傷つきやすさが増し、潜在的能力が高まり、それゆえに世代間の強さと環境不適応の個体発生的な源となる、重要な時期である。最も根本的な変化は、子宮の中から外への生活の変化であるが、これは人生のまさに最初に起こる。しかし、出生後においても、リラックスして横になる、しっかり座る、速く走る、といったパースペクティヴの根本的な適応が、それぞれの最適なときに合わせて達成されなくてはならない。それと共に、対人関係の中のパースペクティヴも急速に、また多くの場合は根本的に変化する。それは、「母親にいつも見えるところにいてほしい」という願望と「独立したい」という正反対の願望が、時間的に近接して起こることからも明らかである。こうして、そのつど新しい布置《コンフィギュレーション》、すなわち成長しつつあるパーソナリティにおける、完全に成長した構成要素となることを目指して、異なる能力が異なる機会を利用するのである。

1　乳児期と承認の相互性

精神的活力の最も基本的な前提条件として、すでに**基本的信頼の感覚**を挙げた。これは、生後一年間の経験から引き出された、自分自身と世界に対する広く浸透する態度である。この「信頼」という言葉は、他人を信頼できるという最も重要な感覚と、自分自身を信頼するに値すると見なす基本的な感覚を意味している。

一連の二者択一的な基本的態度の発達を記述するにあたって、アイデンティティという言葉も含めて、「〜の感覚」という言葉を用いる。ところが、一見してわかるように、健康や活力の感覚や、それらが欠けている感覚というようないわゆる「感覚」は、表層にも深層にも浸透し、意識的に経験することも、ほとんど意識されなかったりまったく無意識であったりすることも含んでいる。意識的な経験であれば、信頼は内省を通して接近できる。またそれは、他者によって観察可能な行動のしかたでもある。最後に、テストや精神分析的解釈によってしか判定できない内的状態もある。漠然と「〜の感覚」というとき、これら三つの次元を推察しなくてはならない。

精神分析にはよくあることだが、われわれは信頼の「基本的な」性質を、大人の精神病理学から最初に学んだ。大人において、基本的信頼の根本的な損傷や、基本的不信の浸透は、深刻な疎隔という特殊なかたちで表現され、それは自分自身や他人との関係が悪化すると自分の殻に閉じこもるような個人に特徴的である。こうした引きこもりは、精神病の状態に退行する人々に最も顕著に見られるが、それによって彼らは時に扉を閉ざし、食べ物や慰めを拒絶し、人との交わりを忘れてしまう。彼らの中に最も根本的に欠けているものは、次のような事実に見ることができる。われわれが心理療法によって彼らを支援しようとするとき、彼らはわれわれが彼らを信頼すると信頼することができるということ、また自分自身を信頼することができるということを確信させようとする特別な意図をもって、彼らに「手を差し伸べ」なくてはならない、という事実である。

こういった根本的な退行や、それほど病的ではない患者たちの最も深く、最も幼児的な性向についての理解が深まったことによって、われわれは基本的信頼を活力あるパーソナリティの礎石と見なすようになった。ではなぜ、人生の始まりの時期にこの構成要素の危機と優勢を置くことが妥当なのか、見ることにしよう。

新生児が母親の身体との共生関係から引き離されると、乳児の生得的である程度は協調的な、口を通してものを取り入れる能力が、母親の、新生児に栄養を与えその存在を歓迎する、ある程度協調的な能力や意図に出会う。この時点において、乳児は口を通して生き、口によって愛し、母親は乳房を通して生き、乳房、あるいはいずれの部分であれ、乳児の必要とするものを提供しようとする熱意を伝える表情と身体を通して愛する。

このことは母親にとって時間をかけて複雑に達成されることであり、女性としてどのぐらい発達しているか、無意識のうちに子どもとどう向き合っているか、妊娠および出産をどう経験してきたか、彼女自身および彼女が属する共同体が養育や世話という行為にどう向き合っているか、新生児がどう反応するか、などに大きく依存している。乳児にとって口は、人生に対する最初の全般的なアプローチ、つまり、取り入れ的アプローチの焦点である。精神分析では通常、この時期を口唇期と呼ぶ。しかし食物に対する圧倒的な欲求にとどまらず、赤ちゃんは他の多くの点においても、すでに受容的であるか、あるいは間もなく受容的になることは明らかである。赤ちゃんが自分からある対象に吸いつき、そこから出てくる液体をそれが何であれ飲み込むことができるようになると、間もなく眼を通して視野に入ってくるものも、何であれ、自ら進んで「取り入れる」ことが可能になる。赤ちゃんの感覚も、快いと感じるものを「取り入れる」ように見える。こうした意味で**取り入れ段階**が想定でき、この段階において赤ちゃんは提供されるものに対して、相対的に言えば、受容的なのである。とはいえ、赤ちゃんは繊細で傷つきやすい。この世界における赤ちゃんの最初の経験が、単に生き延びたということだけに終わらず、その繊細な呼吸・代謝・循環器のリズムを調節することが確実に助けられるよう、われわれは、食物について配慮するのと同様、刺激が赤ちゃんの感覚に、適切な強度と的確な時期に届くように配慮する必要がある。そうでなければ、赤ちゃんの自分から喜んで受け入れようとする態度が、拡散した防衛か、あるいは無気力に、根本的に変化してしまうおそれがある。

ところで、赤ちゃんの生命を維持するために何が起こるべきか（つまり、与えるべき必要最低限）、もしくは、赤ちゃんが身体的にダメージを受けたり慢性的な混乱状態に陥ったりしないためには何が起こってはならないか（つまり、初期に耐えうるフラストレーションの最大値）という二点については非常に明確であるが、何が起こってもよいかという点についてはある程度の幅が残されている。そして異なる文化は、それぞれ最大限にその特権を生かして、何が有効であるかを決定し、その必要を主張する。ある人々は、赤ちゃんは自分の目を引っ掻いて傷つけるおそれがあるので、一日の大半、最初の一年の大部分を通して、細い布でぐるぐる巻きしておくことが必要であり、赤ちゃんがぐずって泣いたら、ゆすったり授乳したりすべきだという。別の人々は、赤ちゃんにはできるだけ早いうちから手足を自由にバタバタさせる感覚を味わわせるべきだと考え、しかし当然ながら、お腹がすいたときには、疲れ果てて文字どおり顔に血の気がなくなるまで「欲しい」と泣かせるべきだという。こうしたことはすべて、多少意識的に、その文化の一般的な目的やシステムと関係しているように見える。われわれはかつて赤ちゃんを泣かせたままにしていたが、それはそうすることで「肺が強くなる」と考えていたからである。ところが何人かの年老いたインディアンが、その様子を痛烈に批判するのを聞いたことがある。彼らによれば、白人たちは、最初からこのようにしてこの世に迎えられるのだから、「天国」に行くことで頭がいっぱいなのも無理はないと言うのである。しかし同じインディアンたちが自慢げに、彼らの乳児（二歳頃まで母乳を与えられる）は、母親の乳首に「噛み付いた」ために頭を殴られると怒りで顔が青ざめると語り、この場合、今度はインディアンたちが、そうすれば「彼らは優れた狩猟者になる」と信じているのである。

そうだとすると、子どものしつけに見られる一見恣意的な相違には、いくらかの本質的な知恵と、いくらかの無意識的な計画と、かなり多くの迷信が含まれている。しかし、「子どもにとって善いこと」、何がその子どもに起こってもよいのかの仮定には、ある一つの論理が――たとえそれが本能的で非科学的であれ――存在しており、その子どもがどこで何になるように期待されているかによると言える。

いずれにせよ、人間の乳児は、すでに最初の接触において、その属する文化の最も重要なモダリティと出会う。最も単純で最も初期に出会うモダリティは**得ること**（to get）であるが、これは「採ってくる（go and get）」という意味ではなく、与えられるものを受け取ったり受け入れたりするという意味である。これはうまくいっているときには簡単であるが、ひとたび混乱が生じると、このプロセスが実際はどれほど複雑なものであるかがわかる。暗中模索状態の不安定な生まれたての有機体である赤ちゃんがこのモダリティを学ぶのは、母親のやり方と自分のレディネスを調整することを学ぶときである。一方母親は、彼女が自らの与え方を発達させ協調的にしてゆきながら、赤ちゃんがそれに合わせて受け取り方を協調的にしてゆくことを許す。しかし、このようにして与えられるものを受け取ることによって、あるいは、自分がやりたかったことを誰かにやってもらう術を学ぶことによって、赤ちゃんは同時に、与える人「になってゆく」ために、すなわち、母親と同一化し、やがては与える人になるために、必要な土台を発達させている。

とりわけ敏感な人々にとって、あるいは初期のフラストレーションが埋め合わされることがなかった人々にとって、こういった初期の相互調節における弱さが、世界一般との関係や、重要な意味をもつ人々との関係において特に、障害の根になりうる。とはいえ、当然ながら、口唇受容器官から十分に満足させることを通して、相互性を維持する方法はいくつもある。たとえば、抱き上げ、身体を温め、微笑みかけ、話しかけ、あやしたりすることが赤ちゃんの喜びになる。こうした「水平的な」補償（同じ発達段階における補償）とは別に、人生には「垂直的な」補償を得る機会も数多くある。これはライフサイクルの、以後の段階で現れてくる補償である。[3]

「第二の口唇期」の段階で、より能動的でより直接的な取り入れ的アプローチを追求する能力と、そこに喜びを得る能力が成熟する。歯が成長し、歯を用いて固いものを噛み、噛み切り、齧り取る喜びが発達する。このような能動的‐取り入れの様式《モード》は、最初の取り入れの様式《モード》と同様に、他のさまざまな活動も特徴づける。眼は、最初のうちはこちらに近づいてくるものの印象を受動的に受け入れているように見えるが、いまやぼんやりとした背景から対象を取り出して焦点を合わせ、それらを分離して「捉え」、さらに眼で追うようになる。聴覚器官も同じように、意味のある音を識別し、それらを特定し、頭を持ち上げて振り向く、上体を持ち上げて振り向くなど、それに適した姿勢に身体を導く。腕も、意志をもって伸ばすことができるようになり、両手もしっかり物を掴むことができるようになる。しかし、ここでわれわれにとって興味深いのは、発達を遂げつつある世界へのさまざまな関わり方の全体としての布置《コンフィギュレーション》であり、子どもの発達について書かれた文献に詳しく書かれているような一つひとつの能力の最初の現れではない。ある一つの段階とは、ある可能性が初めて現れた（あるいは検証可能なかたちで現れた）時期であり、また、いくつもの関連する事項がしっかりと確立され統合されたために、発達の次の段階が安全に始められるようになった時期と考えることができる。

この第二の時期に、ものを**取ること・掴むこと**という、社会的モダリティに集約される対人関係のパターンが確立される。とはいえ、そうしたものは、多かれ少なかれ、自由に与えられ提供されるが、しかしすぐに手を離れてしまう。赤ちゃんが姿勢を変えられるようになり、寝返りを打てるようになり、非常にゆっくりとではあるが座ったままいられるようになると、自分の手の届くところにあるものは何であれ、手で掴み自分のものにし、握りしめて噛んでみるといったメカニズムを完成させなくてはならない。

口唇期第二期の危機を査定するのは難しいが、検証するのはいっそう困難である。それは三つの発達が同時に生じるためであると思われる。（1）取り入れ、自分のものにし、より能動的に観察しようとする、いっそう激しい衝動。および、「歯が生えて」きたり、口腔内の機構が変化したりすることによって生じる、不快感に結びついた緊張。（2）幼児がますます自分を他者とは違う一人の人間であると自覚すること。（3）母親が妊娠後期と産後のケアの間に諦めていたことを求め始め、赤ちゃんから次第に離れていくこと。母親が求めることの中には、夫婦の親密さ《インティマシー》に完全に復帰することも含まれ、次の妊娠に向かう可能性もある。

授乳が咬噛期まで続くと、そしてこれは一般に普通のことであるが、いまや乳児は、乳首を噛まずに吸う方法を学ぶ必要がある。さもないと母親は痛がったり怒ったりして、乳房を引っ込めてしまう。われわれの臨床的研究によれば、個人の歴史にとって早期にあたるこの段階は、ある種の基本的喪失の感覚をもたらす。そしてこの喪失感が、昔々ある時に母体との一体感が破壊されたという全般的印象をもたらすのである。したがって、離乳が、突然の乳房の喪失と、母親という安心させてくれる存在の喪失を同時に意味することになってはならない。もちろん別の女性が、母親とそっくりに聞こえ感じられて頼りにできるならば、話は別である。この時期に、慣れ親しんだ母親の愛情を適切な代わりのないままに突然失う場合、状況を悪化させる他の条件が重なると、急性の小児性抑うつ[4]が生じる危険、あるいは、全生涯にわたって潜在的に抑うつ的な性質を与え、軽度ではあるが慢性的な悲嘆をもたらす危険がある。とはいえ、これより好ましい状況下にあったとしても、この段階は精神生活に分離の感覚を、また失われた楽園に対するぼんやりとした、しかし普遍的なノスタルジアをもたらすように思われる。

剥奪された感じ、引き離された感じ、見捨てられた感じは、すべて基本的不信という残存物を残すが、これらの組み合わせによってできた印象に対抗して、基本的信頼が確立され、維持されなくてはならない。

ここで「信頼《トラスト》」と呼ぶものは、テレーズ・ベネディックが「確信《コンフィデンス》」と呼んだものと一致している。私が「信頼《トラスト》」という言葉のほうを好むのは、この言葉がより素朴であり、より相互性を含んでいるためである。乳児が信頼《トラスト》していると言うことはできるが、「確信《コンフィデンス》をもっている」というのは言い過ぎであろう。さらに一般的に言って、信頼するとは、自分の外に存在する提供者たちの斉一性《セイムネス》と連続性《コンティニュイティ》を頼りにすることを学んでいるだけではなく、衝動に対処するにあたっての自分自身と自分の器官の能力を信頼することをも意味している。つまり、自分自身が十分に信頼に足るものであり、提供者たちが守りを固めたり去ったりする必要はないと考えられるようになるということである。

精神医学の文献では、「口唇性格」への言及が頻繁に見られるが、これはこの段階の未解決の葛藤に典型的な性質を強調したものである。口唇期のペシミズムが独占的・排他的になると、「空っぽのまま取り残される」、単純に「取り残される」、または「刺激に飢える」、といった幼児的恐怖が、「空っぽである」とか「無価値であると感じる」といった抑うつ的なかたちで明確に認識される。すると、こうした恐怖が口唇愛に、特殊な、精神分析において「口唇サディズム」と呼ばれる貪欲な性質を与える可能性がある。すなわち、他人や自分自身に害を与えるようなやり方で、手に入れ、自分のものにしたいという残酷な欲求である。他方、楽観的な口唇性格もある。与えること・受け取ることこそが人生において最も大切であると思う性格である。また、どんな人にも正常な基盤として「口唇愛《オラリティ》」が存在するが、これは力強い提供者たちに依存していた最初の段階が、永続的に残ったものである。通常の場合、それはわれわれの依存心やノスタルジア、あるいは過剰な希望や過剰な絶望の中に見出すことができる。口唇期とそれに引き続くすべての発達段階が統合されると、成人において、信仰と現実主義の結びつきとなって現れる。

口唇傾向の病理と不合理性は、これらの傾向がどの程度パーソナリティ全体と統合されているか、あるいは、これらの傾向がどの程度一般的な文化パターンに適応し、その傾向を表現するために承認された対人関係テクニックを使うことができるか、といった点に全面的に左右される。

それゆえ、ここでも他の場合と同じように、幼児的な衝動が各文化的なパターンの中でどのように表れているか、という点に焦点を当てて議論しなくてはならない。幼児的な衝動の表れは、ある文化やある国家の経済・道徳システム全体の中で、病理的な逸脱と見なされることも見なされないこともある。「チャンス」に対する飽くなき信仰、すなわち、伝統的にアメリカ的な、自分の才能や善き意図の運命に対する特権的信頼がその例である。しかしこの信仰は、時に、退化したかたちで見られることがある。大きなギャンブルや、恣意的で多くは自滅的な運命の挑発のかたちで「一か八かやってみる」場合、あるいは、平等なチャンスを得るのは当然のこと、自分だけが特別に他の「投資家たち」を差し置いて優先される権利があると言い張る場合である。同様に、古くて新しい味覚の刺激から得られる、（特に仲間と一緒の）あらゆる心地よい元気づけ、たとえば、ガツガツ食べ、飲み、ムシャムシャ食べ、飲み込み、消化するといったことは、ここで考えようとしている基本的信頼の表れでもなければ、それに貢献することもない、集団的な嗜癖に変質してしまう可能性がある。ここで、われわれは明らかに、疫学的なアプローチを必要とする現象に触れている。それは、口唇的確信の、ある種の弱さの表出である、文化的過剰や軽度の依存症、自己欺瞞、貪欲な私有といったかたちでの、多少とも悪性の幼児的モダリティの精緻化という問題である。

しかし注意すべきなのは、最初期の幼児経験から引き出される信頼の量は、食べ物の絶対量や愛情表現の絶対量によって決まるのではなく、むしろ母性的な関係の質によって決まるように見えるという点である。母親たちはその関係の質の中で、赤ちゃんの個別の欲求を敏感に配慮《ケア》することと、自分たちの属する共同体のライフスタイルとして信頼されている枠組みの中で自分が信頼に足る人間であるという確かな感覚を結合させる営みを通して、子どもの中に信頼感を創り上げていく。これが子どもの中にアイデンティティ感覚のまさに基礎となる要素を形成し、後にそのアイデンティティ感覚が、「これでよい」という感覚、自分は自分自身であるという感覚、他の人から信頼されているとおりのものに自分はなりつつあるという感覚を結合してゆくことになる。両親は、禁止と許可によって子どもを導く特定の方法をもっているだけでは足りない。それに加えて、両親がしていることには意味があるという深い確信、しかもほとんど身体的な確信を、子どもに示すことができなくてはならない。この意味において、子どもの養育《ケア》の伝統的システムは、信頼を作り出す要因になっていると言うことができる。たとえその伝統の内からある種の項目を一つだけ取り出してみたときに、恣意的であったり必要以上に残酷であったり、あるいは甘すぎたりするように見えたとしても、それは変わらない。しかしこの点も、これこそが唯一の方法であるという確固たる伝統的な信念に支えられてこれらの項目が両親から子どもに課されているかどうか、あるいは両親が自分たちの鬱憤を晴らしたり不安を緩和したり、自分の子どもや他の誰か（義理の母親、医師、神父など）との議論に勝つことを目的として、赤ちゃんや子どもの扱い方を誤ってしまわないかどうかによって、大きく左右されてしまう。

変化の時代（われわれの知る限り、現在以上にこの言葉がふさわしい時代があっただろうか）において、ある世代は他の世代とあまりにも違っているので、伝統とされてきたことが障害になる場合もしばしば生じる。母親のやり方と自己流のスタイルとの食い違い、専門家の助言と母親のやり方との食い違い、専門家の権威と自分なりのスタイルとの食い違いによって、若い母親は自分自身を信じることができなくなってしまう。さらに、アメリカの生活におけるあらゆる大衆的変化（移民・移住、あるいは産業化、都市化、機械化などの、いわゆるアメリカ化）は、子育てに伴う単純な、しかし広範囲に及ぶこうした課題に取り組んでいる若い母親を、ますます動揺させてしまいがちである。そこで、ベンジャミン・スポックの育児書の第一章第一節に「あなた自身を信じてください」というタイトルがついているのも、不思議ではない。[5]

発達について議論するにあたって、始まりから始めなくてはならないのはやむを得ない。人間の精神《マインド》の、最初の、しかも最も深い層についてはほとんどわかっていないのだから、これは残念なことである。しかし私は、われわれはいまや大まかな方向づけには触れたので、そこからあらゆる人間の活力の構成要素が姿を現しつつあるのを──人生の始まりからアイデンティティ危機とその先にいたるまで──研究可能である、と主張したい。他の段階について同じ程度に拡大して論じることはできないだろうが、この章は、全体として、ここで人生の最初の段階について素描したような「目録」を完成させることを目指している。成長の測定可能な側面に加えて、われわれの暗黙の枠組みは以下のものを網羅している。（1）発達しつつある人間の**拡大しつつあるリビドー的欲求**、および、満足、不満、「昇華」の新しい可能性。（2）社会的範囲の拡大、すなわち子どもが意味のある応答をすることが可能な人々の数や種類、その基盤となる

（３）これまでになく高度に文化された子どもの諸能力、（４）与えられた時間内に新たな出会いを扱わなくてはならないという必要によって喚起された、発達的危機。（５）新しい依存と新しい親近感（たとえば、幼児期初期で言うと、見捨てられ感覚）への気づきとともに呼び起こされた、新たな疎外感。（６）将来のあらゆる強さの基礎となる、特別に新しい心理・社会的な強さ（ここでは信頼が不信を好ましい割合で上回っていること）。

これら一連の項目には怯まざるをえないし、[6]われわれの直近の課題としては、つまり、将来のアイデンティティを促進したり危険にさらしたりするような初期の体験を記述するという課題にとっては、あまりにも要求が高すぎる。

最も初期の、最も未分化な「アイデンティティ感覚」とは、どのようなものだと考えたらよいのだろうか。それはまず、母親的な人間と幼児の出会いの中から生まれるものであると言えるだろう。この出会いは、相互の信頼可能性と相互認識の出会いの一つである。これは、幼児的な素朴さの中で起こるものの、「神聖な存在」の感覚としか呼びようのないものとして、のちに愛と称賛の中で再び経験され、この感覚を求める気持ちは、人間の基礎としてあり続ける。その不在や障害は、大人としての成長によって、その人が子ども時代を放棄し、大人であることを信頼し、それによって自ら選んだ恋人や刺激を探すことが避けがたく課されたときに、「同一である」ことを感じる能力を危険なほどに制限しうる。

ここで私は、先に挙げた一覧に、もう一つ、第七の次元を付け加えなくてはならない。それは、成人期に引き継ぐある主要な人間の努力、この時期に由来する特別な強さを保護し、その特有の疎隔を儀式的に緩和する努力への、それぞれの段階の貢献である。

人間のライフサイクルと人間の制度は共に発展してきたという素朴な理由ゆえに、連続する段階と危機のそれぞれは、制度化された基本的な人間の努力の一つと特別な関係にある。それらの関係は、二重になっている。それぞれの世代は、これらの制度に幼児的な欲求や青年的な熱情の残存物をもたらし、制度の側からは――実際、それらがその制度的活力を維持しうる限りにおいてであるが――子どものような活力という特別の強化を受け取る。もし私が宗教を、人間の歴史を通して基本的信頼を確証するために努めてきた制度だと名指したとしても、宗教を子どもじみたものであるとか、宗教的行為を退行的であると言うつもりはまったくない。とはいえ、大規模な幼児化が、組織化された宗教の実践や意図にとって無縁ではないことも明らかである。子ども時代の恐ろしい側面に対する普遍的な記憶喪失を克服するとき、同時にわれわれは、原則として幼児期の栄光が成人の生活の中にも生き残っているという事実を、喜んで認めるだろう。その時、信頼は、**信仰**する力となる。それは抜き差しならない欲求であって、人は何らかの制度化された確認《コンファメーション》を見出さなくてはならない。宗教は、**信仰**というかたちで信頼の感覚を儀式的に回復するのに役立つ一方、邪悪な感覚に対しては明確な処方を提供し、それに対して人間を武装させ、防御することを約束する、最も古く、最も持続的な制度であるように見える。子どもじみた強さと幼児化の可能性は、あらゆる宗教的実践が定期的に、霊的平和のみならず現世利益を分配しながら創造し再創造する神の力に子どもじみた降伏をするという事実の中に示唆されている。身をかがめた姿勢と謙虚な身振りによって自らの小ささや依存性を表現し、行いにおける過ち、想いにおける過ち、邪な考えを、祈りや讃美歌の中で告白して神に導かれることによって内面が統一されることへの熱烈なアピールをする。最善の状態では、これらのすべてが高度に定型化され、それゆえ個人を超えたものとなる。[6] 個人の信頼は共有された信仰になり、個人の不信感は共有され定式化された悪になる一方、回復を求める個人の要求は大勢で行われる儀式の一部となり、共同体の中における信頼性の標識となる。

もし宗教がその現実的な存在力を失うならば、その時には、その時代が、共有される世界像から活力を引き出すような、他の共同で人生を崇拝できる形式を見出さなくてはならないように思われる。なぜなら、適度に一貫した世界のみが、母親から幼児へ、**希望**という活力に満ちた力が伝わるような方法で、信仰を提供することができるからである。そしてこの希望とは、依存状態がもたらす無秩序な衝動や激怒にもかかわらず、最も大切な望みは達成可能であると信じる永続的な傾向のことである。したがって、幼児期初期に獲得されるアイデンティティを最も簡潔に定式化すると、次のようになる。私とは、私がもっている希望であり、与えることのできる希望のことである〔8〕。

2　幼児期初期と自分自身であろうとする意志

精神分析は「肛門愛《アナリティ》」という言葉によって、語彙を豊かにした。「肛門愛」とは、しばしば幼児期初期の排泄器官に結びついた特有の満足感や固執性を表している。腸や膀胱を空にするという行為そのものは、もちろん、大事な仕事を「よくやった」ことへの満足感というプレミアムによって、最初から強化される。このプレミアムは、最初、腸が排泄という日々の仕事を学ぶなかで頻繁に経験する不快感と緊張を埋め合わせる必要がある。二つの発達によって、次第にこうした肛門の経験は必要な「力」を得てゆく。一つは、より適したかたちの便座を与えられること、もう一つは、自由意志によって緩めたり保持したりする発達を可能にする筋肉システムの全般的な調整である。しかし、こうした物事へのアプローチのしかたが新たな次元に達するのは、括約筋に限られるわけではない。意のままに保持したかと思うと遠ざけたり、一般的に、何であれ持っているものを意のままにしっかりと掴んだり放り投げたりする全体的な能力、実に激しい欲求が発達する。

この幼児期初期の第二段階全体において重要であるのは、筋肉の成熟、言葉で表現すること、識別することとその結果として生じる「保持すること」「手放すこと」といった傾向によって特徴づけられる、数々の激しく葛藤しあう行動パターンを調整する能力（そして調整できないと感じる無能力）を急速に得るという点である。この点においても、また他の多くの点においても、子どもは、まだ大部分を他者に依存しながら、自律的な意志を経験し始める。このとき、邪悪な力が、特に不平等な意志のゲリラ的な戦いの中で、つなぎとめられたり、解き放たれたりする。なぜなら、子どもは自分の暴力的な衝動と不均衡な関係であることが多く、親と子どもの関係も互いに不均衡だからである。

肛門愛固有の問題に関して言うと、すべては文化的な環境がそれを利用したいと望んでいるかどうかにかかっている。原始的で農村的な文化では、両親は排泄に関する行動に関心を払わず、年長の子どもがよちよち歩きの子どもを茂みに連れて行くのに任せておく。そうした文化の場合、年長者に従うことと、年上の子どもを真似したいという願望とが一致する。われわれの属する西洋文明では（そして、たとえば日本のような他の国においても）、とりわけ特定の階級では、この問題をより深刻に捉えている。そしてまさにこの点において、機械化の時代が、機械的に訓練され、完璧に機能し、常に清潔で、規則正しく、しかも脱臭された身体という理想をもたらしたのである。しかも、「時は金なり」の機械化の時代にあって、効率的に機能するパーソナリティを育成するためには早い時期からの厳格なしつけが絶対に必要であると、多少とも迷信的に考えられてきた。このようにして子どもは、以前は調教しなければならない動物であったが、設定し調整すべき機械となった ―― 一方で、実際、自制心は段階を経ながら徐々にしか発達しない。いずれにせよ、われわれの臨床的な仕事が教えるのは、今日の神経症患者の中には強迫的なタイプの人たちがいて、その人たちは愛情、時間、金といった事柄について、腸のマネージメントと同じように、ケチで、いつまでも手元に留めておきたがり、几帳面すぎるのである。また、腸と膀胱のしつけは、広範囲のわれわれの社会において、子どものしつけに関する最も眼に見えやすい気がかりな項目となっている。

では、一体何が、肛門にまつわる問題を潜在的に重要かつ困難なものにしているのだろうか。

肛門の領域は、他のどの場所にも増して、互いに矛盾する衝動への頑固な固執を表現するのに適している。というのは、一つには、この領域は保持と排除という交互に入れ変わるべき二つの相反するモダリティのモデルだからである。さらには、筋肉システムの中で括約筋は唯一、硬直と弛緩、屈曲と伸張という両義性をもっている。そこでこの段階全体が、自律を求める戦いとなる。なぜなら幼児は、より確実に自分の足で立つ準備ができると、自分の世界を「私」と「あなた」、「私」と「私のもの」として線を引くようになるからである。母親なら誰でも知っていることだが、もしこの段階の子どもが、すべきことを自ら進んで行うと決めた場合は、驚くほど従順である。だが、そのように都合よく子どもをやる気にさせるための、信頼に値する秘訣は見当たらない。そして母親なら誰でも、この時期の子どもがいかに可愛らしく寄り添ってくるか、そして、突然いかに容赦なく母親を払いのけようとするかを知っている。また同時に、子どもは、物を溜め込んだかと思うと捨ててしまったり、大事な持ち物に固執したかと思うと家や車の窓から投げ捨ててしまったりもする。こうした一見矛盾する傾向をすべて、われわれは、**保持－排除様式《モード》**と定式化するのである。実際のところ、あらゆる基本的モダリティは、敵意に満ちた期待や態度にも、温和な期待や態度にもなりうる。それゆえ、「保持すること」は破壊的で残酷な保持や抑制にもなりえるし、「手元において守る」というケアのパターンにもなりうる。「手放すこと」は敵意を込めて破壊的に放り出すことにもなるし、穏やかに「明け渡す」ことや「そのままにしておく」ことにもなる。文化の面から言えば、これらのモダリティは善でも悪でもない。それらの価値は、文化の中で求められている肯定と拒否のパターンの中に、どのように組み込まれるかによるのである。

大人と子どもの相互調整という課題は、いまや最大の難所に直面する。厳しすぎ早すぎるしつけによる外部からのコントロールで、無理やり子どもの意志と自由な選択に基づいて少しずつ腸やその他の機能をコントロールする機会を奪ってしまうと、その子は再び二重の抵抗と二重の敗北に直面する。自分自身の肛門の本能的な働きに対して無力であると感じ、時には自分の腸の動きに恐怖を感じ、外からの圧力に対しても無力であると感じて、子どもは退行するか、あるいは偽りの前進によって、満足とコントロールを探さねばならなくなる。言い換えれば、その子はより前の段階である口唇期のコントロールに戻ることになる。すなわち親指をしゃぶり、それまでの二倍わがままで手がかかるようになる。もしくは、敵意をむき出しにし、頑なになり、多くの場合自分の排泄物を（そして、後には、それに相当する汚い言葉を）攻撃手段として用いるようになる。あるいは、決して本当に獲得したわけではないが、自律しているふりをし、助けがなくてもできるふりをする。

それゆえ、この段階で、愛に溢れる善意と憎しみに満ちた自己主張、強調と頑固さ、また自己表現と強迫的な自己抑制、あるいはひたすら従順であることの比率が決定的となる。自尊心を失うことのない自制心の感覚は、**自由意志**の感覚の個体発生的な源である。自制を失ったり親から過度にコントロールされたりすることによって味わう避けがたい感覚から、**疑惑**と**恥**という永続的な性向が生じる。

自律が育つには、それより前の信頼がしっかりと確立されている必要がある。幼児は、選択権をもちたい、貪欲に自分のものにしたい、断固として排除したい、といった自らの激しい欲求によって、自分自身と世界に対する信頼が危険にさらされることはないと確信できるようにならなくてはならない。両親の確固たる態度のみが、幼児のまだ訓練されていない認識力や不注意がもたらす結果から彼を保護することができる。しかし周囲の環境は、彼の「自分の足で立ち」たいという願いを応援しなくてはならないが、その一方で、いまや新しく出現した二組の疎外から保護する必要もある。つまりそれは、われわれが恥と呼ぶ、あまりにも未熟なまま愚かに自身をさらされてしまったという感覚と、われわれが疑惑と呼ぶ、第二の不信、つまり「ダブルテイク」――自分自身への疑惑と、自分を訓練する人の一貫性や洞察力への疑惑――である。

恥という幼児的な感情は、十分に研究されていない。なぜならわれわれの文明において、それはいとも早く、容易に、罪という感情に吸収されてしまうからである。恥とは、自分が完全に人目にさらされ、また見られていると意識していること、要するに、自己意識的であることを意味している。見られているが、まだ見られる準備ができていない。それゆえ恥の夢では、着替えの途中、寝巻きのまま、あるいは「ズボンを下ろしている」状態で見つめられる。恥は早い時期から、顔を覆い隠したい衝動、あるいは今この地面にもぐってしまいたい衝動として表現される。この可能性は、「恥をかかせる」という教育手段によって存分に利用されている。ある種の原始的《プリミティヴ》な人々はもっぱらこの方法を用いるが、そのやり方がしばしば破壊的な罪の感覚をもたらす点については、後に見る。いくつかの文明においては、恥をかかせることの破壊力は、「顔を立てる」という工夫によってバランスを保たれる。恥をかかせるのは、小さな存在であるという感覚の高まりを利用するが、この感覚は逆説的に、子どもが立ち上がり、大きさや力の程度に気づくようになるにつれて、ますます発達するのである。

あまりに恥をかかせると、正しくあろうとする感覚ではなく、見られておらず、実際、意図的に恥知らずにならないですむのであれば、何でもやってうまく逃げてしまおうという秘かな決意が生まれる。アメリカには印象的なバラッドがある。ある人殺しが、人々の目の前で絞首台に掛けられようとしている。彼は死の恐怖を感じたり深く恥じ入ることもなく、見物人をひどく罵り始め、散々反抗した後で、最後にこう言う。「お前たちの眼が呪われろ。」多くの子どもたちは、耐えがたいほど恥をかかされた場合、（実際にはそのような勇気も言葉も持ち合わせていないのだが）これに似た言葉で反抗を表明したい気分になるだろう。こうした不吉な例を挙げて私が語りたいのは、子どもであれ大人であれ、自分自身、自分の身体、その欲求、その願望が邪悪で汚いと見なすよう無理やり求められたら、そして、そのように決めつける側が絶対に間違っていないと信じるよう無理やり求められたならば、我慢には限界があるということである。そうした場合、人は物事をひっくり返したり、秘かに他人の意見を無視したり、他人が存在するという事実すら邪悪であると見なすかもしれない。他人が居なくなるか、あるいは自分が他人から離れることができるときに、チャンスが来ると思うのである。

この段階の精神病理学的な危険は、他のすべての段階についてもそうであるが、誰にもある通常の疎外が、神経症あるいは精神病的な傾向を生じるまでに悪化する可能性である。敏感な子どもは、区別することへの衝動をすべて自分自身に向け、**早熟な道義心**を発達させるかもしれない。繰り返して遊びながら試すためにことさら独り占めするのではなく、その子は自分自身の反復性に取り憑かれてしまう。そしてすべてのことが「まさにそのとおりに」進むことを望み、しかもそれが一定の順序とテンポでなくては許せなくなる。こうした幼児的な強迫性と引き延ばしによって、あるいは儀式的な反復に固執することによって、その子は、両親との広範囲にわたる相互調整を見出せなかった領域で、彼らを支配する力を獲得する。この空虚な勝利が、成人の強迫神経症の幼児的モデルである。

たとえば青年期に、強迫的な人は物事から「うまく逃れたい」という願望を表明するという策略によって自分を解放しようとするが、その願望からすら逃れることができない。なぜなら、こうした青年は他人から逃れることを学ぶが、その人の早熟な道義心は何事からも本当に逃れることをさせず、アイデンティティ危機の時期を、いつも恥ずかしい思いを抱えながら、弁解がましく、見られることを恐れながら、耐えていくことになるからである。あるいは、「過剰補償」というやり方で、反抗的な自律を見せることになるが、これはギャング集団の恥知らずな反抗の中に是認と儀式を見出すような自律である。この点については、第6章でさらに詳しく論じることにする。

疑惑は恥の兄弟である。恥が突っ立ったままさらされているという意識によるのに対して、疑惑には正面と背面がある——そして特に「尻」がある——という意識に大いに関係がある。なぜなら、この身体の裏側の領域は、括約筋と臀部に攻撃的でリビドー的な焦点があって、子どもには見ることができず、しかし他人の意志によって支配されうる。「尻」は小さな存在にとって暗黒大陸であり、自律の力を攻撃してくる人々や、通過してしまえば大丈夫だと感じられる腸の生産物を邪悪なものと見なす人々によって、魔術的に支配されたり効果的に侵略されたりする可能性がある。この何であれ取り残されてしまったという基本的な疑惑の感覚は、習慣的な「ダブルテイク」のモデルであり、のちにより明確に言語化される脅迫的な疑惑のモデルである。それは大人においては、後ろから（そして尻の中から）脅かす、隠れた迫害者や秘かな迫害に対する、パラノイア的な恐怖として表現される。再び青年期には、一過性の全面的な自己疑念として表現されるかもしれない。これは、現在、時間的に「後ろに」あるものすべて――幼児期の家族や、その人のこれまでのパーソナリティの現れ――がすべて合わさっても新しい始まりの必要条件にならない、という感情である。そしてこれらすべてが、ありとあらゆる世界と自分自身への「汚い」罵りを込めて、意図的に汚さや、だらしなさを示す行為の中で否定されるかもしれない。

「口唇的」パーソナリティの場合と同様、強迫的あるいは「肛門期的」パーソナリティには、正常な側面と、異常に誇張された側面がある。最終的には補償的な性質に統合されるとしても、何らかの**強迫性**のかたちであれ表現を解放するある種の**衝動性**は、秩序、正確性、清潔といったことが本質であるような事柄において有用である。問題は常に、われわれがモダリティの支配者であり続け、それによって物事がより扱いやすくなるのか、あるいは、ルールがわれわれ人の主人となるのか、である。

過度のわがままを克服し、「善意」を発達させ、（ある種の本質的なやり方で服従することを学びながら）自由意志の自律の感覚を維持する助けとなるように子どもの意志を訓練するには、根気と柔軟性が必要である。精神分析に関して言えば、子どもが自分自身の身体から疎外される原因として、早すぎるトイレ・トレーニングと理不尽に恥をかかせることに主に焦点を当ててきた。研究を通して、子どもたちに何をすべきではないかを、何はともあれ定式化しようと努めてきた。そして当然ながら、ライフサイクルの研究から学ぶことのできる、いくつもの避けるべき項目がある。しかしこういった公式の多くは、漠然とした警告から不安を煽るような規則を作り上げる傾向のある人々の中に、迷信的な禁止を引き起こしてしまいがちである。われわれは少しずつ、どのような子どもに対して、何歳のときに、何をすべきではないのかを学びつつある。とはいえ、われわれはやはり、何をすべきか、それも自発的かつ楽しみながらすべきかを学ばなくてはならない。専門家というのは、フランク・フレモント - スミスの言葉を引用するならば、「選択が許容され、その選択が望ましいものとなる準拠枠を設定すること」しかできない。最近の分析によると、子どものしつけに関する比較研究がわれわれに教えるように、両親が小さい子どもたちに与えることのできる自律の感覚の種類と程度は、両親自身が自らの生活の中でもっている個人的な自律の感覚とその尊厳に左右される。すでに述べたように、幼児の信頼の感覚は、両親自身の信頼の反映である。同様に、自律の感覚は、両親の自律した人間としての尊厳の反映である。なぜなら、われわれが細かな点で何をしたとしても、子どもはわれわれが愛情に溢れ、協力的で、確固たる存在として生きるために何に従っているのか、そして何がわれわれを憎しみに満ち、不安に駆られ、引き裂かれた存在にしているのかを、真っ先に感じ取るからである。

それでは、どんな社会制度が、人生の第二期における永続する成果を保護するだろうか。自らの自律の輪郭を明確にしたいという人間の基本的な欲求は、**法と秩序**の原則の中に制度的な保護装置をもっているように見える。法と秩序は、日常生活の中でも法廷においても、各人に、その特権とその限界、その義務と権利を配分する。公正に境界を定められた両親の自律の感覚のみが、恣意的な正義よりも超個人的な憤りを表現する幼い子どもの対応を育む。この点について深く考えておくことは重要である。なぜなら、多くの子どもに共通して見られる永続的な疑惑の感覚や罰や制限を受ける侮辱の感覚は、両親の結婚生活や仕事、市民生活への欲求不満の結果だからである。大勢の人間が、幼児期に高度の個人的自立、自尊心、機会を人生から期待できるという心構えを育まれながら、その後の人生においてあまりにも複雑すぎて理解できない非人間的な組織や機械によって支配されていることに気づいたならば、その結果は、深刻な慢性的失望であろう。そのため、その人たちは互いに――あるいは自分の子どもたちに――ある程度自律を与えることを望まなくなるだろう。その代わりに彼らは、自分たちに残された自律でさえ失うのではないか、あるいは匿名の敵によって自分たちの自由意志が妨害され、制限され、締め付けられるのではないかという恐怖に駆られるかもしれない。そして同時に、逆説的ではあるが、十分に支配されていない、あるいは、何をすべきか命令されていないという恐怖に駆られるかもしれない。

以上、今回も多少長々と、幼児期の苦闘と勝利の特徴について述べてきた。どのようにしてこの段階は、アイデンティティ危機をもたらすのだろうか。アイデンティティ形成を支持することによってだろうか、あるいは、その混乱に特別な種類の疎外をもたらすことによってであろうか。当然ではあるが、自律の段階は特別な注意を向けるに値する。なぜなら、この段階において、最初の解放、すなわち母親からの解放がなされるからである。（アイデンティティ混乱に関する章で論じるが）さまざまなやり方で幼児期の環境全体から背を向ける青年は、この最初の解放を繰り返すと信じるに足る臨床的な理由はいくらも存在する。

だからこそ、最も反抗的な青年たちでさえ、彼らの冷笑的な独立心なら否認すると見えるような導きを求める哀れな探求に、部分的に（時には完全に）退行することがありうるのである。とはいえ、こういった「臨床的な」証拠は別にしても、アイデンティティ形成に結果として全面的に貢献するのは、まさに、自分の未来を自ら選び、導くことができる独立した個人であろうとする勇気なのである。

すでに述べたように、最初の段階は、成長しつつある人間に残存物を残し、数多くの階層的なレベルで、特にその人のアイデンティティ感覚の中で、「私は私がもっている希望であり、与えることのできる希望である」という確信のようなものをこだまする。自律の段階において、これと類似する残存物は、「私とは、私が自由に望むことのできるものである」というものだろう。[9]

3　幼児期と役割への期待

自分が一人の独立した人間であるという強い確信を得ると、子どもは次に、自分がどのような種類の人間になるであろうかを見出さなくてはならない。子どもは、当然ながら、もっぱら両親だけに完全に「同一化」している。子どもの目にその両親は、ほとんどの場合、力強く美しい存在として映っているが、しばしば非常に理不尽で不愉快で危険でさえある。三つの発達がこの段階を支えているが、同時にこの時期の危機を引き起こす働きもする。（1）子どもはより自由に、より激しく動き回れるようになり、それゆえ、より広い範囲の、子どもにとっては無制限の領域に目標を定めるようになる。（２）子どもの言語感覚は、数え切れないほどの物事を理解したり絶え間なく質問したりすることができるほどに完成するが、聞くことでは、時に完全に誤解を生じることもある。（３）言語および移動能力の発達により、子どもはあまりに多くの役割に想像を広げることが可能になるので、自ら夢見たり考え出したりしたことに対して恐怖を感じざるをえなくなる。しかし子どもは、こうしたすべての困難から抜け出して、現実的な野心と目的意識の感覚の基礎となる、**自主性《イニシアティヴ》の感覚**を獲得しなくてはならない。

　それでは、この屈することのない自主性《イニシアティヴ》の感覚の基準とは何であろうか。ここで論じているすべての「感覚」の発達の基準は同じである。ある種の新たな疎外に悩まされる危機が解消されたように見えると、子どもは突然、「より自分らしく」なり、いっそう愛情深く、リラックスし、判断力が冴えてくるように見える。言い換えると、新しいあり方で「活発に（vital）」なる。何より彼は、活性化され、活性化している。すなわち、余剰エネルギーを自由に使える状態で所有しており、そのために多くの失敗をかなり早く忘れることができ、望ましいと思われることに向かって、たとえそれが同時に危険を孕んでいるとしても、衰えることのない熱意といくらかのますます鋭くなった方向感覚で、接近してゆくことができる。

　われわれはいまや、三歳の終わりに近づいている。歩くことが楽に、精力的にできるようになる頃である。書物によれば、子どもはこれよりかなり以前に歩けるようになるが、子どもが歩くことや走ることを自らの支配圏内のこととするのは、重力を自分の内側に感じたときであり、自分が歩いていることを忘れ、その代わりに歩くことによって何ができるかを見出すことができたときである。そのとき初めて子どもの足は、歩行用の付属物ではなく、その子の一部になる。そしてそのとき初めて子どもは、実際にできることに加えて、今自分にできるかもしれないことを自分の強みとして捉えるようになり、歩き回っている大人たちと同じぐらい大きくなった自分を思い描く準備ができる。比べることを開始し、大きさと種類の違い全般、とりわけ性差と年齢差について、飽くことのない好奇心を発達させる。将来白分が担う可能性のある役割を理解しようと試み、少なくとも、どの役割に模倣する価値があるのかを理解しようとする。より直接的には、子どもはいまや、同じ年頃の子どもたちと付き合うことができる。年長の子どもや特別な女性の保護者に導かれ、保育園や街角、納屋の前庭での子ども同士の駆け引き《ポリティクス》に徐々に加わってゆく。その学習はいまやどんどん侵入してゆき、精力的となる。そして子どもは自分の限界を超え、将来の可能性へと導かれてゆく。

この段階の行動の大部分は、**侵入様式**《モード》によって占められ、形態としては「似ている」さまざまな活動や空想を特徴としている。そこには次のようなものがある。(1) 元気いっぱいに動き回ることによって空間に侵入する、(2) 激しい好奇心に導かれて未知の領域に侵入する、(3) 積極的に話しかけることによって他人の耳や心に侵入する、(4) 身体的な攻撃によって他者の身体に侵入する、(5) そして、たいていは最も恐ろしいことであるが、男根が女性の身体に侵入するという考え。

それゆえこの段階は、幼児性欲論においては男根期と呼ばれる。この段階は、幼児的な性的好奇心をもち、生殖器の興奮を覚える時期であり、さまざまな性的事柄に心を奪われ、過度の関心を抱く時期でもある。ここでの性的事柄とは、たとえば、女の子がペニスを失ってしまったと思い込むようなことである。この「性器性欲《ジェニタリティ》」は、もちろん芽生え始めたばかりのもので、将来を予見させるものにすぎず、特にそれとして気づかれずに終わることも多い。もし、とりわけ誘惑的な習慣によって、あるいは、明白な禁止や

「それを切ってしまう」といった脅しによって、あるいは、集団での性的な遊びなどの特別な習慣によって刺激を受け、早熟なまま姿を現すことがなければ、やがて単なる一連の奇妙な魅力のある経験と受け止められ、間もなく恐ろしくも無意味なものとして抑圧されてしまう傾向をもつ。その結果、フロイトが「潜在」期と呼んだ人間特有の段階、すなわち幼児的なセクシュアリティと身体的な性的成熟（動物の場合は、成熟期と同時に起こる）との間を隔てる、長く引き延ばされた期間に入ることになる。このとき子どもは、原則的には母親や父親と同じくらいの能力がある者として自分自身を想像しようとあらゆる努力を重ねるが、かなり遠い将来においても、母親との性的な関係における父親、あるいは、父親との性的な関係における母親には決してなりえないという事実の認識に至る。この洞察によってもたらされる非常に深い情動と、それに伴う魔術的な恐怖こそ、フロイトがエディプス・コンプレックスと名づけたものである。これは次のような発達の論理に基づいている。つまり男の子は、最初の生殖器的な愛情を、他の点では自分の身体に安心感を与えてくれる母親的な大人に結びつけ、最初の性的な競争意識を、その母親的な人物を性的に所有している人物に対して抱く。他方、女の子は、父親や他の重要な意味をもつ男性に愛着をもち、母親に嫉妬心を抱く。この発達は女の子に大きな不安をもたらす。なぜなら、まさにその母親のもとに逃げ込む道が閉ざされてしまうように感じられるからであり、しかも、秘かに「報いを受けて当然」と感じているために、母親に受け入れてもらえないことは、ますます魔術的な危険を帯びたものになるからである。

　女の子は、この段階でしばしば冷徹な変化を経験する。なぜなら彼女たちは、遅かれ早かれ、自分の移動能力的、精神的、社会的な侵入性が男の子と同じくらいに力を帯びて、まったく男の子と同じように立派なおてんば娘になることが可能であるにもかかわらず、ある物が欠けていると気づくからである。それはペニスであり、ペニスに伴う、ほとんどの文化や階級において認められている重大な特権である。男の子たちは、この眼に見える、勃起しうる、わかりやすい器官をもっていて、大人になる夢をそれに結びつけることができるのに対して、女の子のクリトリスは、性的平等という夢を支えるにはあまりにもささやかな存在でしかない。また女の子には、大人になれば明確な女性の兆候となる乳房すらない。侵入的な男根をやがては**受け入れる**という考えは、まだあまりにも恐ろしく、その母性的な欲動は空想遊びや子守りなどに格下げされてしまう。他方、母親たちが家庭を支配している場合には、今度は男の子が無力感を募らせる可能性がある。なぜなら、男の子は上手に遊びや仕事をすることができたとしても、自分には家や母、姉たちを支配することは決してできないと、この段階で学ぶからである。実際、母や姉妹たちは、自分たちの内なる大きな疑惑にかられて、男の子というのは本当はいくらか厭わしい生き物であると男の子に感じさせることによって、彼に対して仕返しすることがある。

経済活動の必要のためや社会の計画がシンプルであるために、男女の役割やその特有の権力と報酬が明確な社会においては、当然のことながら、性別による差異についての早期の不安は、性別の役割を区別する文化の構造によって、容易に回収される。それゆえ、女の子も男の子も、いつか母親や父親のように立派になれる（もしかすると超えられる）と確約してくれることなら何であれ、異常なまでに大切にし、また、一度に少しずつ、あるいは間隔をあけて忍耐強く繰り返される性的な啓発を喜ぶのである。

歩行の段階、すなわち遊びと幼児性欲の段階では、基本的な社会的モダリティの一覧に、「ものにする(making)」、最初は子どもなりの意味での「何かをものにしようとする（being on the make）」という項目が付け加えられる。基礎的な社会的モダリティを表現するにあたって、こうしたベーシックな英語よりもシンプルかつ力強い言葉は、他に見当たらない。この言葉は、競争を楽しむこと、目標に固執すること、征服に喜びを見出すことを示唆している。男の子の場合、真正面からの攻撃によって「ものにする」点が強調されるが、女の子の場合には、積極的に奪いとることによって、あるいは自分自身を魅力的で可愛らしく見せることによって、「捕まえる」ことに変化することがある。こうして子どもは、男性的・女性的な自主性《イニシアティヴ》の必要条件、そして何よりも、その人のアイデンティティの肯定的・否定的な側面にとって必要不可欠なものとなる、ある種の性的な自己像を発達させる。しかし、その途中で、その結果として巨大に膨れ上がってしまった想像《イマジネーション》と、さらにいわば移動能力の増大からくる陶酔状態が、恐ろしく肥大化した秘かな幻想《ファンタジー》をもたらす。すると、深刻な**罪の感覚**が呼び覚まされる。これは奇妙な感覚である。なぜなら、この感覚は、結局のところ、実際に犯したわけではないどころか、生物学的にまったく不可能であるはずの犯罪や悪事を働いたということを永遠に意味しているからである。自律を求める戦いは、最悪の場合には、ライバルを排斥することに集中し、しかも年下の兄弟姉妹からの侵略に対して**嫉妬に怒り狂う**というかたちで表現されることが多い。他方、自主性《イニシアティヴ》は、最初に存在していて、それゆえより優れた準備を整えて、〔その子の〕自主性《イニシアティヴ》が最初に目指していた領域を先に占有している人々に対する**予期的なライバル関係**を引き起こす。嫉妬心とライバル心は、自分の優先権を確定しようとする、惨めな思いをもたらす割には所詮不毛な試みであるが、いまや、誰が父親あるいは母親からより気に入られているかを競いあう最終的なコンテストにおいて頂点に達する。そしてその競争における不可避的かつ必然的な敗北によって、罪と不安が生じる。子どもは自分が巨人や乱暴者になった空想に耽るが、夢の中では恐怖に駆られて必死に逃げる。つまりこの段階は、命がけの恐怖に満ちたものであり、「去勢コンプレックス」の段階である。男性器を失うかもしれないというおそれが高まる時期であり、女の子の場合は、秘めた幻想や行為の罰として男性器を失ってしまったのかもしれない、と確信する時期なのである。

自主性《イニシアティヴ》を統治する偉大なる存在が、良心である。すでに述べたように、子どもは、いまや見つかるのを恐れるだけではなく、自己観察、自己指導、自己処罰などの「内なる声」を聞き、これが彼の内部を根本的に分裂させる。新たな、そして強力な疎外である。これが、個体発生的に見た道徳の礎である。しかし、心理的活力の観点から見ると、もしこの偉大な達成が、あまりに熱心な大人たちによって過剰な負担を担わされると、精神にとっても道徳そのものにとっても、悪い影響が生じることを指摘しておかねばならない。なぜなら、子どもの良心は未発達であり、残酷であり、妥協を許さないものであるかもしれないからである。そうした例は、子どもがすべてを抑制してしまうまで自分自身を抑えつける術を身に付けてしまうケース、子どもが両親の要求よりもはるかに融通の利かない従順さを発達させるケース、あるいは、両親たち自身が子どもの中に育てた良心に沿う生活を送っていないように見えるために、子どもが深刻な退行と永続的な怒りを発達させるケース、などに観察される。人生における最も深刻な葛藤の一つは、最初の良心の模範であり執行者でもある両親が、子どもにとって許すことのできない罪から「うまく逃れ」ようとしていることを知られてしまった場合に、子どもが抱く両親に対する憎しみである。こうして子どもは、あらゆる事態が一つの普遍的な善であるわけではなく、むしろ恣意的な権力にすぎないと感じるようになる。こうした、ごまかしに対する不信感が、一切の妥協を許さない超自我の性質に加わると、この超自我は、道徳主義的な人間を、自分自身にとっても仲間にとっても非常に危険な存在にする可能性をもつ。

つまり道徳が、あたかも復讐心や他者を抑圧することと同義になってしまうのである。

　こうした話は、このような破壊的な欲動の潜在的な原動力があって、この段階において生じるが一時的に抑圧され、内的破壊力の兵器庫となって後の機会に刺激されると容易に繰り出されるなどと考えてもみなかった読者にとっては、奇妙に思えるだろう。「潜在的な」「刺激される」「機会」という言葉を使うことによって私が強調したいのは、われわれが幼児期の葛藤と不安、そして人類にとっての幼児期の重要性を理解するようになれば、こうした内的発達の中には、建設的で平和的であろうとする自主性《イニシアティヴ》のために利用できないものなどほとんどない、ということである。しかし、もしわれわれが幼児期の現象や、子ども時代の夢想の最良の部分と最悪の部分を見て見ぬふりをしたり軽く扱ったりするならば、人間の不安と対立の永遠なる源泉を一つ、認識しそこなうことになるだろう。なぜなら、繰り返しになるが、この段階の病理的な帰結は、かなり後になって初めて現れるからである。そのとき、自主性《イニシアティヴ》をめぐる葛藤が、関係性の性的不能や不感症とまではいかないにせよ、**ヒステリー的な否認**や**自己抑制**の中に表現され、その人は内に秘めた可能性や創造力や感情の力に従って行動できなくなってしまう。すると今度は、これらすべてが、疲れを知らない自主性《イニシアティヴ》を示して見せたり、どんな犠牲を払ってでも「やり続ける」といった特質を発揮して、「過剰補償」されるかもしれない。多くの大人が、自分の人間としての価値は、現在彼らがどうあるかではなく、将来何を「やろうと」しているかによってすべて決まると感じている。その結果、身体には緊張がたまり、休息中でさえも常にエンジンがかかって「働きっぱなし」であり、大いに議論の的となったわれわれの時代における心身相関性の病気に大きく関わっている。まるで、文化が人間を誇大宣伝させるようにしむけ、その誇大な宣伝と同一化させようとしており、病気だけがその限界を示すことができるかのようだ。

しかしながら、子どものしつけに関する比較論的な見方は、アイデンティティ形成にとって最も重要な事実を示唆している。すなわち、大人は自らを例として、また彼らが語って聞かせる偉大な人生や偉大な過去によって、この年代の子どもたちに、理想の類型や技能のかたちで**行動のエートス**を提供するのである。それは、映画やおとぎ話の英雄たちにとって代わるに十分なほど魅力的なものであり、熱心に吸収される。これもまた、遊戯期がある種の基本的家族の存在に依存している理由である。この基本的家族が、どこで遊びが終わり、取り消すことのできない目的が始まるのか、またどこで「してはいけないこと」が承認された手段をとる活力に満ちた行為にとって代わるのかを、辛抱強い例示で子どもに教える。なぜならいまや子どもは、家庭の絶望的な競争関係に付きものの葛藤や罪の意識がより少ない自主性《イニシアティヴ》の場を約束してくれるように思われる、新しい同一化を探しているからである。同時に、理解しやすい遊びや仕事といった活動に関係して、父親と息子の間に、あるいは母親と娘の間に、仲間意識が生まれるかもしれない。これは、発達スケジュール上は不平等であっても、価値の上では本質的に平等であるという経験である。こういった仲間意識は親と子にとってのみならず、共同体にとっても永続する宝である。なぜならそれは、単なる大きさや年齢の違いに基づく隠された憎しみに対抗する力になるからである。そうすることによってのみ、罪悪感は強力ではあるが厳格ではない良心に統合されるのであり、そうすることによってのみ、言語は共有されるアクチュアリティとしての保証を得るのである。したがって、「エディプス」期は、結果として道徳的な意味で許容できる範囲を狭めるだけではない。幼児的な夢をテクノロジーや文化の多様な目標に結びつけることのできる、実現可能性のある具体的な方向を与えもするのである。

これでフロイトがなぜエディプス・コンプレックスを葛藤に満ちた存在である人間の中核に置いたかがわかるだろう。そしてこれは精神病理学の証拠からだけではなく、偉大な小説、戯曲、歴史の証言からもわかることなのである。なぜなら人間は遊ぶ子どもとして人生を始めるという事実は、その人が最も崇高な目的だと考えていることの中にも、演技をするとか、役割を演じるといった残存物を残すからである。人はこれらを、栄光に満ちた過去にも、より大きく常により完璧な歴史的未来へも投射する。人はこれらを、現在にあっては式典の中で、儀式的な手はずを整え式服を着た俳優たちとともに劇的に表現するが、それは、攻撃的な自主性《イニシアティヴ》に承認を与え、さらにはより高位の権威に服従することによって罪の意識を和らげさえするのである。

それゆえ、自主性《イニシアティヴ》の段階の集団心理的な帰結の中には、最も優れた最も勤勉な人々でさえも、誰であれ男性の中の本質的に男根的な熱狂（そして女性の中の順応性）を沸き立たせ、彼らの非合理的な罪の意識を解放するのに十分なほど非個人的かつ栄光に満ちた征服の目標を定められる指導者に従おうとする、潜在的でしばしば怒りに満ちた準備状態もまた存在する。ゆえに、人間の攻撃的な理想の大部分がこの自主性《イニシアティヴ》の段階に根ざしているのは明らかであり、これはアイデンティティ形成の葛藤にとって――そしてその混乱にとっても――重要な事実である。

したがって、自主性《イニシアティヴ》の段階がのちのアイデンティティ発達に果たす欠くことのできない貢献は、明らかに、子どもの自主性《イニシアティヴ》と目的意識を、その人の可能性の範囲を満たすことを約束する（しかし保証することはできないが）大人の課題に向けるよう解放することである。これは、「私は私がこうなるだろうと想像できるものである」という、しっかりと確立されて着実に成長していく、罪の意識によってくじけることのない確信の中で準備される。しかし、子ども時代の理想と青年期の現実との間の差異によってこの確信が広く失望に変わったときには、人間に特徴的でありながら彼の存在そのものを脅かす危険をも孕む罪と暴力のサイクルが解き放たれるだけであるということも、同じく明らかである。

4　学齢期と仕事との同一化

想像力が拡大する時期の終わりに、子どもが最も速やかに熱心に学んだり、義務や訓練、実行を分かち合うという意味で大きくなる準備が整うのは、発達の基礎プランの知恵と言えよう。子どもはまた、他の子どもを支配しようとしたり制限を加えたりする代わりに、何かを一緒に作ったり、協力して作り上げたり計画したりすることに熱心になる。子どもたちはいまや教師や他の子どもの親にも愛着心をもち、消防士、警察官、庭師、配管工、清掃作業員など、彼らが理解できる職業を体現している人々を観察したり真似したりしたがる。運がよければ、子どもたちは、少なくともその生活の一部で、農家の庭先や安全な路上で忙しい大人たちや年齢の違う大勢の子どもたちに囲まれて暮らし、能力や自主性《イニシアティヴ》が一時的に高まりを見せるときに、観察し、参加することができる。しかし学校に通う年齢になると、あらゆる文化の子どもたちが、ある種のシステム化された指導を受ける。とはいえ、必ずしも読み書きの教え方を学んだ教師を中心に教養ある人々の手によって組織された学校であるとは限らない。文字をもたない民族の場合、子どもたちは、任命によってではなく人々の支持で教師になった大人たちから、多くのことを学び、年上の子どもたちからさらに多くのことを学ぶ。しかしここで学ぶ知識は、素朴なテクノロジーの基本的なスキルに関連するものであり、子どもが大人の使っている調理器具や道具、武器（そしてそれらの複製）を扱えるようになったときに、すぐ理解できる。子どもは自らの種族に特有のテクノロジーに、ゆっくりと時間をかけて、しかし非常に直接的に入り込んでゆく。よりリテラシーの高い、より専門家された職業の人たちは、何よりもまず、子どもが読み書きをできるように教えることを通して、子どもに準備させなくてはならない。その次に子どもは、将来の職業選択の幅が最大限に広がるように、できるだけ広い範囲の基礎教育を与えられる。職業が専門化すればするほど、自主性《イニシアティヴ》の目指すところはいっそう不明瞭になり、社会のあり方が複雑になればなるほど、その中で父親や母親が果たす役割はいっそう曖昧になる。それゆえ、子どもたちは、子どもと大人の間の時期に学校に行くが、学校スキルは、多くの人にとってそれ自体が一つの世界であって、そこには特有の目標や限界があり、特有の成功や失望がある。

保育園・幼稚園に通う頃になると、子どもの遊びは他人と共有された世界となる。最初のうち、他人は、物として扱われる。調べられ、衝突され、「お馬さんになる」ようせがまれる。どのような遊びは空想することだけが許され、どのような遊びは一人きりで遊ぶときに限って許されるのか、あるいは、どのような内容ならばおもちゃや小さい物の世界の中でのみ表現してもかまわないのか、そして、どのような内容ならば他人と共有でき、強制することさえ可能なのか。これには、おもちゃや物を技術的に支配《マスター》することにとどまらず、幼児なりのやり方で実験し、計画し、共有することを通して社会的な経験を支配《マスター》する方法も含まれているのである。

すべての子どもは、ときおり独りになり、一人遊びをしたり、後になると本やラジオ、映画、ビデオをお供に一人になる必要がある。また、すべての子どもは、何日も何時間も、ごっこ遊びをする必要がある。しかし遅かれ早かれ、子どもたちは、役に立っているという感覚がないと、すなわち、物を作ることができ、しかも上手に作ることができ、完璧に作ることさえできるという感覚がないと、不満を抱き、不機嫌になる。この感覚が、私がかつて**勤勉の感覚**と呼んだものである。この感覚をもつことができないと、どんなに楽しませてもらったとしても、子どもはすぐにさせられているように振る舞う。それはあたかも、子ども自身も社会の側も、子どもはもはや心理的にはすでに親の予備軍になったのだから、生物学的な親になる前に働き手になり、潜在的な扶養者になる準備を始めなくてはならないと、知っているかのようである。そして潜在期の到来に伴って、発達しつつある子どもは、夢を見たり遊んだりする源となった衝動を忘れる、というよりむしろ、静かに「昇華する」。つまり具体的な物事の追求やより良いと認められる目標へと向かう。子どもはいまや、物を生み出すことによって認めてもらう術を学ぶ。子どもは忍耐力を発達させ、道具の世界の無機的な法則に適応し、何かを生産する状況の中に熱心に没頭して、その状況の一つの単位になることが可能となる。

この段階における危険は、自分自身や自分の課題《タスク》からの疎外感の増大、つまりよく知られた**劣等感**の増大である。それらは、それ以前の葛藤の解決が不十分であったために生じる場合がある。すなわち子どもは、知識よりもまだママが必要なのかもしれない。学校で立派にやっていくよりもまだ家で赤ちゃんのままでいたいのかもしれない。あいかわらず父親と自分を比べ、それによって罪の意識が生じ、劣等感をもっているのかもしれない。家庭生活の中で、学校生活の準備がされなかった場合もある。あるいは、学校生活の中で、それ以前に上手にできるようになっていたことを仲間や教師から少しも評価してもらえずに、それ以前の段階で培われた期待が衰えてしまう場合もある。しかし子どもは、今はまだ眠っているものの、将来的に秀でる可能性ももっている。それは今刺激が与えられずとも後に発達するかもしれないし、一生発達せずに終わるかもしれない。

技術や経済のアクチュアリティの準備となるような役割を子どもに与える、より広い社会が子どもにとって重要な意味をもつのはこの時点である。しかし、自分の学ぼうという望みや意志よりも、肌の色や両親の社会的背景のほうが自分の生徒や弟子としての価値を決める要因であると即座にわかって、自分には価値がないと感じる人間の性向が決定的に悪化し、性格発達を決定づける要因となってしまうかもしれない。

共同体の中で信頼され尊敬されていると感じている優れた教師たちは、いかに遊びと作業、気晴らしと勉強を交互に行うべきかを知っている。どうしたら特別な努力に気づくことができるか、どうしたら特別な才能を伸ばすことができるかを知っている。子どもに時間を与える方法も知っている。学校が現時点では重要な意味をもたず、楽しむというより耐える場所になっている子どもたちをどう扱うか、さらには、教師よりも他の子どものほうがずっと重要だと思っている子どもたちをどう扱うかを知っている。だが優れた親たちも、子どもに教師を信頼させることの必要性を感じており、それゆえに信頼できる教師の必要を感じている。なぜなら、まさに物事を知っている人、物事のやり方を知っている人との肯定的な同一化を子どもたちの中に育て、維持することほど重要なことはないからである。とりわけ優れた才能があり、胸躍らせている人たちへのインタビューの中で、何度も何度も、彼らが自発的に、そしてある種の特別な満足感とともに、こう語るのを耳にしてきた。ある**一人の**教師が、彼らの隠された才能に火を灯したのだ、と。この一方で、ただ置き去りにされているという圧倒的な事実が存在する。

ついでながら、我が国の小学校教師の大多数が女性であるという事実は、ここで検討すべき点である。なぜなら、あたかも知識は女性的、行動は男性的という印象が生じ、知的ではない男の子にとっての男性としての同一化に葛藤を引き起こすからである。ジョージ・バーナード・ショウの言葉「できる者はそれを行い、できない者はそれを教える」に納得する両親たちや子どもたちは多いだろう。そこで教師の選択と訓練は、この段階の子どもたちに降りかかる危険を避けるために、非常に重要な意味をもつ。劣等感の増大、すなわち自分は「何かの役に立つ」ことはありえないという感情は、確かに危機ではあるが、もし教師が、子どもが**できる**ことをどう強調すればいいか知っており、子どもに精神医学上の問題があったときにはそれに気づくことができれば、最小限にとどめることができる。明らかに、ここにこそ、学習能力の欠如や著しい学習機会の欠如にさかのぼる、特有のアイデンティティ混乱を防ぐための最良の機会がある。その一方で、子どもの芽生え始めたアイデンティティの感覚が、善良で小さな労働者、善良で小さなお手伝いさんとして、未熟なままに固定されてしまう可能性がある。むろんそれが、その子のなりうるすべてではない。最後に、これが最もよく見られる危険であるが、長い学校生活を通して、何か一つでも、とてもよくできるという喜びも、プライドも、手に入れることができない危険もある。

勤勉の感覚が発達する時期に関して、この時期の新しい能力を用いる際の外的・内的な障害について述べてきたが、新たな人間の欲動が暴れだす可能性や、その欲求不満から生じる水面下の怒りについては述べなかった。この段階は、これまでの段階とは異なり、激しい内的変動から新しい自我支配《マスタリー》へと振れる時期ではない。フロイトは、この時期は通常激しい欲動が休眠状態にあるので、潜在期と名づけた。しかしこれは、思春期という嵐の前の静けさにすぎず、やがてこれまでのすべての衝動が再び新しく組み合わさって出現するのである。

他方、この時期は、社会的には最も決定的な時期である。勤勉さには、誰かのそばで、誰かと共に行うことを含むので、分業や機会の分化についての最初の感覚――つまり、その文化の**技術的エートス**の感覚――がこの時期に発達する。それゆえ、文化の布置《コンフィギュレーション》や**広く浸透している技術**の基礎となる操作は、意味のあるかたちで学校教育の中に浸透し、すべての子どもの中の有能感を支持しなくてはならない。すなわち、幼児的な劣等感に損なわれることなく、真剣な課題を完成させる中で、器用さと知性を自由に使うことができなければならない。これは、生産的な大人の生活の中で、協力的に参加できるようになるための永続的な基礎となる。

アメリカの小学校教育における二つの極を見ていくことは、アイデンティティの問題に学齢期が果たす役割を説明するのに役立つだろう。一方の極は伝統的な価値観に基づき、学校生活の開始を厳しい大人時代の延長と見なし、人から言われたとおりにするための自己抑制と厳格な義務感を重視する。他方の極は現代的な価値観に基づき、学校生活を子ども時代の自然な傾向の延長上に置き、遊びを通して、自分がしなくてはならないことを発見させ、あるいは、自分の好きなことを行うことによって、学ばせようとする。どちらの方法も、ある子どもにとって何らかのかたちで有効であるかもしれないが、それ以外の子どもが適応するのには特別な努力が必要である。最初の傾向が極端になると、保育園・幼稚園や小学校に通う子どものもつ義務に全面的に依存する傾向を利用する。そうすると子どもは、絶対に必要なことをたくさん学び、揺るぎない義務感を発達させるが、自分の人生も他人の人生も惨めなものにしてしまうかもしれない不必要かつ犠牲の大きい自己抑制を、もはや二度と捨て去ることができなくなり、のみならず自分の子どもたちの学びたい、働きたいという自然な願望を台無しにしてしまうかもしれない。それに対して二番目の傾向が極端になると、子どもたちは何も学んでいないという、周知のとおりの異議申し立てを招くだけでなく、子どもたちの中にもこんな気持ちが生まれる。それは今では有名な話だが、ある都会の子どもが、「先生、今日も僕たちは自分の**やりたいことをしなくてはならないのですか**」と尋ねたという、その言葉に表れている。この言葉ほど、この年齢の子どもたちの必要を的確に言い表したものはない。子どもたちは、優しく、しかし断固とした態度で、強制的に冒険の中に送り出してもらうことを望んでいる。自分では決して考えつかなった事柄、遊びや幻想の産物ではなく、現実、実用性、論理の産物であるからこそ魅力的である事柄、大人たちの現実世界に参加しているという証になる事柄、そうした事柄を自分で獲得することができると発見する冒険に、強制的に送り出してもらうことを望んでいる。こうした両極端の間には、学校というのは絶対に行かなくてはならないところであるという事実以外にまったくスタイルをもたない、数多くの学校がある。社会的不平等や方法論的な遅れが、多くの子どもと技術の間に未だに危険なギャップを生み出しているが、技術の側は子どもを必要としている。それは、子どもたちが技術の目的に奉仕するからというだけでなく、より喫緊のこととして、技術が人間に奉仕するために、必要としているのである。

　しかし、アイデンティティの発達にとって別の危険も存在する。もし同調的に過ぎる子どもが、労働を唯一の価値ある基準として受け入れ、簡単に創造力や遊び心を犠牲にしてしまうなら、たやすくマルクスの言う「craft-idiocy」、つまり技術とその支配的な役割類型の奴隷になってしまいかねない。われわれはここで、すでにアイデンティティ問題の只中にいる。なぜなら、技術と道具の世界、それらを教え、分かち合う人々との間にしっかりとした最初の関係が築かれるとともに、そして思春期の到来とともに、幼児期そのものは終わりを迎えるからである。さらに、人間は学習する生き物であるだけでなく、教え、そして何より労働する生き物なので、アイデンティティ感覚への学齢期の直接的な貢献は、「私は働けるよう学ぶことができる者である」という言葉で表現できる。直ちに明らかになることであるが、大多数の人間にとって、いつの時代においても、これは彼らのアイデンティティの始まりであるだけでなく、限界でもあった。あるいはこう言うほうがいいだろう。大多数の人間は、常に自分たちのアイデンティティの欲求を、技術的・職業的可能性をめぐってまとめ上げてきたのであり、それなくしては人々の日々の労働が単なる単調な仕事やある種の災いとまでは言えないにしても、常に不適切な自己表現に思えただろう「より高度な」制度を確立し維持することを、特別な（生まれながらにして、あるいは選択や選出によって、または才能によって特別であるような）集団に任せてきた。われわれの時代のアイデンティティ問題が精神病理学的にも歴史的にも重要な意味をもつようになった理由は、まさしくここにある。なぜなら、人間が単調で不幸な仕事を機械に任せられるようになったので、より広範囲の人々が、より大きなアイデンティティの自由を思い描くことが可能になったからである。

5　青年期

技術の進歩によって、初期の学校生活と青年が最終的に専門的な仕事に就く時期との間にますます時間があくようになると、青年期がよりいっそう際立った意識的な時期となり、ある文化のある時期が常にそうであったように、幼児期と成人期の間の一つの生活様式のようなものになった。それゆえ、学校生活の後期になると、青年は、生殖器官の成熟という身体的革命や、目前に迫る大人の役割への疑念に悩まされながら、一時的というより最終的なものに見えるものの実際には最初のアイデンティティ形成である、青年の下位文化を確立するという気まぐれな試みに、大いに関心をもつように思われる。彼らは、時には病的に、そしてしばしば奇妙なほど、自分が感じる自分の姿に比べて他人の目に映る自分の姿に心を奪われており、その時代の理想的なプロトタイプと、以前に習得した役割と技能をいかにして結びつけるかという問題に心を奪われている。彼らが新しい連続性と同一性の感覚を探索していく中で、それにはいまや性的成熟も含まれなくてはならないのであるが、青年の中には、最終的なアイデンティティの保護者として永続する偶像や理想を据えることができる前に、それ以前の危機に再び取り組まねばならなくなる人もいる。彼らは何よりも、アイデンティティ要素――先述のとおり幼児期に帰する――を統合するために、モラトリアムを必要としている。ただしいまや、輪郭が曖昧でありながらその要求は直接的なより大きな単位が、幼児期の環境にとって代わる。すなわち「社会」である。これらの要素を見直すことも、青年期の問題のリストに入っている。

もし、最初期の段階が青年期のアイデンティティ危機に、自分自身や他人への信頼という重要な欲求をもたらしたとすれば、明らかに、青年はこの上なく熱心に、**信頼**できる人間や思想を求めることになる。それはまた、人間や思想の働きに価値があると思える一方で、自分自身が信頼に足ると証明する、ということも意味する。(この点については、忠誠についての章でさらに詳細に論じる。) しかし同時に、青年は、愚かな、あまりにも信頼しすぎる関与を恐れており、逆説的なことに、信頼への欲求を大声の冷笑的な不信によって表現することもあるだろう。

もし第二の段階で、自由に**意志**できるものとして定義されるという必要を確立していたならば、青年は、可能な、あるいは不可避的な義務や奉仕の道を、自由な同意によって決定する機会を探す。そして同時に、嘲笑にさらされたり自信を失うと感じる活動を強いられることを非常に恐れる。これも逆説となる可能性がある。つまり、自分自身の眼や仲間の眼から見て恥ずかしいと思われるような活動を強いられるくらいなら、むしろ年長者の眼には恥知らずに映る行動を進んでしたがるだろう。

もし、自分がなる**かもしれない**ものへの無制限の**想像力**が遊戯期の遺産であるならば、青年が彼の憧れに、幻想的とは言わないまでも想像的な余地を与えてくれる仲間や、導いてくれる、あるいは道を誤らせる年長者を進んで信頼するのは、あまりにも明白である。同様に、自己像に対するあらゆる「物知り顔の」制限に対しては激しく異議を唱え、彼の過剰な野心に関わるすべての罪の意識を、大声で非難することによって解決しようとする。

最後に、もし何かをやり遂げること、しかもそれをうまくやり遂げたいという願いが学齢期に獲得されるものであるなら、職業選択は、給料や地位といった問題を超えた重要な意味を帯びる。青年の中には、独自に秀でた者として働く満足感はないが成功は期待できるキャリアを選ぶより、しばらくの間まったく働かないほうを選ぶという者もいるのは、この理由による。

したがって、歴史のどの時点であっても、青年の一部は、若い活力が求めうるすべてを約束してくれるような技術的、経済的、イデオロギー的潮流の只中にいると気づくとき、最も肯定的な、興奮する時期を過ごすのである。

それゆえ、拡大し続ける技術の潮流を追求するという点で才能に恵まれ、よく訓練され、それゆえに新しい能力や発明の役割と同一化でき、その背後のイデオロギー的見解を受け入れることができる青年にとって、青年期にほとんど「嵐のような」要素はない。これが与えられないと、青年の精神はより明白にイデオロギー的になる。つまり、何らかのインスピレーションを与えてくれる伝統との一体化や、これから来るべき技能、思想、理想を探し求める。そして実際に、仲間に支持されること、教師に承認されること、価値がある「生き方」によってインスピレーションを受けることを非常に強く求めている青年に最もはっきりと語りかけるのは、社会のイデオロギー的潜在力なのである。その一方で、環境が青年から、次の段階を発達させ統合することを可能にするあらゆる形式の表現を、あまりにも徹底的に奪おうとしていると感じたときには、突然自分の身を守る必要に迫られた動物に見られる野生の強さで抵抗するだろう。なぜなら、実際、人間存在の社会というジャングルの中では、アイデンティティ感覚がなくては生きている感触が得られないからである。

ここまで述べてきたので、一つ例を挙げてみたいと思う（そしてこれは構造的に代表的なものだと考えている）。一青年が、ある種のゆとりを与えられて、否定的アイデンティティの残存物に対処するために伝統的な生活様式をうまく用いた例である。私はジルという少女と、彼女が思春期を迎える前からの知り合いである。当時の彼女はかなりの肥満で、暴食や依存といった「口唇的な」特徴を数多く示していたが、一方で彼女はおてんばで、兄弟たちにひどく嫉妬しており、彼らと張り合おうとしていた。とはいえ、彼女は聡明であり、やがて万事うまく収まることを約束するような雰囲気を漂わせていた（母親もそうだった）。そして実際に彼女は困難を片付けてまっすぐ成長し、非常に魅力的になり、どんな集団においてもおおらかなリーダーになり、多くの人にとって若い女性の見本のような存在だった。私は臨床家として彼女を見守りながら、彼女がそれまで見せていた貪欲な食欲と競争心とどう折り合いをつけるのかと不思議に思っていた。こういった要素が、単純に、幸運な成長に吸収されてしまうということがあるのだろうか。

そしてジルが十代の終わりを迎えたある秋のこと、彼女は夏の間を過ごした西部の農場から大学に戻らなかった。両親に、残らせてほしいと頼んだのである。両親はジルを信頼していたので、ただ寛大に彼女にモラトリアムを与え、東部に戻っていった。

その冬、ジルは新たに生まれた子馬の世話に専念し、夜には、お腹をすかせた動物たちにミルクを与えるために、何時であっても起きた。明らかに、自分自身の中に確かな満足を得、またカウボーイたちの驚きに満ちた承認も手にして、ジルは家に帰り、それまでの活動に戻った。私は彼女が、以前に過食として行動に表していたように、それまでずっと自分自身のためにしたいと渇望していたことを、能動的に、他人のために行う機会を発見し、それに熱中したのだと感じた。つまり彼女は、お腹を空かせた子馬に食べ物を与えることを学んだのである。しかも彼女は受動的なものを能動的に変え、それまで症状として出ていたものを社会的行為に変換するという文脈の中でそれを行った。

彼女は「母親的」になったのだと言う向きもあるだろうが、それはカウボーイたちが見せなくてはならず、また事実見せているような母親性である。そして当然、彼女はすべてをジーンズをはいて行った。これは「男性から女性へ」のみならず、「男性から男性へ」の認識ももたらしたが、それだけにとどまらず、彼女の楽観主義が確認されもした。すなわち、自分自身であると感じられる何かをすることができ、それは役に立ち、価値を見出せることであり、直接的で実践的な意味のあるイデオロギー的潮流と合致している、という彼女の感情である。

こうした自ら選んだ「治療」は、当然ながら、適した時期に適した精神状態のもとで与えられるゆとりに左右されるものであり、これは非常に多様な状況に左右される。私は子どもたちの人生における同種の例をより詳細に記して、将来出版する予定である。しかし私はこの例を、日常生活に見られる無数の観察記録の代表としたいと思う。状況が適していれば、青年の才能の豊かさは、自ずから姿を現すものなのである。

この段階における疎外感は、**アイデンティティ混乱**《コンフュージョン》である。その臨床的・伝記的な側面については次章で詳細に述べる。ひとまず、ここではアーサー・ミラーの戯曲『セールスマンの死』の主人公、長男ビフの言葉に耳を傾けておこう。「掴めないんだ、母さん、人生って奴を掴むことができない」。このジレンマが、それ以前に体験されていた民族的・性的アイデンティティへの強い疑いに基づく場合、あるいは、役割の混乱が長期にわたる絶望感と合わさった場合、しばしば非行や「境界性《ボーダーライン》」精神病のかたちで出現する。青年たちは次々に、見せかけの、アメリカの青年を容赦なく標準化しようとして強いられる役割を受け入れることができずに混乱する。学校をドロップアウトし、仕事を辞め、一晩中家に帰らず、人を信じられず、受け入れられずに引きこもることもある。一度「非行に走った」青年にとって、最も必要であり、多くの場合唯一の救済となるのは、年上の友人たち、助言者、司法の人々が、もはやこれ以上、紋切り型の診断を止め、青年に特有のダイナミズムを考慮しない社会的判断に基づいた青年の分類を拒否することである。これから詳しく見ていくように、ここにおいてアイデンティティ拡散という概念は、臨床において実践的価値をもつ。なぜなら、正しく診断され治療されれば、精神病や犯罪のように見える出来事も、青年期においては、他の年齢で見られるような致命的な重要性をもたないからである。

一般に、職業的アイデンティティを決められないことが、何よりも若い人々を混乱させる。自分自身を拡散させないために、一時的に彼らは、一見すると完全に個性を喪失したと思われるほど、徒党や群集の英雄たちに過剰に同一化する。とはいえ、この段階においては、「恋に落ちる」ことでさえも、完全には性の問題ではない。むしろ、第一の問題ですらないかもしれない。ほとんどの場合、青年にとっての愛とは、自分のアイデンティティの定義に至るための試みである。相手に自分の拡散した自己像を投影することによって、そして、そのように映った像が次第にクリアになっていくのを見つめることによって、それが可能になる。だから青年の愛は、その大部分が会話で成り立っているのである。他方、その自己像をクリアにしていくことが、破壊的な方法を用いて探求される可能性もある。青年は、他人を排除することにかけては、非常に党派的で、不寛容で、残酷になりうる。この場合の他人とは、皮膚の色、文化的背景、趣味や才能、グループの内と外を区別するサインとして恣意的に選ばれた服装や身振りなど、まったく些細な点において「異なっている」者のことである。重要なのは、こうした不寛容が、だいたいにおいてアイデンティティの喪失の感覚に対する防衛のために、一時的に必要とされているかもしれない点を理解することである（といっても、すべての事柄を大目に見るという意味ではない）。身体の各部分が大きく変化し、思春期の性器性欲が身体や想像をあらゆる種類の欲動で溢れさせ、異性と親密に近づくようになり、時にはそれが青年に強いられ、目の前に広がる人生が多種多様な矛盾しあう可能性や選択に満ちている、そうした年代にとって、アイデンティティ喪失は避けがたいことである。こうした当惑の時期に、青年たちは徒党を組み、自分自身や理想、敵をステレオタイプ化することによって、一時しのぎに助け合うだけではない。彼らは、あらゆる価値が避けがたく矛盾する只中で、お互いの忠誠心を維持する能力を絶えず試しあうのである。

こういった試しあいの準備状態《レディネス》は、（第2章で指摘したように）、集団アイデンティティ（封建的、土着的、国家的などのアイデンティティ）を失ってしまった、あるいは失いつつある国々や階級の青年の心に、単純で残酷な全体主義の教義がどのように訴えかけるかを説明するのに役立つ。民主主義は、民主的なアイデンティティが力強いが寛容でありえるし、思慮深いにもかかわらず断固たりうるということを、彼らに確信をもって示す――それを生きる――ことによって、こういった不愉快な青年たちを説得するという仕事に直面している。しかし高度産業社会の民主主義は、特殊な問題を提起している。それは、数多くの機会を掴む準備ができていて、なおかつ、好況と不況、平和と戦争、移住と断固とした定住といった変化し続ける必然に適応すべく準備されたアイデンティティを、自ら作り上げることを強く求めることにある。それゆえ民主主義は、さまざまな背景をもつ青年が共有できるような理想や、独立というかたちの自律や建設的な仕事というかたちの自発性を強調する理想を示さなくてはならない。しかし、次第に複雑化し、中央集権化しつつある産業的、経済的、政治的組織制度の中で、こうした約束を果たすのは容易ではない。こういった制度は、未だに「自ら作り上げる」イデオロギーを高々とうたうが、次第に無視しつつあるのが現状である。これは多くのアメリカ人青年にとって、過酷なことである。なぜなら、彼らの育つプロセス全体が、自己信頼的なパーソナリティの発達を、ある程度の選択、個人の機会への持続的な希望、自己実現の自由への確固とした関与に依存するものにしているからである。

われわれはここで、単に特別な特権や高尚な理想について語っているのではなく、心理的な必然についても語っている。なぜなら、アイデンティティの保護者である社会制度こそが、われわれがイデオロギーと呼んだものだからである。イデオロギーの中に、最も広い意味での貴族主義のイメージを見る人もいるかもしれない。明確な世界観と所与の歴史過程の内部では、最も優れた人々が支配するようになり、支配が人々の中の最善を発達させるだろうというイメージである。冷笑的になったり無気力に陥らないために、青年は自分たちの予期する大人の世界で成功した人間は、したがって最も優れているものとしての義務を背負わなくてはならないという確信を、何とかしてもたなくてはならない。なぜなら、彼らのイデオロギーを通して、社会制度は次世代の網の目の中に入り込み、青年の若返りの力をその活力の源に吸収することができるからである。それゆえに、青年期とは、社会進化の過程における重要な生命再生装置である。なぜなら青年は、真実であると感じ続けられるものを保持するためにも、再生力としての重要性を失ったものを革命的に矯正するためにも、その忠誠心とエネルギーを提供することができるからである。

われわれは創造的な人間の人生におけるアイデンティティ危機を研究することもできる。彼らは、同時代を生きる人々に、芸術作品やオリジナルな行為の中に表現される新しい解決のモデルを提供することによって、自力でそれを解決できた人々である。さらに彼らは、そのすべてを日記や手紙や自己表現の中で語ることを熱烈に求めている人々である。そして、ある特定の時代の神経症であっても、常にあり続ける人間という存在の内なるカオスを新しいしかたで反映しており、創造的な危機は、その時代の独自の解決法を指し示している。

次の章では、これらの特別な人の危機から学んだことを詳細に示そうと思う。しかし、人間の幼児性や青年期の名残りには、第三の現れ方がある。個人的な危機がプールされて、一時的な激変期に集合的な「ヒステリー」に達することがある。多弁な指導者たちがいれば、彼らの創造的な危機とその追従者たちの潜在的な危機を、われわれの推論――そして彼らの著作――の助けを借りて、少なくとも研究することができる。もっとつかみどころがないのは、一人の指導者に帰することができない、その自然発生的な集団的発達である。そしていずれにせよ、集団の非合理性を臨床的な用語を使って名づけても、助けにはならないだろう。痙攣性の発作が蔓延する中でそれに加わっている一人の若い修道女にどのくらいのヒステリーが存在しているかとか、壮大なパレードや大量殺戮に加わるよう命じられた一人のナチスの若者の中にどのくらいの邪悪な「サディズム」が存在しているかとかを、臨床的に診断することは不可能であろう。それゆえわれわれは、特定の歴史的時期において、それらが不明瞭ながら互いに接触していることを示すために、個人の危機と集団行動の間にはある種の類似性が存在することを、非常に暫定的に指摘できるにすぎない。

しかし、アイデンティティ混乱と呼ぶものの臨床的・伝記的証拠に立ち入る前に、アイデンティティ危機の彼方を見てみよう。当然ながら、「アイデンティティの彼方」という言葉は、二通りの意味で理解でき、どちらもこの問題にとって本質的である。それは、人間の核心にはアイデンティティ以上のものが存在するということ、そして事実、それぞれの個人の中には「私《アイ》」、すなわち観察を行っている意識と意志の中心が存在しており、その「私」は、本書の関心事である**心理・社会的アイデンティティ**を超越しうるし、それを超えて生き残らなくてはならない、ということを意味しうる。これから見ていくが、まるで純粋なアイデンティティが心理・社会的な侵略から自由でなくてはならないかのように、時に早熟な自己超越が、一時的ではあるが、何らかの方法で青年の中で強く感じられることがある。とはいえ、若いうちに自分自身を超越できる人間はいない（ただしキーツのように、燃え立ち、死に瀕している人間は例外である。彼はアイデンティティについて言葉で語ることができ、そのために瞬く間に有名になった）。アイデンティティの超越については後に論じることにする。以下において「アイデンティティの彼方」は、青年期以後の人生とアイデンティティの利用、そしてまた、ライフサイクルの後の段階における、何らかのかたちでのアイデンティティ危機の復活を意味している。

6　アイデンティティの彼方

この項目の最初にくるのは、**親密性《インティマシー》**の危機である。アイデンティティ形成がうまく進行している場合に限り、真の親密性――それは実際にはアイデンティティ同士の対位法であり、融合である――が可能になる。性的な親密さは、私がここで考えていることの一部にすぎない。というのは、性的な親密さは、それが友情にせよ、性愛的な出会いにせよ、共同の着想にせよ、しばしば他者との間に本物の相互的な心理・社会的親密さを築く能力に先立つことが明らかだからである。自分のアイデンティティに確信がもてない青年は、対人的な親密さに尻込みしたり、真の融合や本当の自己放棄をすることなく「見境のない」親密な行為に身を投げたりする。

もし青年が、青年期後期や成人期初期に、他者との、そして付け加えたいのだが、自分の内なる資源との、こういった親密な関係を達成していないと、非常にステレオタイプ化された対人関係に甘んじて、深い**孤立の感覚**をもち続けるようになるかもしれない。もしその時代に非個人的な種類の対人関係パターンが流行っているならば、その人は人生において成功を、しかも大成功を収めることも可能だが、深刻な性格上の問題を抱くことになり、この問題はその人に二重の苦痛を与えることになる。なぜなら彼は、誰もが「ひとかどの人物」と言うにもかかわらず、決して本当に自分自身であると感じることはないからである。

親密と対をなす概念は、**孤立**である。これは、その人にとって危険と感じられる力や人物の存在を、拒絶し、孤立させ、必要とあれば破壊しようとする心構えのことである。それゆえ、孤立への欲求がもたらす持続的な結果は、自分の親密性と連帯の領域を防御し、すべての外部者を、親しいものと異質なものとの間の狂信的な「小さな差異への過大評価」を通して見るような準備状態である。こういった偏見は、政治や戦争において利用され搾取されうるし、最強最善と思う者たちから揺るぎない自己犠牲の忠誠心と、いつでも人を殺す心構えを得る。青年期の危険の名残りは、親密な、競争的な、闘争的な関係が自分と同じような人々との間に経験されるところで見られる。しかし、大人としての責任の領域が次第に明確になるにしたがい、そして、競争的な出会い、性愛的な絆、無慈悲な敵意が互いに分化されると、やがて彼らは**倫理的な感覚**に従うようになる。これは成人の証であり、青年期のイデオロギー的確信や幼児期の道徳主義に取って代わるものである。

かつてフロイトは、健常な人間は何をよく為しうるべきかと尋ねられたことがある。おそらく質問者は複雑で「深い」答えを期待していた。しかしフロイトは簡単に「**愛することと働くこと**」と答えた。このシンプルな公式は熟考に値し、考えるほどに深みを増す。なぜならフロイトが「愛すること」と言うとき、性器愛を意味すると同時に、寛大な親密さをも意味しているからである。愛することと働くことと言うとき、仕事一般の生産性に心が奪われ、性的な存在であり愛しあう存在である権利や能力を失うほどにならないよう、望んだのである。

精神分析は、**性器愛**を、十分に成熟しているかどうかの発達条件の一つであると強調してきた。性器愛は、オルガスム能力を発達させる潜在力にあり、それはキンゼイの言う「排出口」という意味での性的生成物の放出を超えたものである。性器愛は、親密な性的相互性《ミューチュアリティ》の成熟と、完全な性器の感受性、そして身体全体から完全に緊張を解き放つ力とを結びつける。これはかなり具体的な表現であるが、実際にはこのプロセスについてわれわれは、本当の意味で理解しているわけではない。しかし明らかに、オルガスムのクライマックスにおける相互性《ミューチュアリティ》の経験は、複雑なパターンの相互調整の究極的な例を提供しており、ある意味、男性と女性、事実と空想、愛と憎しみ、労働と遊びといった日常的な対立の中で生じる敵意や潜在的な激しい怒りを和らげる。そうした経験はセクシュアリティをより強迫的でないものにし、パートナーをサディスティックに支配する必要性を失わせる。

こうした性器的成熟に達する前は、性生活の大半は自己探求的でアイデンティティに飢えたものである。どちらの側も実際には自分自身に到達しようとしているにすぎない。あるいは、互いに相手を打ち負かそうとする、ある種の性器的格闘にとどまる。これらすべては成人のセクシュアリティの一部として残るが、共同生活を営む中で性差が十分に分極化されるにつれて、次第に吸収される。なぜなら、それまでに確立された活力ある強さ（vital strength）が、男女が最初に意識・言語・倫理の点において類似した存在となり、それから、お互いの差を認めあうのを助けるからである。

人間は、性愛的な魅力に加えて、「愛」に基づく選択力を発達させてきたが、これは新たな共有のアイデンティティを求める欲求に役立つ。もしこの段階に典型的な疎外が**孤立**であるならば、すなわち、真の親密さを分かち合うことによって自分のアイデンティティを賭けてみる能力の欠如であるならば、こうした抑制は、親密さの結果――つまり子孫と、その世話――への恐怖によって、しばしば強化される。しかし、相互の献身としての愛は、性的・機能的分極に内在する対立関係を克服し、若い成人にとっての活力に満ちた強さとなる。そうした愛は、とらえ所がないがあらゆる場所に遍在する、文化的・個人的なスタイルがもつ力の保護者であり、そのスタイルが競争と協力、生産と生殖の相互の連携を「生活のしかた」の中に結束させるのである。

もし「私は」の定式化ゲームを「アイデンティティの彼方」へと続けるとしたら、ここで調子《トーン》を変えなくてはならない。なぜならいまや、アイデンティティの増強は、「**私たちは**私たちの愛するものである」

という定式に基づいているからである。

進化によって人間は、学ぶ生き物であると同時に教える生き物となった。なぜなら依存と成熟は相互的だからである。成熟した人間は必要とされることを必要とし、また成熟とは世話されねばならないものの本質によって導かれるからである。ゆえに、**ジェネラティヴィティ**とは、第一に、次世代を確立し、導くことへの関心である。しかし何らかの不運のため、あるいは他の方向に特別で真正の才能があるために、この欲動を子孫に向けるのではなく、利他的な関心や創造性のような他の形式に向ける人もいる。そしてそれらが、彼らなりの親としての欲動の表し方なのである。そして実際、ジェネラティヴィティという概念は、産出性《プロダクティヴィティ》と創造性《クリエイティヴィティ》という意味を含んでいるが、そのどちらも、発達における危機を指す言葉としてジェネラティヴィティに代わることはできない。なぜなら、身体と身体、心と心が出会う中で自分自身を失う能力は、自我-関心の緩やかな拡大や、生成されたものへのリビドー投資につながってゆくからである。こうした豊饒化が完全に失敗すると、疑似的な親密性への強迫的な欲求への退行が起こるが、これは広く浸透する**停滞の感覚**、退屈、対人関係の貧困化が伴うことが多い。すると、その人はしばしば自分自身をたった一人の——あるいはお互いの——子どもであるかのように、甘やかし始める。そして条件がそろったときには、身体的なものであれ精神的なものであれ、初期の病弱が自己関心の媒体となる。他方、子どもがいるという単なる事実だけでは、あるいは子どもを欲しがっているということでさえも、ジェネラティヴィティを「達成」することにはならない。若い親の中には、真の世話を発達させる能力の遅延のために、苦しんでいる人もいるように思われる。その理由は、初期の幼児期の印象のためであったり、両親との間違った同一化のためであったり、あまりにも熱心に自分で作り上げたパーソナリティに基づいた過剰な自己愛のためであったり、ある種の信仰、つまり「人間という種への信頼」のようなもの、すなわち子どもを歓迎すべき預かりものだと見なす信仰の欠如であったりすることの中に、しばしば見出すことができる。しかしながら、ジェネラティヴィティの本質から、その最も明白な病理学は、いまや次の世代の中に、つまり、不可避的な疎外の形式の中に、探求されなくてはならないことが示唆される。この不可避的な疎外については、すでに幼児期や青年期を取り上げた中で一覧にしてあるが、ジェネラティヴィティの失敗の結果として両親の側に悪化したかたちで現れることがある。

ジェネラティヴィティを強化し、保護する制度については、すべての制度がまさにその本質において、ジェネラティヴィティの継承の倫理を体系化する、としか言いようがない。ジェネラティヴィティは、それ自体が人間の組織の中での原動力となる。そして幼児期と青年期は、生成と再生成の一つのシステムであり、共有された所帯や分業といった制度はそこに連続性を与えようとする。このように、ここで列挙したような基礎的な強さや組織化された人間の共同体の本質は、一連の証明された方法や、豊かな伝統的な再保証の仕組みを築き上げるための試みとして、共に進化してきた。それによって、それぞれの世代は、個人差や変化する条件から比較的影響を受けずに、次の世代の欲求に応えることができる。

年齢を重ねていったとき、物や人を何らかのかたちで世話してきた人、また、何らかのかたちで必然的に自分以外の人間を生み出す者となり、物や考えを生成する者となり、それゆえに味わう勝利や失望に自らを順応させてきた人、このような人たちだけが、七つの段階の果実を次第に実らせることができる。この点に関して、私はインテグリティという言葉より適切な言葉を知らない。明確な定義を欠いているので、この心の段階の特性をいくつか挙げておくことにする。それは自我の秩序と意味を求める自らの特性への積み重ねられた確実さである。つまり、過去のイメージの担い手に対して忠実であり、現在における指導的立場を担う準備ができており、やがてはそれを明け渡す準備もできているという情緒的な統合である。それはたった一度のライフサイクルを受容することであり、また、その人生の中で重要な存在であった人々を、あるべきものとして、また必然的に、かけがえのない存在として、受容することである。そこで両親に対しても、今までとは異なる新しい愛情を抱くことになる。両親が違う人間であったらよかったのにという願望をもつことはなく、自分の人生は自分自身の責任であるという事実を受け入れる。それは、人間の尊厳や愛を伝えようとする秩序、対象、言説を生み出した男性や女性に対して、たとえ異なる時代に異なるものを追求していたとしても、仲間意識をもつということである。インテグリティをもつ者は、人間の努力に意味を与えてきた多様なライフスタイルが相対的であることに気づいているが、いかなる物理的・経済的な脅威からも、自分自身のライフスタイルの尊厳を守る用意がある。というのは、個人の人生とは、ただ一つのライフサイクルとただ一つの歴史の断片との偶然の一致であることを知っているからであり、そしてまた、彼にとって、すべての人のインテグリティは、その唯一のインテグリティのスタイルにかかっており、それに彼は参加していることを知っているからである。

臨床的な、あるいは人類学的な証拠からわかってきたのは、この蓄積された自我の統合感《インテグレーション》が欠如したり失われたりすると、嫌悪や絶望となって表れるということである。運命が人生の枠組みとして受け入れられることはなく、死がその最終的な期限として受け入れられることはない。絶望は、時間が足りないという感情、すなわち、別の人生を始め、インテグリティへの別の道を試してみるには時間が足りなさすぎるという感情を表している。こうした絶望は、多くの場合、嫌悪や人間嫌い、あるいは特定の制度や特定の人々に対する慢性的な軽蔑という不快の表明の裏に隠されている。しかしこうした嫌悪や不快は、より良い生活へのビジョンが伴わないために、自分自身への軽蔑を表現しているにすぎない。

したがって有意義な老年期は、やがて来る最終的な老衰に先立って、この統合された遺産への欲求に奉仕し、それはライフサイクルに不可欠な展望をもたらす。ここでの強さは、死によって境界を引かれる人生への、囚われのない、しかし積極的な関心というかたちをとる。これをわれわれは知恵と呼ぶが、そこには、成熟した「機知」から蓄積した知識、成熟した判断力、包括的な理解力まで、数多くの含意がある。誰もが知恵を自分自身で発達させせることができるわけではない。たいていの人にとっては、生きた伝統がその本質的な要素を提供する。とはいえ、ライフサイクルの終焉は「究極の関心事」をも呼び起こす。人は自分のアイデンティティの限界を超越するために、また、世代が継承され連続していく中で、自らのたった一つのライフサイクルへの、しばしば悲劇的であったり苦々しいほど悲喜劇的であったりする関わりを超越するために、どのような機会を得られるのだろうか、という問いである。しかし、究極の個性化を扱う偉大な哲学的・宗教的システムが、確かにその時代の文化や文明と関わり続けているようである。放棄を通して超越を探求しながら、それでも「世界の維持」に、倫理的に関心をもち続ける。同様に文明は、それが人生のサイクル全体に与える意味によって測ることができる。なぜならそういった意味は、あるいはその欠如は、次の世代の始まりに必ず届かないではいないし、それゆえに、他の人々がいくらかの明晰さと強さをもって究極の問いに向き合おうとする機会に到達しないではいないからである。

究極の関心事が人をどのような深淵に連れて行こうとも、心理・社会的生物としての人間は、人生の終わりに向かって、新しいアイデンティティ危機に直面するだろう。これは「私は私を超えて生き残るものである」と言える。それゆえ、人生の諸段階から、信仰、意志の力、目的意識、有能さ、忠実、愛、世話、知恵――これらはすべて活力ある個人の強さの基準である――といった性質もまた、制度の生命に流れ込んでゆく。それらがなくては、制度は枯れてしまう。しかし、世話と愛、指導と訓練のパターンの中に浸透している制度の精神なくては、世代の連続の中からどのような強さも出現しえないのである。

したがって、心理・社会的強さとは、個人のライフサイクル、世代の連続、社会構造を同時に調整するプロセス全体に依存している。なぜなら、これら三つはすべて、共に発達したからである。

第4章　個人史と症例史に見られるアイデンティティ混乱《コンフュージョン》

1　伝記的研究1——創造的《クリエイティヴ》な混乱

I　G・B・S（七〇歳）が語る若きショウ（二〇歳）

すでに有名人であったジョージ・バーナード・ショウが七〇歳を迎えたとき、彼は二〇代前半に書いた失敗に終わった作を批評し、序文を書くことを求められた。それは二巻の小説で、まだ出版されたことがなかった[1]。ご想像のとおり、ショウは若い成人期のこの作品を貶しているのだが、同時に、そこには若き日のショウが詳細に分析されている。ショウ自身の若き日々についての文章があまりに機知に富んでいるので読者はつい騙されてしまうが、もしこうした書き方でなかったら、この観察は、これ以上解釈を付け加える必要がないほど見事な、精神分析的業績であると言えるだろう。だがそれは、見かけは表面的なことを語ったかと思うと突然深みに陥り、読者を安心させたりからかったりして、ショウのアイデンティティを示してもいる。読者が飽きることなくショウの説明をもらさず順に辿れるように、敢えてその目的にかなう部分だけを抜粋してみることにする。

G・B・S（この呼び名は、彼の傑作の一つとも言える公的なアイデンティティである）は、若き日のショウを評して、「きわめて不愉快で好ましくない」若者であり、「悪魔のように厭らしい意見をはばかることなく口にし」、その一方で心のうちでは「くだらない臆病に・・・苦しみながら・・・それをひどく恥じていた」と語り、次のように締めくくっている。「真実はと言えば、人は誰でも、自分の可能性を実現し、それを隣人に押し付けるまでは、社会において偽りの地位を占めている。彼らは次から次に出てくる自分の中の欠点に悩まされているが、にもかかわらず、とどまることを知らない傲慢さによって、他人を苛立たせる。この不一致は、成功であれ失敗であれ、認められることによってしか解決できない。人は誰でも、自分の生まれよりも上であろうが下であろうが、彼にとって自然な場所を見つけるまでは、不安で落ち着かない思いをするものなのだ」。しかしショウは、ここで自分がうっかり述べてしまった普遍的な法則から、常に自分自身を除外せずにはいられない。そこで次のように言い添える。「この居場所を見つけることとは、平凡な社会には並外れた人間のための居場所がないという事実によって、非常に困難になることがある」。

続いてショウは二〇歳のときに体験した危機について述べる。この危機は、成功の欠如や明確な役割がないことによって引き起こされたのではなく、その両方が過剰であったために生じた。「その気はなかったのに、私は成功してしまった。そして、仕事が私を役立たずのペテン師として放り出す代わりに、むしろしっかり捉えて離さないことに気づき、すっかり落胆してしまった。考えてもみてほしい、私は二〇歳そこそこで、正気の人間が逃れられないものを忌み嫌うのと同じくらい、心の底から嫌でしかたなかった仕事の職業訓練を受けていたのである。一八七六年三月、私は脱出した」。ショウの言う脱出とは、家族や友人を捨て、仕事や故郷のアイルランドを捨てることを意味していた。さらに、「私が無意識のうちに抱いていた野望の巨大さ」に釣り合わない〔小さな〕成功という危険を避けることも意味していた。ショウは自ら、青年期と成人期を隔てる期間の延長を選んだ。そうした延期を、われわれは「心理・社会的モラトリアム」と呼ぶ。彼はこう書いている。「生まれ育った街を去るにあたって、私はこの時期を置き去りにし、もはや同年代の青年とは付き合わなかった。八年ほどこのように孤独のうちに過ごした後、私は一八八〇年初頭に起こった社会主義の復興運動に引き込まれた。この運動は、全世界に広がりつつあった非常にリアルで非常に根本的な悪に対して深刻に向き合い、憤りに燃えていたイギリス人の間に起こった動きである」。その間、ショウは「彼らが私の望むものをもたらすことはないという確信の背後に、むしろ、それらは私の望まざるものをもたらすのではないかという、口には出さないおそれが潜んでいた」と感じており、機会を避けていたようである。この職業上のモラトリアムは、知的な意味でのモラトリアムによって強化された。「私は興味をもてない限り何も学ぶことができない。なんでもかんでも分け隔てなく記憶できるわけでもない。私の記憶は物事を拒否し、選択する。そしてそれが選ぶのは、学術的なものではない……これについては、自分を褒めてやりたい。なぜなら、脳の自然に反する活動はすべて、あらゆる身体の自然に反する活動と同じように有害だと、強く確信しているからだ……文明というものは常に、支配階級にいわゆる中等教育を与えることによって、破壊されてしまう……」。

ショウは腰を据えて、思いのままに学び、そして書いた。まさにこのとき、並外れたパーソナリティによる並外れた働きぶりが前面に現れてきた。ショウはそれまでやっていた仕事の習慣を手放すことなく、それまでやっていたような種類の仕事を捨てることに成功した。

事務的な仕事の訓練をしていたせいで、怠惰とは区別しうる勤勉という基本的な状態として、毎日規則正しく何かをするという習慣が残った。これをしない限り一歩も前進できないとわかっていたし、他のやり方では一冊の本すら生み出せないこともわかっていた。私はデマイ判〔444.5mm × 571.5mm〕の白紙を、一度に六ペンス分買い、それを四つ折にした。そして、雨の日も晴れの日も、やる気があろうがなかろうが、一日にその紙の五ページ分を埋めることを自分に課した。私はまだ多分に学生から事務員のようなところがあったので、その五ページ目が一つの文章の途中で終わっても、翌日まで仕上げなかった。一方、一日でも書けない日があれば、その翌日に二倍の量をこなして埋め合わせをした。この計画に沿って、五年間で五つの小説を書いた。これが私の職業上の徒弟期間だった……。

この最初の五つの小説はそれから五十年間、出版されなかったことを言い添えておくが、ショウは働くように書き、書くときのように待つことを学んだのである。このように、初めに仕事生活を儀式化することが若き日のショウの内的な防衛にとってどれほど重要であったかという点は、以下のさりげない（実際、挿入句の）発言に見ることができるだろう。ここでこの偉大な才人は、ほとんど恥ずかしそうに、自らの心理的な洞察を認めている。「私はただ、自然の成り行きで世に浮かび上がった。身に付いた習慣のために勤勉すぎて、仕事を止められなかったのだ（私は、私の父が酒を飲むように、働いた）」。このようにショウは中毒性と強迫性の合体を指摘しているが、これはわれわれが、青年期後期に多く見られる病理の基礎、あるいは青年期前期のある種の達成の基礎と見なすものである。

ショウは父親の「飲酒神経症」について詳細に語っており、それが自分の痛烈なユーモアの源泉の一つであると見ている。「それは家族の悲劇か笑い話か、そのどちらかにしかなりえなかった」。なぜなら父親は「陽気なたちではなく、喧嘩好きでもなく、大口をたたくわけでもなかった。むしろみすぼらしく、恥と自責の念に苦しんでいた」。ところがこの父親には「アンチクライマックスのユーモア（どこまでも真面目なのに滑稽なこと）」があって、私はこれを受け継ぎ、喜劇作家になってから活用して大いに効果をあげた。父親のアンチクライマックスの効果は（その題材に関する）われわれの神聖さの感覚に左右された……私が、宗教の中のあらゆる人工的で偽りの要素を、最も不敬な馬鹿げたものに還元することによって宗教の本質に迫ったのは、摂理であったように思われる」。

より無意識的な水準に潜むショウのエディプス的悲劇は、夢のような象徴体系を通して、「想像上の幼少期経験の記憶」のように見えるものの中に表れている。それは、同じような種類のシーンを代表する、一つの圧縮されたシーンである。

自分の《おやじ》が、片腕にだらしなく包まれたガチョウを抱え、もう片方の腕に同じ状態のハムを抱えて（いずれも、一体どんなお祭り騒ぎの幻想のもとで買ったのか、誰も知らない）、門を押し開けるつもりが庭の塀に頭からぶつかってゆき、その途中でシルクハットをコンサーティナ〔六角形や八角形のアコーディオンに似た小型楽器〕に変形させているのを見た少年が、その光景を目の前にして、恥ずかしさと不安に圧倒されてしまうことなく、笑いすぎて動けなくなって〔母方の叔父と一緒になって大騒ぎし〕、哀れな帽子を助け出しその帽子をかぶっている人を安全に導くために駆けつけることができなかったとすれば、明らかにその少年は、つまらぬことを悲劇に仕立て上げる代わりに悲劇をつまらぬことに仕立て上げる少年では断じてないだろう。もし家族の骸骨〔表に出せない家族の秘密〕を処分できないなら、それを踊らせるという手もある。

ショウのパーソナリティの心理・性的側面を分析すれば、明らかに、この記憶の中に見られる父性的無能の象徴化の中に、確かな錨点を見出すことができるだろう。

ショウは父親の失墜を、当時の社会経済的状況を見事に分析しながら説明している。というのは、ショウの父親は「準男爵のまたいとこであり、母親は、金に困ると何でも抵当に入れてしまう地方地主《カントリージェントルマン》の娘だった。私の貧困とは、この程度である」。父親は「下の息子の下の息子」であり、「没落者であり没落者の息子」だった。とはいえ、ショウはこう結んでいる。「父が私に大学教育を受けさせる余裕がなかったと言うのは、彼が酒を飲む余裕がなかったと言ったり、私には作家になる余裕がなかったと言ったりするのに似ている。どちらの発言も正しい。しかし、それでもやはり父は酒を飲んだし、私は作家になった」。

ショウの記憶の中の母親は「一回か二回、私のためにパンにバターを塗ってくれたことがあり、めったにないことで嬉しかった。パンの上でナイフを拭うだけではなく、バターをたっぷり塗ってくれた」。しかしショウが意味ありげに語っているとおり、たいてい、母親は単に「私を自然で日常的な現象として受け入れており、今後もそのように存在し続けていくことを当然のことと見なしていた」。こうした非人格性には、何らかの人を安心させるところがあったに違いない。というのは、「厳密には、彼女は考えうる限り最悪の母親であったと言うべきだろう。しかし、それは彼女が常にどんな子どもや動物や花に対しても、あるいはどんな人やものに対しても不親切にすることができない、という事実の範囲内のことである……」。もしこれを選択的献身とも教育とも認めがたいとすれば、ショウはこう説明する。「私の育ちが悪かったのは、あまりに母親の育ちが良かったためである……彼女が子ども時代に苦しんだ束縛や虐待、叱責や脅しや罰……に対する当然の反応として……母親は、その正反対の態度にたどり着き、それ以外のやり方は考えられなかった。そして必然的に行き着くところまで、家庭を無政府状態にした」。結局のところ、ショウの母親は「すっかりうんざりし、幻滅していた……救いようのないほど期待はずれの夫と、大きくなりすぎて母が好きな動物や鳥のようには可愛がることのできない三人の面白みに欠ける子どもたちに苦しめられていた。そして言うまでもなく、父の収入が、屈辱的なまでに不足していたことにも」。

実はショウには親が三人いて、三番目の親はリーという名前の（「流れ星のような」「せっかちで」「人を惹き付ける」）男だった。彼はショウの母親に歌のレッスンをしていたが、ショウの家族全体にも、バーナードの理想にも、革新をもたらしたと言えなくもなかった。

彼は父に取って代わって家庭内で支配的な存在になり、母の活動と興味のすべてをほしいままにしていたが、あまりにも音楽に没頭していたので、二人の男の間にはいささかの摩擦もなく、親密な個人的接触もほとんどなかった。当然、不和も生じなかった。初めのうち、彼の考えはわれわれを驚かせた。寝るときには窓を開けておくべきだなどと言った。私はその豪胆ぶりに興味をそそられ、以来、それを実行している。また、彼は白いパンではなく黒パンを食べた。実に驚くべき奇癖だ。

こうした混乱した状況の結果として生じた数多くのアイデンティティ要素のうち、ここでは私が選び、凝縮し、名前をつけた三つの要因を見ていくことにしよう。

1　俗物

「似たようなイギリス人の一家と比べて、我が家には、嘲笑的に演劇化してしまう力があり、それがいっそう、ショウ家に眠る骸骨たちの骨をガタガタ言わせていた」。ショウ自身はこの傾向を「家族の俗物根性が、家族のユーモア感覚によって和らげられている」と認識していた。その一方、「母は自分が俗物だという自覚をもっていなかったが、当時のアイルランド婦人の垣根となって守っていた神性《ディヴィニティ》は、（音楽の個人教授の顧客として）母親の手の届く範囲にいたイギリスの郊外に住む一様に俗物な両親たちに、受け入れられることはなかった」。ショウは「自分の家族の俗物根性をかなり軽蔑していた」が、祖先の一人がファイフ伯爵であることを知って考えを変えた。「これは、シェイクスピアの末裔なのと同じくらい喜ばしいことだった。ちなみに私は揺りかごの中にいた頃から、生まれ変わったらシェイクスピアになろうと無意識のうちに決めていた。」

2　騒音屋

ショウは子ども時代を通して、音楽演奏の津波にさらされていたかのようだった。家族はトロンボーン、オフィクレイド〔一九世紀初頭から製作されていた金管低音楽器〕、チェロ、ハープ、タンバリンなどの楽器を演奏した。そして、とりわけ（あるいは最もタチが悪いことに、と言うべきか）彼らは歌を歌った。しかし、やがてショウもピアノを独習し、それは煩わしい騒音を生み出した。

この学習の過程で、バンバン打ちつけ、ヒューヒュー吹きちらし、ワーワーわめき、ガンガン鳴らし、あらゆる音を出して神経質な隣人に迷惑をかけていたことを振り返ってみると、無益ではあるが後悔の念に駆られる……私はワーグナーの『ニーベルングの指環』からお気に入りを選んでよく演奏していたが、それが（母を）気も狂わんばかりに追い詰めたのだった。この選曲が、彼女が思うに「叙《レ》唱的《チタティーヴォ》なものばかり」であり、しかも私の演奏はひどく調子外れだったのだ。当時、母は一度も文句を言ったことはなく、われわれが離れて暮らすようになってからこれを打ち明けられた。しかも時には、その場を離れて泣いたこともあったという。もし殺人を犯したとしても、私はそれほど良心の呵責に苛まれるとは思わないが、これは考えるだけでも耐えられない。

実際には音楽で自分を苦しめた人々に仕返しをするために、ショウがピアノを学んだ可能性について、彼自身が気づいていたかどうかは明らかにされていない。それよりむしろ、ショウは音楽評論家、すなわち他人が生み出した騒音について書く人になることで、妥協したのだった。評論家として、ショウはコルノ・ディ・バセットというペンネームを選んだ。これは楽器の名前であるが、ほとんど誰にも知られていないもので、その音色はとても弱々しく、「たとえ悪魔でもこの楽器をきらめかせる《スパークル》ことはできないだろう」。とはいうものの、バセットは火花を散らす《スパークリング》批評家になった。さらに「バセットがときおり下品であったことは否定できない。しかし、彼があなた方を笑わせるなら、それは問題ではないだろう。下品さは完全な作家に欠かせない資質である。そして時に、道化師はサーカスの最も重要な役割を担うこともあるのだ」。

3　悪魔のような人間

間違いなく孤独な幼少期を過ごしたショウが（母親は騒音のような音楽を奏でる人にしか耳を傾けなかった）、いかにその想像力を利用して、偉大な想像上の仲間と話をするようになったかについては、こう語られている。「子どもの頃、私は自分でお祈りの言葉を作り、文学の才能を使ってみた……それらは、全能の神に喜びを与え、和解するための文学的な営みだった」。宗教の問題に関して彼の家族がまるで無関心だったことから、ショウの敬虔心は、奥底の信仰心を探し出して、それに頼らざるをえなかった。そしてそれは彼の内部で、早くから「道徳的な情熱の始まりと呼応しあった……知的な誠実さ」と交じりあうものとなった。同時にショウは（はっきりとしたかたちではないが）、悪魔のような子どもであったようだ。いずれにせよショウは、良い子のときには、自分自身であるとは感じられなかった。「良い子にしているときでも、芝居をしているだけだった。なぜなら、役者たちが言うように、役を演じている自覚があったからである」。そして実際に、彼のアイデンティティ獲得をめぐる奮闘が終わると、すなわち、「一八八〇年あたりに、自然《ネイチャー》が私の顔貌を完成すると（二四歳になるまで、顔には柔らかい毛が生えかけているにすぎなかった）、オペラに出てくる悪魔のようなふさふさと伸びた口ひげと眉と、皮肉たっぷりの鼻孔が備わっていることに気がついた。オペラの悪魔と言えば、私は子どもの頃にその（グノー作曲の）旋律を歌い、少年時代はその振る舞いに影響を受けたものだ。後に、何十年か経って、私は・・・・こう思うようになった。想像力と人生の関係は、スケッチと絵画や、構想と塑像の関係と同じなのだと」。

このようにG・B・Sは、かなり率直に自分のルーツを辿ってゆく。しかし注目に値するのは、彼が最終的になったものは、前述のシェイクスピアの生まれ変わりになろうとしたことと同様、彼にとって生まれもったものに思えたという点である。ショウいわく、教師が「私に読み方を教えようとするので困惑した。なぜなら、印刷物のページが理解できなかったことなど、思い出せる限り一度もなく、私は生まれつき読み書きができるとしか考えられなかったからだ」。とはいえ、彼は職業について数多くの選択肢を考えた。「ミケランジェロのような大美術家になるという選択肢の代わりに、バデアリのような歌い手（イタリアのバリトン歌手で、八〇歳でも美声を保っていた）になることを夢見ていた（ところで、私は文学にはまったく何も夢をもたなかった。それは、あひるが泳ぐことを夢見ないのと同じである）」。

また、ショウは自らを「生まれながらの共産主義者」（急いで付け加えておくが、フェビアン社会主義者のこと）と呼び、そうなるべくしてなるものを受容することに伴って得られる平和について語っている。「生まれながらの共産主義者は・・・・自分がどこにいるかをわかっており、自分をこれほどまでに脅かしてきた社会が今どこに位置しているのかをわかっている。彼は MAUVAISE HONTE〔仏語。不誠実な、本心を隠した遠慮〕から回復している・・・・」。こうして「完全なる部外者《アウトサイダー》」は次第に彼なりの完全なる内部者《インサイダー》になっていった。「私は社会の外側、政治の外側、娯楽の外側、教会の外側にいた」。しかしこれは「イギリスの粗野な状態の範囲内で、そうであったにすぎない……音楽、絵画、文学、科学が問題になったとたん、その立場は逆転する。私こそが内部者《インサイダー》だったのだ」。

ショウは子ども時代にさかのぼるにつれて、ただ離れ業のみが、こうした特徴のすべてを統合できたという事実に気づく。

もし私がこの問題についてすべて打ち明けるとすれば、簡単に剥げ落ちる単なる未熟さが、より深い異邦感によって複雑化され、私の人生はこの地上の住民ではなく、一時的な逗留者になってしまったことを、付け加えなくてはならない。生まれつき気が狂っていたのか、少々正気がすぎたのか、いずれにせよ、私の王国はこの世界のものではなかった。自分の想像の王国の中でしか、くつろぐことはできなかったし、偉大なる死者といるときしか安心できなかった。それゆえ、私は役者になって、自ら想像上のパーソナリティを創り出す必要があった。人と関わるのに適した、作家・ジャーナリスト・演説者・政治家・委員会委員・世慣れた人などとして、私が演じなくてはならないさまざまな役割に順応できるパーソナリティである。

そしてショウは、意味ありげにこう締めくくる。「この点において、私は後に成功しすぎるほど成功した」。この発言は、年を重ねた人間が、若い頃に手にした、頑として変わらぬアイデンティティを回顧するときに感じるおぼろげな嫌悪感に、実に明快な説明を与えてくれる。この嫌悪感は、ある人の人生にとっては、致命的な絶望や、不可解な心身の困難になることがある。

若き日々の危機の終わりについて、ショウは次のように総括している。「私には知的な習慣があった。批判的能力と文学的手腕が自然に結びあい、後はわかりやすい理論に照らし合わせた人生への明快な理解だけが必要だった。つまり人生を成功に向かってうまく動かしていくための宗教が必要だったのである」。ここで年老いた皮肉屋のショウは、どんな人間のアイデンティティ形成も必然的にそうなるところを、一文のうちに説明している。これを翻訳して、より複雑でより専門的な用語を使った議論の橋渡しとなる表現に直してみよう。人が社会の中に自分の位置を得るために獲得する必要があるのは、主要な能力の「葛藤のない」習慣的な使用、それを職業の中で念入りに仕上げること、職業の直接的な修練、そこから与えられる仲間、そしてその伝統から与えられる限りない資源、すなわちフィードバック、そして最後に、伝統に衝撃を与えることに熱心だった年老いた不信心者ショウが宗教と呼んだ、人生のプロセスに対するわかりやすい理論である。彼が事実上向かったフェビアン社会主義は、むしろイデオロギーであった。このイデオロギーという一般的な言葉にこだわるのには理由があり、本章の終わりに明らかになるはずである。

Ⅱ　ウィリアム・ジェームズ、自分自身の鑑定医

ウィリアム・ジェームズは、生涯にわたって、当時「病理心理学」と呼ばれたものに心を奪われていた。彼自身、青年期から成人期にいたるまで深刻な情緒的緊張に苦しみ、そのためにさまざまな神経治療の助けを求めたが、その試みは実ることがなかった。彼の手紙もまた、ジェームズが友人の危機に関心をもっ

ており、彼らに対してある種の情熱的な助言を与えていた事実を裏付けているが、そこには正気を保とうとするジェームズ自身の苦闘が表れている。物質主義的な活力と精神《スピリット》と知性《マインド》への没入という、あからさまな対比を謳歌しているボストンという独特の環境の中、彼は信仰による癒しという問題をめぐる議論に引き込まれていった。そして最後に、彼は当時勃興しつつあった精神医学の複数の学派をアメリカに招致した人間の一人であった。その中には、フロイト学派も含まれていて、フロイトは一九〇七年に渡米している。フロイト自身はジェームズに、凝り固まった想念に取り憑かれた男という印象を与えたが、（ジェームズいわく、彼以前あるいは以後の最も知的な人間から最も愚鈍な人間に至るまでの多くの人間がそうであったのと同じで、フロイトの夢理論は、自分自身に当てはめてみるとまるで役に立たなかった）、それでもなお、彼はフロイトとその弟子たちに研究を続けてほしいという希望を表明した。

以下において、私はいくつかジェームズの最も傑出した文章を引用しようと思う。これらは彼の理論的な論文からではなく、より個人的な告白から採ったものである。その中では、引き延ばされたアイデンティティ危機の経験が非常に生き生きと語られている。

ウィリアム・ジェームズは、マシーセンの指摘のとおり、「非常にゆっくりと成熟した」[2]。彼は二六歳にもなってから、ウェンデル・ホームズに宛てて「何かしらの建設的な情熱のためであれば、もっと捧げられるだろう」と記している。こうしたノスタルジックな不満は、今日の大学生の青年たちの間で何度も繰り返し見聞きする言葉である。ただしジェームズの人生において、疑念と遅延は、マシーセンによれば、彼の父親の、**存在**に関する狂信的な主張に起因している。この父親の主張によって、彼の子どもたちのほとんどが、もし何かを為しうるとすれば、自分には何を**為す**ことができるのかを見出すのが困難になった。

（ただし、少なくともそのうちの二人は、結果的に非常にうまくやってのけたことになる。）私がなじこれを指摘するかというと、今日、青年は男性も女性も、存在しているという感覚が十分に確保され、裸の野心に個人のスタイルやいやおうのない共同体意識が与えられる前に、人より早く抜きん出なくてはならないという強迫観念に駆り立てられて行為しているという状況があり、それによって疑念や遅延が発生しているのが非常に明らかだからである。

父親であるヘンリー・ジェームズ・シニアは、慢性病、その性向、富の組み合わせによって、家で過ごすことができたので、その家庭生活は、自由主義の独裁国家とユートピアニズムの学校となり、そこではすべての選択が、最も自由で最も普遍的な観点から下され、そして何より、父親と議論した上で下されたが、ここでは、父親のパーソナリティや親としての習慣を詳細に扱うことはできない。また、ジェームズののちの哲学が、父親の信条の継承にもなり廃棄にもなった、その興味深い道筋を辿ることもできない。

ここでわれわれが注目したいのは、とりわけ長期化したアイデンティティ危機である。この期間、ウィリアムは、美術学校から「科学学校」を経て医学校へ進み、ケンブリッジ（マサチューセッツ州）からアマゾンを経てヨーロッパを経由してケンブリッジに戻った。ヨーロッパで深刻な神経症の不快症状に悩まされ、ウィリアムは二〇代の後半を神経症の病人として父の家で過ごした。そしてそれは、三〇歳のとき、以前から彼に「目星をつけて」いたエリオット学長からの、ハーヴァード大学で解剖学を教えてほしいという申し出を受け入れるまで続いた。とはいえ、ジェームズの病は、ダーウィンのそれと同種のものであった。つまり、活動や交際が制限されて、興味や活動のためには狭い道筋しか残されていなかった。それでも、この狭い道筋に沿って、こういった人たちは、まるで夢遊病者の確かな足取りのように進み、知的・社会的に集中する最終的な目標を見つけるのである。ジェームズの場合、その道筋は、芸術的観察から、自然科学的な分類の感覚と有機体の機能に関する生理学的把握を経て、亡命者の多言語的な知覚力を通り、病人の自己認識と共感を経て、最後に心理学と哲学に至った。ジェームズは高らかにこう述べている。「私はもともと、生理学者になるために医学を学んだが、ある種の運命によって心理学と哲学に入り込んでしまった。一度たりとも心理学の手引きを得たことはなく、私が最初に聞いた心理学の講義は、私が最初に行った講義だった。」

中年になって心臓病に悩んでいた時期、ジェームズは『宗教的経験の諸相』を著したが、その中で初めて、明らかに自伝的な「最悪の種類の憂鬱」の状態を説明した。それは意図的に、若い「フランス人の病人」によって彼に語られた。

哲学的悲観主義に陥り、将来の見通しについての全般的な気分の落ち込みを抱えたまま、私はある晩、薄明かりの中、衣装部屋に入って行きました。そこに置いてあった何かの論文を取りに行こうと思ったのです。その時突然、何の前触れもなく、暗闇の中から飛び出してきたかのように、私という存在へのすさまじい恐怖が襲いかかってきました……それは啓示のようでした。そして、その瞬間の感情は過ぎ去って行ったのですが、この経験によって私はそれ以来、他人の病的な感情に共感的になりました。……私は一人きりでいることが非常に恐くなりました。人生のうわべの下のこの不安定の奈落にこれほど無自覚なままで、どのようにして他の人々は生きているのだろうか、どのようにして私自身、これまで生きてきたのだろうかと思ったのを覚えています。とりわけ私の母は、非常に快活な人なのですが、危険にまったく気づいていないことが私には完全なる逆説に思えました。おそらく信じてもらえると思いますが、私は自分自身の精神状態をさらして彼女の快活さを邪魔しないよう、非常に注意を払いました。私は、この鬱病の経験には宗教的な意味あいがあるだろうと、ずっと考えてきました。……つまり、この恐怖はあまりにも侵入的で強烈だったので、もし「いにしえの神は我が難を避ける場所」とか、「苦しむ者、重荷を負うものは、誰でも私のもとに来なさい」、「私は復活であり、命である」というような聖書の言葉にしがみつかなかったら、完全に気が狂っていただろうと思うのです。[3]

これに対してジェームズは脚注で、彼の父親が経験した似たような疎外の危機に言及している（ちなみに精神科医は当時、「alienists」と呼ばれていた）。父親は、次のように描写している。

五月の終わり頃の……ある日、私は美味しい夕食を済ませた後、家の者が立ち去ってからも食卓に座ったまま、暖炉の残り火をぼんやりと見つめながら、何も考えず、食後の満足感からくる心地よい気分だけを味わっていた。すると突然、まるで閃光のように、私は恐怖に襲われ、震え始めた。身体中の骨という骨が震えていた。[4]

この二つの突然の恐怖を比較してみても、父親の精神生活や生活様式とどの程度符合しているのか、またこの経験の中で、啓示によってどの程度の解放が見られるのかといった疑問の答えは出ない。ただし一つだけ確かなことがある。それぞれの年代にはそれぞれの疎外のあり方があり（しばしば、「忘我」の感覚が示唆するよりも、文化的に規定されている）、父親の内的葛藤も息子の内的葛藤も、むき出しで頑固な自分らしさのアイデンティティに関わっているということである。このようなアイデンティティは、極端な個人主義に非常に典型的なものであり、何かより上位のアイデンティティへの屈服――それがすべてを包み込む外的なものであれ、すべてに浸透する内的なものであれ――とは正反対である。父親は、さらに述べているように、苦悩の最中に不本意ながらも妻を頼ったが、息子のほうは、不可解なほどに快活な母親を困惑させることを望まなかったとはっきり言っており、当時の自立した男性にとって、女性のもとへ逃避することがどれほど不安なものであったろうかを考えさせられる。

ヘンリー・ジェームズ・シニアは、農耕的なロマン主義を少しばかり漂わせながら、次のように語っている。「この憂鬱な水治療法で生きながら、また、食事のこと、治療法のこと、病気のこと、政治のこと、政党のこと、人間のことについての果てしない『舌の争い』に耳を傾けながら、私は何度も繰り返し心の中で考えてきた。われわれの人間性をかくも矮小化し貧困化させている人間の災いは、人間の自意識と、それが引き起こす馬鹿げた、忌まわしい自説に固執する性質である。気づけばもはや人間ではなく、無垢で無知な羊になっていて、静かな丘陵で草を食み、大自然の恵み豊かな胸から永遠の雫と新鮮さを吸い込んでいるならば、どれほど幸福であることか[5]」。

ウィリアム・ジェームズの、成熟と急性の疎外感からのある種の解放に至る道のりの重要な一歩が、彼自身によっても、また父親によっても、報告されている。

ジェームズは父親に宛ててこう記している。「昨日は私の人生の分岐点だったように思います。ルヌヴィエの第二『随想録』の最初のパートを読み終えたところですが、彼の自由意志の定義――『他の考えをもっても良いときに、自ら選んだゆえにその一つの考えを維持すること』――がなぜ錯覚の定義になるのか、私にはまったくその理由がわかりませんでした。いずれにせよ、今のところは――来年までは――それは錯覚ではないとしておくことにします。私の自由意志による最初の行為は、自由意志の存在を信じることです[6]」。彼は続けて次の文章を記しているが、そこには今日の自我心理学において最も有力な原則が見事に表現されている。

今まで、私は自由意志を行使したいと思ったとき、たとえば、外の世界が熟慮の上で私のためにすべてを決定してくれるのを注意深く待つことなく、独創的な行為を敢えてしてみるというようなとき、自殺こそが私の勇気を示しうる最も男らしいかたちではないかと思っていました。しかし今、私は自分の意志とともに一歩前進しようと思います。それとともに行動するだけでなく、それを信じることによって。つまり、自分の個人的な実在性と創造力を信じようと思うのです。当然ながら、私の信念は、楽観的ではありえません。むしろ私は人生を（本物の、善なる人生を）、**外界に対する自我の自律的抵抗**の中に位置づけようと思います。人生は、行為、苦難、創造（の中に組み込まれて）いなくてはなりません[7]。

このような自我の自律的な側面と抵抗的な側面を定式化した文章を引用するのは、その精神分析的意味となったもの、つまり、経験を組織化し行動を導く内的総合を強調するためである。

そしてここに、ヘンリー・ジェームズ・シニアが記した、彼の息子が体験した別の偉大な、解放をもたらした思想体験についての報告がある。

ある日の午後、私が一人で座っていると、［ウィリアムが］部屋に入ってきて、しばらく活発に部屋を歩き回った後、突然こう叫んだ。「ああ、今の自分と、去年の春の今頃の自分とでは、何と違うことだろう！」……彼は感情をほとばしらせていた。私はそれに干渉してしまうのではないか、もしくは抑えてしまうのではないかと思ったが、敢えて、とりわけ何がその変化をもたらしたと思うかと尋ねた。彼はいくつかのことを答えた……しかし何よりも、すべての精神的障害には身体的基盤があるという考えを捨てたことだと言った。こうした考えは、彼にとって完全に不正確なものになったという。……彼は、単なる科学者といったような人たちへの尊敬の念を振り払いつつあり、かつての彼よりもはるかに、精神的な判断力において普遍的かつ公平になっていた。[8]

年老いたヘンリー・ジェームズ・シニアは、息子の言葉を少々自分の思考形式に合わせてしまっているのは間違いないが、それでもこの光景は非常にジェームズらしい。明らかに、自由意志による自己決定に関する最初の洞察は、第二の洞察、すなわち生物学的要因を神経症的な人間に持続する自己決定に対する運命論的な議論として放棄するという洞察と関係している。これら二つが一体になって、精神療法の基盤となる。どのように説明され概念化されようとも、精神療法は、患者の選択力の回復を目的としているのである。

2　発生論的な研究――同一化とアイデンティティ

並外れた（そして並外れて自己洞察に優れた）人々の自伝は、アイデンティティの発達を洞察する上で、示唆に富んだ資料の一つである。しかしアイデンティティが育まれていく様子を普遍的に記述するためには、「普通の」人々の生活史を通して、その発達の跡を辿っていくのがよい。ここで私は、日常生活からの全般的な印象、軽度の問題を抱えた青年たちにアドバイスをする仕事を通して得た印象、めったにない「縦断的」研究[9]に参加した経験を通して得た印象などに頼らざるをえないのであるが、これらの情報源は自伝的データを詳細に公表することを許されていない。以下に発生論的な記述をしていくにあたって、これまでに著書や論文の中で述べたことと重複する部分があるのは、避けがたいことであるとお断りしておきたい。

青年期とは、子ども期の最後の段階である。しかし、青年期の過程は、その個人が子ども期の同一《アイデンティフィ》化《ケーションズ》を新しい種類の同一化《アイデンティフィケーション》に従属させたときにはじめて、最終的に完結する。この新しい同一化は、社会性を身に付け、同じ年代の青年たちと共に、彼らとの間で、競争的な徒弟期間を過ごす中で達成される。それらの同一化はもはや、子ども期の遊び心や青年の実験的興味という特徴はない。恐ろしいほどの切迫感を伴って、若い人々に選択や決心を強制する。そしてその選択や決心はますます緊迫感を高め、青年を「人生への」関与に導く。この場面で青年やその青年が属する社会が為すべき課題は、恐ろしく大きい。各個人や各社会において、青年期の持続期間、激しさ、儀式化が大きく異なることは当然である。社会は、個人の求めに応じて、幼児期と大人期の間に、ある程度公認された中間段階を提供する。これは、引き延ばされた未熟状態と刺激された早熟状態の組み合わせとして特徴づけられることが多い。

思春期に先立つ「潜在期」を仮定することによって、精神分析は、人間の発達にある種の心理・社会的モラトリアムを認識させた。この猶予期間によって、将来相手を見つけて親となる人間は、まずその文化が提供している何らかの「学校」に行き、仕事の場における技術的・社会的な基礎を学ぶ。しかし、リビドー理論は、第二の遅延期間、すなわち引き延ばされた青年期について、適切な説明を提供しない。この時期、性的に成熟した個人は、親密さを築くための心理・性的な能力や、親となるための心理・社会的なレディネスを、多かれ少なかれ保留される。この期間を**心理・社会的モラトリアム**と捉えることができ、その間に青年は、自由な役割実験を通して、社会のある特定の場所に適所を見つける。適所とは、明確に定められているが、その人にとっては自分だけのために作られたような場所である。

以下、われわれは、青年が周囲の人々から「承認される」ことを必要としているのに対して、共同体の側はいかに反応するか論じることになるが、この「承認される」には、単に達成したことを認めるという理解を超えた意味が含まれている。というのは、青年たちのアイデンティティ形成には、応答され、その青年の漸進的な成長と変化が、その人にとって重要な意味をもつようになった人々にも重要な意味をもつというしかたで、一人の人間としての機能と地位が与えられることが、青年たちのアイデンティティ形成にとって重要なのである。こうした意味における承認が、青年期に特有の課題に取り組んでいる自我にとって不可欠の支援《サポート》になるという点は、精神分析において十分に認識されていない。ここに言う青年期に特有の課題とは、猛烈な勢いで強さを増す衝動（いまや成熟した性器装置や力を蓄えた筋肉システムに注がれる衝動）に対して最も重要な自我防衛を維持すること、就労の機会に沿うかたちで、最も重要な「葛藤のない」成果を統合する術を学ぶこと、子ども期のすべての同一化を何らかの独自の方法で再統合しつつ、社会のより広範な領域から与えられる役割に調和させることである。なおこの領域には、ごく近隣の地域、志望する職業の場、同好の士の集い、あるいは、おそらく（ショウの場合のように）「偉大なる死者」も含まれる。**モラトリアム**とは、義務に応える準備ができていない者に与えられる遅延期間、あるいは、自分自身に時間を与えるべき者に強制される遅延期間のことである。それゆえ、心理・社会的モラトリアムという言葉によって、大人としての責任をもつことの遅延を意味しているが、それは単なる遅延ではない。社会の側の選択的な寛容と、青年の側の挑発的な遊び心によって特徴づけられる期間であり、しかも、それは青年の側の、しばしば一時的ではあれ深い関与につながることが多く、社会の側による、多少とも儀式的な関与の承認によって終了する。こういったモラトリアムは、かなり大きな個人差があり、非常に才能に溢れた人々（その才能はさまざまだが）によって、特に目立ったかたちで表現される。そして当然ながら、その文化や下位文化の生活様式に結びついた、制度的なバリエーションが存在する。

それぞれの社会や文化は、大多数の青年のために、ある種のモラトリアムを制度化する。たいていの場合、これらのモラトリアムは、その社会の価値基準に沿った徒弟制度や冒険と一致している。モラトリアムは、馬泥棒や夢の探求のときであるかもしれないし、**遍歴**（Wanderschaft）や遠い西部やオーストラリアで働くときであるかもしれないし、「失われた青春」や学究生活のときであるかもしれないし、自己犠牲や悪ふざけのときであるかもしれない――そして今日なら、しばしば患者となったり逸脱するときであったりする。なぜなら、青年の非行の大部分は、それが組織的形態であればなおのこと、心理・社会的モラトリアムを創出する試みであると考えられるべきだからである。実際、私は、ある種の逸脱は、長い間われわれの社会のある部分にとって、比較的制度化されたモラトリアムであり続けてきたし、今われわれがそれを意識せざるをえないのは、同時にあまりにも多くの青年たちにとって、あまりにも魅力的かつ抵抗しがたい力をもっているからだと推測している。これらすべてに加えて、われわれの社会は精神分析治療を、さもなければ標準化と機械化によって潰されてしまうだろう青年たちにとっての、数少ない許容されるモラトリアムの一つに含めつつあるようだ。これについては慎重な考察を要する。なぜなら、心理・社会的モラトリアムの間に獲得するレッテルや診断は、その人のアイデンティティ形成のプロセスの中で最大の重要性をもつからである。

とはいえ、モラトリアムはそれとして意識的に経験される必要はない。むしろ逆に、青年は非常に深い関与を感じており、かなり後になってはじめて、自分がそれほどまでに真剣に受け止めていたものは、束の間のことにすぎなかったとわかるかもしれない。おそらく「回復した」非行青年の多くは、過ぎ去った「愚行」を随分遠いものに感じるだろう。しかし、アイデンティティ・イメージのいかなる実験も、感情や衝動という内なる炎と戯れ、戻ることのできない社会の「ポケット」に入り込んでしまう外なる危険を冒すことを意味しているのは明らかである。そうなると、そのモラトリアムは失敗に終わる。つまり、あまりにも早く定義され、状況や、あるいは実際に権威がそう追い込んだことによって、その人は自らそこに身を委ねることになってしまうのである。

言語学的にも心理学的にも、アイデンティティと同一化《アイデンティフィケーション》は共通の根源をもつ。では、アイデンティティとはそれまでの同一化《アイデンティフィケーションズ》の総和にすぎないのだろうか。あるいは単に、追加された同一化《アイデンティフィケーションズ》のセットなのだろうか。

こうした同一化のメカニズムが限られた範囲でしか意味をもたないことは、幼児期の同一化（われわれの患者の場合、その病的な入念さと互いに矛盾する点で際立っている）が、ただ単に積み重ねられただけではパーソナリティとして機能しないという事実を考えてみれば瞭然である。確かに一般的には、精神療法の果たすべき仕事は、病的で過剰な同一化をより望ましいものに置き換えることと考えられている。しかしあらゆる治療が立証するように、「より望ましい」同一化は、同時に、各部分の足し合わせを超えて、新しい独自のゲシュタルトに静かに従う傾向がある。実際、メカニズムとしての同一化の有効性は限られている。子どもたちは、それぞれの発達段階に応じて、現実であれ空想であれ、彼ら自身が最も直接的に影響を受ける人々の部分的特徴と同一化する。たとえば、両親との同一化は、過大評価され誤解された特定の身体部分や、能力、役割状況などに焦点が当てられている。さらに、これらの部分的特徴は、社会的に受け入れられやすいから好まれるのではなく（むしろ両親の最も適応した部分以外である場合も多い）、幼児的空想に従って選ばれる。幼児的空想は、徐々にしか、より現実的な判断に道を譲らない。

幼児期後期になると、子どもは、年下の兄弟から、祖父母、あるいは誰であれ広い意味での家族に属する人々に至るまで、わかりやすい役割のヒエラルキーに直面する。子ども時代全体を通して、このヒエラルキーは子どもに、自分は成長してからどのような人間になるのだろうかという、ある種の一連の期待を与える。そして幼い子どもたちは、多くの人々と多くの点において同一化し、ある種の期待のヒエラルキーを構築することになり、後の人生でその「確証」を探していくことになる。これが、文化的・歴史的変化がアイデンティティ形成に大きなトラウマとなりうる理由である。子どもの期待のヒエラルキーの内的連続性を崩壊させてしまうのである。

もし、取り込み《イントロジェクション》、同一化、アイデンティティ形成を、自我が手に入れうるモデルといっそう成熟した相互作用の中で成長する諸段階と考えるなら、以下のような心理・社会的予定表が浮かび上がってくる。

取り込み《イントロジェクション》のメカニズム（他者のイメージの原始的な「取り入れ《インコーポレーション》」）は、母親的な世話をする大人（たち）とその世話を受ける子どもとの間で起こる、満足のいく相互性の上に成り立つ統合にかかっている。唯一、こうした最初の相互性の経験のみが、自己感情の安全な極を提供し、そこから子どもはもう一方の極に、すなわち最初の愛情の「対象」に向かって、手を伸ばすことが可能になる。

幼児期の**同一化**の運命は、次に、重要な意味をもつ役割ヒエラルキーを代表する、信頼できる人々との間で、子どもが満足のいく相互作用ができるかどうかにかかっている。このヒエラルキーは、何らかの家族という形態の中で、異なる世代が生活を共にすることによって提供される。

最後に、**アイデンティティ形成**は、同一化が有効に機能しなくなる時点から始まる。すなわち、幼児期の同一化が選択的に拒絶され、相互に同化し、あるいは、それらが新しい布置《コンフィギュレーション》に吸収されることによって発生する。その新しい布置は、社会が（しばしば、より小さな単位を通して）青年を同一化し、その青年を、そう成るべくしてそう成った人として、また、そのあり方が当然と認められる人として、承認する過程に依存している。共同体は、新しく登場した個人と知り合うにあたって、最初は不信感をもたないことのほうが稀であるが、驚きと喜びを表現しながら、承認してゆく。というのは、今度は共同体の側が、承認されたいと願う個人から「承認された」と感じるからである。しかし同様に、共同体はそのように願っていないように見える個人から、深く、そして復讐心をもつほどに、拒絶されたと感じることもある。

それゆえ、共同体が**個人を同一化する**やり方は、ある人が他の人と同一化するやり方と、多かれ少なかれうまく合致する。もし、その青年がある決定的な瞬間に不快感や戸惑いを引き起こす者として「認識される」なら、時に共同体は青年に、結局のところその人にとって「彼自身と同一の」何者かにならないしかたで変化するよう提案すると思われる。共同体の側から見ると、望ましい変化は、いずれにせよ単なる善意や意志の問題（「そうしたいと思うならできるはずだ」）と考えられるが、その一方で、そうした変化に抵抗することは、悪意や、あるいは実際のところ、遺伝かそれ以外の理由による劣等の問題であると受け止められる。したがって、共同体は、どの程度、長く複雑な子ども時代の歴史が青年のアイデンティティ変化のさらなる選択を制限するか、また、どの程度、もしそうしようと思うならば、共同体がこうした選択の中での青年の運命をそれでもなお決定する手助けを為しうるかを、しばしば過小評価する。

幼児期の全体を通してアイデンティティの暫定的な結晶化が生じ、それによって人は、自分が何者であるかおよそわかったと感じ、また信じる（その問題の最も意識的な側面から始めて）。しかし、こうした自己確信は、結局、発達それ自体の断絶のためにまた崩れてしまうとわかる。たとえば、ある環境の中で、小さい男の子に向けられる要求と、「大きくなった男の子」に向けられる要求の間には、断絶がある。するとその子は、なぜ、最初のうち小さいことは素晴らしいと信じ込まされ、後になると、あまり努力もせずに与えられていたその地位を「もう大きくなった」者の特別な義務と無理やり交換させられるのか、理解できない。そうした断絶は、いつの時点においても危機に発展し、行動パターンの決定的で戦略的な再構成が要求される。その再構成には妥協も必要になるが、そうした妥協を補償するのは、社会への関わりが増えることによって、実行可能性と実現可能性が一貫して増し加わる感覚によってのみである。可愛らしい男の子、ものすごい男の子、小さなお行儀の良い子が、勉強熱心な少年、紳士的な少年、タフな少年に成長してゆくとき、子どもはその二組の価値を組み合わせて、承認されるアイデンティティにすることができなくてはならないし、また、周囲がそれを可能にさせなくてはならない。そうしたアイデンティティによって、子どもは、働くときも遊ぶときも、公の場でも親しい人との間でも、自分は大きくなった少年であり、まだ小さな少年でもあることを容認してもらう（また他人がそうあることを認める）ことができる。

コミュニティはこのような発達を、子どもが各ステップにおいて、異なる年齢の個人によって代表される役割のヒエラルキー秩序を伴う完全な「ライフプラン」に向けて進むことができるように、精一杯支援する。家族、近隣、学校は、より年少な子ども、年長の子どもとの、そして若い成人や老人との接触と、実験的な同一化を提供する。子どもは、連続的で一時的な多様な同一化の中で、早期から歳が上がるとはどういうふうであるか、もっと小さいときにはどういうふうに感じられるかという期待を作り上げる——この期待は、一歩ずつ、心理・社会的な「適合性」の決定的な経験の中で検証されて、アイデンティティの一部となる。

それゆえ、青年期の終わりに確定される最終的なアイデンティティは、過去に出会った人物たちとの個々の同一化を超越したものである。それはすべての重要な同一化を包摂しているが、同時に、独特の、合理的な一貫性をもつ全体を形作るために、それらを変化させてもいる。

人生における危機的局面について、精神分析は、まずもって本能と防衛の観点から、すなわち「典型的に危険な状況」として記述してきた[10]。精神分析は、心理・社会的（あるいはその他の）機能に対する心理・性的危機の侵害について論じたものの、各機能の成熟によって引き起こされる固有の危機についてはあまり問題にしてこなかった。たとえば、話すことを学んでいる子どもの場合、その子は、個人的な自律の感覚を支える最も重要な機能の一つを獲得しようとしており、また、ギブ・アンド・テイクの範囲を広げるための最も重要な技術の一つを獲得しようとしている。意図的な音・信号を発する能力の兆しが現れるや、直ちにその子は「何が欲しいのか言う」ことを義務づけられる。それまで子どもは、何らかの必要があれば単にジェスチャーで示すことによって、それに反応するかたちで周囲から注目してもらえたのに対して、いまや、適切な言語化によって注意を得ることを強いられる。言葉を話すとは、単に、その子がどのような特徴をもつ声を発するか、どのような言語様式《モード》を発達させるかを徐々にその子に約束するだけではない。むしろ、その子は、これまでとは違った発声や注意の向け方によって、周りの人々の呼びかけに応える者として、定義されるのである。そこで周囲の人々は、今後は説明やジェスチャーが少なくても、その子が理解するだろうと期待する。さらに言えば、口から発せられる言葉はある種の契約である。すなわち、他者によって記憶される発言には、取り返しのつかない、約束のような側面がある。しかし子どもは、ある種の約束（大人が子どもに対して行う約束）は前触れもなく変化するのに対して、その逆（子どもが大人に対して行う約束）はそうではないという事実を、早くから学ばねばならないだろう。話し言葉と語られた約束や口に出された真実の社会的価値との本質的な関係は、自我の発達を画する経験にとって戦略的な意味をもっている。われわれは、この問題のそうした心理・社会的な側面を、今ではより詳しく知られるようになった心理・性的側面と重ねて理解することを学ばなくてはならない。たとえば、話すことに含まれる自己愛的な喜び、口唇の、あるいは性愛的な「接触」として言葉を使うこと、排除的あるいは侵入的な音あるいは話し言葉の使い方としての器官様式《モード》の強調などである。こうして子どもは、声と言葉を使うことによって、メソメソするか歌を歌うか、判断するか議論するか、といった独特の組み合わせを発達させる。そして、これが未来のアイデンティティの新しい要素の一部になる。つまり「あれこれのやり方で、話をし、また話しかけられる人」という要素である。そして今度は、この要素が、子どもの発達しつつあるアイデンティティの別の要素（その子は賢い、そして／あるいは、ハンサムである、そして／あるいは、タフである）と関係づけられ、生存している人であれすでに亡くなった人であれ、理想的と判断される人であれ邪悪と判断される人であれ、とにかく他者と比較されるようになる。

自我の機能は、ある発達レベルにおける心理・性的側面と心理・社会的側面を統合する。しかし同時に、新しく加わったアイデンティティ要素とすでに存在している要素とを統合するのも、自我の重要な働きである。つまり、さまざまなレベルのパーソナリティ発達の間に避けがたい断絶の橋渡しをするのである。なぜなら、欲動の質と量が変化し、精神装置が拡大し、新たに生じてきた多くの場合互いに葛藤しあう社会的要求によって、これまでの適応が不十分に感じられ、実際これまでの機会や報酬が疑わしく感じられるようになるとき、それ以前に結晶していたアイデンティティは、こうした新たな葛藤にさらされるからである。とはいえ、こうした発達上の標準的な危機は、押し付けられた、トラウマ的、神経症的な危機とは異なる。なぜなら、人は成長するまさにそのプロセスにおいて、社会が新しい機会を人生の局面ごとに支配的な概念と制度化に従って提供するたびに、新たなエネルギーを得るからである。発生的な観点から見ると、アイデンティティ形成のプロセスは、発展しつつある布置《コンフィギュレーション》として現れる。継続的な自我の統合と再統合によって、幼児期を通じて徐々に確立され、また、生得的なもの、特有のリビドー欲求、恵まれた才能、重要な意味をもつ同一化、効果的な防衛、成功した昇華、一貫した役割を徐々に統合してゆく布置である。

子ども期の終わりに、収束しつつあるアイデンティティのすべての要素を最終的にまとめ上げる（そして規準から外れたものを放棄する）[11]作業がある。これは大仕事である。一体、青年期のような「異常な《アブノーマル》」段階に、こうした重要な課題を為し遂げるとどうして信用できるだろうか。青年期の「症状」、エピソードと、神経症あるいは精神病の症状、エピソードとの間には類似があるものの、しかし青年期は病気ではなく、標準的な危機であるということ、すなわち、自我の強さが動揺しているように見えるが、同時に大いに成長する可能性を秘めた、葛藤の増大した標準的一段階なのだということを思い起こすのは、いつもたやすいわけではない。神経症や精神病による危機が、ある種の自己永続的な病的傾向、防衛エネルギーの消費の増大、深刻さを増す心理・社会的な孤立によって定義されるのに対して、標準的な危機の場合は、比較的可逆性があり、うまくいけば横切って通過でき、使えるエネルギーも豊富である。このエネルギーは、確かに眠っていた不安を呼び醒まし、新たな葛藤を引き起こすが、他方で、新たな機会を探したり楽しんで参加する場合には、新たに拡大された自我機能を支援してくれる。偏見をもって検査したときには神経症の発症に見えたものが、実は悪化した危機にすぎず、それは自ら整理をつける作業であり、アイデンティティ形成の過程に貢献していることが判明する場合さえしばしばある。

確かに青年は、アイデンティティ形成の最終段階で、役割の混乱《コンフュージョン》によって、これまでになく、あるいは今後もないほど、深く苦しむことが多い。そして実際、こういった混乱によって、多くの青年は、それまで潜在していた悪性の混乱が突然襲ってきたときに、無防備であるのも真実である。しかし以下のことは強調しておかねばならない。それほど神経症的ではない青年の、拡散して傷つきやすく、よそよそしくて関わりあいをもとうとせず、それでいて要求がましく意固地なパーソナリティには、「やってみろよ」とか「ようし、やってやる」といった、半ば意図的な役割実験に必要な要素が多く含まれている。したがって、この見かけ上の混乱《コンフュージョン》の大部分は、社会的な遊びであり、幼児期の遊びの発生的な継承物と理解されるべきなのである。同様に、青年期の自我発達は、空想や内省の中で、無鉄砲ではあるが遊び心のある実験を要求し容認する。われわれは、青年が危険な幻想（それまでの段階で抑圧され、のちに再び抑圧されるような幻想）の知覚の中で「意識への接近」を露わに示すとき、警戒心を抱きがちである。しかも、特に精神分析治療の状況において、青年に「意識化させる」という課題を熱心に追求しているときには、無意識の断崖絶壁からすでに少々身を乗り出しすぎている者の背中を押すことになる。青年が、何であれ断崖から身を乗り出すのは、通常実験的にさまざまな経験をするためであり、そうすることによって、より自我のコントロールに従えるようになる。ただしそれは、熱心すぎたり神経症的であったりする大人によって、未熟なうちに致命的な深刻さで応答されない限りにおいてである。同様に、青年の「防衛の流動性」についても、気を揉んでいる臨床家たちの側に深刻な懸念を引き起こすことがよくあるが、しかしそのほとんどはまったく病的なものではない。なぜなら青年期とは、ただ流動的な防衛によってのみ、内的・外的要求の犠牲になっているという感覚を克服でき、ただ試行錯誤によってのみ、行動や自己表現における最適な道が開かれてゆく、危機の時期だからである。

一般的に、青年期の社会的遊びに関する偏見は、かつて子どもの遊びに関してもたれていた偏見に似ており、簡単には克服できないと言えるかもしれない。われわれは、こうした行動を、重要ではなく、不必要であり、非合理的と考え、純粋に退行的で神経症的であると意味づけてしまう。かつては、子どもの一人遊び《プレイ》の研究が盛んだったおかげで、子どもたちの間で自然に生まれる遊び《ゲーム》の研究が等閑にされていたように[12]、今では、個々の青年に関心が集中しすぎて、青年たちの徒党行動における相互《ミューチュアル》の「結びつき」が十分に評価されることがない。ある青年の新しく獲得した能力が幼児的葛藤に引き戻されてしまうかどうかは、そのかなりの部分が、仲間集団の中で手に入れることができた機会と報酬の質によって、あるいは、社会全体が、社会的遊びから労働実験への移行を、または通過儀式から最終的関与への移行を、誘発する公の方法によって左右される。こうしたすべてのことは、個人と社会との間に交わされる暗黙の相互契約に、その基礎を置いているのである。

アイデンティティの感覚は意識的だろうか。もちろん、時には、過剰に意識されているように見える。活力に満ちた内なる要求と、容赦ない外からの要求という二重の棘に挟まれ、まだ実験途上にある人は、一過性に極度のアイデンティティ意識の犠牲になることがある。このアイデンティティ意識は、青年に典型的な多様な「自己意識」に共通する核である。アイデンティティ形成が長引くと（創造的な成果の要因にもなるが）、こうした「自己像」へのこだわりに囚われることにもなる。われわれがアイデンティティを最も意識するのは、まさにそれを獲得しようとしているとき、そして、実はそれをすでに知っていたと（映画で言う「ダブルテイク」〔一回見たり聞いたりしたことについてもう一度見直す仕草〕のようにギョッとして）驚くときである。あるいは、まさに危機状態が始まり、アイデンティティ混乱《コンフュージョン》によって侵食されていると気づいたときである。それが、これから語らんとする症状である。

他方、最適なアイデンティティ感覚は、単に心理・社会的に満足《ウェルビーイング》している感覚として経験される。この感覚に付随するものとして最もわかりやすいのは、自分の身体の中に心地よくくつろいだ感じ、「自分がどこに向かうか、わかっている」という感覚、自分が重要と思う人々から期待したとおりに承認してもらえたという内なる確信である。

3 病理誌的な研究——深刻なアイデンティティ混乱《コンフュージョン》の臨床像

病理誌は、依然として、伝統的な精神分析的洞察のための資料である。以下において青年の混乱状態の症候群を素描する。この青年たちは、社会から与えられる制度化されたキャリアを利用することができず、

（ショウのように）自分だけの独特なモラトリアムを創り出し維持することもできない。その代わり、彼らはたとえどんなに居心地の悪い場所であっても、じっと待つことを公に認められる場所を求めて、精神科医、牧師、判事、採用担当者のもとにやってくる。以下に記すのは、より深刻な症状を呈しているアイデンティティ混乱についての、最初の組織的記述である。これは、一九五〇年代に、バークシャー地方のオーースティン・リッグズ・センターおよびピッツバーグの西部精神医学研究所での臨床観察に基づくもので、患者の中には前統合失調症と診断された人もいるが、ほとんどが「境界例」との診断を受けた青年たちである。臨床を重視する読者であれば、私がアイデンティティ混乱を発達障害として理解しようとする努力の中で、悪性の、そしてより不可逆的な状況を示しているはずの診断的兆候を無視していると感じるかもしれないが、それも当然のことである。もちろん、アイデンティティ混乱は診断名がつくような病気ではないが、私は、障害が急性的に発現する発達的危機の記述は、あらゆる診断像の一部になるべきであるし、特に、必要な種類の治療に関するあらゆる予後診断やあらゆる記述の一部であるべきだと考えたい。本章の全体が、こういった付加的な診断的方向性を示すことを目的としているが、それを実用化しうる方法を詳しく説明してはいない。その一方で、臨床に詳しくない読者は、次のことに注意していただきたい。つまり、精神状態に関するあらゆる同情的で非医学的な記述は、あらゆる読者を、彼が――もしくは周囲の誰かが――ここに描かれている状況を共有していると信じさせてしまうということである。そして、実際、アイデンティティ混乱の兆候を一つ、あるいは複数もっていることはよくあることであるが（ごく普通の意味で）、それのより深刻な集合体をもつ例は非常に稀であり、その場合は専門的に訓練された観察者によってのみ、個々の症例が診断されるべきである。

急性のアイデンティティ混乱《コンフュージョン》の状態は、青年自身が、身体的な親密さ（必ずしも、いつも表立った性的なこととは限らない）、決定的な職業選択、熾烈な競争、心理・社会的な自己定義が組み合わされてそれらにさらされていると気づいたとき、顕在化する。その結果起こる緊張が麻痺状態を引き起こすかどうかは、主に、潜在的な病気によってもたらされる退行的な力に左右される。この退行的な力は、精神分析の専門家たちがしばしば非常に強い興味をもっているものであるが、その理由の一部は、われわれがいつでも退行の兆候を診断できる馴染みの場所にいるからであり、また別の理由の一部は、退行こそが治癒を必要とするからである。しかし、一時的な青年期的退行をその人に強要したであろうその特定の状況を洞察することなしに、ここで議論している障害をいわば心理・社会的な担保権執行を延期しようとする、あるいは避けようとする試みとして理解することはできない。それに引き続いて起こる麻痺状態の社会的機能は、現実的選択や関与の状態を最小限に維持することにある。しかし残念ながら、病気もまた関与しているのである。

親密さの問題

われわれの患者の多くが、青年期直後というよりも前青年期と見なすほうが適当な年代において発病する。その理由は、親密な仲間関係や競争、あるいは性的な親密さに関わることを試みただけで、完全に潜在的なアイデンティティの脆さが露見してしまうという事実によって説明される。

他人との真の「関わりあい」は、確固たる自己の確立の結果であり、同時に試金石でもある。青年は、友情や競争、性的な戯れや愛情、議論や噂話を通して、少なくとも暫定的で遊戯的な親密さを探そうとするが、その際に、あたかもこうした暫定的な関わりあいが対人的な融合となって、アイデンティティの喪失をもたらし、それゆえに張り詰めた内的抑制が必要であるかのように、関与しすぎないように注意するという特殊な緊張を経験する場合が多い。こうした緊張を解消できないと、青年は自分自身を孤立させ、よくて、ステレオタイプ化された形式的な対人関係に入ってゆく。さもなければ、熱狂的に試みを繰り返し、何度も失敗して落ち込みながら、親密になるのが最も困難な相手と親密になろうとする。なぜなら、確実なアイデンティティの感覚が欠けていると、友情や恋愛関係さえも、互いを自己愛的に鏡に映しあうことによって、アイデンティティの曖昧な輪郭を明確にしようとする、必死の試みになってしまうからである。そこで、恋に落ちることは、多くの場合、鏡に映った自分の姿に惚れることであり、やがて自分自身を傷つけ、鏡も壊してしまう。性的関係や性的空想の中では、性的アイデンティティがぼやけてしまうことに脅かされる。すなわち、性的興奮を自分自身が経験しているのか、相手が経験しているのか、それすら不明瞭になる。それは異性愛においても同性愛においても当てはまる。こうして自我は、他者との融合において、性的・恋愛的な感情の高まりに身を委ねる柔軟性を失ってしまう。その他者は、感情の高まりを共有するパートナーであると同時に一貫したアイデンティティの保証人でもあるのだが、他者との融合はアイデンティティの喪失を意味することになってしまう。相互性を維持するあらゆる能力が突然崩壊する恐怖にさらされ、すべてを初めからやり直したくなる絶望的な望みが湧き起こる。この望みは、ごく幼い子どもだけが経験する基本的混乱と怒りの段階への、（擬似意図的な）退行を伴っている。

親密さと対をなすのが孤立であることを忘れてはならない。孤立とは、ある力やある人の本質が自分自身の本質にとって危険であると感じたとき、それを拒絶し無視し破壊しようとする準備性である。ある人々や思想と親密になるためには、その他の人々や思想を効果的に拒絶しなくては、本当の親密さにならない。それゆえ、拒絶が弱すぎたり過剰すぎたりするのは、アイデンティティが未完成であるために、内在的に親密さを手に入れる能力が欠けていることを意味する。自分の「ものの見方」に確信がもてない人は、適切な分別をもった拒絶ができない。

　青年はしばしば、かなり痛ましいしかたで、「指導者」と一体化すること以外に救済される道はないという感情を示す。「指導者」とは、〔青年が〕実験的に身を捧げることのできる安全な対象として、あるいは、親密な相互性と正当な拒絶に向かう最初のステップを再学習する際の案内役として、わが身を提供するのみならず、喜んでそうする大人のことである。青年期後期の青年は、こうした人間の下で、徒弟や弟子に、追従者に、性的奴隷に、あるいは患者に、なりたがる。しかしこの願いはあまりに強烈で絶対的でありすぎるため、失敗に終わることが多いのだが、失敗すると青年は、熱心な内省や自己吟味の状態に退却してしまう。そしてこの状態は、特に悪化させる状況や、過去に比較的強い自閉的傾向があった場合、青年を、麻痺を伴う境界状態に追い込む危険がある。症状としては、この状態には以下の特徴が見られる。苦痛に満ちた孤独感の高まり、内的な連続性《コンティニュイティ》と斉一性《セイムネス》の感覚の崩壊、全般的な恥の感覚、いかなる活動からも達成感を引き出すことができない状態。こうした若い患者にとって、自慰行為や夢精は、過剰な緊張を解き放ってくれる機会とはまったく違うものとなり、ただ緊張状態を悪化させるだけである。そういった行為は悪循環の一部となり、全能感のナルシシズムは一時的に高まるものの、その後に味わうのは身体的あるいは精神的な去勢と空虚さである。こうして、人生は自主的に生きるものというより、人間にたまたま起こるものであるという感覚が生まれる。その人は不信感のために、自分が心理・社会的な意味において確かに存在していること、すなわち、自分自身になることへと招かれていると当てにできる証明を、世界に、社会に、そしてまさに精神医学に、委ねてしまう。

時間的展望の拡散《ディフュージョン》

青年期が極端に遅延し長期に及ぶ場合には、時間経験に極端なかたちでの混乱状態が現れるが、軽いものならば、ごく普通の青年の精神病理に属するものである。この混乱状態は、日々の暮らしにおける非常に強い切迫感と、それとは逆の、時間への配慮の喪失から成り立っている。青年は自分が非常に若いと感じ、赤ちゃんのように感じると同時に、もはや若返る余地がないほど年老いたようにも感じる。失われた偉大さに対する抗議、有用な潜在性をあまりに早く致命的に喪失することに対する抗議が、こうした抗議をロマンチックと見なす文化圏の青年たちに広がっているのと同様、われわれの患者たちにも共通している。しかし、この抗議には、時間によって変化してしまうことに対する決定的な不信や、さらには、時間とともに変化してしまうことへの激しい恐怖といった病的傾向が含まれている。この矛盾は、多くの場合、すべてにおいて物事が緩慢化するというかたちで表れ、そのために患者は、決まりきった日常生活の中で、そして普段の治療の中でも、ひどく緩慢な振る舞いになってしまう。ベッドに入り眠ろうとすることも難しいし、起き上がって目覚めた状態にふさわしい状態に復帰するのも難しい。予約した治療に来るのも難しいし、その場を去ることも難しい。「わからない」「もう諦めた」「辞める」といった訴えは、決して軽度の抑うつ状態を反映した単なる習慣的な訴えではない。むしろ、これらは多くの場合、エドワード・ビブリング[13]が自我の側の「死ぬにまかせよう」という願望として論じた、絶望の表れなのである。

青年期の終わりとともに、あるいは暫定的に決めた「満期」がきたら、本当に人生が終わってしまうという考えは、必ずしも望ましくないというわけではない。事実、そこから一時的に新しくスタートする唯一の条件となりうる。それどころか、患者の中には、もし治療をする価値があると示すことができないなら、治療者は自分たちに人生を継続させるというつもりがないと感じてしまう者さえいる。こうした確信がないと、本当のモラトリアムにはならないのである。他方、「死への願望」が本当に自殺願望であることは、「自殺する」ことそれ自体が不可避のアイデンティティ選択となっている稀なケースを除いては、めったにない。ここで私の念頭にあるのは、あるきれいな少女のことである。娘が何人もいる工場労働者の長女だった。彼女の母親は、娘たちが売春婦になるくらいなら、死んだ姿を見るほうがましだと、繰り返し口にしていた。同時に母親は、娘たちが少年たちと交際すると、いかなる行動も「売春」ではないかと疑った。娘たちはついに、一種の秘密クラブを結成せざるをえなかった。明らかに母親の目を逃れて曖昧な状況をいろいろ試してみながら、男たちから身を守るためであった。しかし最終的に彼女たちは疑いを招く状況に陥ってしまった。当局もまた、当然のように彼女たちが売春をしようとしたと見なし、娘たちをさまざまな施設に送ったのである。施設で彼女たちは、社会が彼女たちに関してもっていた「認識」を、否応なく思い知らされることになった。どんな訴えも母親の耳に届くことはなく、娘たちは母親がもはや彼女らにいかなる選択の余地も残していないと感じた。さまざまな事情から、ソーシャルワーカーたちの善意と理解もほとんど伝わらなかった。少なくとも長女にとっては（いくつもの理由が重なっているのだが）、別の世界で別のチャンスを試す以外には、いかなる未来も残されていなかった。そして彼女は首をつって死んだ。死に際して、彼女はきちんと着飾り、手紙を書き残した。その手紙は謎めいた言葉で締めくられていた。「なぜ私は名誉を捨てることによってしか、名誉を守れないのでしょう……」。

勤勉さの拡散《ディフュージョン》

重症のアイデンティティ混乱《コンフュージョン》に陥った症例では、通常、急性の勤労感覚の動揺《アップセット》が伴う。それは、必要な課題や指示された課題に集中できないというかたちをとるか、何らかの偏った活動、たとえば過剰な読書などに自己破壊的に没入するというかたちをとる。時には、こうした患者が治療を受けている最中に、一度失ってしまった勤労感覚を再び取り戻すことのできる一つの活動を発見する場合があるが、その道筋は一章を割く必要があるほどである。しかしここでは、思春期と青年期に先行する発達段階、すなわち小学校時代のことを思い浮かべておくのがよい。子どもはこの時期に、自分が属する文化の特定のテクノロジーに参加するための必要事項を学び、勤労と勤労参加の感覚を発達させる機会と人生課題を与えられる。すでに述べたように、この学校時代がエディプス期の次の段階である点も重要である。社会の経済的な仕組みの中に現実的に（単に遊びとして加わるだけではなく）足を踏み入れると、子どもは、性的な存在、あるいは家族という存在としての両親にではなく、むしろ労働や伝統の担い手としての両親に、再び同一化することができるようになる。すると、両親のようになるという、少なくとも一つの具体的な、そしてより「中立的」な可能性が育まれる。スキルの初歩的な実践は、同じ年頃の仲間と共有され、教育指導の場（スウェットハウス、祈りの家、釣り堀、工場、台所、校舎）において行われるが、その場所は、家から、母親から、そして幼児期の記憶から、地理的に離れている。さらに、ここでは男女の扱われ方に大きな違いがある。勤労の目標は、決して、幼児期の本能的な目的をただ抑圧し、それを利用するだけではない。勤労は、自我の機能を高め、共同体の現実の中で、実際の道具や材料を用いることによって建設的な活動を提供するものである。ここにおいて、自我のもつ受動性を能動性に転換する傾向は、幼児的な空想や遊びの中で受動的なものを能動的に単に転換していたことと比べると、多くの点で優れている。なぜなら、活動、実践、仕事をやり遂げようとする内的欲求と、それに呼応する社会的現実からの要求や機会と出会う準備が、いまや整っているからである。

しかし、労働アイデンティティが開始する直前がエディプス期であるために、若い患者たちの労働に対する姿勢はギアがバックに入り、エディプス的な競争と兄弟への対抗意識に後退している。それゆえアイデンティティ混乱《コンフュージョン》は、集中力の欠如を伴うだけではなく、競争への過剰な意識と、同時に嫌悪感を伴う。ここで問題としている患者は、ふつう知的で有能であり、それまでは事務的な仕事や学業やスポーツなどにおいて成功を収めていた場合も多いが、いまや仕事や練習、人付き合いなどの能力を失ってしまい、その結果、社会的遊びという最も重要な機会を失い、漠然とした幻想や不安からの最も重要な逃げ場を失っている。その代わり、幼児的な目標や幻想には、成熟した性的装置や凶暴な攻撃的な力がもたらすエネルギーが危険なほどに与えられる。そして、片方の親が再び目標となり、他方の親が再び障害となる。しかしこの再燃したエディプス的葛藤は、全面的に性的なものではないし、それが主でもなく、そのように解釈すべきではない。それは、最も早期の起源に向かう方向転換であり、初期の取り入れの拡散《ディフュージョン》を解消し、不安定な幼児期の同一化を再び築き上げる試みなのである。言い換えると、もう一度生まれ変わりたいという願望であり、現実と相互性に向かう最初の一歩から学び直したいという願望であり、触れあい、活動、競争といった機能を再び発達させるための新たな許可を得たいという願望なのである。

ある若い患者の場合、大学で行き詰まったと感じていたが、治療を開始した当初、失明の危険があるほど本を大量に読んでいた。これは明らかに、共に大学教授であった父親と治療者に対する、自己破壊的な過剰同一化であった。才覚ある「研修画家」に導かれて、彼は、自分に絵を描く独創的な才能があるという事実に気づいた。この活動は、治療が進んだため、かろうじて自己破壊的な活動過剰にならずにすんだ。患者は自身のアイデンティティ感覚を次第に獲得していく中で絵を描くことが価値のある資質であることがわかってきた。ある夜、彼は以前は常に怯えながら目覚めていた夢を見たが、違う結末だった。いつものように、夢の中で彼は火と迫害に負われていたが、このときは自分でスケッチした木々の中に逃げ込んだ。するとその瞬間、木炭画が本物の森林に変わり、見渡す限りに広がったのである。

否定的アイデンティティの選択

アイデンティティ感覚の喪失は、家族や身近な地域社会から適切で望ましいものとして提供される役割に対する、軽蔑的で気取った敵意として表れることが多い。この役割のどんな部分も、男性的なものであれ女性的なものであれ、国籍であれ階級への所属であれ、青年の辛らつな軽蔑の的になる。自分のバックグラウンドを過剰に軽蔑するこうした傾向は、最も古く移住したアングロ・サクソン系にも、最も新しく移住してきたラテン系やユダヤ系の家族にも見られる。そしてこの傾向は、アメリカ的なものすべてに対する全般的嫌悪や、外国のものすべてに対する非合理的過大評価へとつながることがある。生命や強さは、自分がいる場所ではないところにだけ存在し、たまたま自分がいる場所は、至るところ衰退と危険に脅かされているように思える。以下に示す症例からの抜粋には、青年の不安定なアイデンティティを超自我が見下し、勝ち誇った様子をよく示している。「彼を貶し続ける内なる声は、この頃強まりつつあった。やがて彼がなすことすべてに侵入するまでになった。彼はこう語っている。『煙草を吸おうとしたり、女の子に好きだと言おうとしたり、何かの身振りをしたり、音楽を聴こうとしたり、本を読もうとしたりすると、いつもこの第三の声が僕を責めるんです。下心があるだろう、お前はペテン師だ、って』。この貶し声はかなり執拗になっていった。ある日、家から大学に向かう途中、乗っていた電車がニュージャージーの沼地帯の貧しい地区を通り過ぎていた。彼は、キャンパスで出会う人々や家族よりも、そこに住んでいる人たちに強烈な親しみを感じた。そして唯一こうした場所にのみ本物の生活があると感じ、それに対して大学のキャンパスは保護された柔弱な場所に思えた」。

この例に、あまりにもはっきりと自分をとがめる内なる声として聞こえてくる（しかしこの若者を別のキャリアに導くほどには統合されていない）。傲慢な超自我だけでなく、社会の一部に投影された急性のアイデンティティ混乱《コンフュージョン》を認識することも重要である。似たような症例に、かなり栄えている鉱山都市出身のフランス系アメリカ人の少女の例がある。この少女は、男の子と二人きりになると、麻痺を起こすほどのパニック状態に陥った。彼女は、どんな男の子も世間一般で「フランス式」と言われる性行為に彼女が従うことを期待する権利があると強迫的に思い込んでおり、超自我からの数々の禁止命令とアイデンティティ葛藤とが、いわばショートしているかのようだった。

こうした国籍や民族的な出自への疎隔感が、**パーソナル・アイデンティティ**の完全な否定に至る場合はごく稀である。しかし特定のクリスチャンネームやニックネームで呼ばれることに固執する例は、新しい名前のレッテルの中に避難所を見つけようとする青年に珍しいことではない。さらに、自分の出自を作話によって再構築する例もある。中部ヨーロッパ出身の祖先をもつ非常に才能に溢れた女子高生が、秘かにスコットランド移民と親交を結び、彼らの方言や社会的慣習を注意深く研究し、易々と習得した。歴史の本や旅行案内本を頼りに、彼女はスコットランドに本当に存在するある街のある場所で過ごした幼児期を再構築したが、それは明らかに、スコットランド出身者が長々と夜話を交わしても信じてしまうほどのものであった。彼女はアメリカ生まれの両親のことを「私をここに連れてきた人たち」と言い、私のところにやってきたときには「ローナ」と名乗り、「むこう」での子ども時代の思い出を驚くほど詳細に語った。私は、その話が現実というよりも内面の真実を物語っているのではないかと伝えながら、話に耳を傾けた。そして実際のところ、この内面の真実は、ある一つの思い出であることがわかった。すなわち、彼女が子どもの頃に近所に住んでいたある女性がイギリス諸島出身で、その女性は彼女の両親が実際に与えた愛情、あるいは与えることのできた愛情よりも彼女が望んでいたような種類の愛情を与え、その女性に彼女は愛着をもっていたのである。ほとんど妄想に近い、作られた「真実」の裏に働いている力は、両親に対する死の願望であり、これは重症のアイデンティティ危機に常に潜在している。妄想が半ば故意に作られたことが明らかになったのは、私がついに、スコットランドでの生活をあらゆる詳細にわたってこれほどまで整理できたのはなぜかと彼女に尋ねたときだった。彼女は嘆願するように、スコットランド訛りでこう答えた。「だって、先生、私には過去が必要だったんです」。言うまでもないが、彼女は言語や演技の才があり、人間味を備えており、この場合の「妄想」は、本質的にも予後も、本物の精神病とは似ても似つかぬものである。

しかし全体的に見ると、患者たちの葛藤は、パーソナル・アイデンティティを捨て去るというより、もっと微妙なしかたで表れる。彼らはむしろ、否定的アイデンティティを選ぶのである。すなわち、発達の危機的段階において、最も望ましくない、危険な、しかし最もリアルなものとして示された、あらゆる同一化や役割にひねくれた基礎をもつアイデンティティである。たとえばある母親は、最初の子どもを亡くし、複雑な罪の意識のために生き延びた下の子どもたちに対して、亡くなった子どもの思い出に捧げる信仰心と同じほどの愛情を注ぐことができなくなってしまい、息子の一人が、健康で動き回るよりも病気になるか死んだほうが母親から確実に「認めてもらえる」という致命的な確信をもつようになった。また、アルコール依存症に陥ってしまった自分の兄弟に対して無意識のうちにアンビヴァレントな感情を抱えたある母親は、その兄弟の運命を繰り返すように見える息子の性向に、何度となく選択的に反応した。その結果、この「否定的な」アイデンティティは、この息子にとって、良い人間になろうとするいかなる自然な試みよりも、しばしばいっそう現実的に働くように思えたのだった。息子は必死に大酒飲みになろうとしたが、素質を欠いていたために、選択麻痺状態に陥ってしまった。

別の例では、否定的アイデンティティは、病的なまでに野心的な両親によって要求されるか、自分より優れた者がすでに実現した過剰な理想像に対抗するために、自分自身の居場所を探し防衛する必要性から否応なくもたらされる。以下のどちらの例においても、両親の弱さや隠された願望が、子どもに悲惨なほどはっきりと認識されている。ある成功した芸能人の娘が大学から逃げ出し、南部のある都市の黒人居住区で、売春容疑で逮捕された。一方、影響力のある南部の黒人牧師の娘が、シカゴの麻薬中毒者の間にいるところを発見された。こうした場合、彼らの役割演技の中にある、冷笑的で復讐的な見せかけの演技性に気づくことが何より重要である。なぜなら、この白人の少女は実際には売春をしていなかったし、黒人の少女は、とりあえず今のところ、実際に麻薬中毒にはなっていなかったからである。しかし言うまでもなく、二人とも社会の底辺に身を置き、そのような行動にいかなる烙印が押されることになるのかを決定する権利を、司法当局や精神医学機関に委ねてしまった。似たような例として、ある小さい街の「地元の同性愛者」として、精神科の医院に連れてこられた少年がいる。診察してみると、かなり幼い頃に年上の少年たちからレイプされた経験を除いて、実際には一度も同性愛的な行為を行うことなく、この名声を勝ち取ることに成功したようだった。

このように復讐的に否定的アイデンティティを選び取ることは、もちろん、手にしうる肯定的アイデンティティの各要素が互いに打ち消しあう状況で、いくらかでも支配感覚を取り戻すための必死の試みの表れなのである。こうした選択の歴史をひもといてみると、ある一連の状況が明らかになる。それは患者の有する内的手段では達成が不可能な、容認された好ましい役割の中で現実感覚を得ようと努力するよりも、最も支持されることのない存在と全面的に同一化することの中からアイデンティティ感覚を引き出すほうが容易であるような状況である。ある青年は「わずかな安定しかないなら、いっそのこと完全に不安定なほうがいい」と語り、ある若い女性は「少なくとも貧民街では、私は天才なの」と語った。そうした言葉が語るのは、否定的アイデンティティを全面的に選んだ後にやってくる安心感である。むろん、こうした安心感は、しばしば同性愛者、麻薬中毒者、社会にすねた青年たちの徒党やギャングの中で、集団的に求められる。

ある種の上流階級の俗物主義《スノビズム》もここに含めるべきだろう。なぜなら、両親の財産、バックグラウンド、名声のような自分で獲得したのではない何か、あるいは、スタイルや芸術形式のように自分で創造したのではない何かに頼ることによって、アイデンティティ混乱《コンフュージョン》を否定することができるからである。しかし「下層の下層」の俗物主義というのもあり、これは何者でもないという見せかけを創り出そうとする自尊心を基礎にしている。いずれにせよ、病んでいたり絶望していたりする青年期後期の青年たちは、葛藤状態が長く続くと、人より抜きん出た人間になれないならば、全面的《トータル》に何者にもならないか、完全に悪者になるか、もしくは死んだほうがましだと考える。しかもこれを、自由な選択によって選び取りたいと願う。この「全面的《トータル》」という言葉は、この文脈の中で気まぐれに持ち出したものではない。これについて、私はすでに第2章で、人間には、発達の危機的な段階において、相対的な「全体〔異質なものを共存させる全一性《ホールネス》〕」への再統合が不可能に思えた時、「完全主義的、全体主義的」な方向に進路替えする性向があることを描き出そうと試みた。ただし、ここでは精神病の発症における全体主義的な解決については論じることができない[14]。

家族や幼児期における特殊な要因

関連する病因傾向をもつ患者たちについて議論するとき、われわれ臨床家は、患者の両親たちの共通点は何かと問いかけがちである。われわれのケース・ヒストリーに登場する母親たちの多くには、いくつかの顕著な特徴が共有されていると言えるだろう。そしてそうした特徴は、母親たちの実際の社会的ステイタスとはそれほど関係がない。第一に、より高い地位にのぼりつめ、そのように装い、「しがみつこうとする」類の著しいステイタス意識である。彼女たちはほとんどいつでも、正直な感情や知的判断の問題よりも、うわべの富や地位、作法や「幸せ」を優先させる。実際、彼女たちは感受性の強い子どもたちに対して、「自然」で「すすんで正しく振る舞う」社交性を強制的に演じさせようとする。第二に、そうした母親たちは、あらゆるところに浸透するという特殊な性質を備えている。彼女たちの普段の声も最もソフトなすすり泣きさえも、鋭く、哀れげであったり、いらいらしたものであり、通常の生活の中で逃れることはきわめて困難である。ある患者は、子どもの頃ずっと、ハサミがカシャカシャと音を立てながら部屋を飛び回る夢を繰り返し見た。このハサミは、切りつけ、断ち切る母親の声を象徴していることが明らかとなった[15]。こうした母親にも愛情はあるのだが、死にものぐるいに、侵入的に愛するのである。彼女たち自身が承認され認められることに強烈に飢えているので、込み入った不満、とりわけ父親に対する不満を、子どもたちに背負わせ、それはほとんど、子どもたちの存在によって母親である自分の存在を正当化したいという訴えなのである。さらに非常に嫉妬深く、他人の嫉妬にも非常に敏感である。ここで特に重要なのは、子どもが父親に主に同一化している兆候、あるいはさらに悪いことに、子どもがアイデンティティそのものの基礎を父親のそれに置いているというどんな兆候にも、激しく嫉妬するという点である。付け加えておくべきなのは、こうした母親がどうであれ、患者に対してことさら嫉妬深いことである。父親が自分から女性を引き出せなかったという彼女たちの執拗な訴えの背後には、母親も子どもも深いところで気がついているのだが、患者がそうできなかったからだという不満がある。ここから必然的に導かれる結論は、これらの患者は、最初極端な気質上の違いのように見えるものにまったく耐えることができず、母親から尻込みして、人生の開始の時からすでに、母親を深く傷つけていたということである。しかしそうした違いは、本質的に類似したものの極端な現れにすぎないということがわかる。つまり、患者の過剰な引きこもり傾向、あるいは無秩序に行動しようとする傾向と、母親のがむしゃらな社会的侵入性は、基本的な社会的傷つきやすさ《ヴァルネラビリティ》という点で共通しているという意味である。

私がここで描写しているものは、より軽度のかたちであれば子どもの病気の「せいだ」とは言えない非常にありふれたタイプのもので、とりわけその家族の子ども全員が同じような程度の悪意で反応しているわけではないらしいことからもそれがわかる。われわれがこうした母親たちに会うのは、通常彼女たちがすでに二重の意味で守りの姿勢に入っているときであるという点も念頭に置いておかなくてはならない。とはいえ、ここでまた相互性《ミューチュアリティ》の悪性の反対である、母子間の**相互否定的反応**が見られるということは、確信をもって言えると思う。

父親たちは、たいていの場合成功しており、その分野で傑出していることも多いが、家庭において妻に逆らうことはない。父親が妻たちに過剰に依存しているためであり、その結果として、父親も、子どもに根深い嫉妬を抱いている。父親たちが自主性《イニシアティヴ》があり誠実であったとしても、妻の侵入性の前に降伏するか、罪の意識をもちつつも妻をかわそうとする。その結果、患者の母親は、子どもたち全員、あるいは一部の子どもたちに対する要求をいっそう強め、ますます泣き言を言うようになり、「犠牲的に」振る舞うことになる。

患者たちと兄弟姉妹との関係について指摘できることは、通常の兄弟関係よりも共生的に見えるという点だけである。幼児期にアイデンティティに飢えているために、患者たちは、双子の振る舞いに似たやり方で[16]、兄弟や姉妹の一人に愛着を向けがちとなる。ただし、ここでは、本当には双子ではないのに双子として扱おうとしている。彼らは、アンナ・フロイト[17]の言う「同一化による利他主義」をはるかに超えるやり方で、少なくとも一人の兄弟姉妹との全体的な同一化に身を投げ出してしまいがちであるように思われる。それはあたかも、ある種の合併行為を通してより大きく、より優れたものを獲得し直すことを願って、あたかも兄弟や姉妹のアイデンティティのために自分のアイデンティティを放棄するかのように見える。しばらくの間その試みは成功するが、この人工的な双子状態が崩壊すると、待ち構えているのはいっそうのトラウマでしかない。怒りと麻痺に続いて、突然――双子には可能であっても――アイデンティティは一人分しかなく、それは相手が奪い去ってしまったらしいと気づくことになる。

全体として見ると、こうした患者の幼少期の生活史は非常に平凡である。ある種の小児自閉症が観察されることも多いが、通常両親はこれを合理化してしまう。だが、全般的な印象としては、青年期後期の急性アイデンティティ混乱《コンフュージョン》がどの程度悪化するかは、この早期の自閉症の程度に左右され、それが退行の深さと、古い取り込み対象への退行の程度を決めるように思われる。幼児期や青年期に特有のトラウマに関して言えば、頻繁に問題になるのは、エディプス期や思春期初期における深刻な身体的外傷であり、多くの場合、それによって家庭から引き離されたことが関連している。このトラウマは、手術や診断が遅れた身体的欠陥から生じる場合もあれば、事故や深刻な性的トラウマの可能性もある。

それ以外は、幼児期の病理は、主流となっている精神医学的診断が典型的と見なすようになった病理と一致している。明らかに、アイデンティティ混乱は臨床上の診断名ではない。しかし、常に決定的な疑問が残る。たとえば、パラノイア的なタイプのアイデンティティ混乱は、たまたま青年期に起こったパラノイアの症例と見るべきであろうか、あるいは急性のアイデンティティ混乱のために悪化したパラノイア的傾向と見なすべきであろうか。もし後者であれば、混乱状態を静めることができれば、比較的元の状態に戻りやすいと言える。こういった「専門的」な問いは、ここで扱うことができない。しかし、別の重要な問題が、ここでの議論全体から浮き彫りになる。それはカイ・T・エリクソン[18]によって社会学的に議論されている、ある危険性である。つまり、この年代の患者たちは、アイデンティティ形成の最も重要な土台として、ほかならぬ患者としての役割を選ぶ、という危険性である。

4　社会的——個人の混乱《コンフュージョン》から社会秩序へ

I

急性のアイデンティティ混乱の全体像を示し終えたところで、次に、すでに述べた個々の症状を一つずつ取り上げて、それを互いに無関係に見える二つの現象に結びつけてみたいと思う。それは、個人の幼児期と、文化的歴史である。症例史で見てきたような非常に悪化したかたちの葛藤は、原則としてすべての人間に共通するものであり、それゆえここで示された像は、正常な青年期の状態が単に歪められて反映しているにすぎないということを当然の前提にしてきたので、ここで次の二点を問うことにしよう。第一に、なぜこの状態が古い子ども時代の葛藤の復活であると示すことができるのか。そして第二に、「健常な」青年たちが幼児期の退行に引き戻そうとする力に打ち克ち、将来に目を向けた追求を行うための内なる強さを結集する方法を探すことができるように、文化の側が青年たちに提供しているさまざまな手段とは何か。

そこでまず、幼児期への引き戻し、すなわち青年期の葛藤の退行的な側面について。心理・社会的な発達の枠組みの中に退行的な傾向を「位置づける」ために、再び例の図表を取り上げようと思うが、それによってこの問題が読者にとって耐えがたいほど複雑にならないよう願っている。読者の中には、あの図表のまだ割り当てられていない部分はどうなっているのだろうと思った人もおられるだろう。しかし、このまま読み進めていって、図表のことはそういった分類整理に興味がある人たちに任せておくほうがいいという読者もおられるだろう。ゆえに、ここでは次の一段落を図表に興味のある方のために挿入し、このセクション全体を通して、いくつかの項目の後ろの数字と図表との対応のしかたについて説明しようと思う。図表に関心のない読者は、次の段落、およびそれに続く段落の括弧内の数字をすべて無視していただいてかまわない。そういった読者にとって、文章自体から伝わるものがあることを願う。

第３章では、エピジェネティック図表（１０７ページ）の対角線上の欄だけについて詳しく論じた。すでに述べたように、これは心理・社会的活力（vitality）の主要な構成要素が個体発生的にどのように展開してゆくかを記述している（Ⅰ－１～Ⅷ－８）。また、縦の行についても、幼児期からアイデンティティまで、つまりⅠ－５からⅤ－５まで、いくつかの項目を埋めてある。これらは前の段階が直接アイデンティティ発達にそれぞれ特有の貢献をしていることを表している。すなわち、相互承認における原始的な信頼、自分自身でありたいという意志の芽生え、自分はどのようになっていくのだろうという期待、自分がすでになりつつある者に、そのスキルをもってなってゆくための学習の能力、などである。しかし、それぞれの段階は、アイデンティティ混乱につながる疎外の一因ともなっていることを意味している。たとえば、一番下の欄は、相互性を築くことができない「自閉的な」傾向をもたらす。最も極端なかたちのアイデンティティ混乱は、先ほど取り上げたように、こうした初期の障害にさかのぼることができる。ここで、互いに矛盾しあう取り込み対象が根本的に混乱していると、いわば、将来のすべての同一化の土台を壊してしまうことになり、それゆえに青年期において、それらを統合する際の土台も壊してしまうことになる。ではこれまでに記した臨床像をヒントに、図表でいろいろと試みながら、図表のVの水平な欄にさまざまな混乱の**兆候の要素**を割り振り、いかに「退行的な」垂直の1、2、3、4の欄下にたどって先行する子ども時代の要素にさかのぼることができるかを示していく。

それでは、今述べた病理の最初の項目から始めることにしよう。時間そのものへの不信と**時間的混乱**の支配（V－1）である。展望《パースペクティヴ》と期待を維持する自我の機能の喪失は、明らかに、まだ時間というものが存在していなかった、早期の乳児期への退行である。時間経験は、乳児が、要求緊張の高まり、満足の遅れ、満足への飽きという最初のサイクルに適応することによって初めて生じる。幼児の中で緊張が高まると、「幻想のような」方法で、将来それが充足されることが予見される。その充足が遅れると、無力な怒りを感じる瞬間が発生し、そこでは信頼が完全に破壊されたように感じる。満足に近づいているという兆候は何であれ、時間に再び強烈な希望の質《クオリティ》を与えるが、満足がさらに遅れると、怒りは倍加する。すでに見たように、患者は時間を信頼していない。そして、十分な満足とは、十分に待ったり「働きかけたり」するに値する、十分に予測可能なものであると確信していない。

事実、最も悪い状態に退行した若い患者たちは、明らかに時間への不信を示す一般的な態度に囚われている。すなわち、あらゆる遅延は偽りに思われ、あらゆる待機は無能を味わう経験に思われ、あらゆる望みが危険なものに感じられ、あらゆる計画が破滅的状況に陥るように感じられ、提供者となりうるあらゆる者が潜在的な裏切り者に思われる。それゆえ、必要となればまったくの不動状態を作り出す魔術的な方法によってでも、時間は静止しなくてはならない。こうした状況は極端な例であり、ごくわずかにしか顕在化せず、アイデンティティ混乱の症例の多くでは潜伏している。しかしどんな青年でも、少なくとも、こうした時間そのものと相容れない存在の移り行く瞬間を知っているだろう。その通常の一時的な形態においては、この新種の不信は、将来における熱心で熱狂的でさえある投資を許容したり求めたりする見方に急速に、あるいは徐々に道を譲る。こうしたことは、年長者にとってまるでつじつまが合わず、何であれ「ユートピア的」なもの、つまり、歴史的変動の法則に変更を求めるような期待に基づいたものと思えることも多い。しかし再び、青年は、もし正しいリーダーの存在と歴史的幸運に恵まれたならば、何らかのしかたで部分的に実現可能であるとわかる、一見ユートピア的な世界観に惹き付けられるのである。したがって時間の混乱というのは、あれこれの段階の青年に多かれ少なかれ典型的に見られるのである。ただし、病的と認められる者は極ごく少数である。

それでは、社会プロセスは、それぞれの文化によって、あるいはそれぞれの時代によって、どのように関わるのだろうか。ここではそれらを示唆する事例を挙げることしかできない。たとえばロマン主義時代には、青年（や芸術家、文筆家たち）は、すでに失われた過去が残した遺跡に夢中になり、過去は、現在よりも「永遠なるもの」に思われていた。しかし、ここで強調されるべきは、遠く離れた過去に目を向けたことだけではなく、それに付随する時間的な経験の全体としての質《クオリティ》における変化である。これは、文化的・歴史的状況が異なれば、まったく異なる設定のもとで現れる。たとえば（本書ですでに言及した例から選ぶと）、まばゆい大草原の太陽のもとでのビジョン・クエスト〔一部の北米インディアンの部族で行われる男子の成人儀礼で、断食祈祷中に幻覚や夢に現れた霊を自分の守護霊とする〕やドラムの音に合わせての一晩中の踊り、薬によってもたらされる「絶対的な」時間の中での完全に受動的な浮揚感や〔ナチスの〕千年王国に備え、鳴り響くトランペットに合わせてのグースステップ〔ひざを曲げず足をまっすぐに伸ばした行進〕など。事実あらゆるイデオロギーには、それぞれ異なる文明が青年のために用意する目標や価値――それらは新たに発達しつつある潜在的アイデンティティに一致して、救済や改革、冒険や征服、理性や進歩を目指しているかもしれない――という意味でのイデオロギー的意義も含めて、不可避的に時間的な側面がある。というのも、それらが青年に提供する本質の中には、首尾一貫した世界像と両立する感覚的な確信を与える**時間的展望**があるからである。予測される未来の標準化が最高潮に達した今日、多数の青年たちが、まるでモラトリアムが一つの生活様式であり一つの独立した文化であるかのように振る舞うことを選ぶのは、きわめて納得できることである。青年たちが未来を忘れるという選択をするとき、社会は、その選択が古い現象の、単なる現代的な――つまり、より人気のある、より喧伝された――形式の一つにすぎないということを忘れてしまう。そのことは、ある種の青年が誇示する復活《リバイバル》の質に、はっきりと現れているのである。

　われわれは、**アイデンティティ意識**を、アイデンティティ混乱の一要素として診断したが、これは自身の自尊感情、自立した人間としての肥大した自己像と、他人の目に映る姿との間の矛盾にまつわる痛みを伴う自己意識の特殊な形態を意味している。われわれの患者において、ときどき自尊感情が完全に消滅してしまうことと、他人の判断に対する自己陶酔的・俗物的な軽蔑が、際立った対照をなしている。しかしこれもまた、それほど極端なかたちではないにせよ、青年の感受性の中に同様の現象があるのがわかる。青年の感受性は、批判にさらされると、反抗的な恥知らずの振る舞いに突然変化するからである。繰り返しになるが、これらは原始的な防衛であり、前章で論じた疑惑や恥の感覚（Ⅱ－２）に対抗して不安定な自己確信を支えている。通常の場合、これは一過性の問題であるが、一部の人の性格形成の中に残ることがあり、また、多くの創造的な人間に特徴的なものとして残り続ける。こうした創造的な人間は、彼ら自身の証言によると、青年期を繰り返し経験し、それに伴って、感覚が研ぎ澄まされ自分の殻に閉じこもる時期と、強引に自己開示していく時期とを繰り返す。

自己意識（Ⅱ－２）は、原始的な疑惑の新しい形態であり、両親を信頼できるかどうか、子どもが自分自身を信頼できるかどうかに関わっている。青年期になってはじめて、こういった自己意識的な疑惑が、すでに過去となった子ども時代全体が信用できるかどうかといったことや、今思い描いている社会全体が信頼できるかどうかに関わってくる。いまや、自由意志の感覚をもちながら自分の自律的なアイデンティティに身を委ねなくてはならないという義務感は、痛みを伴う全面的な恥の感覚を引き起こすことがある。そしてこの恥は、すべてを知り尽くした大人たちにあらゆる方向から見られているという原始的な恥と怒りに、どこか似たものである。いまや恥は、同年代の人間にさらされ、指導者たちに判定される公のパーソナリティをもつことにくっついている。事が正常に進んだ場合には、こうしたことのすべてを自己確信（Ⅱ－２）が上回る。それは自己像のマトリックスである家族から確かに独立しているという感覚と予測の確かさによって特徴づけられる確信である。

この第二の葛藤に対応する社会的な現象として、特定の制服を着たり、独特の衣服を身にまとったりするような、ある種の画一性に向かう世界的なトレンドがある。そうした行為を通して、一時的に、不完全な自己確信を集団の確実性の中に隠すことができる。こうした集団の確実性は、大昔から記章や、任官、堅信、入会における犠牲によって提供されてきたが、他人とは徹底的に異なっていることに関心をもちながら、異なっているという画一性（ズート・スーツ〔肩幅が広い長い上着とすそが細くなったダブダブズボン〕を着る青年たち、ビート族など）を生み出さないではいられない人々によっても、一時的に、かつ恣意的に生み出されうる。もっと目立たない画一性というのもあり、仲間の中で広く恥をかかせたり、選別的にギブ・アンド・テイクしたり、あるいは、時に創造的かもしれないが、「貧乏くじ」の外部者を苦痛な孤立に追いやって残酷な団結をするなどである。

役割固着（V-3）への全体的な関与を示すことは、可能な役割を自由に**実験する**こととは対照的であるが、以前の、幼児期の現実、幻想、遊びにおける自由な自主性《イニシアティヴ》とエディプス的な罪の意識との間の葛藤と、明確に関係している。われわれの患者たちが、エディプス危機よりさらに深く、全体的な信頼の危機にまで退行してしまうと、しばしば自己破滅的な役割を選択することだけが、そこからさかのぼっていく中で自主性《イニシアティヴ》を発揮できる唯一のあり方になってしまい、これが、完全な野心の否定というかたちで、全体的に罪の意識を避ける唯一可能な方法となる。しかし通常表現される、比較的罪の意識から免れていて、実際のところ多少とも「逸脱した」青年の自主性《イニシアティヴ》は、役割実験なのであり、青年のサブソサイエティの不文律に従うもので、それゆえ、それとしての規律に欠けているわけではない。

　こうした自主性《イニシアティヴ》を励まし、罪の意識を和らげる償いを提供する社会制度にはさまざまあるが、ここでは再び、入会式と堅信式について論じておこう。それらは、神秘的な超時間性《タイムレスネス》の雰囲気の中で、犠牲や従属を表すある種のしるしと、承認された行動様式に向けたエネルギーに満ちた後押しを結びつけようと努める。この結びつきは、うまく機能したとき、新参者の中に、最高レベルの自由選択感と連帯感と、最適な従属意識の発達を約束する。このような青年の特性、つまり、外ならぬ儀式的な組織化の結果として自由選択の感覚を手に入れるという特性は、当然ながら、軍隊生活の中で全世界的に活用されている。

極端な**労働麻痺**（Ｖ－４）は、自分の全般的な能力に対する深い不適切感の論理的な帰結である。こうした不適切感は、必ずしも本当にその人の潜在的可能性が欠けていることを反映しているわけではない。それはむしろ、全知全能のみを良しとする自我理想の非現実的な要求を伝えているのかもしれない。あるいは、周囲の社会的環境には、その人の本当の才能を発揮するに適した場所がないという事実を伝えているのかもしれない。または、ある人が初期の学校生活において特殊な分野に引き込まれて早熟し、そのためにアイデンティティ発達が遅れた、という逆説的な事実を反映しているのかもしれない。すると、こうしたあらゆる理由によって、その人は遊びと仕事の中での実験的な競争から外れてしまう可能性があるが、このような競争を通してこそ、その人なりの達成と労働アイデンティティを見出し、それを強く主張してゆくことができるのである。これは特に、幼いうちに非行に走ることに言える。非行少年は、多くの点で、患者たちの「肯定的」なペアの片割れである。なぜなら、少なくとも彼らは孤立した人間が抑圧しているものを人前で表現するからである。仕事を嘲笑しながらそれを競いあっていることは、「仕事する（つまり、盗みを働く）」や、徹底的に破壊するという意味での「立派にやる」といった非行少年たちの言葉に明らかに見て取れる。ここから、もう一つの明らかな考察までは、あと一歩でしかない。すなわち、青年は、破壊のスリルを必要としないために、**徒弟**の感覚（Ⅳ－４）を楽しむことを学んでおかなければならない、ということである。統合失調症の患者と非行少年は、自分自身への不信、つまり、自分はいつか何であれ、価値あることを為し遂げられるだろうという可能性を信じることができないという点で共通している。当然ながら、これは、何らかの理由によって、自分たちは今生きている時代の技術的なアイデンティティに参加していると感じられない人たちに、とりわけ顕著である。その理由は、彼ら自身の才能と機械時代《マシンエイジ》の生産手段とにつながりを見出せないからかもしれないし、彼ら自身の社会階級が（この点において「上流の上流」は「下流の下流」と驚くほど似通っている）、社会の進歩の流れに参加していないからかもしれない。

社会制度は、何らかの**徒弟**の地位をまだ学びながら試している段階の人たちに、限られた義務に特徴づけられるモラトリアムと、承認された競争、また特別の認可を提供することによって、芽生えつつある労働アイデンティティの強さと独自性を支援する。

以上のように、これらはアイデンティティ危機の退行的な傾向であり、アイデンティティ混乱の症状や、日常生活の中で対抗的に作用するいくつかの社会的プロセスの中で、とりわけはっきりと精巧になってゆく。しかし、将来の発達を見込めるアイデンティティ形成の側面もある。まず挙げられるのが、われわれが「**性差の分極化**（V‐6）」と呼ぶものである。これはアイデンティティ発達と平行して男性性と女性性の独特の比率を精巧にしてゆくことである。患者の中には、より穏やかで一時的なかたちですべての青年期に珍しくはない状態に、より永続的に、より悪化したかたちで苦しむ者がいる。そうした青年は、男性と女性のどちらに属するのかはっきりと自分自身で感じることができず、そのために、たとえば同性愛者集団からの圧力に簡単に屈してしまう。なぜなら、それが何であれ何かに類型化されることのほうが、長く続く両性的混乱に耐えるよりもましだと考える人もいるからである。当然ながら、そうした青年の中には、セクシュアリティから目を背けて禁欲を決意する者もおり、それが結果的に当惑させられる衝動の劇的な突破口となるかもしれない。というのも青年期の**両性的混乱**（Ｖ－６）は、自分はどのような男性や女性になるのか、どのような中間者や逸脱者になるのか、という質問に過剰なまでに囚われて、アイデンティティ意識と結びつくからである。青年は、その全体主義的な心的枠組みの中で、ある一方の性になりきれないということは、完全にではないにせよ、ずっともう一方の性なのだと感じるかもしれない。もしそうした時期に、彼が社会的逸脱者であると見なされるような出来事が起こると深刻な固着を引き起こし、それがさらに否定的アイデンティティの再評価によって強化され、本物の親密さが危険なものに思われてしまうかもしれない。ここで文化や階級の性的モーレスは、男性性と女性性の心理・社会的分化や、性器行為の年齢や類、ひろまりなどを非常に異なるものにする。こういう差異は、すでに述べたある共通する事実、すなわち、心理・社会的な親密さの発達は確固としたアイデンティティの感覚なくしては可能にならない、という事実を曖昧にしてしまうかもしれない。特定のモーレスに引き込まれて、混乱した状態にある青年は、親密さを伴わない性器行為に早くから熱中して、アイデンティティ発達が阻害されてしまうかもしれない。あるいは逆に、性器的な要素を控える社会的、芸術的、知的な目標に集中して、他の性との性器的二極化に永続的な弱さを抱えることになるかもしれない。

ここで社会制度は、特定の期間の完全な禁欲、人間的触れあいのない乱交、性的な交わりのない性的遊戯など、非常に多様な性的モラトリアムのパターンにイデオロギー的な論拠を提供する。集団の、あるいは個人のどの「リビドー経済」が維持されるかは、過ぎ去った子ども時代がどのようなものであったか、また、そのような選択された性的行動から生じたアイデンティティの増強の両方に左右されるだろう。

しかし青年たちは、仲間の中でリーダーシップや付き従う者（V－7）としての責任を引き受け、そうして引き受けた役割の中で得られる、しばしば驚くべき洞察力となるものを発達させることを学ぶことによって、親になることと大人としての責任に向かっての重要な一歩を踏み出すことにもなる。そのような洞察力は、いわば個人の全面的な成熟に先立つことがありうるが、それは外でもなく、広く浸透しているイデオロギーがリーダーシップを方向づける枠組みを提供するからである。同様に、共通の「大義」が、他者が付き従う（そして指導者自身はより高位の指導者に従う）こと、またそれによって、幼児の超自我に出来上がった両親イメージを、手に入りうる理想像の展示室に置かれた指導者イメージのヒエラルキーに置き換えることを可能にする。これは非行集団やどんな高度に動機づけられた集団にも典型的な過程である。もし青年が、従うことも命令を下すこともできないなら、一時的に孤立を選ばざるをえなくなるが、それは悪性の引きこもりになることがある。しかし、その孤立は、もし彼が幸運と才能に恵まれれば、本や絵画や音楽を通して、時間を越えて（まるで知り合いであるかのように）話しかけてくる導きの声に反応する助けとなることもある。

ここでわれわれは、社会が青年に明確に、あるいは暗黙にイデオロギーというかたちで提供する理想システムに行き着く。これまで述べてきたことから、イデオロギーは青年に以下のものを提供する機能であると言える。（1）未来に向かう単純化された視点。これは予測できるすべての時間を包含し、個人の「時間の混乱」に対抗的に働く。（2）理想と悪の内的世界と、目的をもち危険を孕む社会的世界の、ある種の強烈に感じられる対応。（3）個人のアイデンティティ意識に対抗するように働く外見と行動の統一性を示す機会。（4）抑制と個人的な罪の意識の感覚を克服する助けとなる、役割と技術の集合的実験の促進。(5)広く浸透したテクノロジーのエートス、およびそれによって承認され調整される競争への誘い入れ。(6)青年に芽生えかけたアイデンティティの枠組みとなる、地理的・歴史的世界イメージ。(7)確信できる原理体系と両立可能な性的生活様式への合理的根拠。(8)親子関係のアンビヴァレンスを上回る、超人的な人物像、あるいは「ビッグ・ブラザー」としての指導者への服従。「生活様式」の中にどれほど暗黙に示されていようとも、ある程度こういったイデオロギーへの関与がないと、青年は価値の混乱に苦しむ。そのような価値の混乱は、ある青年に特に危険をもたらしもするが、大局的に見ると、社会全体にとっても確実に危険なものである。

病理学的なスケッチを行った結論の中で、社会科学が扱うある種の現象も扱った。これはひとえに、臨床の仕事というのは、個人の病理に関してある種の有効な一般論に到達しようとする中で、社会科学がやむを得ず扱ってこなかった社会的プロセスの一側面と自ずから出会うことになると信じるからである。症例史やライフヒストリーの心理・社会的な研究は、それらを無視することはできない。そこで、これから再びショウの定式化に戻り、その後でまとめの論考に移ることにする。

Ⅱ

ショウはわざわざ人目に華々しく映ろうと、劇中のキャラクターを演じるのと同じ熱心さで、G・B・Sという公のアイデンティティを意識的に作り上げた。しかしそれは、先に引用したいかにもショウらしい発言を拡張すれば、道化は偉大なショウの最も重要な役割を担うのみならず、最も真剣な役割をも担うのである。そこで、ショウ自身が青年時代の「回心」の物語を特徴づけるために選んだ言葉を、ここで振り返ってみることにしよう。

私は一八八〇年代初頭に起こった社会主義の復興運動に引き込まれた。全世界を蝕みつつあった非常にリアルで非常に根本的な悪に対して、真剣に向き合い、憤りに燃えていたイギリス人の一人であった。

ここで太字にした言葉は、次のような意味をもっていると考えられる。「引き込まれた」―イデオロギーは抗しがたい力をもっている。「復興運動」―若返り段階にある伝統の力から構成されている。「真剣に向き合い」―どんな皮肉屋にさえ誠実に向き合うことを可能にさせる。「憤りに燃えていた」―拒絶への欲求が正当であると承認する。「リアルで」―明確な形をもたない内なる悪を、現実社会にある特定の形をもつ憎悪に投影する。「根本的な」―社会を土台から再構築する努力への参加を約束する。「全世界」―全体として定義された世界イメージに形を与える。これらは、集団アイデンティティが、青年たちの攻撃的かつ差別的なエネルギーをイデオロギーのために動員し、それが完成すると、個人のアイデンティティを特徴づける助けとなる要素である。したがってアイデンティティとイデオロギーは、同じプロセスの二つの側面である。どちらも個人のさらなる成熟を促し、それと共により高い次元の同一化、すなわち共同の生活、行動、創造を行う中で、共通するアイデンティティを結んで団結するための、必要条件を提供する。

一つの観念的なシステムの中で、否定的アイデンティティの理不尽な自己嫌悪と敵意ある他者性の理不尽な拒絶を早急に結びつけたいという直接的な欲求から、青年はときに、最も無秩序でラディカルに見える時や場所において、致命的なまでに強迫的かつ本質的に保守的になってしまうことがある。この同じ欲求のために青年は、ショウが「理解しやすい理論に照らした人生への明快な理解」と呼んだものによって共有される世界イメージを探求する中で、大いに理屈っぽくなる。だが理解しやすいと思えたものは、子ども時代に吸収された過去の論理が、衝撃的な新しい用語で表現されただけである場合が多い。

フェビアン社会主義に関する限り、ショウがイデオロギーを特徴づける言葉を、際立った知性の明敏さで用いていると言えよう。しかしより一般的に言えば、イデオロギー的なシステムとは、イメージ、思想、理想を共有する首尾一貫した統一体であり、公式化されたドグマ、暗黙の世界観、緻密な構造をもつ世界イメージ、政治的信条、あるいは実際に科学的信条（特に人間についてのもの）、「生き方」など、いずれに基礎を置くものであっても、そこに参加する者に対して、もしシステマティックに単純化されていれば、空間と時間、目的と手段の、首尾一貫した全体的方向づけを与えるものである。

当然ながら、「イデオロギー」という言葉は、あまり評判がよくない。本質的に、明確かつプロパガンダ的なイデオロギーは、他のイデオロギーを「筋が通らない」とか偽善的であるとして否定する。イデオロギーへの全般的な批評は、その最も単純化された説得を、体系的な集合的虚言症の一形式だと特徴づけている。とはいえ、この言葉を、現代の政治的意味あいに委ねてしまう理由はない。それでは、この言葉の幅広い意味を限定してしまうことになる。確かに、偽善と呼べるものが、コインの裏側ではある。事実を偽って見せかけることなしにイデオロギーをシンプルにすることはできないし、それは偽りがなければ達成されるであろう知的な精緻化の水準とは相反する。さらに、平均的な大人は、そして実際には平均的な共同体も、何らかの激しいイデオロギー対立に加わるのでない限り、イデオロギーを――戦いや怒鳴りあいが終わればすぐに――生活の中の堅く仕切られた小部屋に閉じ込めておくという傾向をもつのも事実である。そしてその小部屋に閉じ込められている限り、イデオロギーは、周期的な儀式や合理化の役に立ち、決して目の前の他の仕事に不適切な害を加えることはない。しかしながら、イデオロギーが来るべき何かを単純に概念化したものであるという事実、それゆえ、時が経ってからすでに起こってしまったことを合理化するのに役に立つという事実は、個人のある発達段階や歴史のある時期において、イデオロギーの分極化が、戦闘ややむにやまれぬ内的欲求に呼応する急進的な新しい関与につながる可能性を排除するわけではない。青年は、「通常は」イデオロギーの二者択一に基づいて拒否するか受容するかを決める必要があるが、それはアイデンティティ形成のための既存の二者択一の範囲と密接に結びついている。大きな変革の時代においては、この本質的に青年期特有の傾向が集団心理を支配するようになる。

ゆえに、イデオロギーは、集団の理想の最も古いものと新しいものとの、意味のある結びつきを作るように見える。そして、青年の力のこもった真剣さ、誠実な禁欲主義、熱意に満ちた怒りの矛先を、保守主義と改革主義が最も活発に葛藤する社会のフロンティアに向かわせる。そのフロンティアで、狂信的なイデオロギストたちが忙しく動き回り、精神病的な指導者たちがその汚い仕事をしている。しかしそこはまた、本物の指導者たちが重要な意味をもつ連帯を作り上げる場所でもある。しかし、イデオロギーは、未来を約束された賞として、ある特定の価値の絶対的なヒエラルキーやある種の厳密な行動原理に対する一切の妥協を許さない関与を要求せざるをえない。もしその未来が祖先たちの地上の王国であるならば、その原理は、伝統に対する全面的な服従になる。もしその未来がまったく別の世界であるとしたら、その原理は、伝統の全面的な放棄になる。もしその未来が武装した超人のために予約されているならば、その原理は、全面的な軍事規律になる。もしその未来が地上の楽園の発展した再現として理解されているならば、その原理は、全面的な内面の改革である。そして最後に（われわれの時代のイデオロギー的要素に一つだけ言及すると）、もし休みない生産が現在と未来を結びつけると考えられているならば、その原理は、人間同士のチームワークと生産の過程に、完全にプラグマティックに自らを委ねることになる。幼児的な超自我が青年期のアイデンティティからその縄張りを奪い返す余地があるのは、まさしくこのイデオロギーの全体主義によってである。なぜなら、確立されたアイデンティティが古びてしまい、新しいアイデンティティがまだ脆弱であれば、特別の危機が人々を駆り立て、自分たちのまだ不安定なイデオロギー基盤を疑い脅かすように見える人々に対して、最も残酷な手段を使って、聖戦を挑むことになるからである。

結論として、われわれは次の事実の全体をもう一度考えてみよう。今日のテクノロジーと経済の発展は、農耕時代、封建時代、貴族時代、商業時代の中で発展してきた、あらゆる伝統的集団アイデンティティと集団の連帯に侵入しつつある、という事実である。多くの著者が指摘しているように、こうした全体としての発展は、宇宙的な全一性《ホールネス》の感覚、神の摂理に基づく計画、生産（と破壊）の手段に対する天の是認、これらすべてを奪ってしまう結果を招いたように思われる。世界の大部分において、これは明らかに、全体主義的な世界観、すなわちミレニアムや社会の大変動を予言し自ら寿命ある神をたてるような世界観に、いとも簡単に魅了されるよう導いた。今日におけるテクノロジーの集中化は、こうした狂信的なイデオロギー信奉者たちの小集団に、全体主義的な機械となるための具体的な力を与えてしまう可能性がある。あるいは、人々を破滅に追いやる小さい秘密の組織、あるいは大きくて開かれた組織となる力を与えている可能性がある。

さて、次に別の伝記的項目を扱うことにしよう。すなわち、ある人間のモラトリアムを取り上げてみようと思うが、この人をバーナード・ショウと同列に扱うわけにはいかない。なぜなら彼は生涯を通して、おそらく一度も心から笑ったことがなく、誰かを心の底から笑わせたこともなかったであろうからである。その人の名前は、アドルフ・ヒトラーである。ヒトラーの少年時代の唯一の友人によると、若き日のヒトラーは、二年間完全に姿を消し、再び現れたときには狂信的なイデオロギー的志向をもっていた[19]。

このまったく誰にも知られていないモラトリアムを、彼は極限までの孤独の中で過ごしたのであるが、それは青年期後期に味わった深い失望に続くものだった。若い頃、ヒトラーは都市設計家になることを切望していた。故郷のリンツの再建を思い描きながら（まるで放心したかのように）何日も街を歩き回った。もちろん、再建するということは、すべての大きな建物が破壊されるところを思い描く必要があったわけだが、それでも間違いなく彼は、巨大な、ほとんど妄想と言ってもよいほどのスケールで「建設的」であろうとした。ヒトラーはリンツの新しいオペラハウスの設計図を何通か受賞審査委員会に送ったが、委員会はそれらに目に留めることはなかった。そのときついに彼は社会を捨て、姿を消し、次に現れたときには復讐者となっていたのである。しかし、ヨーロッパの大部分を破壊し、ついに地下壕に追い込まれた生涯最後の日々、ヒトラーは注意深く自己の清算を計画したが、そのときでさえ、もうすぐ建設に着手できそうになっていたリンツのオペラハウスの設計図に、最後の手を加えるのを忘れなかった。彼のような過度に破壊的な欲求をもつ人間でさえも、青年期後期の関与はこれほど奇妙なまでに持続するものである。

私はここで、ヒトラーのようなパーソナリティは「治療可能」であったはずだと提案しているのではない。ただし彼は、個別の症状に対して精神分析的な治療を求めたことがあるという証言はある。また、私は、ヒトラーのような男でさえ、彼の邪悪な才能と歴史的カタストロフィーの運命的な一致がなかったとしても、その底なしの破壊性と建設的な見せかけの混合物を世界に押し付けることができたと言いたいのでもない。すでに第2章で見たように、ドイツの敗戦とベルサイユ条約は、特にドイツ人の青年に広くトラウマ的なアイデンティティ喪失と、その結果として、歴史的アイデンティティ混乱を引き起こし、犯罪的性質をもつ大きくなりすぎた青年たちのリーダーシップのもとで、国家的な非行状態につながった。しかしこうした国家的な大惨事を熟考するとき、われわれは自らの嫌悪感によって建設的な可能性に盲目になってはならない。この建設的な可能性は、どんな国家においても、主として他の国々の怠慢によって異常なものとなりうるのである。

技術の発展が、こうしたあれこれの全体主義的な企てを衝撃的なまでに成功させるにあたって果たしている役割については、すでに第2章で指摘した。しかし、次のことをもう一度認めておかねばならない。人は、新しく獲得した技術的な力を行使するとき、深いところでどのように変化するかという疑問については、ほとんど何もわかっていないのである。

Ⅲ

最後に、ある新しい国家について述べておこう。かつてエルサレムで開かれたセミナーで、イスラエルの学者や臨床家たちと「イスラエル」のアイデンティティとは何かという問いをめぐって議論を交わす機会があり、現代のイデオロギーが向かうさまざまな方向の一つの極端な例について考えるきっかけとなった。[20] イスラエルという国は、友と敵の双方を魅了している。幾多のイデオロギーの破片が、ヨーロッパの歴史を流れ出て、この小国の意識にたどり着いた。そしてイスラエルは、アメリカがこの一世紀半の間悩んできたアイデンティティ問題の多くに、わずか数十年で直面している。さまざまな土地からやってきた虐げられた少数派によって、誰にも「属して」いないと思われる「フロンティア」に新しい国家が建設され、自由主義的、清教徒的、救世主的といった複数の輸入された理想を基礎としながら新しい国家的アイデンティティが創出された。イスラエルの多種多様で最も差し迫った問題を論じようとすると、いかなる議論も早晩、キブツ運動として知られているものを創り上げた先駆的なシオニストの移住者たちが達成した並外れた偉業と、彼らが提起している類稀なイデオロギー上の問題に行き当たる。こうしたヨーロッパのイデオロギストたちは、最初はオスマン帝国にあり、次いでイギリスの統治領になるという、パレスチナが置かれていた奇妙な国際的・国内的な地位によって生み出された、いわば地理的・歴史的モラトリアムを与えられていたために、シオニズムのイデオロギーにとって重要な意味をもつユートピアの躍進の拠点《ブリッジヘッド》を築き、補強することができた。彼らの「母なる地」で、まさに自国の土地を耕しながら、その成果として「収穫された」ユダヤ人は、永遠の放浪、商業取引、知性化の結果として生じた邪悪なアイデンティティを克服しようとし、国家として、心身ともに再び全体として一つになろうとした。ヤブツ運動によって、たくましく、信頼でき、やる気に満ちたタイプの人間が生み出されたという事実は、誰も否定できないだろう。しかしその教育システムの一部の詳細については（たとえば、子育ては生まれたときから「子どもの家」で行われること、高校生活を通して男女同室で暮らすことなど）、イスラエル国内でも外国でも厳しく見直されている。しかし、ユートピアにおける精神衛生のメトロポリタン的基準を、周囲がすべてむき出しのフロンティアの状態に当てはめてみるのは意味がない。この周囲がすべてむき出しという歴史的事実こそ、その結果として起こった生き方に関する原理的説明、およびその合理化を判断する唯一の枠組みである。なぜなら、間違いなくこれらの先駆者たちは、一夜のうちに現れた新しい国家に、歴史的な理想を提供したからである。しかし、我が国の歴史家にとっても無関係とは言えない、当然問われるべき問題がある。すなわち、革命を起こしたエリートたちと、革命の後に占領された土地や獲得物の中に入って繁栄してきた人々との関係についてである[21]。イスラエルでは、今ではいくらか排他的なキブツのエリートたち（この国の伝統の中では、アメリカにおけるパイオニアたちと同じような役割を果たしている）が、ほとんど消化不能といった状態にイデオロギーが混ざりあった圧倒的に大多数の人々と向き合っている。後者は、アフリカ系や東洋系の移民集団、強力な労働組合のメンバー、大都市に住む人々、宗教的正統主義者、新しい国家官僚機構、そしてもちろん、「古き良き」商人階級の仲買人たちである。さらに、キブツ運動の非妥協的な部分は二つの世界の間に挟まれたままであり、その二つの世界のどちらとも、シオニズムは強い歴史的な結びつきを保っている。その一方は、アメリカ系やイギリス系のユダヤ人たち（彼らがキブツの土地の大部分をアラブの不在地主から買い取った）であり、他方は、ソビエト共産主義である。このソビエト共産主義に対して、共産主義的なキブツ運動はイデオロギー的に近いものを感じているが、ソ連側からは党の路線からの逸脱として結局否定されている。[22]

このように、キブツ運動は、ユートピア的理想のようなものを礎とする、現代イデオロギー上の現実の一例であり、自分たちを一つの「国民《ピープル》」と考える青年たちの未知のエネルギーを解放し、集団の理想に普遍的な意義をもたせることに成功した。こうしたことは、産業世界においては起こりえないことである。しかしイスラエルが、これまでに存在した国々の中で最もイデオロギーを意識した国の一つであることは間違いない。「農民たち」や職人が、日常生活の中でなされる決定のロジックと意味について、これほど熱心に議論を交わしたことはかつてなかった。思うに、アイデンティティ形成にイデオロギーが果たす重要な役割を、こうした高度に言語化され強固に制度化されたイデオロギーと、何らかのかたちにはなっていない、回心《コンヴァージョン》と反感《アヴァージョン》のより移ろいやすい症状を比較することで、最もよく学べるのではないだろうか。こうした症状は、青年や青年グループの生活にとって最も意味のある部分として存在しているが、それを周囲の大人が知ることもなく、さらには関心をもつこともない。いずれにせよ、あらゆる場所の青年たちの議論に見られる極端に偏った嗜好、意見、スローガンの大部分も、破壊的な活動に参加しようとする突発的な衝動の多くも、歴史的アイデンティティの破片が共有され表現されたものであり、何らかのイデオロギーによって一つに結ばれることを待っているのである。

本書の病理誌的研究について扱った部分で、自閉的あるいは退行的な傾向によって否定的アイデンティティを全面的に選択して逃避する青年たちについて述べた。この、たとえ不安定であっても才能溢れる青年の個人的なユートピアへの逃避は、もし彼らが一般的な発達には従うことができないと感じなかったならば、すなわち、われわれの個人主義的な文明の現段階を特徴づける画一化、均一化、標準化への要求がますます高まることがなかったら、こうした逃避は必要なかったかもしれない。アメリカでは、大規模な画一性への要求が、あからさまな全体主義的イデオロギーに発展しなかった。今のところ、政治的イデオロギーを遠ざけようとしており、その代わり、教会のピューリタン的なドグマや、ビジネスライクな振舞いのステレオタイプと結びついている。研究を進めるにつれて、われわれは、アメリカの青年が素朴な信頼関係の構築、遊び心に満ちた不協和、高度な技術の熟達、「他人指向の」連帯――そして、わかりやすいイデオロギーへの嫌悪感――といった手段によって、産業デモクラシーのアイデンティティ拡散に対処する能力を有していることを認めるようになった。アメリカの青年、つまり世界一テクノロジー化された青年たちの隠されたイデオロギーとは何かという問いは、きわめて重要であって、本書で軽率に論じるべき課題ではない。また、世界的な闘争の結果として軍国主義的アイデンティティが平和時の青年たちの一部となりつつあるが、この暗黙のイデオロギーに起こった変化についてついでに評価しようとするのも差し控えようと思う。

現状では、否定的な集団アイデンティティへ向かう悪性の傾向を描写するほうが容易で、そうした傾向は、特に我が国の大都市に住む青年の一部に広がっており、そこでは、経済的、民族的、宗教的な周縁部にいると、肯定的なアイデンティティを築くための基礎がほとんど与えられていない。この場合、否定的な集団アイデンティティは自然発生する徒党形成の中に探し求められ、それは、近隣ギャング、麻薬組織、同性愛者サークル、犯罪組織などさまざまである。精神分析の臨床経験が、この問題に重要な貢献を果たすのではないかと期待されている。しかし、こうした公の問題に対して臨床の用語や態度、方法を無批判に転じることは自戒したいと思う。むしろ、本論の初めに指摘した点に戻るのが良いと思われる。青年を相手にする教師、判事、精神科医は、「承認」という戦略的な行為、すなわち社会がその若いメンバーを「同一化し」、「認める」という彼らのアイデンティティ発達に貢献する行為における重要な代表者となる。もし、そうした職にある大人たちが、話を単純にするために、あるいは、法律や精神医学の内部の習慣に適応するために、個人的あるいは社会的な周縁部に生まれたという理由によって否定的アイデンティティを選択しようとする青年たちを犯罪者、生まれつきの不適格者、養育環境のために落伍者に追い込まれた者、そして、何よりも混乱した患者として扱うならば、おそらくその青年はすべてのエネルギーを注ぎ込んで、無慈悲で残酷な共同体がこの青年に期待する、まさしくそのものになろうとし、それを徹底的にやってのけるだろう。

長い目で見れば、アイデンティティの理論がこの問題に対して警鐘を鳴らすだけではなく、さらなる貢献ができるようになることを期待している。そしてまた、私もこの問題をこのままにしておくつもりはない。いくつかのメディアの特徴的なダイナミックな性質を考慮に入れた研究、つまり症例史、ライフヒストリー、歴史、夢の分析などの研究が、今後行われていくべきである。[23]

5　伝記的な研究Ⅱ　混乱の再来——夜ごとの精神病理学

本書の冒頭で、私はシグムント・フロイトとウィリアム・ジェームズという二人の男を引用した。この二人は、思うに、生命に満ち活力あるアイデンティティ感覚とは何か（あるいはどう感じられるか、と言うべきか）を、力強く、また詩的な表現で書き残した。彼らはここでもう一度、「アイデンティティを超えた」ところを見るための助けとなるだろう。なぜなら、たまたまこの二人は、アイデンティティ混乱の感覚が再来し、さらに夢の中で青年期後期のアイデンティティが回復する様子をよく説明する夢について記録し、報告しているからである。当然、夢というのはある人がそれ以前の危機とずっと苦闘していることを示す、最も敏感なサインである。そして他の退行をうまく切り抜けた人たちの中にも、アイデンティティ危機は、その後の人生で引き続き起こる危機の中に残って再びそれを経験するが、それは「潜在的」な象徴的行為の中に見られ、その多くは毎日の——あるいは毎晩の——病理学に属する。このように以前体験したことを再び体験するということは、そのアイデンティティ危機をかつて経験し、その基本的な公式が生き残って通常の方法によっても容易に再現されることを前提としている。フロイトの夢は、ジェネラティヴィティの段階におけるアイデンティティの問題を、ジェームズの夢は、老年期の絶望の中でのアイデンティティ問題を、それぞれ扱っている。[24]

I　フロイトの「イルマの夢」

先に、フロイトをユダヤ教に結びつけている「肯定的アイデンティティ」、すなわち、無限の知性に恵まれ、「凝縮された多数派」から自ら望んで距離を置きつつ仕事をする者としてのアイデンティティに関するフロイトの宣言を引用した。その際私は、フロイトのもう一つの類い希な告白、すなわちフロイトが見たイルマという患者の夢の分析[25]の中に、これに対応する**否定的アイデンティティ**の痕跡が見えることにも気づくだろうと指摘した。否定的アイデンティティは、定義上、肯定的アイデンティティに影のようについてくるものである。ところで、フロイトがイルマの夢を見たのは、ジェネラティヴィティの危機と呼べる、四〇代になろうというときだった。そして実際、別の論文で指摘したように[26]、イルマの夢は中年男性のケアの問題に関係している。つまり、彼が始めた物事をどこまでケアすることができるだろうかという問題、そして、彼は、野心を持続させうるほど、十分な注意をときおり払っていないのではないかという問題に関わっている。そこで、この中年の危機の時代におけるアイデンティティ危機の再体験を示すのに役立つ項目だけを、前記の論文から引用しようと思う。

まず初めに、この夢を、それを見たフロイトの人生の時点に関連づけることが重要である。それは、創造的な思考によって夢の解釈を生み出したときであった。というのも、イルマの夢が重要な意味をもつのは、それが『夢判断』の中で詳細に報告された最初の夢であるという事実だけではないからである。フロイトは、友人のフリースに宛てた手紙の中で、いつか彼の別荘に飾られるだろう（そうなるだろうかと考えていた）銘板について空想をめぐらせている。その銘板には、次のように記されるだろう。「一八九五年七月二四日、この建物において、夢の神秘がS・フロイト博士にその正体を現した」[27]。この日こそが、イルマの夢を見た日である。

さて、三九歳のある医師がいた。神経学の専門家で、ウィーンの街に住んでいた。カトリック君主国のユダヤ人市民であったが、そこはかつて神聖ローマ帝国のドイツ国家であり、当時は自由主義と増大しつつあった反ユダヤ主義によって揺れていた。彼の家族は急速に大きくなっていった。実のところ、彼の妻はそのとき再び妊娠していた。彼はちょうどその頃、大学で職を得ることで、地位を、より正確には収入を、確固たるものにしたいと思っていた。この望みは、彼がユダヤ人であるというのみならず、年上の同僚であるブロイラー博士と共同執筆した近著の中で熱心に展開した理論が非常に不人気で、かつ広く困惑をもたらしたので、ブロイラーから縁を切られてしまい、簡単ではなくなっていた。問題の本、『ヒステリー研究』は、「防衛神経精神病」の病因学の中でセクシュアリティの役割を強調していた。すなわちそれは、本来的に性的な性質をもつ矛盾し抑圧された考えから意識を防衛する必要によって生じた神経症であるとしたのである。彼はこの考えに次第に魅せられていくのを感じていた。そして、時には絶望によって曇らされることもあったが、自尊心をもって、自分は「夢にも見たことがない」方法によって、革命的な発見をするよう定められていると感じ始めていた。

その頃までにフロイトは、夢というのは、実際、ヒステリー発作の正常状態の等価物であり、「小さな防衛神経精神病」であることに気づいていた。精神医学の歴史において、正常な現象と異常な現象を比べてみるという考えは新しいものではない。現にギリシア人はオルガスムを「小さな癲癇」と呼んでいた。

しかし、もしヒステリーの症状が、あるいは夢でさえ、内なる葛藤に基づくものであり、無意識的思考に対抗する意識されない防衛に基づいているとするなら、患者たちが精神科医の示す解釈を簡単には受け入れられず、長く覚えておくことができず、継続的に利用できないという事実をもって患者を責めることに、どんな正当性があるだろうか。フロイトはすぐさま、これらの道具を具体化するためには、生理学的な概念から純粋に心理学的な概念へ、そして、権威主義的な医学のテクニックから明確で直感的な観察、さらには内省へと、基本的にシフトすることが必須であると理解したのだった。

そういうわけで、状況は以下のようなものである。ユダヤ人であるという理由で彼の機会を制限しようとしていると思われる学界の中で、最初の加齢の兆候に、さらには病の兆候にも、危機感とともに気づいたと思われる年齢になり、急速に拡大する家族への責任を背負っていた一人の医学者フロイトは、従来の治療と研究に奉仕するために自らの才能を費やすべきか――すでにそれは可能だと証明している――、あるいは、新しい洞察、すなわち人間は明らかに自分の中の最良のものと最悪のものを意識していないという洞察を、自ら実証し、それを世界に伝えてゆくという課題を引き受けるべきかという決断に直面していた。イルマの夢を見た直後、フロイトは、恐怖心を包み隠さず、友人フリースに宛てて手紙を書き、心理的防衛について説明しようと試みながら、「自然の核心から」何かを説明しようとしていることに気づいた。フロイトはこの夢を見た時点で、偉大な発見を生み／耐えねばならないのだとわかっていた。そこで問題は、自らのアイデンティティの核心に従って生きるべきか否か、である。そしてこの核心こそが、後に「凝縮された多数派」の支持を捨て、孤独な探究者の運命として形作られることになった。しかし当然ながら、彼の将来の業績はすでに「誕生をまって」いたのであり、いずれにせよフロイトは、自分の関与を本気で疑うことはできなかったのである――彼の夢の中を除いては。

この夢を見る前の晩、フロイトは内なる疑いに痛いほど注目させられる体験をした。フロイトは、避暑地から戻ったばかりの「オットー」という名の同僚と会ったのである。避暑地でオットーは、共通の友人である若い女性と出会った。フロイトの患者だった「イルマ」である。この患者は、フロイトの尽力により、ヒステリー性の不安から治癒していたが、ひどい吐き気のようなある種の身体的症状がまだ残っていた。フロイトは、イルマが休暇旅行に行く前に、彼女の問題の解決策としてある解釈を与えていたのだが、彼女はそれを受け入れることができなかった。さてフロイトはオットーの声の中に、明らかに「回復しつつあるが、健康を取り戻してはいない」ように見える患者の状態について、何がしかの非難を感じた。そして、その非難の後ろに、「M博士」の厳格な権威を見た。M博士とは、「われわれ内輪での指導的な人物」である。帰宅すると、オットーとの会合の印象を引きずったまま、フロイトは「M博士」に宛てて長大な症例報告書をしたため、イルマの病気に関する彼の見解を説明した。

フロイトは明らかに、この報告書さえ書けば、自分の心の平安はどうにか収まりがつくはずだと思いながら床に就いただろう。しかしその夜、この出来事に関係する人物たち、すなわち、イルマ、M博士、オットー博士、そして別の医師であるレオポルド博士が、フロイトの夢に出てきた。

大広間――われわれが迎えた大勢の客が集まっている――その中にイルマもいる。私はすぐさま彼女を脇に呼ぶ。彼女の手紙に応えるかのように。そして、未だに「解決策」［フロイトの解釈］を受け入れていないことを非難するかのように。……イルマは答える。「私がどんなに辛いか、わかっていただけさえすれば。」

そこで、心配になった夢の中のフロイトは、患者を隅に連れて行き、イルマの喉を覗き込んだ。そしてそこに、まさしく身体的症状を見出すのであるが、それによってフロイトは混乱した。

私は即座にM博士を呼び、博士は私と同じ検査をして同じ結果を確認した。……いまや、私の友人のオットーもイルマの傍らに立っており、友人のレオポルドが服を着たままのイルマの胸を打診した。「左側の下のほうに濁音が聞こえる」と言い、左肩の皮膚の浸潤部分にも注意を促す。（これを、洋服を着ているにもかかわらず、身体で感じることができる［フロイトは、自分自身の身体で感じている］）。M博士は言う。「感染症であることは間違いない。しかし、問題はないだろう。赤痢になるだろうが、毒素は排出されるだろう」。……われわれには、感染症はどこから感染したものなのかも、正確に（unmittelbar）わかる。友人のオットーは、つい最近、イルマの気分がすぐれなかったときに、プロピル製剤を注射したのだ……プロピル……プロピオン酸……トリメチルアミン（この化学式が目の前に見えた。くっきりとした太字である）……こういった注射は軽率に打つべきではない。……おそらく、注射器も清潔ではなかったのだろう。

つまり、これは医者の夢であり、医者仲間の夢でもある。当時フロイトは、夢は願望を成就するものであるという事実を説明するために、この夢を使った。

……なぜなら、この夢の結論とはこうだ。イルマがまだ苦しんでいる痛みは、私に責任があるのではなく、オットーがその責めを負うべきである。……この弁解のすべては――というのも、この夢は弁解以外の何物でもない――貸したヤカンが返ってきたときには壊れていたと隣人から非難された男の弁明を生き生きと連想させる。男は言う。第一に、ヤカンは無傷で返したはずだ。第二に、自分が借りたときには、すでに穴が開いていた。第三に、そもそもヤカンを借りたことなどない。

その前日の晩のオットー博士の発言に見られる含み、すなわちフロイトは医師として不注意だったのではないかという含みは、明らかに〔フロイトの中に〕幼児的な無価値感を呼び起こした。しかしいまや明らかであるが、それらの含みはフロイトのアイデンティティの信条、すなわち、独立して仕事をし、考えることへの是認にも、疑問を投げかけた。なぜなら、イルマは「単なる患者」ではなく、試験的ケースだったからである。そしてフロイトのヒステリーの解釈は単なる新たな診断的カテゴリーというだけではなく、人間についてのイメージを変えてしまう突破口となるはずのものだった。しかしながら、より高次の承認を得るために、人はちょっとした儀式を頼みにするものである。そして私は、イルマの夢（これはデカルトの三つの夢のように重要な意味をもつ「創造的な」夢である）の中に、儀式参加、夢-儀式のアウトラインを認めることができると提案したい（この目的に限って以下に引用する）。この儀式は、混乱状態にある夢を見ている本人〔フロイト〕に、罪深くもオリジナルな考えを抱いたことへの承認、ここでは、この夢の別のレベルではバカにされるが実生活では抵抗する、同じ同僚たちからの承認をもたらす。ここでもう一度、この夢をわかりやすく書き換え、儀式のアウトラインだと考えられる部分を括弧の中に書き加えておく。

お祝いの機会（儀式的な集まり）、**明白な、われわれという一体感の表明**（集まった人々）、そして夢を見ている本人の支配的な立場（われわれが迎えた）、これらの要素が夢の始まりを儀式的なものにするが、間もなく患者への懸念（孤立、自責の念）によってそれは失われる。緊迫した雰囲気が取って代わる。夢を見ている本人はM博士を**急いで呼ぶ**（より高次の権威へのアピール）。この助けを求める声に、M博士だけではなく、レオポルド博士とオットー博士も応える（定められた仲間）。患者の診察が進むにつれて、夢を見ている本人は患者の症状の一つを、突然感じる。しかも、**自分自身の身体**で感じる。医師である男性は、こうして**患者である女性**と融合するが、それは**苦しむ人**であり**診察される人**になる（平伏、服従）。これが意味しているのは、いまや彼が**精査**を受け入れるということである（裁判、告白）。M博士は、自信に満ちた口ぶりで、何か意味のない言葉を言う（儀式的な決まり文句、ラテン語、ヘブライ語）。その言葉には**魔術的な効果**があり、夢を見ている本人や登場人物たちに、この症例の**因果関係**はいまや理解されたのだ（魔術的、神意）という**直接的な確信**（啓示）を呼び覚ます。この共有された確信によって、夢の中に、夢を見ている本人の妻とお祝いのゲストたちが消えた時点で失われていた知的な（スピリチュアルな）「われわれという一体感」（交流、集まり）が回復される。同時にそれは、夢を見ている本人に、彼が**暗黙のうちに信じている**（信仰）**権威に支配されている**（司祭）階層的な集団に**所属しているという感覚**（兄弟愛）を回復する。彼はすぐさまこの新しく勝ち取った恩寵から恵みを受ける。目の前に**公式**が**くっきりとした太字**で（真実）浮かび（啓示の出現）、このとき彼は、すべての責めをオットー博士（異端者）に向けてよいという承認を得る。信仰者の報酬であり武器でもある正義の憤りとともに、いまや彼は、かつて自分を非難した人間を不注意な医師（清潔でない医師）であると名指しできる。

フロイトの夢に平行して現れるこうした儀式の存在から数々の疑問が浮かぶが、ここではそれに答えることはしない。もちろんフロイトは、カトリック信仰が支配的な文化の中で、ユダヤ人コミュニティの一員として育った。カトリック的な環境というこの全体的な境遇は、マイノリティであるこの子ども〔フロイト〕に、どれほど強い印象をもたらしているのだろうか。これについてはさまざまな記録が残っている。フロイトはフリースに次のように語っている。子ども時代の最も危機的な時期に――すなわち、「若い母親の最初の子ども」であった彼が、弟と妹の誕生を受け入れなくてはならなかったとき、年老いた迷信的なまでに信心深いチェコ人の女性が、彼の街のさまざまな教会に彼を連れて回った。[28] こうした出来事に彼は明らかに強い印象を抱いたらしく、家に帰ると（母親の言葉を借りると）家族の者に説教を行い、神がいかになされたか（"wie Gott macht"）をして見せたという。どうやらこれは司祭のことで、フロイトは司祭を神だと思ったらしい。しかし、ここに描写されている輪郭は、ユダヤ教やカトリック教、その他の宗教など、別の宗教においても集団的に表現されている基礎的な儀式の代表的なものである。いずれにせよ、イルマの夢を見た人物は、軽く見られていると同時に、当座のところ「凝縮された」多数派、この場合で言えば、彼に疑いの目を向けている医者の集まりの一員であることを求めていると示せよう。と同時にこの夢は、彼らの非難から身を護り、彼らの見せかけの儀式に加わることを許可し、日中の最大の関心事を、すなわち、研究し、明るみに出し、認識することへの強い衝動であり、夢を見た人物〔フロイト〕のアイデンティティの礎石を再確認するものであった。

というのも、ユダヤ教や（幼児期の初期には）周囲すべてを取り囲んでいたカトリック信仰によって一時的に目覚めかけていたフロイトの信仰心のすべてが「自然主義者」のイデオロギーに取って代わったのは、彼の青年時代（彼の回想によると、ゲーテの「自然に捧げる詩」を聞いたとき）だったからである。そしてもし、この歳をとりつつある男性の夢の中に、何らかの思春期的な儀式を見出したとすれば、われわれはフロイトの手紙に繰り返し出てくるある問題に触れていることになるだろう。その問題とは、創造的な精神をもつ人間の「繰り返される青年期」である。創造的な精神の持ち主は、ほとんどの人間がただ一回、青年期の終わりか成人期の初期に解決を見出す問題に、何度も直面するように見える。「正常な」人間は、理想自我のさまざまな禁止や挑戦を、一組の技術とそれらに伴う役割の中に多かれ少なかれうまく統合された、実直で、穏当で、実行可能なまとまりの中に結合する。静止することのない人間は、そしてとりわけ独創的な人間は、好むと好まざるとにかかわらず、絶え間なく蘇ってくるエディプス的な罪の意識を、自らの独特なアイデンティティを新たに確かなものにし直すことによって緩和しなくてはならない。ところが、**肯定的**アイデンティティはおそらく最も高尚な理想と結びついていて、たとえばフロイトの場合で言えば、教義と儀式の結びつきの新形態（精神分析的技術、「精神分析運動」、精神分析学研究所）に至るのに対して、**否定的**アイデンティティは子どもの頃に軽蔑されたタイプのものをその起源としている。フロイトの夢を注意深く読むと、彼が忘れようとして忘れられない（夢にまで出てきてしまう）否定的アイデンティティとは、ユダヤ人の言う**間抜け**（Schlemiel）やドイツ語で言う**愚か者**（Dummkopf）に近い何かであることが明らかになる。いずれにせよ、（『夢診断』によれば）、フロイトの幼少期における最も広く影響を与えた出来事は、父親のある宣言であった。それは、とりわけ恥ずかしい状況下、つまり不適切な場所に排尿してしまったときに、父親が「あの子はろくな人間にはならない」と言った言葉である。ゆえに、イルマの夢の中で、この成長した男性は、これからまさに大いに偉大なる人物になってゆくにあたって、この「呪い」と戦わなくてはならず、そしてこのことは何よりも、何者かになってゆくということが、結局、父親の予言を打ち破ることを意味するからであると思われるのである。しかし当然、この敗北は、小さな少年たちを辱めることによって挑発する多くの父親たちによって、熱烈に求められているものなのである。

Ⅱ　ウィリアム・ジェームズの最後の夢

〔アイデンティティ混乱の〕偉大なる最初の証人たちの二人目に話を戻すにあたって、おそらく夢に現れたアイデンティティ混乱の最も鋭い報告であろうものを引用しようと思う。[29] これが鋭いのは、疑いなく、この夢を見た人物が自らの肯定的アイデンティティ、すなわち研究者としてのアイデンティティを再び主張することができ、その翌日に夢を記憶し、記録することができたというまさにそのためである。彼の夢の日付も重要である。なぜなら、それはおそらくジェームズの人生において記録された最後の夢であり、間違いなく、公表された最後のものだからである。ジェームズはこの夢の半年後に六四歳で亡くなった。それゆえ、この夢の中で、アイデンティティ混乱が、世界の把持を失ったことを表す内なる嵐の一部となっているのも驚くにあたらない。この嵐は、シェイクスピアが『リア王』の中で、劇的表現法に従いながら自然に投影しつつ、なおかつ明確に内なる嵐として示した類のものである。ジェームズは「自然」心理学の束縛から抜け出して、人間が自らの境界を超越するある種の神秘的な状態を理解しようとしていた時期に、この夢を見た。とはいえ、ジェームズは、この夢は「神秘主義的な啓示とは正反対のもの」であると訴えているので、われわれはこれを、より高度のインテグリティを求める人間の恒久的な希望と彼の最終的な絶望との間の、葛藤の産物であると主張できるだろう。

実際、ジェームズは本書で述べていることの大半を、記述的な言葉でわれわれの一般化にきわめて近いかたちで説明しているので、私がこの夢に注意を向けたのはごく最近になってからだということを言い添えておく必要があるだろう。しかしながら疑いなく、――そしてこれがハーヴァード大学の医師が学生の感情的な問題について記した著書の序文で私がジェームズに言及した理由なのであるが㉚――、ジェームズは個人的な経験を通して、われわれが「境界例」の精神病的状態として記述してきた状態を知っていた。とはいえ、明らかにジェームズは、この夢で接近したほど真の精神病体験に接近したことは一度もなかった。そして私は、この事実は、彼の人生のこの段階における「究極の関心事」の深さにあると考えるのである。

私はこれによって放り込まれた途方に暮れるような精神の混乱について、読者に正確な観念を与えることはとうてい不可能であることを非常に残念に思う。これは私の人生全体の中でも最も猛烈に奇妙な体験であった。私はこの出来事が起こった二、三日後に完全な覚書を記し、いくつかの省察を付け加えた。これが神秘体験の状態を明らかにすることはないとしても、単純に病理的な精神状態を説明する文献として、出版するに値するのではないかと思われる。それゆえ、より説明を明確にするためにいくつかの言葉を変更した外は、もともと書かれたものをそのまま載せることにした。

私は驚嘆のコメントを付してこの説明を邪魔したくはないので、読者の皆さまには、この夢に現れた急性のアイデンティティ混乱の特徴がいかに明晰に記されているかに注意を払っていただきたい。時間と空間の断絶、覚醒と睡眠の間の不明瞭性、自我境界の消失、そしてそれに伴って、能動的に夢を「見て」いるというよりも夢によって夢見られているという経験。その他多くの判断基準が読者の心に浮かぶだろう。

サンフランシスコ、一九〇六年二月一四日。一昨日の夜、スタンフォード大学内の自分の寝室で、午前七時三〇分頃、何か静かな夢から目が覚めた。そして「意識をはっきりさせようと努めて」いると、突然、完全に異なる種類のある夢のレミニセンスと混合していることに気づいた。それはまるで、最初の夢に望遠鏡で覗いたようにはめ込まれているかのようだった。非常に入念な、ライオンが出てくる、悲劇的な夢である。私はこれを同じ晩見た前の夢だろうと結論づけた。しかし、二つの夢の明らかな混合は、何か非常に奇妙なもので、かつて経験したことがないものだった。

その次の日の夜（二月一二～一三日）、私は一つ目の夢から突然目覚めた。非常に重苦しい夢だったように思う。まだ夢の途中だったが、その夢のことを考えていると、最初の夢の各部分の間に唐突にごちゃ混ぜにされた別の二つの夢の内容によって、私は突然混乱してしまった。またその出所を把握することができなかった。**これらの夢**はどこから来たのだろう、と私は自問した。それらは**私**に近く、まだ新鮮で、夢見たばかりのようだった。それでいて、それらは**最初の夢から**遠く隔たっていた。三つの夢の内容には何のつながりもなかった。一つはロンドンの下町の訛りの雰囲気があって、ロンドンにいる誰かに起こったことだった。他の二つは、アメリカ人だった。一方はコートの試着に関わるもので（この夢が、私が目覚めたときに見ていたと思われる夢だろうか）、他方はある種の悪夢であり、軍人に関わりがあった。それぞれの夢にはそれぞれまったく異なる情緒的な雰囲気があり、各々は他の夢から断絶していた。にもかかわらず、瞬く間に、まるでこれらの三つの夢は望遠鏡で覗くように交互にはまり込み、私がこの夢をすべて見た人間であるように思われたが、それらが一つの夢の中で連続して見られたのではないことはきわめて明らかなように思われた。それならば、**いつ**なのか。前夜でもない。ならば、**いつ**なのか、そして**どれが**私が目覚めたときに見ていた夢なのか。**もはやわからなくなった**。そのどれをとっても私に近いものであるのに、それでいて完全に相反しあっていて、私は一度に三つの異なる夢体系に属しているかのようであり、そのどれをとっても他の夢と関連していなかったし、目覚めているときの私の生活とも関連していなかった。私は奇妙に混乱し始め、**恐ろしくなり**、よりはっきりと目覚めようと試みたが、私はすでに十分に目覚めているようだった。やがて、恐怖による寒気が私の身体を走った。**私は他人の夢に入り込んでいるのだろうか**。これは「テレパシー」体験なのだろうか。あるいは二重（あるいは三重）人格の侵入なのだろうか。あるは皮膚動脈の血栓だろうか。どこまで悪化するか誰にもわからない、一般的な精神混乱と見当識障害の始まりだろうか。

明らかに、私は「自己《セルフ》」の把持を失いつつあり、今まで体験したことがない精神的苦悩の質を知りつつあった。最も近いもので喩えるならば、森の中で本当に「迷って」しまったと気づいたときに味わう、沈み込むような、めまいのするような不安感である。人間のたいていの困難は終着点に目を向ける。たいていの恐怖はクライマックスの方向を指し示し、そこに向かって集中する。たいていの悪意ある攻撃に対しては、その人の道理、勇気、意志、自尊心といった何かをもって身構えることができる。しかしこの経験の中では、すべてが中心から拡散し、足場が流され、支えている留め具そのものが、その支えを最も緊急に必要としているときに素早く分解してゆく。そうしている間にも、さまざまな夢の鮮やかな知覚が（あるいは記憶が）、交互に押し寄せ続ける。誰の？　**誰の？**　一体、誰のものなのだ？　私がそれに**くっついている**ことができないと、水平線のない、つなぎとめるものもない海の中に流されてしまい、**迷ってしまう**。この考えは再び「ぞっとする感じ」を引き起こし、それに伴って、再び眠りに落ち、この過程をもう一度繰り返すのではないかという恐れを呼び覚ます。これは昨日の夜、始まったものだ。しかしそれから混乱が一歩進んだだけで、単純に奇妙に思えただけだった。**これは**二歩目である――三歩目が踏み出されたとき、私はどこに行くのだろうか。

次に、私が思うに、（フロイトの夢がそうであったように）夢見た人の**活動性**を、専門家としてのアイデンティティという観点で回復させた説明の部分に移ろう。「患者」であることに近づき、人生の「終点」に近づいたと感じて、彼はいまや「客観的」共感と体系的同情という心理学者の特権を引き受ける。そしてこれを最初、次のような言葉で表現するのだが、それでわれわれのアイデンティティ混乱の記述を締めくくることほど、喜ばしいことはないであろう。

同時に私は、**精神錯乱**（Verwirrtheit）のために認知症に陥っている人々や二重の人格に侵入されている人々に対する新たな同情心に満ちていることに気づいた。**われわれは**彼らを単に**奇妙**な者と見なす。しかし**彼ら**が習慣的な自己から漂い出てしまう恐ろしい体験の中で求めているのは、そこにしっかりつかまるための着実性の原理なのである。われわれは、最後まで、彼らのそばにいることを、また彼らの中にある真の自己を認識していることを保証し、何度でも再保証すべきである。われわれは**彼らと**共にあることを、（たいていの場合、われわれは彼らにそう思われているに違いないが）彼らの逸脱を確認し、本に記して出版するだけの世界の一部ではないということを、彼らに知らせるべきである。

明らかに、私は内省的な理解力を完全に有していた。そしてこのようにして私がいた状況を客観的に考えてみるときはいつも、私の不安は治まるのだった。しかし、私には夢やレミニセンスに逆戻りする傾向、しかも鮮やかに逆戻りする傾向があった。すると混乱が再開し、それに伴って、それ以上発達するのではないかと、恐怖の感情がまた現れるのだ。

そのとき私は時計を見た。一二時半！　つまり、真夜中だ。これを見て、別の内省的な考えが浮かんだ。習慣上、私は寝るとき、非常に深い眠りに落ちるので、二時過ぎまで自然に目覚めることはない。ゆえに、今夜のように真夜中の夢から目覚めることはないので、真夜中の夢について私の通常の意識が何かを思い出すことはない。今夜目覚めたとき、私の眠りは恐ろしく重苦しいものだった。夢見状態は夢の記憶を運ぶ――二つの代用物としての夢が（三つの夢のうちどの二つが代用物であったにせよ）**昨夜一二時の夢**の記憶であり、ちょうど消えつつある夢と一緒に、目覚めたばかりの記憶システムの中に入り込んできたのではなかったか。つまり、私の通常の生活習慣にはなかったような方法で、私の過去の**真夜中の層**をノックしたのではなかったか。

こう考えて、私は大いに安堵した――いまや私は理性（anima rationalis）を完全に手中にしているように感じていた。……ゆえに、私の場合、単に理性的状態と病的状態の間にある敷居が一時的に低くなっただけらしく、同じような混乱は、われわれすべての中にある可能性の範囲のすぐ近くに存在しているということなのかもしれない。

そして、われわれはしばしばフロイトの夢を（そしてとりわけイルマの夢の場合は）夢の本質を明らかにするために見られたと感じるが、同じように、ジェームズは「神秘主義的な啓発とは正反対のもの」であるこの夢が、「現実が露わにされたという感覚」に満ちていると報告して締めくくっている――そしてこの感覚自体が、「最高度に神秘的」であると気づいたのである。超越を切望し、それに接近しながら、最後にジェームズは、彼の夢は「現実の中で」――他の「私」、つまり神秘的な見知らぬ人によって――夢見られたという感覚に至った。

第5章　理論的間奏

ここで私は、いくつかの理論的な問い――この問いを定式化するのに一〇年の年月を要した――を立てなくてはならない。これは、私の同僚や、われわれの臨床的・理論的関心に共感をもって親しんでいる、人間の行動について学ぼうとしている人たちの問いである。こういった人たちは、今では計り知れないほど大きな集団になっている。しかし、すべての読者がこの章全体が自分の経験や興味と一致していると感じられるわけではないだろう。

1　自我と環境

これまで私は、アイデンティティという用語を、細心の注意を払って――と思いたいのであるが――さまざまな異なる含意の中で検討してきた。あるときには、個人の独自性についての意識されうる感覚について言及しているかのようであり、別のときには、経験に連続性をもたせるための無意識の努力であり、また別のときには、集団の理想への連帯感を指しているようでもある。ある観点から見ると、この用語は日常的で素朴な言葉のように見え、単なる話し方の問題のようにも見えるが、別の観点から見ると、精神分析学や社会学の既存の概念に関連づけられてもきた。そして一度ならず、この言葉は、何かを明確化するよりも、物事を親しみやすく見せる習慣のように忍び込んでもいる。ここで再び自我の概念に戻らなくてはならない。なぜなら最初にこのテーマについて報告したとき（第2章の「一臨床家のノート」）、私は自分が探求しているものを、自我アイデンティティと呼んだからである。

当然ながら、アイデンティティという言葉は、最も曖昧な意味としては、これまでさまざまな研究者たちが「自己」と呼んだものと重なるところが多い。たとえば、自己概念[1]、自己システム[2]、あるいはシルダー[3]やフェダーン[4]を始めとする人々によって記述された不安定な自己経験といった表現に見られる自己である。精神分析的自我心理学の分野では、誰よりもハルトマンが、この一般的な領域を明確に記述した。ハルトマンは、いわゆるナルシシズムにおける自我へのリビドー備給について論じながら、（リビドーが）備給される対象は、自我ではなく、むしろ自己である、という結論に至った。また彼は、「自己表象」という用語を提案し、それを「客体表象」と区別した[5]。この自己表象についてはあまり体系化されたかたちではなかったが、すでにフロイトによって予期されていた。フロイトは折に触れ、自我の「自己に対する態度」について言及し、あるいは「自己評価」が不安定な状態では、この自己に対する備給が変動することに言及している[6]。

ここでは、最初にこうした自己表象の発生的連続性《コンティニュイティ》を問題にするが、こうした一貫性は、間違いなく、自我の働きによって可能になる。自我以外のいかなる内的機関によっても、子ども時代を通じて身に付けた複数の同一化の中から重要なものを選び取り、複数の自己イメージを徐々に統合して最終的にアイデンティティの感覚を創り上げることはできない。こうした理由から、私は最初、アイデンティティを自我アイデンティティと名づけた。しかし、「自我理想」と類似する名称を選んでしまったために、この二つの概念はいかなる関係にあるのかという問いを提起することになった。

フロイトは、環境の影響の内面化を「超自我、あるいは、自我理想」の機能と規定し、それは、環境やその伝統から生じる命令や禁止を意味していた。これに関連するフロイトの二つの記述を比較してみよう。

子どもの超自我は、実際には両親を模範として構築されるのではなく、両親の超自我を模範として構築される。それは同じ内容を引き継ぎ、伝統の担い手となり、このようにして世代から世代へと伝えられてきたあらゆる古くからの価値の担い手となる。人間の社会的行動を理解する上で、超自我を認識することがどれほど大きな助けとなるか、すぐにおわかりいただけるだろう。たとえば、非行の問題を把握するにしても、あるいは、おそらく教育に関する実践的なヒントを与えてくれるという意味においても……。人間は、現在においてのみ生きているのではない。超自我のイデオロギーは、過去を保持し、種族や民族の伝統を保持し続け、現在の影響や新しい発展はゆっくりとしか受け入れない。こうした伝統は、超自我を通して働く限りにおいて、人間の生活に重要な役割を果たすのである。[7]

ここで重要なのは、フロイトが「超自我のイデオロギー」について語り、それによって、超自我に観念的な内容を与えている点である。しかし同時に彼は、超自我を「伝達手段（vehicle）」、すなわち、それを通してそういった伝統的な観念が働く心の《サイキック》システムの一部であるとも語っている。超自我のイデオロギーという表現によって、フロイトは、理性以前の何か、超自我の古代的なものへの親和性と一致する何かを定義しようとしたらしい。また同時に、それらに魔術的な内的強制力があると見なしたようでもある。しかし、フロイトは明らかに「イデオロギー」という用語を、政治的な意味に限定する使用法とは異なる意味で用いているが、私も同様に、イデオロギー的なものを心理学的事実として、また政治的現象と関連づけられる必要はあるものの、それによって説明される必要はないものとして、アプローチしようと努めてきた。

第二の記述の中でフロイトは、自我理想の社会的側面も認めている。

> 自我理想は、集団心理を理解するにあたって非常に重要である。この自我理想は、個人的な側面に加えて、社会的な側面をもっている。またこれは、ある家族、ある階級、あるいはある国家が共有する理想でもある。[8]

ここで「超自我」と「理想自我」という二つの用語は、民族の個体発生的な歴史と系統発生的な歴史に対するそれぞれの関係が異なっているという点で、区別されると思われる。超自我は、より太古的なしかたで徹底的に内面化されたものであり、原始的で絶対的な良心の発達に向かう人間に備わった生まれつきの傾向性が、より無意識的に現れたものであると見なされている。それゆえ超自我は、早期に取り込んだ対象と結びつき、頑なに復讐的で懲罰的な「盲目的」道徳として内的に働く。それに対して自我理想は、より柔軟かつ無意識的に、子ども時代に吸収した、ある特定の歴史的時代の理想と結びついている。つまり、むしろ現実を吟味する自我機能に近い。なぜなら理想は、変化しうるからである。

私がかつて自我アイデンティティと呼んだものは、比較するならば、変化し続ける社会的現実にいっそう近いものだろう。それは、幼児期の心理・社会的危機がもたらす自己表象を、青年期のイデオロギーの風潮に照らし合わせて吟味、選択、統合するという点においてそうであると言える。自我理想のイメージは、手に入れようと奮闘するものの、永久に到達できない自己のための一連の目標を表しているが、自我アイデンティティは、社会的現実の中で実際に獲得されるが、しかし永久に修正し続けられる感覚であると特徴づけることができるだろう。

しかし、自己という言葉をハルトマンの自己表象の意味で用いるならば、この用語法をめぐって根本的な見直しが必要になるだろう。自我は、もし中心的かつ部分的には無意識的な組織化を行う機関として理解されるならば、どの人生段階においても、放棄された自己や期待される自己と統合されることを要求する、変化しつつある自己に対処しなくてはならない。この考え方は、身体自我にも適用できるだろう。身体自我とは、その人の身体経験によって与えられた自己の一部と言うことができ、それゆえ、**身体自己**と呼ぶほうがより適切であるだろう。それは、観念やイメージ、布置《コンフィギュレーション》を表象するものとして自我理想に関わり、**理想自己**の持続的な比較対象となる。最後に、それは私が自我アイデンティティと呼んだものの一部、すなわち役割イメージからなる部分にも適用できるだろう。結果的に**自己アイデンティティ**と呼ばれるものは、一時的に混乱した自己が、同時に社会的認知を確保するような役割の集合体の中でうまく再統合される経験の中から現れる。それゆえ、アイデンティティ形成には、自己の側面と自我の側面とがあると言える。

それゆえ、自我アイデンティティとは、自我のフロンティアの一つにおける統合機能の結果である。そのフロンティアとは、連続する幼児期の危機を通して子どもに伝達される社会的現実としての、あの「環境」のことである。この文脈において、アイデンティティは青年期の自我の最も重要な達成であると認められてしかるべきであり、同時に思春期後に現れるイドを包摂しつつ、そのとき新たに発動する超自我のバランスをとるのを助け、さらにはしばしばかなり尊大な、自我理想を和らげもする――このすべてが、イデオロギーの世界イメージによって構造化された、見通しうる未来に照らしてなされる。それゆえ、自我の中心的な心理・社会的機能に照らしてその総合化する力について議論するとき、人は自我アイデンティティについて語りうるし、その個人の自己と役割イメージの統合を議論するとき、自己アイデンティティについて語りうるのである。

さてここで、私がアイデンティティ拡散《ディフュージョン》という言葉をアイデンティティ混乱《コンフュージョン》と置き換えたことについて、簡単に説明しておこう。前者の言葉に不適切な含みがあるという点は、これまで何度も指摘されてきて、特に文化人類学者の友人たちからそのような指摘が多かった。彼らにとって、この拡散という用語の最も一般的な意味は、厳密に空間的なものである。つまり、各要素が起源の中心との結びつきを保ちつつ分散されることを表す。たとえば、文化の拡散と言うとき、特定の技術、芸術形式、言語的項目などが、移住や、段階的な伝達を通して、一つの文化から遠く離れた別の文化まで伝わってゆくことになる。この用法では、無秩序や混乱を想起させるものは含まれていない。ところが、アイデンティティ拡散という場合、自己像の分裂、中心性の喪失、分散などが示唆される。この最後の分散《ディスパージョン》という言葉のほうがより適切な表現だったかもしれないが、分散という言葉も、アイデンティティがその内部で分解してしまうというより、一つのものから多くのものへ伝達されることを示唆する可能性がある。その一方、混乱という言葉は、少々過激な言葉かもしれない。青年というのは、すっかり混乱してしまったと感じることなく、軽度のアイデンティティ拡散の状態になることもありうるからだ。

とはいえ、混乱という言葉は、これまで記してきた状態の客観的側面と主観的側面の両方を表現する上で明らかにより適切な言葉である以上、一つの連続した現象の一方の端を「軽度の」混乱とし、反対側の端を「悪化した」「悪性の」混乱と強調しておくことが、最も適切であるだろう。

２　混乱、転移、そして抵抗

ここから先は、臨床観察という伝統的な視点から、問題の全体像にアプローチしてみたいと思う。治療が始まると、患者の中には、ある時期、特有の悪化を見せる者がいる。退行の深さと行動化の危険性が、診断上の決断の手がかりとなることは当然であるが、そうした悪化に転じる際に見られるメカニズムを、初めから認識しておくことは重要である。私はこれを「どん底の態度」と呼びたい。このメカニズムは、退行の引力に患者が半ば意図的に屈服すること、どん底を根源的に探求する試み、すなわち、どん底を退行の究極的な限界であると共に、新たな再進展にとっての唯一の確固とした基盤として探求することから成り立っている。こうした「基底」の意図的探求という仮説は、エルンスト・クリスの「自我のための退行」を極端に危険なかたちにまで突き詰めたものと思える。しかし、患者の回復が、隠れていた芸術的才能の発見と同時に起こるという事実は、この点に関するさらなる研究の必要を示唆している。

ここで「本来の」退行に加えられた意図性という要因は、しばしば、あらゆるものに対する嘲りの中に表現され、こうした患者たちの治療を開始する時期に特徴的に見られ、またサド・マゾヒスティックな満足の異常な雰囲気によっても表現される。そしてこの雰囲気のために、しばしば、彼らの自己蔑視や「自我を滅ぶがままにする」意志が破壊的な誠実さを内に秘めているという事実を気づきにくく、また信じにくくさせてしまう。ある患者がこう話している。「どうすれば成功するかを知らないのは確かに悪いことだ。でも、最悪なのは、どうすれば失敗するかを知らないことだ。俺はうまく失敗しようと決めた」。このほとんど「死に向かう‐致命的な」誠実さは、不信以外の何物をも信用しないという患者の決意のうちに見られる。しかし彼らは同時に、暗い心の片隅で（そして実際に目の端から）、信頼に満ちた相互性の中で最も基本的な経験をやり直す機会を与えてくれる、シンプルで率直な新しい経験を待ち望んでいるのである。治療者は、シニカルで反抗的な青年と向き合っていても、実際には、赤ちゃんに人生は信頼に足ると教える母親の役割を引き継がねばならない（しかし、そのポーズではいけない）。治療の中心になるのは、自分自身の輪郭を再び明確にしたいという患者の要求《ニード》であり、それによってアイデンティティの基礎を再び築くことである。治療開始の時期にこれらの輪郭が急激に変化し、同時に、われわれの目前で患者の自我境界の経験が激しく変化することがある。患者の動きが突発的に「緊張病的に」減速する場合もある。圧倒的な眠気によって注意力が失われ、血管運動神経のシステムが過剰反応を起こし、気絶しそうになる場合もある。現実感覚が離人症的な感覚に支配されてしまう場合もある。あるいは、身体的存在の感覚が病的に消失する中で、自己への確信の名残りすら消えてしまう場合もある。注意深い着実な診察を通して、複数の矛盾する衝動がこの「発作」に先立って起こっている可能性が明らかになるだろう。最初に、治療者を徹底的に破壊しようとする激しい衝動がいきなり起こるが、そこには治療者の本質とアイデンティティを貪り食おうとする「人食い」《カニバリスティック》願望が隠れているように見える。同時に、あるいはこれと交互に入れ替わるように、自分が貪り食われることへの恐怖と願望、つまり治療者の本質に吸収されることによってアイデンティティを獲得することへの恐怖と願望がある。もちろんどちらの傾向も、多くの場合は長期間にわたって偽り隠され、身体化され、診療時間の後に偽装されたかたちで現れることも多い。性的満足や自ら参加している感覚がないまま行動に移される性的乱交への衝動的な逃避として現れたり、マスターベーションや食物摂取といった儀式的行為への過剰なのめりこみ、過飲酒や乱暴な運転、あるいは、食べも飲みもせず読書や音楽に長時間没頭する、自己破壊的な行動として現れることもある。

ここで扱っているのは、アイデンティティ抵抗と呼ばれるもののうち、最も極端なかたちである。ちなみにこれ自体は、ここで記述した患者に限った話ではない。むしろ抵抗の普遍的なかたちであり、分析の過程で日常的に経験されながら、気づかれないことも多い。アイデンティティ抵抗とは、より穏やかでより一般的なかたちで現れるとき、分析医がその特有のパーソナリティ、バックグラウンド、哲学のために、不注意によって、あるいは意図的に、患者のアイデンティティの弱い核を破壊してしまい、その代わりに自分のアイデンティティを押し付けてくるのではないかと考える、患者の側の恐怖である。敢えて述べるなら、盛んに議論されている患者や訓練中の分析医候補生に生じる未解決の転移神経症の一部は、多くの場合、アイデンティティ抵抗がきわめて非体系的にしか分析されていないことの直接的な結果なのである。こうした場合、被分析者は、分析期間を通して、他のあらゆる点においては屈服しても、彼のアイデンティティが分析医の価値に侵略されるあらゆる可能性に対して抵抗する。あるいは、患者は自分に統制できる範囲を超えて、分析医のアイデンティティを吸収してしまうかもしれない。あるいは、分析医から提供されるべき本質的な何物も提供されなかったという、生涯にわたって続く不全感を抱いたまま、分析治療を離れることになるかもしれない。

急性のアイデンティティ混乱の症例では、このアイデンティティ抵抗が治療における出会いの核心的問題になる。精神分析技法は多様であるにしても、この問題は共通している。つまり、主要な抵抗を技法の主な手引きとして受け入れ、解釈はそれを利用する患者の能力に合わせるべきであるという点である。こうした場合、患者は、基本的な問題を（互いに矛盾することもあるが）整理し終えるまで、コミュニケーションを妨害《サボタージュ》する。そして患者は、治療者が自分の否定的アイデンティティを本物で必要な――事実そうであり、あるいはそうであった――ものとして受け入れ、しかしこの否定的アイデンティティが「彼のすべてである」と結論づけたりしないよう、主張する。もし治療者がこの二つの要求を満たすことができるなら、治療者は、多くの厳しい危機を乗り越えながら、患者を貪り食うことも自らをトーテムの餌食として提供することもなく、患者に対して理解と愛情を注ぎ続けることができると忍耐強く証明できるだろう。それができたときにはじめて、たとえ不本意であるとしても、よく知られているかたちの転移が現れてくるのである。

これらは、アイデンティティ混乱の現象学に関するいくつかのヒント、しかも、最も顕著で直接的な転移や抵抗に映し出されたものでしかない。とは言っても個々の治療は、ここで論じた症例における心理療法の一側面にすぎない。これらの患者の転移は、拡散したままであり、常に行動化の危険を伴う事実に変わりはない。したがって患者の中には、病院環境の中で治療を行う必要がある人もいる。病院内ならば、彼らが治療的関係から逸脱してしまっても観察でき、それを制限することもできる。病院環境では、新たに獲得された治療者に対する両極的な関係を越えて、十分に選択の幅のある活動を通して、第一歩から共感的で確固たる意志をもった看護士たち、協力的な仲間の患者たち、有能な指導者たちの、直接的な支援《サポート》を受けることができる。

病院という環境の中での患者の歩みは、断固とした「一人であること（oneliness）」（ある若い女性患者の言葉）から、病院環境を利用し挑発しようとする試みと、それをうまく利用する能力の増大を経て、最後に、こういった種類の施設化されたモラトリアムを去ってそれまでいた社会の中の場所、あるいは新しい場所に戻る能力の成長に至るものとして示すことができる。病院という共同体は、一人ひとりの患者の個人的な治療においてのみならず、人生の問題――この場合で言うとアイデンティティ混乱――を同じくする患者たちの正統な要求に応える「治療計画」においても、臨床的研究者が参与観察者になることを可能にする。当然のことではあるが、病院共同体が、特にこういった共通の問題によって悪化した困難に適応するにしたがって、それが解明されてゆく。この場合で言えば、病院は計画的に制度化された中間的世界（world-between-worlds）になる。つまり病院は、青年に、その人がかつて放棄してしまった最も活力に満ちた自我機能を――かつて創り上げたことがあれば、の話であるが――再構築する手助けをする。臨床医個人との関係は、機能の新しい誠実な相互性を築く礎石であり、それまで非常にぼんやりと受け止めてはいたものの激しく異議を唱えていた未来のほうに、患者の顔を向けさせなければならない。一方、まさにこの病院という共同体の中で、患者は新たな社会的実験の最初のステップを踏み出すことになる。この理由により、活動計画《プログラム》が――これは「作業療法」とは異なる――最も重要になるが、この計画によって、それぞれの患者が専門的指導者の導きのもとで才能を発達させることができる。専門的指導者は自らも自身の技能を高めることに全力を注いでいるが、患者にまだ用意のできていない職業選択を強制することはない。患者ができるだけ早く共同の計画《デザイン》の特権と義務に従うことは、特に緊急の課題である。この共同の計画は、患者仲間の欲求にも、そしてついでに言えば職員の欲求にも、応えるように努めるだろう。なぜなら、当然ではあるが、病院のような共有の状況は偶然患者となった人々のアイデンティティ欲求だけでなく、彼らの兄弟姉妹の守り人となることを選んだ人々のアイデンティティ欲求によっても、特徴づけられるからである。病院における職業的ヒエラルキーがこういった守り人であることの機能、報酬、地位を分配し、実際に病院を家庭の複製にしている多様な逆転移や「交差転移」に扉を開いているが、それについては多くの議論がなされている。現在の視点から見ると、こういった研究は、患者がその結晶化しつつあるアイデンティティの基礎として、患者という役割そのものを選んでしまう危険をも明らかにしている。なぜなら、この役割は、かつて経験されたいかなる潜在的なアイデンティティよりも有意義であることが証明される場合があるからである。

3　私、私の自己、そして私の自我

人間の自分自身に対する態度を明確化し、さらには定量化するために、哲学者や心理学者は「私《アイ》」や「自己《セルフ》」といった名詞を創造し、日常的な言葉から想像上の存在を作り出した。私には、構文上の習慣が、この曖昧な問題について多くを語っているように思える。

自閉症の子どもと接したことがある人ならば、彼らがどれほど必死で「私」や「あなた」といった言葉の意味を掴もうと努力しているか、そしてそれが彼らにとってどれほど不可能なことかを観察したときに感じる恐怖を忘れることはないだろう。なぜなら言語は、まとまりのある「私」という経験を前提にしているからである。同じように、非常に混乱した青年と向き合っていると、患者が認知的には日の前に存在している「私」や「あなた」を**感じる**ことができないという事実と、そういった感情を――恋の中で――経験する前に人生は尽きてしまうのではないかという彼らの恐怖に、畏怖の念とともに気づくのである。他のいかなる苦悩も、ある種の中心的な人間的問題を自我心理学だけが包含することができず、これまで詩や形而上学に委ねられてきたことを、これほど明確にすることはない。

身体、パーソナリティ、生活のために割り振られた役割について眺めたり熟考したりしているときに「私」が――それがかつてどこにあり、これからどこに行くのかを知らないままに――内省しているのは、われわれの複合的な自己を形作っているさまざまな自己である。これらの自己の間には、持続的でしばしば衝撃的なまでの変化が見られる。たとえば、暗闇で裸になっている身体自己や、突然光にさらされた身体自己について考えてみよう。服を着て友人たちの中にいる自己と、上司や部下と一緒にいる自己はどうだろう。起きたばかりで眠そうな自己や、サーフィンを終えてリフレッシュして波から上がったばかりの自己、吐き気や気が遠くなる感じに襲われている自己はどうだろう。性的興奮を感じている身体自己や激怒に駆られている身体自己。有能な自己と無能な自己。馬に乗っている自己と歯医者の椅子に腰掛けている自己。同じく「私」という人間の手で、鎖をかけられ、拷問を受けている自己。こういったあらゆる状況の中から、いかなる瞬間においても満足のいく程度にまとまりのある自己を証明できるようなやり方で語るために、「私」には確かに、健康なパーソナリティが必要である。

「自己」の対抗者となるのは、「他者」である。良かれ悪しかれ、「私」はその他者と自己を絶えず比較する。この理由からも、精神分析医は「自我」という言葉を「私」の客体としての自己を意味するときに使うのを止めるべきだというハインツ・ハルトマンの提案に私も従おうと思う。それから、たとえば、自己にこうなってほしいというイメージのことを理想自我ではなく理想自己と呼ぶことや、「私」がその自己を、時間的に連続し実体が変化しないものとして知覚する限りにおいて、自我アイデンティティよりも自己アイデンティティと呼ぶことも止めるべきだというハルトマンの提案にも、従いたいと思う。なぜなら、もし「私」がその身体自我のイメージを称賛するならば（ナルキッソスがそうしたように）、その自我に恋しているのではなく（さもなければ、ナルキッソスはバランスを保っていただろう）、その自己の一つ、すなわち自体愛的な目に知覚された鏡に映った身体自己に恋しているからである。

われわれが「私」と自己を自我から引き離した後にはじめて、フロイトの初期の日々に神経学から始まって精神医学と心理学にたどり着いた当時から自我がその場所を占めてきた、あの領域を自我に委ねることができる。つまり、いかなる瞬間においても、すべての印象、感情、記憶、衝動をふるいにかけ、統合することによって、われわれの一貫した存在を保護する内的「機関」の領域である。そしてこの印象、感情、記憶、衝動といったものは、われわれの思考に入り込もうとし、行動を要求してくるものであり、そしてもし、ゆっくりと成長し、確実に警戒し続ける検査システムによって選別されず処理もされなければ、われわれをバラバラに分裂させるようなものなのである。

人は、「私」はすべてを意識しているということ、そして、私と言い、それを本気で意味している限りにおいて確かに意識的であるということを、真に断言しなくてはならない（酔っ払った人は「私」と言うが、その目はそれが偽りであることを語っているし、後になって、朦朧とした意識で確言したことを覚えてはいないだろう）。自己は大部分が前意識的なものであるが、それは「私」がそれを意識しようと意図し、かつそれに自我が同意する限りにおいて、意識されうることを意味している。しかし、自我は無意識的なものである。その働きに気づくことはできるが、それ自体に気づくことはできない。自我は心臓や脳のように、われわれが「理解する」ことのできない、あるいは意識的に計画することのできないことをしてくれているが、その無意識の自我の概念をいかなる点においても犠牲にすることは、道具としての精神分析を放棄することであり、さらには、それによってのみ観ることを可能にしてくれる美（トマス主義的に言えば）としての精神分析を放棄することを意味する。他方、意識的な「私」をその存在との関係において（精神分析理論がそうしてきたように）無視することは、人間の自己意識の核、すなわち結局のところ自己分析を可

能にする能力を削除することを意味する、

しかし、自我の対抗者は誰、あるいは何なのだろうか。当然、最初にくるのはイドと超自我であり、次に、理論の言う「環境」である。最初の二つは英語では奇妙な言葉であり、この言葉にはドイツ語のもつ学問的・神秘主義的な気高さが醸成されていない。ドイツ語の「エス（das Es）」「超自我（das Ueber-Ich）」は、決して何か物のような存在ではなく、悪魔的で原始的な所与（givens）である。自我の一般的な課題とは、最も簡単な言葉で説明すると、受動的なものを能動的に変えること、すなわち対抗者の押し付けを、それらが意志選択行為となるようなやり方でふるいにかけることである。これは内面のフロンティアにも言えることで、そこでは「イド」として経験されたことが、馴染みのあるもの、さらには飼いならされたものにさえならなくてはならず、なおかつ最大限に楽しめるものでなくてはならない。さらにそこでは、良心の押しつぶされそうな重荷が、耐えることが可能なものに、さらには「善い」良心にさえならねばならない。麻痺させられた自我は、その防衛的・適応的機能において受動的になっている、あるいは、敢えて言うならば、不活性化されていると見ることができる、ということは、現段階の精神分析学において明確に証明されている。とはいえ、イドと超自我は、性的耽溺や正義に基づく行為に見られるように、自我の真実の同盟者となりうるのである。

ゆえに、「環境」は再び、これらのページで示されているように、自我の対抗者としての明確な特性を欠いている。そしてこれもすでに指摘したが、有機体〔というもの〕とか「その」環境という言い方は、実際流行遅れの自然主義者による習慣の結果なのである。生態学と動物行動学は、こういった単純化を決定的に超えて進んでいる。同じ種の成員と異なる種の成員は、常にそれぞれの**環世界**（Umwelt）の一部である。そして同様に、人間の環境は社会的なものであるという事実を受け入れるならば、**自我の外的世界**は、その自我にとって重要な意味をもつ**他者の自我**によって成り立っている。彼らが重要なのは、未熟なものから繊細なものまでさまざまな水準のコミュニケーションにおいて、私の全存在が、彼らの中に、私の内的世界が秩序づけられ彼らを含んでいるというようなしかたで快さを知覚し、それが次には、彼らの世界が秩序だっており、そこに私が含まれているしかたが快いからである――すなわち相互の肯定であり、それは私の存在を活性化し、同じく私は、彼らの存在を活性化すると当てにできる。ともかく、私は**相互性**という言葉を、このような意味に限定したいと思っているが、この相互性こそが愛の秘密なのである。他方、私の秩序に参加することを拒み、また私が彼らの秩序に参加することを拒むような他者の側の否定を、**相互否定**と呼ぼうと思う。おそらく、これが引き起こす憎しみに似たものは自然界に存在しないし、また、誰かと互いにこのような関係になったときわれわれを不安にさせるアンビヴァレンスは他にない。ただし、アンビヴァレントな状況に置かれた動物たちが示す激しい怒り、不快感、恐怖の混ざりあったものや、挨拶の儀式に注ぎ込まれる多大の情動は、それが動物のものであれ人間のものであれ、「アンビヴァレンス」というものが系統発生的にどのように生まれたかをよく理解させてくれる。いずれにせよ、人間の生活の中で最も複雑なものは、自我の水準でのコミュニケーションである。そこでは、それぞれの自我が、そのアイデンティティを確認したり否定したりするために、知覚的・感覚的に、あるいは言語的・潜在意識的に、受け取った情報をすべて検査している。ゆえに、こういった過程を、信頼できる相互性や明確な相互否定という心理・社会的「領域」に共同で秩序づける持続的な努力こそが、われわれが「集団的自我」という言葉で意味しているものである。そして私は、これよりさらに複雑であると指摘してきた。この領域の境界線は、その集団を構成する各自我の真ん中を貫いており、肯定的自我と否定的自我に分割しているのである。繰り返すが、内部の葛藤は（外部のアンビヴァレンスと同じく）人間に特有の不安を呼び起こすのであり、また、われわれの連結された秩序の中で、自分自身と互いを明確に承認し、あるいは否定するときにのみ、アイデンティティ――心理・社会的アイデンティティ――というものが存在するのである。

とはいえ、「私」とは、言葉によって確認できるものに外ならず、それに従って、私は私が一貫したアイデンティティをもつ体験の世界における意識の中心であると感じるのであり、また、私は知性を所有しており、私が見たり考えたりしたことを表現することができると感じる。この経験をいかに定量化してみようとも、その主観的な光背を正しく評価することはできない。なぜなら、それは、私が生きているということ、私は人生そのものであるということを意味するに外ならないからである。したがって、厳密に言えば、「私」の対抗者となるのは、この光背を人間に貸与した神、この贈り物に感謝する「私」たちによって承認された永遠なる聖性を授けられた神のみである。それゆえ神は、モーセが私を呼んだのは誰ですかと問いかけたときに「私は在るものである（I AM THAT I AM）」と答えたのである。それから神は、モーセに群衆に伝えるよう命じた。「私は在る（I AM）という者があなたたちのもとへ私を遣わした」。そして確かに、共通の信仰によって結びついた群衆のみが、それほどまでに、共通の「私」を共有するのであり、それゆえに、「神における兄弟姉妹たち」は、相互の思いやりと共同の崇拝の念の中で、真実の「あなた」を互いに認めあうことができる。相手の眼を覗き込み――そして、手のひらを合わせ、顔の近くまでその手を持ち上げ――「私はあなたの中に神を観ます」と言うヒンドゥー教の挨拶は、このことの核心を表現している。しかしその一方で、恋人を一瞥するだけで、その愛する者の顔に崇高なるものを認める人は、同様に、自分の人生そのものがそのように認められることに依存していると感じるのである。しかし、少数ではあるが、全面的に神へと顔を向けている人は、兄弟愛を除くすべての愛を避けねばならない。「あなたがお見捨てになさろうとするのでなければ……」。

4　自我の共有性

精神分析が有しているいわゆる基本的な生物学的方向性は、次第に（単なる慣れから）ある種の擬似生物学になってきたようである。この点は、とりわけ人間の「環境」の概念化において顕著である。精神分析の文献において「外界」あるいは「環境」という用語は、しばしば単に内側に存在し損ねたという理由で外側にあるとされる未踏の領域を指すために使われる。内側とは、身体の皮膚の内側であったり、精神システムの内側であったり、最も広い意味での自己の内側であったりする。こうした曖昧な、しかしどこにでも存在する「外側性」は、当然、数々のイデオロギー的意味あいや、たとえば有機体と環境との間の対立関係などといった、間違いなく非生物学的な要素を帯びる。時に「外の世界」は、幼児期有機体の本能的願望世界に敵対する「現実」の陰謀として認識され、そして、時には無関心であったり迷惑に思ったりする場合があるにせよ、他人が存在するという事実として認識される。しかし近年は、少なくとも部分的には慈愛に満ちた母親的ケアの存在が認められているものの、「母子の関係」をその文化的な環境から多少とも切り離された「生物学的」存在として扱う、根深い傾向が存在する。そのように扱われてしまう限り、「環境」は再び、漠然とした支援《サポート》や目に見えない圧力を与えるものとなり、あるいは、単なる「慣習」として片付けられてしまう。このように、一歩進むごとにわれわれの行く手を阻んでいるのは、かつては必要であり十分に実り多かった並置の名残りである。なぜなら、道徳的で偽善的な社会的欲求が大人の本能性を押しつぶし、子どもの本能性を不当に利用しがちであるという事実を立証することが重要だったからである。個人の利害と社会の利害との間に内在するある種の対立関係を概念化することが、重要だったのである。しかし、そうした議論のうちに暗示されていた結論、すなわち、個々の自我は人間に特有の「環境」、つまり社会組織と対立して存在できる、あるいはそれらと無関係に存在できるとする結論には、意味がない。そうした暗黙の前提は、擬似生物学的な方向性をもつゆえに、ますます精神分析を現代生物学における豊かな生態学的洞察から切り離してしまうおそれがある。

　ここでも再びハルトマンが、新しい考察への端緒を開いた[9]。ハルトマンは、人間の乳児が「平均的に期待可能な環境」にあらかじめ適応した状態で生まれると述べた。ここには、より本物の生物学に近い内容とともに、必然的に社会的な定式化が含まれている。というのは、どれほど理想的な母子関係であっても、それだけでは、乳児を生き延びさせるのみならず、その子の成長と独自性の潜在性を発達させる微妙で複雑な「環境《ミリュー》」を説明することはできないからである。人間の生態《エコロジー》は、自然、歴史、テクノロジーに対する絶え間ない再適応を必要とする。そこからすぐに明らかであるが、それがいかに知覚できないほどであっても、絶え間ない伝統の再構築こそが、新たな世代の乳児たちにとって、環境の「平均的な期待可能性」

を可能にしてくれる保証になる。今日、世界中で急激なテクノロジーの変化が主流となった時代にあって、あらゆる場所で子育てと子どもの教育に「平均的に期待可能な」連続性を創り、それを柔軟なかたちに保つという課題は、事実、人間の生き残りを賭けた問題になりつつある。

人間の乳児が特有の前適応状態にあるということ、すなわち、心理・社会的危機を通してエピジェネティックな段階に沿って成長してゆく準備状態にあるということは、単にある一つの基礎的な環境を必要とするというだけでなく、こうした連続する「期待可能な」環境全体を必要とする。なぜなら子どもがある段階に「適応」すると、すぐに、その到達した段階における次の「平均的に期待可能な環境」を要求するからである。言い換えると、人間の環境は全体として、一連の、多少とも不連続であるとしても、文化的、心理学的に一貫した発達を、すなわちそれぞれの段階が人生課題の広がりに従ってさらに広がってゆくような段階を、許容し、保証しなくてはならない。こうしたことすべてが、人間のいわゆる生物学的な適応を、自らが属する共同体の変化しつつある歴史の中で発達するライフサイクルの問題にする。その結果として、精神分析的な社会学は、人間の環境を、さまざまな世代が一連のまとまりをもった平均的に期待可能な環境を提供しようとする組織的な努力にそのつど加わってゆく、絶え間ない試みとして概念化するという課題に直面している。

文化とパーソナリティの関係に関する研究について評論した論文の中で、ハルトマン、クリス、レーベンシュタインは次のように述べている。「文化的諸条件は、以下の点を念頭に置いて見ることが可能であるし、またそうすべきである。すなわち、どの、いかなる種類の機会が、自我機能を葛藤から自由な領域に誘い、あるいは禁止するのか」[10]。しかしこの著者たちは、個人の精神分析におけるこうした「文化的諸条件」の影響を研究する可能性に関しては、あまり積極的ではないように思われる。彼らはこう述べている。

分析医も、文化的諸条件に起因する行動の差異に気づいている。確かに彼らは、こうした差異を常に強調する常識を知らないわけではない。しかし、それらが精神分析的な観察者に与える影響は、治療が進むにつれて、そして手に入るデータが周縁から中心に移動するにつれて、つまり、一見してわかる行動から精神分析による探求のみが接近できるデータに移動するにつれて、減少する傾向にある。

私は敢えて次のことを指摘したい。そしてそのためには、本書で提示した症例報告の単なる断片であれ役に立つと期待している。それは、むしろ「分析的探求によってのみ接近可能」になる自我発達の中心問題は、文化的差異に関する精神分析医の意識が「常識《コモンセンス》」をはるかに超えることを要求するということである。しかるにこの三人の著者たちは、他の諸領域においては、より「分析された」常識を大胆に薦めているにもかかわらず、この特定の観察領域に限っては、常識で足りると考えているように思われる。というのも、すでに述べたように、一方の社会の組織化された価値や制度化された努力と、他方の自我統合の本質との間の関係は、もっと秩序だったものだからである。そして、少なくとも心理・社会的観点から見れば、基本的な社会的・文化的プロセスは、相互に支えあう心理・社会的均衡の中で、共同の組織を通して、最大限の葛藤のないエネルギーを発達させ維持する、大人たちの自我による共同の努力としてのみ見ることができるからである。そのような組織のみが、成長しつつある自我にも成長した人間にも、発達のすべての段階において、継続的な支援《サポート》を与えることができる。なぜなら、第３章で述べたように、若い世代がそれぞれの自我の強さを年上の世代に依存しているのと同じように、年上の世代は若い世代を必要としているからだ。そして、まさにこの、年上の世代と若い世代の発達すべてを通した欲動と自我利害の相互性の領域において、ある種の基本的、普遍的な価値が、その補償する力と防衛の強さの中で、個人の自我および「集団自我」の発達の重要な共同の達成となり、そうあり続ける。事実、われわれの臨床の歴史が明らかにしつつあるように、こういった価値は、両親の行動に特定の超個人的な一貫性を与えることによって、成長しつつある世代の自我の発達にとって必要不可欠な支援を提供する。ただし、その一貫性には異なる種類が存在し――一貫性がないという種類の一貫性も含む――価値体系やパーソナリティのタイプによって多様である。

それゆえ、多様な相互性を示す社会的プロセスだけが、儀式による再献身や体系だった再定式化を通して、環境の「平均的な予測可能性」を再現するだろう。いずれの場合も、選挙で選ばれたか自己選択によってその役割を引き受けた指導者たちやエリートたちは、何度も、説得力のある「カリスマ」的な一般化されたジェネラティヴィティを証明して見せることが求められていると感じる。すなわち個人的な利益を超えて、制度を維持し、若返りによって活性化させることに向けられた関心である。歴史の記録には、こうした指導者の一部が「偉人」として記載されている。彼らは、最も深い個人的な葛藤の中からエネルギーを引き出すことができ、それによって、広く受け入れられる世界像の再統合を求める、その時代に特有な必要を満たすことができるように思われる。いずれにせよ、絶えず再献身し続けることを通してはじめて、制度は、若いメンバーから活発で意欲ある新しいエネルギーの投資を得る。これをより理論的に述べるなら、次のようになる。社会は、その価値と自我発達の主要な危機との間の意味のある対応を維持することによってはじめて、大多数の若いメンバーの幼児期の危機から生じる、葛藤から自由なエネルギーの最大値を得ることができ、その社会に固有の集団アイデンティティのために自由に使うことができる。結論として言えるのは、機能している自我は、個別性を護持してはいるが、孤立している状態とは程遠いということだけである。なぜなら、ある種の共同性が、相互の活性化の中で自我を結びつけているからである。つまり、自我過程の何かと、社会過程の何かが、対応しあっているのである[1]。

5　理論とイデオロギー

自我と変化し続ける歴史的現実との関係を研究する上で、精神分析は無意識の抵抗という新たな密集地にアプローチする。こうした抵抗は、被観察者の中でその存在が理解され扱われる前に、観察者の中に、そして観察者の**概念化という習慣**の中に位置しており、評価されるということが、精神分析学的研究の本質の中に暗黙のうちに含まれている。人間の本能性について研究する際、精神分析医は、自らの研究への原動力が部分的に本来本能的なものであることを知っている。患者の転移に対して、自分が部分的な対抗転移をもって反応していることを知っている。つまり分析医は、自分自身の特別な理由によって、幼児的な努力を満たしたいという患者の曖昧な願望を、彼らを救おうとするまさに治療的な状況において思うがままにしてしまう可能性があると理解している。分析医はこれらすべてを認識しているが、にもかかわらず、不可避なものを明確化することによって、消耗させる抵抗が不必要となり、創造的な仕事のためのエネルギーを解放する自由の限界に向かって、系統的に働きかける。

したがって、精神分析医が、ある特定の人間の才能、すなわち自分とは異なる人間を理解する能力を完成させたいと願う前に、自分を自分成らしめている歴史的規定要因を意識すべきなのは、当然のことなのである。

自己分析の新しい潮流によって啓蒙された新しい種類の常識は進歩のしるしであり、新たな概念的潮流が精神分析的実践の一部となっている。もし私が心理・社会的観点が精神分析的関心の一部になるだろうと真剣に示唆するならば、特殊な抵抗がそうした洞察の邪魔になってきた可能性や、抵抗を受けた洞察の本質のみが抵抗の本質を示すことができる可能性をもまた、考慮に入れる必要が出てくるだろう。この場合、ある世代の観察者たちの専門的アイデンティティと、彼らの生きた時代のイデオロギー的潮流との関係ということになるだろう。

社会的考察を「公式の」精神分析の中に入れることを「承認」するべきかという問いは、アルフレッド・アドラーの著書が出版されて以来、激しい議論の歴史を経てきたが、これは方法論的な問題であると同時にイデオロギー的な問題であり続けるという印象を拭うことができない。問題になったのは、一つに、フロイトの貴重な仮説、つまり精神分析は他の科学と同様、自然科学であるという世界観（"Weltanschauung"）以外には世界観をもたない一つの科学たりえるとする仮説である。また他方に、多くの才能溢れる若き精神分析医たちが抱いている粘り強い確信がある。それは、精神分析は社会批評として、ヨーロッパにおいて最も独創的な考えをもつ多くの人々の連帯を獲得した革命的方向性に加わるべきであるというものである。この背後には、二つの観点の本質的な対立の結果である、非常に巨大なマルクス‐フロイトの分極が存在する。まるでこれらの観点は、相互に排斥しあうイデオロギーであるかのようである。初めのうち、ある程度確かにそうであったかもしれない。一方が他方を完全に排除したために、かなり明白な共通の関心や洞察までもが、教条的に無視されるまでに至ったのである。

ということは、長い目で見ると、精神分析とは何であり、何ではないかという問いに対する最も白熱した、断固とした回答のいくつかが、実は別の非常に緊迫した問いに由来しているようである。つまり、その特定の人間にとって、精神分析が何であらねばならないか、いかなるものとしてあり続けなくてはならないか、いかなるものになってゆくべきか、という問いである。というのも、特別な世界観が、人間として、職業人として、市民としてのその人のアイデンティティを築く上で、必要不可欠なものになっているからである。

現在に至るまで、精神分析はさまざまな職業的アイデンティティに同一化する豊かな機会を提供してきた。自然哲学やタルムードの論議、医学的伝統や伝道教育、文献的な実証や理論の構築、社会革命や金儲けなど、多様な試みに対して、新しい機能や視野を与えてきた。一つの運動としての精神分析は、さまざまな国において、その歴史のさまざまな段階から発生した多種多様な世界像やユートピアを包み込んでいる。そしてこれは、免れえない必要性の結果だと思う。なぜなら人は、他の人間と効果的に相互交流するために、そして、誰かを治療したり教え導いたりしたいと願っているときには特にそうであるが、ときおり、現在到達している部分的な知識の段階から全体的な方向づけを得なくてはならないからである。フロイトの弟子たちはそれぞれに、自分たちのアイデンティティが、特定の精神分析的イデオロギーを約束し、それと共に、確かな職業的方向づけの可能性を約束するようなフロイトの個々の論文の中に、最も良く確証されているのを見出した。同様に、フロイトの暫定的で一時的なテーゼに対して向けられた誇張されたアンチテーゼのいくつかは、この分野における他の研究者たちの職業的、科学的方向づけにとって、ドグマ的な基礎となった。それゆえ、新しい「学派」は逆行が不可能なまでに組織化され、議論の――あるいは、自己分析の――余地は残されていない。

私はこの国に移民としてやってきて精神分析医をしているのであるが、その最初の日々を振り返ってみると、遅ればせながら、精神分析の離散の歴史の中にある別のイデオロギー的要因を自覚するようになった。私は患者たちから、ある種の猶予期間を与えてもらっていた。その期間中、私は、ただそれだけが患者の環境を伝えてくれるあらゆる日常会話のニュアンスは言うまでもなく、英語という言語への底知れぬ無知ぶりを取り繕うことができた。また、本に書いてあることはどこの誰にでも当てはまるものであり、無意識的であればあるほど良いという考えに執拗にしがみつくこともできた。今ではわかるのだが、この点において、患者たち（そして研究調査の対象者たち）は、私と共謀していた。なぜなら私は、患者の両親や祖父母たちの原理主義の――それが宗教的なものであれ政治的なものであれ――脆く不安定な名残りに取って代わることを約束する、統合された信念体系を体現していたからである。私がアメリカ人の友人たち（マーガレット・ミード、ジョン・ダラード、スカダー・メキール）の説得力ある文化相対主義に加わることができたのも、そこで第2章の考察に記したような文化の相違を見る方法を学ぶことができたのも、間違いなく、私自身のライフヒストリーに根ざした特別な動機のおかげである。私は育った環境のために、家族、国家、宗教、職業に関して周縁部に存在しており、そのために移民的イデオロギーに親近感をもつことになったのである。

こういったことは、理論的な考察の締めくくりにしては個人的すぎるかもしれない。しかし、私はこのような問題を「相対化」しようとしているのではなく、必要な社会的、歴史的相対性を導入しようとしているのである。私は、フロイトの精神分析の理論的、技術的な教義が発している、それ自体がもっているイデオロギー的な力やインスピレーションの源泉を、無視しようとする気など毛頭ない。だからといって、精神分析学の「修正主義者」が――私にはこう思えるのだが――（イデオロギー的な差異を科学的な差異であると重々しく議論しながら）その基盤に不必要な危険をもたらしたからといって、私の方法論的、用語論的な示唆が彼らの示唆に適合するか否かという問いに、それほどの考えを示しえたわけではない。私にとって、われわれ独自のイデオロギー的基盤を放棄することなく、精神分析研究所において少しずつ私の教育を進めることのほうが、より重要だったのである。なぜなら、最も優れた仕事はしばしば地下墓地の中で始まり、多くの人が社会的、学問的な孤独の中で一人座って学んだ日々を懐かしく思うからである。こうした孤独は、かつて真に創造的なアイディアにとって、つまり**治療的な**アイディアにとって、ほとんどスピリチュアルな場と言ってもよい場所だった。この**治療的**アイディアとは、患者を非常に厳しい努力を要する心理療法のプロセスに招き入れるものであり、そのプロセスの中で、患者と分析医は起こっている現象と内的世界の法則を観察し、それによって内的自由と外的現実性を同時に強化する（われわれは今でも最善を尽くしていると思いたい）。せいぜいその程度なのである。つまり、われわれの方法によって可能になるような明確化から利益を得るという点で、患者がたまたま、われわれ臨床家のような人間に加わる力のある種類の人間であるときでさえ、そうなのである。そして「そういう種類の人間」と言うとき、私が実際に意味しているのは「アイデンティティ」のことである。なぜなら、精神分析的治療は、治療者と患者の中に、観察の共有性（communality）だけでなく、こういった共有性を両者にとって実り多きものにする治療的イデオロギーの強さと方向性が存在することを、前提としているからである。このことは、何世代にもわたる治療者の中に、まったく予想外の知的エネルギーを生み出してきたが、これはまた、この過程が生かされ続けること、また分析医と患者が（そして訓練中の分析医と志望者が）共通の教条的共謀に依存しないことを前提としている。この共通する教条的共謀とは、理論の過去のイデオロギー状況や、精神分析それ自体の政治的組織内部における特殊な地方的、地域的な傾向とたまたま適合するもののみを、リアルと呼ぶことである。

それ自身の歴史を意識するようになることによってのみ、さらなる発達が見込まれる分野において、なされるべき別の仕事がある。人間についての中心的なテーマに関わるあらゆる心理学用語は、フロイトが「超自我の古きイデオロギー」と呼んだものから現代のイデオロギーの影響に至るまで、元来イデオロギー的な含意をもったまま採用されている。当然ながら、そのどちらの含意も、もしその用語が習慣的、儀式的になったときには、しかもとりわけ異なる言語においては、遠からず破棄されてしまう。たとえば超自我という言葉について。ドイツ語の「Ueber」（“Ueber allen Wipfeln……”すべての梢の上に）は、英語の「super」（“superjet”超音速ジェット機）とは非常に異なる意味をもちうる。当然、比較的小さい専門家集団であれば、その用語が何を意味しているかについて同意を得やすい。特にイドや自我のように、何かと比較しながら描写できる場合においてはそうである。しかし、その集団の範囲が広がるにつれて、専門家個人や専門家集団はそれぞれの用語に、自分たち自身の過去や現在に一致するかたちで新しい意味を与える。すでに繰り返し指摘したように、われわれの用語のうち最も基本的な「衝動（Trieb）」やその形容詞「衝動的な（triebhaft）」には、その元来の使用法に、高尚にしたり本質的にしたりする力という自然哲学的な性質をもっている。（ドイツ詩人ならば「die suessen Triebe」つまり「甘い衝動」という表現を使うだろうし、すでに指摘したように、厳格な生理学者は「威厳の力」を示すかもしれない。）それゆえ、倹約という理由だけではなく、フロイトは衝動のオリュンポス山に新しい「基本的な」要素を付与する前に、厳しく自制しなくてはならなかった。他の（アメリカ人の）心理学者は、小文字のdで始まる衝動（drives）の長いリストを思いつくことができるが、その目的は検証であって、神話的説得力ではない。

同様に、「現実（"die Realitaet"）」も、冠詞とともに使われうるというまさにその事実によって、アナンケ（ギリシア神話。必然の女神）あるいは運命と比肩するほどの、ほとんど人格化された力をもち、事実的現実への理性的な適応よりはるかに多くを要求する言葉となった。現実という言葉そのものは、使ううちに最も堕落しやすい言葉の一つである。なぜなら、それは合意の上で同意し、それに従って生きることのできるものを確立するために、共同的に、また自己否定的に、理性を用いるすべての人々によって現実であると実体化された世界観を意味する可能性があるからである。一方で、多くの人にとってそれは、規則や規制がたまたま強制された限りにおいて、あまりにも強い罪悪感を味わうことなくうまく避けたり、回避可能な対立関係に陥ることなくうまく切り抜けたりすることのできる、すべてのものの総体を意味している。しかし、おそらく最も含意が変化しやすい用語は、自我という言葉だろう。なぜなら、ある人にとってそれは利己主義という汚名を決して失うことはなく、またある人にとっては身勝手という汚名を決して失うことはなく、また多くの人にとっては内的変化の過程の中の、閉じたシステムの質であり続けるからである。最後に、「機制《メカニズム》」という言葉がある。アンナ・フロイトは次のように述べている。

幼児期全体を通して、成熟のプロセスは作用している。それは知識の増大や現実の適応に奉仕することによって、（自我の）諸機能を完成させ、それらをよりいっそう客観的かつ感情から独立した状態にする。そしてそれは、機械装置《メカニカル》のように正確で信頼できるようになるまで続くのである[12]。

彼女は、複数の意味で、自我が神経システムや脳と共通してもっているある傾向のこと（それゆえ人間は機械を創造できる）を記述している。しかし、機械的な適応が人生のゴールであると主張しようとしているわけでは決してない。事実、彼女の「防衛機制」は、精神生活の非常に重要な一部であるが、それに支配されている人間を惨めでステレオタイプ化された状態にしてしまう。それでいて、人が自分の機械と過剰に同一化してしまうと、機械的に適応するための円滑な方法を見つけることによって、より操作されやすい状態になろうとする（他人もそうさせようとする）かもしれない。要するに、私は、その用語が論理的に何を意味しているかについて人は同意することができるということを否定するつもりはないし、社会科学において豊かな含意をもつ用語を避けるべきだと主張しようとしているのでもない（そんなことはあってはならない）。ただ、私は最も重要な用語ですら、その含意が変化していくことを意識することは、「自己分析的」な心理・社会的志向に要求されていることの一つであると指摘しているのである。

したがって、人間の直接的な欲求を直接扱う分野において、科学的証明や科学的進歩について話題にするときには、方法論的、実際的、倫理的要因を説明するだけでなく、専門的イデオロギーの必要性についても説明することが不可欠である。だからこそ、精神分析訓練はさまざまな専門的アイデンティティ形成を包含しなくてはならないだろうし、その一方で、理論的教育は、発達領域のさまざまな段階における、最も実践的で、最も真実で、最も正しいと感じられるものの中にある、主要な差異のイデオロギー的背景を解明しなくてはならない。もしここで別の普遍的な抵抗、すなわちアイデンティティ抵抗の分析が、「イド」や「超自我」の抵抗との対比で分析される必要があるようならば、私は、結論として、アイデンティティに関することはすべて、他のエゴの対抗プレイヤーよりも、歴史の一日（historical day）に近い、ということを繰り返さなくてはならないだろう。それゆえ、この種の抵抗は、個人の分析をさらに強調するだけでなく、何よりもまず、応用精神分析学を精神分析学に再び適応させようとする共同の努力によって、対抗しうるものである[13]。

最後に、新しい方向に向かって進んでいるとき、人は偏った進路にしがみつきやすいものであり、多くの人が通った道や、他人の先駆的な仕事の中で提案された別の方向を、一時的に無視することがある、という事実を私が強く意識していることを付け加えておきたい。しかし重要な理論的問いかけとは、次のようなものである。その新しい方向は、新しい観察に通じるのだろうか。

第6章　現代の問題に向けて——青年期

1

最も病的で最も恵まれない個人やそういった状態を描写し分析することは、教科書の中でもフィクションの中においても社会評論の一つのスタイルとなっていて、しばしば注目を集める。というのも、青年たちはマスメディアの中で自分たちがいわばネガティヴに美化されているのを見ると、これまでもそうであったように、彼らのアイデンティティ感覚が、少なくとも生きているということのしるしとして、その力を最もふるっているように感じられるからである。しかし私は、「広報活動」のためという理由以外に、われわれが認識するようになった精神病理学のバランスとは何か、そして、それぞれの発達段階に組み込まれた積極的な目標とは何か、という問いを自分自身に問うことが必要だとわかった。「積極的な」というのは、多くの場において、しばしば醜い現実からの錯覚的な方向転換を意味する。しかし、「本来の姿(natura)」、それはわれわれの治療的援助を得ながら「治癒(curat)」を進めてゆくことであるが、それを研究することは、包括的な臨床的態度の一部ではないだろうか。第3章ですでに指摘したように、私はそれぞれの段階に独自の活力に満ちた強さを割り当て、すべての段階に、人間の（そしてここで意味するのは世代の）活力を構成する、このような強さのエピジェネティックなシステムを割り当ててみたいと思う。私は挑戦的に、こうした強さを基本的な徳（virtue）と呼んだが、それは、それらがなくしては他のすべての価値や善も活力を欠いてしまうためである。この言葉を使うことの正当性は、これが生来の強さや、その描写されるものの活動的な資質という含意をかつてもっていたことから主張できると思う。たとえば、薬や酒は、気が抜けると「徳がない ― 効力を失った」と言われる。この意味で、連続する人生段階において広く浸透し人間を活気づけるある種の資質を意味するために、「活力ある徳（vital virtues）」という用語を用いてもよいだろう。希望がその第一のもので、最も基本的なものでもある。[1]

しかし、個人の成長と社会構造の相互作用の中から生まれてくるある資質を概念化するためにこうした用語を使うことは、多くの読者にとって、「自然主義的誤謬」を想起させるだろう。つまり、人間の中のあるタイプの光彩を放つ善を発達させようとする意図を進化によるとする単純な考え方である。だが、環境についてのより新しい概念（たとえば、動物行動学者の言う環世界（Umwelt））は、生得的な潜在性と環境の構造との最適な関係を含意している。そして人間が非常に多様な環境に適応する生き物だとしても、というよりは、彼自身や環境を自身の発明に従って再適応させる傾向がある生き物だとしても、それでもなお人間は、彼なりの修正された環境に適合する特有のライフサイクルとともに進化してきた生き物であり続けるのである。そしてこれは、常に刷新し続ける、活力ある適応の潜在性を意味しているにすぎない。もし、他のどんな動物も生きることとは呼ばないようなやり方で、人間が自分自身を病気にしたり生き延びさせたりすることが進化したあり方の一部なのだとしたら、同時に人間は、診断し治療し、批判し変化する能力ももっていることになる。そして逆にこれらのことは、力の再活力化、価値の再生、生産力の回復などに依存している。ゆえにこの意味で、私はライフサイクルに、幼児期の**希望**（hope）から老年期の**知恵**（wisdom）までの一連の、活力ある徳を永続させる傾向をもつ世代原理を求めるのである。青年期、そしてその最も情熱的で最も不安定な努力の中心にあるものは何か、という問いに対して、私は**忠誠**（fidelity）がその活力的な強さであると結論づけた。そして忠誠は、発達し、活用され、呼び覚まされる──そしてそれに命を捧げる──機会を必要とする。こうした「基本的」な主張を終えたところで、私にできることは、これまでに提示してきた青年に関するテーマのバリエーションを繰り返すことによって、忠誠というものが本当に普遍的に見られるかどうかを検討することだけである。私はここで人生の他の段階について検討するつもりはなく、また人間の不安定な適応のために各々の段階が貢献する特有の強さや弱さについても検討するつもりはないが、青年期の直前の段階、つまり学齢期をもう一度振り返り、それから青年期そのものの検討に入ろうと思う。

学齢期は、幼児期と青年期の間に位置しており、この時期に子どもは、それまでは遊びが中心であったのが、その属する文化の道具や武器、象徴や概念への必要不可欠な準備を形成する上で基礎となるスキルに、自分自身を適応させる準備ができ、その意欲があり、またそれが可能になる。同時に子どもは、その文化における技術の専門領域の内部で最終的に認められることを約束する現実の役割（それまではごっこ遊びを行っていた）を、明確に理解しようという熱意をもつ。ゆえに、私は**能力**《コンピテンス》が、人間の学齢期に出現する特徴的な強さであると主張したい。また一方で、人間の幼児期に進化的成果を段階ごとに獲得してゆくことは、その最も誇らしい達成に幼児期経験のしるしを残す。遊戯期が、すべての組織だった追求に壮大な幻想の質を残すように、学齢期は「役に立つもの」を素朴に受け入れる態度を残す。

学齢期の子どもが特定の方法を自分のものにすると、子どもは受け入れた方法に自ら従うことを許しもする。役に立つものだけを善きものだと考えること、また物事がうまくいっているときに限り受け入れられていると感じることによって、支配し支配されることが、彼にとっての主な喜びと価値になる。そして技術的専門化というのは、人々の群、部族、文化システム、および世界イメージの内在的な一部分であるゆえに、物や動物とともに機能する道具への人間の誇りは、他の人間や他の種の人間を攻撃するための武器にまで拡大する。これが、動物界ではありえないほどの冷酷な狡さと計り知れない凶暴性を呼び覚ましうるという事実は、当然ながら、さまざまな発達の組み合わせにその原因がある。これらの中でわれわれが最も関心を寄せているのは（なぜならこれは青年期に表面化するからである）、技術的な誇りとアイデンティティの感覚を結びつけたいという人間の欲求である。そしてこのアイデンティティの感覚は、幼児期の経験からゆっくりと獲得された個人の同一性《セイムネス》と、次第に広がりゆく共同体との出会いの中で経験される共有の同一性という、二重の感覚である。

この欲求もまた進化上の必然性があるが、計画的に理解され、感化されなくてはならない。なぜなら人間は、もはや自然種ではないが、未だ一つの人類にはなってはおらず、自分たちはある種の特別な存在（部族や国家、階級やカースト、家族、職業、あるいは類型）であると感じる必要があるからである。人はそういった特別な存在であることを示す記章を虚栄心と確信をもって身に着け、異国の、敵意をもった、それほど人間的ではない種の人々から身を守るのである（同時に、自分たちの種の経済上の権利を主張する）。

とはいえ、人間の道徳心は容易に倒錯し、腐敗するものだと延々論じることは本稿の目的ではない。心理・社会的発達におけるこの段階において、われわれの一致した関心と倫理的な支持を必要としている核心的な徳とは何かを決定したいのである。なぜなら、道徳家も反道徳家も、人間の本質の中にある力強い倫理の基礎を、容易に見逃してしまうからである。すでに指摘したように、忠誠こそが青年期の自我の強さの徳と質である。これは人間の進化の遺産に属するが、あらゆる基本的徳と同じく、個人の人生段階と真の共同体の社会的力との相互作用の中からのみ、出現しうる。

青年が忠誠の対象となる物事や人を探し求めているという証拠は、多かれ少なかれ社会によって承認されているさまざまな追求活動の中に見ることができる。それは移り気な献身と突然の強情という、人を困惑させるような組み合わせにしばしば隠されており、時にはより献身的に強情であったり、時にはより強情に献身的であったりする。しかし青年は、一見すると移り気に見える行動の中で、変化の中に永続性を求めていることがわかる。それは科学的、技術的方法論の正確さや、服従の誠実さというかたちをとるかもしれない。または、歴史や小説の描写の精密さや、試合のルールの公平さというかたちをとるかもしれない。芸術作品の真正性や、複製品の迫真性というかたちをとるかもしれないし、確信の純粋性や約束の確実性というかたちをとるかもしれない。この探求は非常に誤解されやすく、その人自身でさえ、ぼんやりとしか認識できていないことも多い。なぜなら青年は、常に原理の多様性と多様性の原理の双方を把握していなくてはならないので、熟考した上でコースを決める前に、しばしば両極端を試してみなくてはならないからである。こうした両極端は、イデオロギーが混乱し、アイデンティティの辺縁性が広く浸透している時代にあっては特に、反抗的な傾向にとどまらず、逸脱的、非行的、自己破壊的な傾向も含む可能性がある。しかしながら、これらすべてはモラトリアムに本質的なものである。この時期、身体と精神の力を既存の（あるいは将来の）秩序の一断片にコミットする前に、ある種の真実のどん底を試すのである。「忠実な（loyal）」と「合法的な（legal）」という言葉は、言語学的にも心理学的にも同じ根をもつ。なぜなら、合法的な約束《コミットメント》は、自ら進んで選んだという感覚と共に背負い、忠誠として経験されない限り、危険な重荷となるからである。この感覚を発達させることは、個人のライフヒストリーの一貫性と、歴史的過程の倫理的潜在力の共同の課題である。

2

ここで、ある偉大な悲劇を通して、人がこの時期に出会う危機の基本的な特質について考えてみよう。これはある王子の危機である。ゆえに、天界と歴史の「主役となる家族」はある時期、人間の尊厳と悲劇的破綻を体現していたということを忘れないようにしよう。王子ハムレットは二〇代とされているが、それより若いという説も、それより年上という説もある。ここでは二〇代の半ばであるということにしよう。もう若いとは言えない青年であり、もうすぐ彼のモラトリアムを失おうとしている。彼は悲劇的な葛藤の只中にいる。つまり、彼の時代、性別、地位、歴史的責任――つまり王家の復讐――から同時に要求されて、一つの行動原理に従うことができない。

シェイクスピアの洞察をある特定の「人生の時期」についてのものにしてしまうことは、演劇を学ぶ学生の目には非難すべき努力と映るだろう。とりわけ、それが訓練を積んだ心理学者によって行われるとなれば、なおさらである。それ以外の人は誰でも、ある種の支配的な心理学、たいていは素朴な心理学の観点からシェイクスピアを解釈する（それ以外に方法はあるだろうか）。しかし私は、ハムレットの不可解な本質の謎を解こうとするつもりはない。それは単純に、彼の不可解さこそが、彼の本質だと信じているからである。私はすでに、シェイクスピア本人から十分に警告されていると感じている。劇中のポローニアスが、まるで精神科医のカリカチュアのような話ぶりをしているのである。

思いますには、まあ、もしも
これが間違いであれば、私の頭脳はこれまでのように
国政の行く末を確実に嗅ぎ当てることはないということになりましょうが、
ついにハムレット様のご狂気の真の原因を
探り当てたと存じます。

ハムレットが狂気のフリをしようと決意したことは秘密にされているが、この秘密を観客も最初から共有している。そして観客は、ハムレットがまさにその装おうとしている狂気の瀬戸際にあるという感じを拭い去ることはできない。T・S・エリオットは次のように述べている。「ハムレットの狂気は、本物の狂気には至っていないものの、偽りの狂気は超えている」。

もしハムレットの狂気が偽りのものを超えているとすれば、それは少なくとも五倍に悪化しているように見える。原因は、日常的な憂鬱《メランコリー》、内向的な性格、デンマーク人気質、急性の喪失状態、そして恋である。

こういったことのすべてがエディプス・コンプレックスへの退行を引き起こしていて、それを、アーネスト・ジョーンズは他の偉大な悲劇と同じく、この劇の主題であると考えたが、それはまったく妥当であるように見える。[2] そうだとすれば、ハムレットは、子どもの頃、母親が父親についてきわめて合法的に彼を裏切ったことを許せなかったゆえに、母親の最近の非合法的な裏切りも許すことができないということを意味しているだろう。しかし同時に、子どもの頃、彼自身が空想の中で父親を裏切り、父親がいなくなればいいと願っていたゆえに、ハムレットは最近殺された父親の復讐をすることができない。それゆえ彼は――罪人とともに無実の人間を滅ぼしてしまうまで――永久的に叔父の死刑執行を延期する。しかしこの死刑執行だけが、最愛の父親の霊を運命から解き放つことができるのだ。

定められた期限が来るまでの間、夜は彷徨い、
昼は地獄の炎の中で断食の苦しみを受けている。

しかしながら、観客は誰でも、ハムレットは優れた良心をもっていて、実のところ彼の時代の法律概念よりも進んでいると感じずにはいられないだろう。この時代であれば、彼は何の良心の咎めも感じることなく復讐しても、許されたはずである。

さらには、ハムレットはいくらか脚本家や俳優のパーソナリティを示しているという指摘も避けがたい。なぜなら、他の人ならば人を導き歴史の流れを変えてゆくところを、彼は舞台の上で思慮深く人物たちを動かしている（劇中劇）からである。簡潔に言うと、他の人間が演じているのに対して、彼は演技を演じ

ている。そして実際のところ、ハムレットは、歴史的に見れば、途中で挫折した指導者、完全に失敗した反逆者を象徴していてもおかしくない。だが彼は、当時の病んだ若い知識人であった。というのも、ハムレットは人文主義の腐敗の温床であるウィッテンベルクで学び、戻ってきたばかりではなかったか。この場所は、喩えるならソフィストのアテネや、実存主義や精神分析学 ── あるいはもっと悪質なもの ── に侵された、現代の学問の中心地のような場所だったのである。

劇には、五人の青年が登場する。全員がハムレットと同年代であり、全員が忠実な息子、廷臣、未来の指導者といった自分のアイデンティティに確信をもっている（あるいは、いささかもちすぎている）。しかし彼らは皆、背信という道徳的な湿地に引きずりこまれてゆく。この湿地は「腐った」デンマークに忠誠を負ってきた者たちすべての内面に染み込み、彼らはいくつもの陰謀に巻き込まれてゆくが、これこそ、ハムレットが劇中劇という自身の陰謀によって打破しようと願っていたものであった。

つまりハムレットの世界とは、拡散したリアリティと忠誠の世界なのである。劇中劇を通してのみ、また心神喪失の中の狂気を通してのみ、演劇的行為の中にいる演技者であるハムレットは、見せかけのアイデンティティの中に高貴なアイデンティティを、そして致命的な偽りの行為の中のより優れた忠誠心を、露呈するのである。

彼の疎外感はアイデンティティ混乱の一つである。存在そのものからの疎外が、あの有名な独白のテーマになっている。ハムレットは、人間であることからも、男性であることからも、疎外されている。「男など面白くもない。いや、女も同じだ。」そして、愛と生殖からも疎外されている。「ああ、もうこれ以上の結婚はごめんだ。」彼は「この土地に生まれ、ここの流儀もよく知っている」ものの、自分の国のしきたりからも疎外されている。そして、われわれがよく目にする「疎外された」青年と同じく、当時の標準化されすぎた人間たち、つまり「時代の流れだけを追い、うわべだけの社交辞令を身に着けている」人々から疎外されている。

しかし、ハムレットのひたむきな、悲劇に運命づけられた忠誠の探求は、このすべてを突破する。ここに歴史上のハムレットの本質がある。昔ながらの原型であり、シェイクスピアが現代化し永遠の姿を与える前から何世紀もの間、民衆のステージで英雄だったハムレット像である[3]。

彼はどんな物事であれ、嘘をつく傾向があると思われることに強い拒絶感があり、いかなる欺瞞にも無縁でいたいと願っていた。したがって彼は、自分の言葉が真実を欠いてはいないものの、真実を表すこともなく、またどれほど熱意に駆られようともそれを裏切ることのないように、知恵を凝らして技巧と率直さを混ぜ合わせたのである。

これは戯曲『ハムレット』の中で真実が全般的に拡散していることとも一致しており、この中心的なテーマは、年老いた阿呆が息子に呼びかけるメッセージのかたちで公言される。

ポローニアス：そして何より肝心なこと。自分自身に忠実であれ。
そうすれば、夜が昼に続くように自然な流れで、
誰に対しても忠実にならざるをえなくなる。

そして、これはハムレットの最も情熱的な宣言の中心的なテーマでもある。これが彼を狂気に追い込む原因でもあり、また彼の気高さに付随するものでもある。彼は陳腐な偽物を忌み嫌い、感情の純粋性を主張している。

見える、ですって、母上！　事実、そうなのです。
「見える」かどうかは、知りません。
母上、この漆黒の外套、
しきたりどおりのものものしい喪服、
重苦しい音をたてる溜息だけでは、
いや、目から川のように流れ出る涙、
ふさぎこんだ憂い顔、
その他のありとあらゆる悲しみの姿、形、表情をもってしても、
私の真実をあらわしてはいません。そういうものは、確かに「見える」でしょう、
それらは人が演じることのできるものだから。
しかし、この心の中にはうわべ以上のものがある。
これらは、悲嘆につけた飾りであり衣装にすぎません。

ハムレットは、上流階級《エリート》のみが本当に理解することができるもの、つまり「誠実なあり方」を探し求めているのである。

いつか聴かせてもらったことがあったが、一度も上演されていないはずだ。されたとしても一回限りだろう。大衆受けするような類の芝居ではなかったのだ。……あれは（俺もそう思ったし、俺よりはるかに権威のある玄人も……そう言っていたが）素晴らしい芝居だった。各場面もよく練れていたし、書き方は抑制が利いていて、それでいて技巧も優れていた。誰かも言っていたが、中身の味をよくしようと台詞に薬味をふりかけたりはしていないし、作者の嫌味が鼻につくような言い回しもない。誠実なやり方と言われていた。

彼は狂信的なまでに、形式の純潔性と生殖の忠誠を主張する。

……それぞれの分別に従ってやってくれ。動きを台詞に合わせ、台詞を動きに合わせる、これを特に守っていれば自然の節度を越えることはあるまい。何事でもやりすぎれば、芝居の目的から外れることになる。芝居というのは、昔も今も、いわば自然に対して鏡をかかげ、善なるものは本来の姿で、愚なるものもそのままの姿で示し、時代の様相をあるがままにくっきりと映し出すことを目指しているのだ。

そして最後に、彼の友人の誠実な人柄を熱心に（熱意を込めすぎるほど）認めている。

俺の魂が物事を選択できるようになり、
人の違いを見抜くことができるようになってから、俺の魂は
君を心の友と定めたのだ。君は
あらゆる辛苦に耐えながら、何事にも動じない、
運命が君を打ちのめそうとも褒美を与えようとも、
等しく感謝の念をもって受け入れる。そういう男だ。
感情と理性が程よく調和し、
運命の女神の想いのままに音色を奏でる笛にはならない。
そういう人間こそ幸いだ。
激情の奴隷とならない男が欲しい、
そういう男がいたら、俺はこの胸の中に、この胸の真っただ中に、
その男を抱きしめるだろう。
今、君を抱きしめているように。余計なおしゃべりをしたな。

そして、これこそが、ハムレットの内部のハムレットなのである。それは演技を演ずる者、知識人、一人の青年の一体としてのハムレットにピッタリと符合し、言葉がより善い行為となり、自分ができないこ

とをはっきりと言葉にすることができ、彼の忠誠心が愛するものを破滅へと追い込んでしまうことを表現している。それは、彼が最後に為し遂げることは、初めは避けようとしていたことだからである。ハムレットは、ただわれわれが彼の否定的アイデンティティと呼ぶものになることだけに成功し、彼の倫理感覚では耐えられない人間、すなわち狂った復讐者になることに成功する。こうして、内的現実と歴史的事実とが重なりあって、この悲劇的な男性の肯定的アイデンティティが否定されるに至った。この肯定的アイデンティティを彼自身は必死で選ぼうとしていたにもかかわらず。もちろん、観客は最初から最後まで、ハムレットの誠実さの中には何か致命的な要素があることをずっと感じ続ける。彼は劇の終盤で、歴史上の舞台で対になる人物を演じた人間、すなわち勝利を得た若きフォーティンブラスに「遺言」を残す。フォーティンブラスはそれに対して、ハムレットを次のように処するよう命じる。

ハムレットを、武人にふさわしく、壇上へ運べ。
もし彼が王位についていたならば、
稀代の名君となっていたであろう。

葬送の儀式のファンファーレがうつろに鳴り響き、この類稀な青年の終焉を告げる。彼は生まれである王家の勲章とともに、選び抜かれた仲間たちによって承認を得る。しかし観客は、高貴な生まれを証明され、しかもその勲章を超えたある特別な人間が、今まさに埋葬されていることを感じるのだ。

3

すでに述べたように、特別な存在であることは、個人的・集合的アイデンティティを求める人間の欲求の重要な構成要素であるが、この個人的・集合的アイデンティティはすべて、ある意味では擬似種である。「擬似」というのは、虚偽であることを意味しており、あらゆる神話を語る際の、事実からの逸脱を私が強調しようとしていることを示唆している。人間は、まさに唯一の真実の存在であろうとするゆえに嘘をつく動物であることを、いまや明らかにしておかねばならない。歪曲と補正は、人間の言語的、観念的能力の一部なのである。仮にも揺るぎない価値をもとうとするならば、人はそれらを絶対化しなくてはならない。型《スタイル》をもつために、人は自らを宇宙の王であると信じなくてはならない。ゆえに、それぞれの部族や国家、文化や宗教は、自分たちこそが神の定めた唯一独自の存在であることの歴史的、道徳的根拠を生み出そうとする限りにおいて、それらは擬似種なのであり、それらが何であるか、何を達成するかということは問題にならない。その一方で、人間は、文化的アイデンティティや文明的完成の最高の瞬間の中に、一時的な満足をも見出してきたのであり、それぞれのこうしたアイデンティティと完成の伝統は、一時的にであれ、人間がこうありうるという姿、かつてすべてがそうであった姿を強調してきた。われわれの時代自身のユートピアは、人間を分裂させている幻想の擬似アイデンティティに普遍的な技術的アイデンティティがとって代わり、国際的な倫理が迷信、抑圧、抑制といったあらゆる道徳システムにとって代わることによって、人間は一つの世界の一つの種になるだろうと予言している。その間にも、各イデオロギー体系は、その未来世界に対して最も実用的であるのみならず、最も普遍的に説得力のある政治的、個人的な道徳を提供できるという称号を求めて、競いあっている。そして、普遍的に説得力があるというのは、何よりも、青年の眼から見て信頼に足るという意味である。

青年期において、自我の強さは、個人と共同体の間の相互承認から現れてくる。これは、社会の側が青年を新しいエネルギーの担い手として認識するということであり、そのように承認された青年の側は社会を、忠誠を受けて忠誠心が呼び起こされ、忠義に惹き付けられて忠義が維持され、名誉を求められてそれに信を置く、生きたプロセスとして認識する。それではここで、衝動に駆り立てられている状態と統制されたエネルギーの組み合わせ、非合理性と果敢な能力の組み合わせの起源にさかのぼってみよう。この点は、ライフサイクル論の中で最も議論されていることながら、最も不可解な現象である。そして、この不可解さはこの現象の本質の中にあることを、われわれは完全に認めなくてはならない。なぜなら、パーソナリティの統合は、独自の統合であるに違いなく、それぞれの新しい世代の機能がその機能を発揮するかは、予測不可能だからである。

新しいエネルギーの三つの源泉のうち、身体的成長は最も簡単に測定可能であり、最も体系的に訓練することができるが、それが攻撃的な欲動にどのように貢献しているかは、ほとんど理解されていない。ただし例外として確かなことがある。それは、身体的エネルギーを真に意味のある活動に適用しようとしたときに妨害が入ると、それがどんなものであれ、抑制された怒りをもたらし、破壊的、あるいは自己破壊的な活動になりうるという点である。青年の理解力や認知力は実験的に研究することができ、そして計画的に徒弟制度や教育に応用されるが、それらとイデオロギー的想像力との関係はあまりよく知られていない。最後に、長く引き延ばされた生殖器の成熟は莫大なエネルギーの源泉であるが、本能的な欲求不満を伴う欲動性の源でもある。

身体的な生殖活動能力を成熟させつつあるときも、人間の青年はまだ、十分に形成されたアイデンティティをもつ二人の人間だけが互いに与えあうことのできる接合的な方法で人を愛することができない。また、親である状態を維持するのに十分なケアを与えることもまだできない。もちろん、こういった点において男女にかなり大きな差があるし、個人差もまた大きいが、その一方で社会は、それぞれに異なる機会と是認を与え、個人はその中で自分の可能性《ポテンシャル》と、さらには自分の性的能力《ポテンシー》を養わなくてはならない。ということは、心理・社会的モラトリアムというものは、人間の発達スケジュールの内部に埋め込まれているようである。人間の発達スケジュールのあらゆる「潜在期」と同じく、成人期の遅延は、強制的で運命的なまでに引き延ばされ、強められうる。こうしてこれは、人間だけに特有の達成《アチーブメント》を説明もし、また、そういった達成の非常に特殊な弱さも説明している。なぜなら、さまざまな文化において、結婚前の性生活を特徴づけているのは部分的な満足や部分的な禁欲であるが、それが何であれ――無責任な力ずくの性器活動の快楽と自尊心であれ、性器的でない性的状態であれ、自制心をもって何かに献身することによる遅延であれ――自我の発達は、自分のスタイルとアイデンティティの感覚を高めるために、青年期の心理・性的な力を利用する。ここでもまた、人間は決して動物ではない。たとえ両性の性器的接近を促進する社会であったとしても、それは定型化された方法で行われるのである。その一方で、性交は、生物学的に言うと、生殖のための行為であり、長い目で見たときに生殖の達成とケアにとって有利ではないいかなるセックスの状況にも、心理生物学的な不満足の要素がある。この不満足は、他の点で健康な人間であれば耐えられるものである。これはあらゆる部分的な節制と同じく、ある程度の期間であって、アイデンティティ形成という目標に対して、その他の点では有利になるような状況であるならば、耐えうるものである。そして間違いなく、女性にとって、この不満足は男性よりはるかに重要な役割を果たすが、それは性行為に対して女性が生理的にも情緒的にも、より深くコミットしていることに起因している。性行為は生殖的な関与の最初の段階であり、女性は月経を通してそれを身体的にも感情的にも日常的に想起することになる。この点については、次章でより詳細に検討することにする。

青年期に性器的成熟を完全に為し遂げるまでにはさまざまな障害が生まれるが、それらは青年にとって深い影響を及ぼし、将来の計画に重要な問題を提起する。最もよく知られているのが、それ以前の心理・性的段階の退行的な復活である。感情的には穏やかな最初の学齢期に先行する段階、すなわち幼児的な性器期と運動期の復活であり、自己愛的な操作感覚、壮大なファンタジー、精力的な遊戯へ向かう傾向をもつ。しかし青年においては、自体愛、壮大さ、遊戯性は、性器的能力、および運動能力の成熟によって、格段に増幅され、また、今われわれが青年の新しい歴史的展望《パースペクティヴ》と名づけようとしているものによって、非常に複雑になる。

若さとその生来的な横溢の探求によって満足を得られないとき、最も広く見られる表現は、移動《ロコモーション》への渇望である。一般的な「絶えず動き回っている状態」「何かを追い求めて突進する」「うろつきまわる」というかたちで現れることもあれば、文字通りの移動、つまり、精力的に働く、スポーツに没頭する、ダンスに陶酔する、無気力な「さすらいの旅（Wanderschaft）」、足の速い動物や高速の乗り物の使用や誤用、などもある。しかし、「動かされている」と感じるため、そして、開かれた未来に向かって何かを動かしている中で自分が必要不可欠な存在であると感じるため、という必要にアピールするだけの場合、その時代の運動に参加するというかたちでそれが表現される場合もある（地域の混乱に乗じた暴動や、主要なイデオロギー勢力による行進、政治運動であったりする）。明らかに、社会はイデオロギー的展望と精力的な運動（ダンス、スポーツ、行進、デモ、暴動）の儀式的な組み合わせをいくつでも提供し、青年を歴史的目的のために利用する。そして、もし社会がそれに失敗すると、これらのパターンは真剣なゲーム、悪気のない愚行、残酷な悪ふざけ、暴力的な抗争などに没頭する小集団の中に、独自にその組み合わせを形成する。ゆえに、この段階ほど、自分を見つけられるかもしれないという約束と、自分自身を失うかもしれないという脅威が、これほど密接に結びついているライフサイクルの時期は他にはないのである。

移動《ロコモーション》との関連で、二つの偉大な産業の発達に言及しなくてはならない。それは、自動車と映画である。当然ながら、自動車はわれわれのテクノロジーのまさに核心であり、象徴でもあり、運転技術の習得は、多くの現代の青年にとって目標であり憧れでもある。しかし、未熟な青年に関して、次のことを理解しておかねばならない。つまり、自動車も映画も、受身の移動に傾いた人間に、激しく活動的であるかのような陶酔的な妄想を提供する、という点である。未成年者による車の窃盗と自動車事故が広がっていると、大いに非難されている（ただし、次のことがなかなか世間では理解されていない。盗みというのは、何かを所有したいがために自分のものにしようとする行為であるのに対し、自動車は、たいてい、青年がある種の自動車に特有の陶酔を追い求めて盗むのである。それは車と青年の、文字通りの暴走であるかもしれない）。しかし、エンジンによる全能感が大きく膨らむ一方で、能動的な移動への欲求は満たされないままである場合が多い。

映画は特に、いわば感情というエンジンを空ふかししているような状態の座っている観客に、暴力や性的所有のクローズアップを拡散する人工的に拡大された視界の中で、高速かつ激しい動きを提供する。あらゆる映画は、それを観る者に、知性、想像力、努力の一片さえも要求しない。私がここで指摘したいのは、青年の経験に広く浸透している不均衡のことである。なぜなら、この不均衡が、新たに見られる種類の青年の感情爆発を説明したり、新しい操作可能感覚《マスタリー》の必要性を示したりしていると考えているからである。こういった操作可能感覚は、最新のダンススタイルの中に示されている。これは、機械のような脈動と、リズムへの没入、儀式的な誠実さという見かけとの融合である。それぞれの踊り手は分離していて、早いメロディーが強調され、ときおりパートナーと出会う。互いに身体をくっつけあってもその目はお互いの向こう側をぼんやりと見つめている偽の親密さよりも、青年の欲求をより真実に反映しているように見える。

内的衝動と止むことのない自動車化の鼓動とに同時に圧倒されていると感じる危険は、技術の発展を能動的に引き受け、発明の独創性、生産の改良、機械の管理などを学び、それと同一化する青年の役割によって、部分的に均衡がとられる。それによって、青年ならではの能力を新しい無限の応用に向かわせるのである。青年がこういう技術的経験に恵まれないと、暴動を起こすというかたちで爆発せざるをえない。もしそういう才能に恵まれていない場合、現代社会から疎外されたように感じ、技術と非技術的な知性がある種の収束を遂げるまで、それは続いてゆくだろう。

一〇代の前半に発達してくる認知的能力は、青年の課題にとって強力な道具となる。ピアジェは、一〇代半ばにかけて得られる認知的能力を、「形式的操作」の達成と呼ぶ。[5] これは、次のことを意味している。青年はいまや仮説に基づいた命題を操作することができ、可能な変数や潜在的な関係などについて考えることができる。しかも、純粋に思考するのみで、それまでは必要だったある種の具体的な確認とは別に、それを行うことができる。ジェローム・S・ブルーナーの言葉を借りれば、子どもはいまや、「どの瞬間においても、存在しうるありとあらゆる多様な可能性を、系統的に心に呼び起こすこと」ができる。[6] こういう認知的な方向づけは、アイデンティティ感覚を発達させたいという青年の欲求と対照的なものではなく、補完的なものである。なぜなら青年は、すべての可能性やすべての想像しうる関係の中から、しかも選択の幅が常に狭まり続ける中から、一連の人格的、職業的、性的、イデオロギー的な関与を選択しなくてはならないからである。

ここでもまた、多様性と忠誠は二極化される。それらは互いに重要な意味を与え、互いを生かしあう。多様性の感覚のない忠誠は、強迫的で退屈なものになるだろう。他方、忠誠のない多様性は、空虚な相対主義に陥る可能性がある。

4

したがって、アイデンティティ感覚は、広い範囲のアイデンティティの可能性が想像されるときに、よりいっそう必要になる（そしてより問題を含むものになる）。前章では、実際にどれほど複雑なものであるかを示した。ここで同一性《セイムネス》の感覚の最も重要な意味を付け加えたいと思う。それは、不可逆的な歴史的事実と同じように、受け入れ可能な、そしてもし可能であれば誇りをもって受け入れることが可能な、パーソナリティの統合性である。

それゆえ、この年代における主要な危機を、アイデンティティ混乱として記述した。これは、過剰に引き延ばされたモラトリアム（ハムレットが高貴な人物としての例である）というかたちで現れる可能性もあれば、突然の選択によってモラトリアムを終わらせようとする繰り返しの衝動的な試みとして現れる可能性もある。後者の場合、歴史的な可能性をもてあそぶことであり、ある種の不可逆的な関与がすでに行われたことを否定することでもある。さらに、時には、前章で説明したような深刻な退行的病理として現れることもある。ゆえに、この段階における主要な課題は、他の段階も同様であるが、能動的、選択的な自我が責任を負っているという確信、また、ある特定の年齢集団が必要とする場所――そして、その集団が必要とされる場所――を与える社会構造によって、責任を負うことを可能にされているという確信をもつことである。

ウィリアム・ジェームズは、オリバー・ウェンデル・ホームズに宛てた手紙の中で、彼らの友情の中で「自分を再洗礼」したい願望を語っているが、この一言は、青年の社会的意識と社会的欲求が根本的に方向づけられる中で何が関わっているのかについて、多くを語っている。一〇代の半ばを過ぎると、青年の思考力と想像力は個人や人格を超えて発達し、その中に彼らはどっぷりと浸ってゆく。青年は、人々の中に彼らが「表象する」ものを時に愛し、時に憎み、事実、「あなた」や「私」よりも重要な問題に関わる重要な出会いのために、それらを選択する。ハムレットは友人ホレイショーに愛を宣言するが、すぐに「おしゃべりが過ぎたようだ」という言葉で中断される。つまり、これが新しいリアリティであり、そのリアリティのために、個人は、彼が新しい祖先として、真の同時代人として選ぶ人々とともに、またその人たちによって、生まれ変わりたいという望みをもつ。

この相互選択は、しばしば両親の環境に対する反抗やそこからの離脱と結びつけられ、それゆえにそう解釈されるのであるが、実は真に新しい展望《パースペクティヴ》の表れであって、それは私がすでに、「歴史的」と呼んだものである。これは古くから使用され専門化されすぎた言葉の緩やかな使用法の一つであるが、時には新しい意味を明確化するために必要になる言葉である。この「歴史的展望」という言葉は、人が青年期に限定的に発達させるようになる何かを意味している。これは、重要な意味をもつ出来事が不可逆的であるという感覚であり、また、どのような出来事が現実および思考の中で他人を決定づけ、それはなぜなのかを、十分かつ速やかに理解したいという、しばしば緊急性をもつ欲求でもある。すでに見たように、ピアジェのような心理学者は、青年には、段階を踏んでさかのぼり、思考の中で逆から辿ることで、どのようなプロセスでも理解する能力があることを認めている。しかし、次のように述べることは矛盾ではない。すなわち、こういう逆転を理解するに至った人は、現実では、考えられるあらゆる出来事の中でもわずかな出来事が互いに歴史的運命を伴って決定づけ、狭めるであろうことにも気づいている。それは、（人間に関する出来事は）それが正当であれ不当であれ、意図的であれ無意識的であれ、そうなのである。

それゆえ青年は、ライフヒストリーや歴史の中で、かつて起こった出来事によって絶望的なまでに決定づけられてしまうような提案には、それがどんなものであれ、敏感である。心理・社会的に言うと、これは不可逆的な子ども時代の同一化が、その人から彼自身のアイデンティティを奪う可能性があることを意味している。また歴史的に言えば、既得権力が、ある集団の歴史的アイデンティティの構成要素を実現するのを防げることを意味している。こうした理由により、青年は時に両親や権威を、取るに足らないと見なして軽視する。なぜなら青年は、逆転不可能であるものを予言でき、それによって未来を先取りする

——つまり、未来を逆転させる——ことができると主張する、あるいは主張しているように見える、個人や運動を探しているからである。このことは、青年が宇宙の行く末や歴史的潮流を予言する神話やイデオロギーを受け入れる理由を説明する。なぜなら、知的かつ実際的な青年であっても、いったんそれらが何を支持し、どこに論拠を置くかを知ると（あるいは確信をもって説かれると）、自分に対処できる詳細に没頭できるように、すでに設定された大きな枠組みを喜んで受け入れるからである。このようにして「本物の」イデオロギーは歴史によって検証される——当座のところはであるが。なぜならそれが青年を鼓舞できるならば、青年は予言された歴史をより実現させることになるからである。

私は、青年の眼に、人々が何を「表象する」と映るかを指摘して、青年にとって称賛に値する個人の明白なイデオロギー性を過度に強調するつもりはない。重要な意味をもつ個人の選択は、学校教育や職業選択、あるいは宗教的・イデオロギー的な交流といったような特定の実際的事柄の枠組みの中で起こりうるが、その一方で、英雄を選び出す方法は、魅力や敵意といった陳腐なものから、狂気と合法の境界線上にある危険な遊びまで広範囲にわたる。しかしその出来事は、現在の自分の姿以上の人間として承認されたい、あるいは自分の潜在的可能性が現在、そして将来の秩序によって必要とされていることを認められたいという、相互評価と相互の懇請という点で共通している。このようにして取り込まれる大人世界の代表者は、技術的正確性、科学的探究の方法、説得力のある真実の解釈、公正の基準、芸術における真実性の基準、人間としての真正性などを唱道したり実践したりする人間かもしれない。彼らは青年の目にはエリートの代表として映り、彼らが家族や世間、警察からもそのように見られているかどうかとはまったく無関係である。その選択は危険な可能性もあるが、青年の中には危険が実験の必要不可欠な要素である者もいる。本質的なものは危険なのであり、もし青年が危険に対して過剰に身を委ねることができないならば、真正の価値の残存にも関与することはできない ── これが心理・社会的発達における舵取りメカニズムの、最も重要な要素の一つなのである。本質的な事実はこうである。忠誠を示す場を見出したときにはじめて、人は、自然界のひな鳥が自分の翼を信頼し、生態系の秩序の中で成鳥として生きてゆくことができるようになるように、準備が整うのである。

もし青年期においてこの忠誠を表現する場が、没我的な順応主義と極端な逸脱行為を、あるいは再献身と反逆を交互に繰り返すものであるとするならば、人間は状況の多様性に反応する（そして青年期に最も集中して反応する）必要があるということを、心にとめておかなくてはならない。心理・社会的発達の場面においては、異なる歴史的状況のもととはいえ、特異的な個人主義者や反逆者、順応主義者が、長期的な意味をもつ可能性がある。なぜなら、健全な個人主義や没我的な逸脱には、全一性《ホールネス》が回復されるべきであるという憤りが含まれており、全一性《ホールネス》なくしては、心理・社会的発達は破綻に向かうからである。したがって、人間の適応行動には、かつては善い意味で使われていた言葉であるがいまや弁解的で運命論的に誤用されている、「人間的条件」としばしば呼ばれるものに適応することを拒否する、誠実な逸脱や反逆が含まれるのである。

類い希な個人における誠実な逸脱とアイデンティティ形成は、しばしば神経症的、精神病的な症状と関連づけられてきた。あるいは、少なくとも、青年期のすべての離反が苦しむ相対的な孤立という、引き延ばされたモラトリアムに関連づけられてきた。私は『青年ルター』において、一人の偉大な青年の苦悩を、彼の偉大さと歴史的な位置づけという文脈の中に置こうとした[7]。しかし残念ながら、この著作においては、多くの青年にとって最も緊急な疑問、すなわち特別な才能と神経症との直接的な関係について答えられていない。ただ言えるのは、人間の才能の独自性とその人個人としての葛藤の深さの間には、しばしば本質的な関係が存在するということである。しかし、すでに独創的あるいは偉大であると認められた人間の人生にこれら二つがどのように出現してくるかを伝記として詳述してみても、深い葛藤と独自の才能をもつ現代の青年にとってほとんど助けにならないし、むしろ当惑させてしまうかもしれない。良かれ悪しかれ、われわれは、今日の精神医学の啓蒙を受けており、そして事実、精神医学的な自意識の時代を生きていて、それが他のあらゆる要因と合わさって、アイデンティティ混乱を助長している。だとすれば、（セント・ポール大聖堂の主教が私の著書の書評で半ば冗談めかして問うたように）青年ルターの天賦の才は精神医学的治療に打ち克つことができただろうかと問いかけても、ほとんど意味がない。また、現代の青年が抱えている疑念と、われわれの「セラピー」時代以前に青年たちが経験していた心の痛みを比較してみたところで、現代の青年にとってはほとんど何の助けにもならないだろう。こう述べるのは冷酷に聞こえるかもしれないが、今日の独自性と創造性は、**われわれの**支配的な価値を最大限に利用しなくてはならないだろうし、そこには治療を受け入れるのか拒絶するのかも含まれている。やがて、自分が他の管理可能な複雑な諸問題と併せてある種の神経症を**所有して**いるらしいのか、または神経症によって**支配されている**らしいのかを自身に問いかける、簡単なテストが発見されるかもしれない。そして後者の場合、第二の状況、つまり受動的で苦痛に満ちた状況を、第一の能動的なものに戻すために援助を受け入れることに、屈辱を感じたり危険を感じたりしすぎるべきではない。独自性は、自ら身を守ることができるし、いずれにせよ、その独自性が援助を求める欲求の否定に依存しているようであれば、それがその人のアイデンティティの支柱であることは疑わしい。

5

再び精神医学の歴史に戻ろう。ある青年期の神経症の古典的症例を見ると —— これは、フロイトの最初の著作にも記されている「きわめて一般的な・・・症状の小ヒステリー」に苦しむ一八歳の少女との出会いであるが —— 興味深いことに、治療の終わりになってフロイトは、この少女は「どのような援助を」求めているのだろうかと当惑している。フロイトは、彼女の神経症疾患の構造についての自分の解釈をすでに彼女に伝えていた。この解釈は、ヒステリーの進行における心理・性的要因について記した彼の古典的著作の中心的テーマになったものである。[8] とはいえ、フロイトの臨床報告は数十年を経た今も驚くほど新鮮であり、今日、彼の症例史は、忠誠という問題に関する彼女の話の心理・社会的中心性を明確に示している。事実、深刻に考えすぎなくても、三つのキーワードが彼女の社会的歴史を特徴づけていると言えるだろう。彼女の人生で最も重要な意味をもつ何人かの大人による性的**不義**、父親の友人が彼女を誘惑しようとしたことを父親が否認するという**背信行為**。実際にはこの件が少女の病気の引き金となった。そして、少女の病気に関係する事柄を真実であると認めるほどには彼女を信頼していないのに、数々の事柄において彼女に**秘密を打ち明けた**とする、少女の周囲にいるすべての大人たちの奇妙な傾向である。

もちろんフロイトは、他の問題にも焦点を当て、精神外科医のような集中力で彼女の症状とその病歴の象徴的な意味を切り開いて見せた。しかし、フロイトの常として、彼は自分の関心がある部分の周辺の関連データを報告している。それゆえ、フロイトは彼を当惑させた問題をいくつか取り上げる中で、少女が「単に空想しているだけ」で、（そしてそれゆえ）彼女が病気になった条件をでっちあげた「と思われているという考えに、ほとんど逆上しており」、「私が彼女に対して本当に正直であるかどうか」——あるいは父親のように裏切るのか——を「心配そうに確認しようとし続けた」ことを報告している。やがて少女が「自分が知っている秘密を武器に、彼女の周囲の大人たちと対決するために」精神分析医と精神分析治療から立ち去ったとき、フロイトはこういう攻撃的な率直さを、大人たち、そして自分への復讐行為であると考えた。この部分の解釈も、フロイト流の解釈方法の一つである。いずれにせよ、すでにおわかりのように、とりわけ青年においては、内面的真実の否定よりも、このような歴史的真実へのこだわりがある。なぜなら、彼らが誠実あるいは不誠実なタイプであるとか、病気あるいは反抗的なタイプであると、取り返しがつかないほど確定してしまうのは何か、という疑問は、青年の精神にとって最重要なものだからである。さらにはこんな疑問——彼らを病気にした条件への嫌悪感は、はたして正当なものであるのかどうか——も、彼らの病気の「深い」意味を探ろうとするどんな洞察とも同じく、青年にとって重要なのである。換言すると、彼らは、彼らの病気の事実は歴史的真実の再定式化の中に見出されると主張しているのであり、それはその指摘を超えて、新しい変更された条件の可能性と、彼らに適応するよう、あるいは（ドーラの父親が彼女をフロイトのもとに連れてきたときに言ったように）「道理をわきまえる」よう望む、環境の堕落した用語に従わない可能性を示しているのである。

間違いなくドーラは、そのときにはヒステリー患者だったし、彼女の症状に表れていた無意識の象徴的な意味は心理・性的なものだった。とはいえ、彼女の障害やこの症例における突発的な出来事が本質的に性的なものであるからといって、ここで示唆されているすべての性的状況において不義が共通するテーマになっているという事実、また、他の不義（家族や地域社会における、他の裏切り行為）もまた、さまざまな方法で、他の時代や場所においても、青年が病気になる原因になるという事実が見えなくなってしまってはいけないのである。

事実、青年期になってはじめて、体系的に症状を形成する能力が生まれる。精神の歴史機能が強固なものになってはじめて、重要な意味をもつ遺漏や抑圧が、一貫した症状形成や識別できる性格のゆがみを引き起こすほどに十分なほど、際立ってくる。退行の深さが病理の重症度を決定し、それに伴って、どのような治療が行われるべきかを決定づける。とはいえ、第4章ですべての病んだ青年に共通するものとして描いた病理学的な様相が、ドーラの全体的な状態の中に明確に認められる。その一方で、ヒステリーはすべての神経症的苦痛の中で「最上位」にあるため、それによってさまざまな構成要素がより悪性ではない状態になり、いくらか芝居がかった感じさえしてしまう。こうした状況は、すでに述べたように、両親がもたらす前提がすべて再検査される一方で、時の流れを認めることを拒否するという特徴がある。そしてドーラは、「おそらく完全に本物とは言えない生の倦怠」によって苦しんでいた。しかし、そのようなスピードダウンは、病気によるモラトリアムそれ自体を目的にしてしまう。このとき、すでに述べたように、死や自殺が、偽りではあるが、最大関心事になりうる。「完全に本物とは言えない」が、にもかかわらず、時には予想外の自殺につながる。そしてドーラの両親は、「ある手紙」を発見した。その中で少女は、「もうこれ以上人生に耐えられないからと、両親に別れを告げていた。父親は・・・・彼女には深刻な自殺の意志はないと思っていた」。こうした限定的な決意が、大人としての関与に至る前に、人生そのものを断ち切ってしまうこともある。また、いかなる連帯感も疎外し、俗物的な孤立につながるような、社会的孤立というのも存在する。ドーラは「社会的交際を避けようとし」、「よそよそしく」「無愛想」であった。急激な暴力的に激しい拒絶は、アイデンティティ形成の最初の段階に付随することがあるが、神経症の場合、自己に向けられる。――「ドーラは、自分自身にも、家族にも、満足していなかった」。

すると拒絶された自己は忠誠を尽くすことができなくなり、当然ながら、愛による融合や性的接触を恐れるようになる。しばしばこの状況に関わりがある労働の抑制は（ドーラは「疲労と集中力の欠如」に悩んでいた）、実際にはキャリア抑制であり、それはあらゆる能力や方法の発揮が、その人をその活動が示唆する役割や地位に縛りつけるのではないかと疑うことを意味する。このようにして、再び、いかなる真正のモラトリアムも不可能になる。断片的なアイデンティティが形成されるが、それらは非常に自意識が強く、すぐに検査にかけられる。ドーラは明らかに、成功していた兄と女性知識人になって張り合うという望みを、自分から破棄してしまった。この自意識は、俗物的な優越感――つまり、自分は共同体、時代、あるいは自らの人生にとってさえ、実際のところ素晴らしすぎるのだという感覚――と、それと同じくらい根深い、自分は何者でもないという感覚が、奇妙に混ざりあったものであった。

6

これまで青年の精神病理における最も明白な社会的症状を描写してきたが、一つには、神経症的症状の無意識的な意味と複雑な構造は非常に開放的な行動表現を伴うので、患者は非常にシンプルな真実を語ることによって逆に嘘をついているのではないか、あるいは、最も明白に避けているときでさえ、真実を告げているのではないか、という印象を与えることを示すためであった。その答えとして言えるのは、われわれは青年のメッセージに含まれている象徴的な意味だけではなく、彼らが言っていることに耳を傾けなくてはならないということである。

その一方で、ここでの描写は、孤独に苦悩する青年と、逸脱した集団やギャングに加わることで年長者に対する疑念を晴らそうとする青年たちとの比較にもなっていた。フロイトは「精神神経症とは、いわば倒錯の陰画である[9]」ことを発見したが、これは神経症患者が倒錯者の「実現させ」ようとする諸傾向の抑圧に苦しんでいることを意味する。この定式は、次の事実にも応用できるだろう。つまり、孤独な悩める者たちは、逸脱集団やギャングに加わる者たちが共謀によって解決しようとすることを、引きこもることによって解決しようとしているのである。

こうしたかたちの青年病理に目を向けてみると、歴史的時間の不可逆性への否認は、集団やギャングの内部に見られる、まったく独自の伝統や倫理をもつ「人々」や「階級」という自己規定として表現されているように見える。このような集団の擬似歴史的性格は、「ナバホ族」「聖人たち」「エドワード朝人」といった名前に表れている。一方、彼らの挑発は、凶悪な行為がときおり行われる場合には、やり場のない怒りを伴って、また、こうした「秘密結社」が実際には系統的な目的をもたない気まぐれにすぎない場合には、恐怖症的な過度の関心に続いて容赦ない抑圧を伴って、社会によって反撃される（戦時中のパチューコ〔当時の大都市に住む若いメキシコ系アメリカ人のライフスタイルから生まれたサブカルチャー〕のことを思い出してほしい）。しかし、彼らは無慈悲な正義という内的感覚を誇示する。これはそれぞれの成員にとっては心理的に必要であり、彼らの連帯の論理的根拠でもあり、さらには、孤独な青年の苦悩と、擬似社会に取り込まれたという事実によってそこに加わった人が得られる一時的な成果とを手短に比べることで、最も理解しやすくなる。将来を思い描くことができない孤独な青年に伴う拡散した時間は、そうした集団に参加する者の「仕事」への関心――ここでの仕事とは、窃盗、破壊、喧嘩、殺人、倒錯行為、依存など、とっさの思いつきで頭に浮かび、すぐさま実行に移すような行為である――によって、「治癒」される。この「仕事」志向は、労働抑制にも解決を与えてくれる。ただ「うろついている」だけのときでさえ、そうした集団やギャングのメンバーは常に「忙しい」からである。彼らはどんなに侮辱的な非難をされてもたじろぐことがないが、これは彼らの人格が完全に崩壊していることの証であると考えられている。しかしこれは、彼らを犯罪者として確定し、後に元犯罪者として「更正」させることばかりに熱心な社会の中で一か八かやってみるよりも、（大部分は経済的にも人種的な観点からも境界的な）青年たちが死ぬまで所属したいと願う「種」のトレードマークであり、まさしく、しるしなのである。

孤独な者が抱く両性具有的な苦しい感情、あるいは愛を求める未熟な苦しい感情について言えば、社会病理的集団に参加する青年は、そこに加わるという行為そのものによって明確な決定を下している。つまり少年は復讐によって男になり、少女は感傷的な言動を失うことによって女になる。どちらの場合も、性器性の機能としての愛と生殖を否定することができ、残されたものの中から半倒錯的な擬似文化を創り出すことができる。同様に、彼らは参加するという行為によって選び取るという積極的な形式の中でのみ権威を認め、公式な世界の権威は拒絶するが、その一方で、孤独者はそもそもそうした存在を拒絶し、同時に自分自身も拒絶する。

こうした比較を繰り返すことの正当性は、忠誠という共通点の中に見出すことができる。つまり、孤独に苦悩する者は、自分自身に忠実でありたいと無力ながら切望しており、集団に参加する者は、集団やその集団のしるし、規範に忠実であろうと熱心に試みている。こう述べたからといって、私は孤独な者が（その身体的および精神的な症状が裏付けているように）病的であることを否定しようとしているのではないし、逸脱集団に参加する者たちの次第に後戻りができなくなる行為や選択が裏付けているように、彼らが犯罪者になりかけているかもしれないことを否定するつもりはない。しかし、理論も心理療法も、もしも彼らの忠誠を求める（受け取り、与える）欲求への理解がなければ、適切な影響力をもちえないだろう。とりわけ、若い逸脱者がそうした理解の代わりに、矯正的あるいは治療的な権威のあらゆる行為によって将来の犯罪者、あるいは生涯にわたる患者として彼らを確定するような性急な診断に直面した場合には、なおさらそうである。

極端な状況に追い込まれる青年たちは、最終的に、社会が彼らに提供しうる何物かの中よりも、引きこもる、あるいは逸脱することの中に、大いなるアイデンティティ感覚を見出す。しかしわれわれは、こうした青年の社会一般の判断に対する隠された感受性を過小評価している。フォークナーはこう述べている。「ときどき思うんだけど、完全に狂気なヤツも、完全に正気なヤツも本当はいないんじゃないか。世の中の大半がそうだと言い出すまでは。」もし「世の中の大半」がこうした青年たちを効果的に片付けようと精神病や犯罪者と診断するなら、それは否定的アイデンティティ形成の最後の一歩になるだろう。大部分の青年たちに対して、社会はこの一つの確信的な「承認」しか提供していない。このように承認された者たちにとって、ギャングがその下位社会になるのはごく自然なことである。

ドーラの症例において、私は忠誠への欲求を現象学的に示そうとした。逸脱した青年については、彼らが非行に至るまでの構成要素を十分に伝えてくれる珍しい新聞記事を一つ、再び引用するにとどめておく。カイ・T・エリクソンと私はこの事例を、「非行の承認」という論文の導入部分に使用した。[10]

判事がストリートギャングに口答えの罪で判決を下す

ノースダコタ州ウィルミントン（UP）——だぼだぼズボンをはき、頭を角刈りにした「生意気な」青年が、今日、誤判に口答えをして六ヶ月間の道路工夫を始めた。

ウィルミントンのマイケル・A・ジョーンズ（二〇）は、エドウィン・ジェイ・ロバーツ・ジュニア判事の高等裁判所において、無謀運転のかどで罰金二五ドルと裁判費用を科せられた。しかし彼はそのまま立ち去りはしなかった。

「そのだぼだぼズボンと角刈りを見れば、何が起こったかはお見通しだ」とロバーツ判事は罰金を算定しながら言った。

「このままいけば、君は五年以内に刑務所行きだろうね」。

ジョーンズが罰金を払おうとしたとき、保護監察官のギデオン・スミスが判事に向かって、この「生意気な」若い違反者には手を焼いたと話しているのを耳にした。

「俺が泥棒じゃないってことだけはわかってほしいね」と、ジョーンズは判事に向かって口を挟んだ。するると、判事は良く響く声で、裁判所書記官にこう言った。「判決を六ヶ月間の道路工夫に変更しなさい」。

私は、この場合の判事は（といっても、この判事もこの裁判自体も、その他大勢と変わるところはない）、必死の「歴史的」否認でもあったであろうものを、当局の権威に対する侮辱として受け取った、という解釈を付け加えるために、この話を引用した。「歴史的」否認とは、本当に反社会的なアイデンティティはまだ形成されていないということ、そして十分な分別も潜在的な忠誠心も残されており、それを手助けしようとする誰かがいれば、それを生かせる余地があることを訴える試みである。[11] しかし、その代わりに青年と判事がしたことは、当然、事態が逆転不可能であることを確定し、運命を決定づけることであったようだ。「あったようだ」というのは、私には、この裁判の結末がわからないからである。とはいえ、アイデンティティ形成の年月の間に、社会によって考慮の余地なく筋金入りの犯罪者に同一化させられた青年が犯罪に戻る確率は、きわめて高いということはわかっている。

7

したがって、青年の精神病理は、この人生段階の漸進的・発達的側面に有効であるとわかった同じ論点への検討を促す。そして今再び歴史に目を向けるならば、あらゆる種類の政治的地下組織は、ときおり、新しい大義を求めるどんな新しい世代の中にも存在する、忠誠を求める「確かな」欲求だけではなく、どんなものであれ信仰を発達させたいという欲求を完全に奪われた人々の中に蓄積された憤怒を利用できるし、また利用してきたという事実を見過ごすことはできない。ここにおいて社会的若返りは社会病理を利用し、回復させることができるが、それは個人において特殊な才能が神経症に関連し、それを回復させることができるのと同じである。しかし、青年期は中間的な状態であり、青年のあらゆる献身、勇気、資源の豊かさが扇動政治家に搾取される可能性もある。その一方で、あらゆるイデオロギー的な理想主義は青年らしい要素を保持しており、それは歴史的なアクチュアリティが変化すると、単なる見せかけとなりうる。

それゆえ、訓練された献身の強さとしての忠誠は、青年がさまざまな種類の経験に加わることによって獲得されうる。ただし、その経験が、青年が加わろうとしている時代のある側面の本質を表現している場合にのみ、そうである。そのとき青年とは、伝統の受益者や保護者であり、技術の実践者や発明者であり、倫理的な強さの刷新者であり革新者であり、年長者を破壊しようとしている反逆者であり、狂信的な関与をする逸脱者である。少なくともこれらの要素が、心理・社会的な発展過程における青年の潜在力であるように思われる。そして、もしこうしたことが青年に見られる仰々しい自己欺瞞や、献身になりすましたわがままや、盲目的な破壊を行うためのもっともらしい言い訳を支持する正当化に聞こえるとしたら、他のさまざまな人間の適応メカニズムと同じく、これに伴うとてつもなく大きな消耗を理解できるだろう。すでに指摘したように、こうした無駄の多いプロセスへの理解は、青年期の現象を幼児期の先行条件やそこに内在する欲動と良心の二分法に「臨床的に」還元することによっては、部分的に深めることができるだけである。われわれは同時に、社会と歴史における青年期の役割を理解しなくてはならない。なぜなら青年期の発達は、重要な意味をもつ人物との同一化、およびイデオロギー的な力との同一化という、新しい同一化のプロセスの組み合わせを内包しており、またそれゆえに、青年期の精神の強さと、(これから詳述するように) 弱さの両方を引き継いでゆくからである。

青年期においては、生活史と歴史が交差している。その交差点で個人はアイデンティティがしっかりしたものとなり、社会はその生活スタイルが再生される。しかしこのプロセスは、青年の思考様式と人間の歴史的・イデオロギー的展望における若い情熱の、運命的な残存を含んでおり、さらには政治家や聖職者の演説に非常にわかりやすいかたちで表れているような、成人の分別と理想主義的な確信の問の分裂も内包している。

第2章で指摘したように、歴史過程は幼児期にすでに、個人の核心に入り込んでいる。過去の歴史は、両親の心像を導き、おとぎ話や家族の伝承、迷信、ゴシップ、初期の言語獲得のための単純なレッスンを彩る善悪のプロトタイプの中に生き残っている。歴史家は、概してこの点を軽視している。彼らは自律的な歴史的アイディアの争いを説明するだけであり、こういったアイディアがさまざまな世代の人生に浸透し、青年の歴史認識の日常的な覚醒と訓練を通して再び現れている事実には無関心である。それは宗教と政治、芸術と科学、戯曲、映画、小説といった神話制作者たちを通じて行われ、こうしたすべては、多かれ少なかれ意識的に、また多かれ少なかれ応答的に、青年が吸収する歴史的論理に貢献している。そして今日ではそこに、少なくともアメリカにおいては精神分析と社会科学を、また世界的には新聞を付け加えておかねばならない。新聞は、すべての重要な行動を公開するが、瞬時に記者のゆがみと編集者の応答を付け加えないではおかないのである。

前述のように、歴史の内部に入るために、それぞれの時代の青年は自分自身の幼児期と調和した、また、知覚可能な歴史的プロセス内部のイデオロギー的保証と調和した、アイデンティティを見出さなくてはならない。しかし青年期においては、幼児期の依存状態からゆっくりと立場が逆転する。もはや単純に、年長者が青年に人生の意味を教えるのではない。青年こそが、彼らの応答と行動によって、年長者が示す人生には何かしらの生き生きとした約束があるかどうかを教えるのであり、青年こそが、自分たちを承認する人間を承認し、刷新し再生し、腐敗したものを否定し、改革し反逆する、そういった力を内にもっているのである。

それから、何らかのかたちで「青年と同一化している」「青年指導者」たちがいる。すでに私はハムレットを、未成熟のイデオロギー的指導者であると語った。彼のドラマには成功したイデオロギー的指導者の構成要素がすべて集まっている。そういった指導者は、長期化した青年期の外ならぬ葛藤の中から、彼らのカリスマの極を作り上げた、青年期直後の人間である場合が多い。類い希な深さの葛藤を抱えた人間が尋常ではない才能と尋常ではない幸運を手にしている場合も多く、彼らはその世代全体の危機に、自分自身の個人的危機の解決法を提供する。ウッドロウ・ウィルソンが述べたように、彼らは常に「大規模な活動に恋している」のであり、彼らの一回きりの人生も、すべての人の人生の中で価値あるものとされなくてはならないと常に感じており、青年としての彼らを動揺させたものは呪い、堕落、地震、落雷、すなわち啓示であり、これらは同世代の人間たちや未来の世代の人々と分かち合われるべきであると常に確信している。彼らは自分の意志に反して選ばれたという謙虚な主張をするが、だからといって、普遍的な力を求める望みを除外するわけではない。キルケゴールは精神的な独白をつづった日記の中でこう記している。「今から五〇年後には、世界中の人間が私の日記を読んでいるだろう。」彼は、必ずしも勝利感とともにではなかったにせよ、差し迫った大衆イデオロギーの行き詰まりは、一人ひとりが孤立するイデオロギー、すなわち実存主義を待ち望む真空状態を生み出すことを感じ取っていた。われわれはイデオロギー指導者が歴史に対して何を行うか、つまり彼らは最初に権力を志向し、それから精神的不安に直面するのか、それとも最初に精神的な苦悩に直面し、それから普遍的な影響を探し求めるのかという問題を研究しなくてはならない（私はかつて青年ルターの研究の中で、この問題にアプローチしたことがある）。彼らの解答はしばしば、より包括的なアイデンティティのもとに、人間を、特に危機的時代における青年を苦しませているすべてのものを包摂しうるものである。そうした苦悩とは、新しい発明や武器による不安、その時代に特有の子ども時代のトラウマからくる不安、超越的なアイデンティティが崩壊する時代に拡大する自我の限界という実存的な恐怖などである。

そして、考えてみるならば、そういった包括的な解答を出す勇気と配慮をもつためには、特別で奇妙な使命感が必要ではないだろうか。最も熱意に溢れたイデオロギストの中には時代に取り残された青年たちが含まれていて、自分の思想の中に、束の間の自我回復の瞬間や存在と、歴史の力に対する一時的な勝利の瞬間を誇らしげに伝えているだけでなく、自らの最も深い孤独の病理や、永遠に成年期であり続ける自我の防衛、そして成年期の冷静さへの恐れなども伝えている可能性はありうるし、またそれは実証可能なのではないだろうか。「四〇歳を超えて生きるのは、悪趣味だ」と地下室で日記をつづったドストエフスキーの作中人物は言う。非常に影響力のある指導者が、親であることに背を向け、結果的には壮年期になって指導者としての役割にも絶望してゆく過程を見てゆくことは、歴史学的にも心理学的にも、研究に値する。

明らかに今日では、人文学的伝統をもつ知的な青年を除くすべての人間のイデオロギー欲求が、超越的な技術的アイデンティティによって引き受けられ始めており、その中ではアメリカンドリームとマルクス主義的改革でさえも同時に存在しうるだろう。その二つの勢力が互いに絶滅に追い込む前に争いを止めるならば、いまや大規模なスケールで建設することも破壊することもできる新しい人類は、生産、権力、観念といった事柄を超えて、人間の世代の機能に関する倫理的な問題にその知性を（男性的な知性はもちろん、女性的な知性も）集中させることが可能になるだろう。過去のイデオロギーも倫理的な矯正手段を持ち合わせてはいたが、新しい倫理はやがて、イデオロギーと技術の同盟関係を超越しなくてはならない。なぜなら、人間はどのようにすれば、倫理的・世代的基盤に立って、束の間の名声と利益を高められるかもしれない場合でも、技術の拡大を制限してゆけるのかという問いは、非常に大きな問題だからである。

道徳は遅かれ早かれ古びてゆくが、倫理は決して衰えない。これこそが、各世代で新しく生まれ変わる、アイデンティティと忠誠を求める欲求が指し示している点である。教訓的な意味での道徳性は、迷信や非合理的な内的機能によって予言して見せることができるが、こうした迷信や非合理的な内的機能は、実際のところ、世代間の倫理の網目を何度でも傷つけてしまう。しかし古い道徳は新しく、より普遍的な倫理が広く浸透したところにおいてのみ、必要性を失うのである。これが、多くの宗教における言葉が人に伝えようとしてきた知恵である。人は、その言葉の意味を曖昧にしか理解できず、行為においては完全に無視するか、逆のことをしているにもかかわらず、儀式化された言葉に執拗にこだわってきた。しかし昔からの知恵には多くのことが含まれており、おそらく現代において、それは知識となりうるだろう。

近い将来、異なる民族的、国家的過去をもつ諸国民が、やがて一つの人類としてのアイデンティティになりうるものに加わるとしたら、その最初の共通言語は、科学と技術の働きの中にのみ見つけることが可能だろう。これが次には、彼らの伝統的な道徳という迷信を超越していく助けとなるだろうし、すでに大いに使い古された歴史的アイデンティティの弱さに代えて空虚なネオナショナリズムという超アイデンティティをおかなければならなかった歴史的時期を抜けて、彼らが急速に発達することを許すだろう。しかし彼らはまた、現在の「確立された」世界における主要なイデオロギーの彼方を見つめなくてはならない。そのイデオロギーは彼らを脅かしもし、惹き付けもする儀式的な仮面として提供されている。最も優先されるべき問題は、新しいイデオロギーの創造ではなく、普遍的な技術文明から生まれ出る普遍的な倫理の創造である。これは、イデオロギー的な青年や道徳的な年配者ではなく、世代から世代に伝達されていくにあたって、自分たちが生み出すものの試金石は、それが触発するケアであることを知っている男性や女性のみが発展させることができるだろう。もし、そもそもそうした機会があるならば、それは、回顧的なものであれ将来を見渡すものであれ、あらゆる神話の中よりも、より挑戦的で、より機能的で、より崇高な世界の中に存在するだろう。すなわち、それは最終的に倫理的に配慮された、歴史的現実の中にあるのである。

第7章　女性と内的空間

1

現代社会において、女性の地位に対する意識が急速に高まっているが、それには数多くの経済的、実際的理由がある。しかし、より捉えにくく曖昧な理由もある。核の脅威の偏在、宇宙への進出、地球規模の通信技術の発展といったことはすべて、地理的な空間という意味でも歴史的時間という意味でも大きな変化をもたらし、ゆえに、新しい人間像の枠内で両性のアイデンティティを再定義することが必要とされている。私はここで、以前の戦争と平和の時代における男女の同盟と対立の関係について立ち入ることはできない。それはこれから書かれるべき、むしろ、これから発見されるべき歴史である。しかし、人間が製造した毒物が宇宙空間から女性の子宮内の胎児の骨髄に見えないうちに振り注いでいるという危険な状況を受けて、突然男性の一つの大きな先入見、つまり、定期的でより大規模でより良い戦争によって、限界まで葛藤が「解決」されるという先入見を明るみに出した。問題は、今世界に存在しているこうした人類絶滅の可能性が、計画立案や決定の場に人間という種の母親である女性の代表者を欠いたまま、存続し続けるのか否かである。

核の時代における特殊な危険によって、男性のリーダーシップはその適応できる想像力の限界に近づいている。支配的な男性的アイデンティティは、それが建設に役立つか破壊に役立つかによらず、「役に立つもの」や人間が作りうるものへの好みに基づいている。まさにこの理由で、単に人類を保存するために、技術的勝利のクライマックスの可能性や政治的ヘゲモニーを犠牲にするというあまりにも明らかな必要は、それ自体男性のアイデンティティ感覚を高める努力とはならない。事実、あるアメリカ大統領は「子どもは統計値ではない」と言わなくてはならないと感じ、万感を込めてそう言った。しかし、彼のほとんど必死の嘆願の緊迫性は、新しい種類の政治的、技術的倫理の必要性を十分に明らかにしている。おそらく女性が、これまで発展と歴史の中で常に私的に行ってきたこと（家事の現実、養育の責任、平和を維持するための高い処理能力、癒しへの献身）を公に話す決意をもつことさえできれば、倫理的な抑制を加えるだろう。なぜならその最も広い意味で、真に超国家的な政治への力だからである。

思うに、このことを多くの男性や女性が公に望んできたし、より多くの人間が心のうちで願ってきただろうと思う。しかしこうした希望は、われわれの技術文明に支配的な傾向や、深層にある内的抵抗とも衝突する。自力で成功した男性は、女性に相対的な解放を「付与する」にあたって、平等となりうるモデルとして自ら作り出したイメージしか与えることができず、このようにして女性によって獲得された自由のほとんどが、いまや限られたキャリア競争、標準化された消費行動、大変な努力を要する一家族の家事といった事柄へのアクセスを手に入れるためだけに使われている。こうして女性は、多くの面において、かっては男性だけが涵養し、偶像化する機会をもっていた類型学と宇宙論の内部に、自分の居場所を保ってきた。言い換えるならば、平等の実現が間近な場所でさえ、そこで価値の平等が実現されているわけではなく、女性の最も深い関心事が公に影響力をもつものとしての表現を見出しているか、さらには、権力のゲームの中で具体的な役割を見出しているか、といった意味において、平等の権利は決して平等の表現を保証してはいない。男性をその輝かしい技術の奴隷にしてしまう脅威をもたらしているこの巨大な不均衡から見れば、女性や男性によっていまや盛んに議論されている問題、つまり女性は「完全に人間に」なりうるのか、どのようにしてなりうるのか、という問題は、まさに宇宙的なパロディであり、このときばかりは、ユーモアのある神々に郷愁を抱くのである。「完全に人間に」なるとは何か、そしてそれを誰が誰に付与する権利があるのか、という問題そのものが、人間性の可能性の中の男性的・女性的な要素に関する議論が非常に根本的な問題を孕まざるをえないことを示している。

こうした問題にアプローチする際には、協調した議論を妨げる、ある種の感情的な反応、あるいは抵抗を探求することが避けられない。われわれは誰でも、ごく最近の女性解放運動に賛成か反対かというスローガンを呼び起こすことなしに、女性の本質や育成について議論することはほとんど不可能であるらしい事実を観察したことがあるだろう。道徳的な白熱状態は、状況が変化してもなお残っており、フェミニストは、女性の独自性を定義しようとする男性のいかなる試みも、まるで独自性という言葉によって彼が生得的な不平等を意味しようとしているかのように、疑惑の目で見張り続けている。しかし多くの女性にとって、自分たちが最も深く感じていることを明確に発言することや、自分たちにとって最も重大で現実的なことを語るのに適切な言葉を見つけること、しかも余計なことまで言い過ぎたり言わなさすぎたりすることなく、挑戦的な態度や弁解がましい態度で言うこともなく表現することは、未だに驚くほど難しいようである。生き生きとした深い観察や思考ができる女性でさえ、生まれもった知性を発揮する勇気を持ち合わせていないようであり、それはどういうわけか、最後の対決の場において「本物の」知性をもっていないことがばれてしまうのを恐れているかのようなのである。学問の世界で成功した女性たちでさえ、多くの場合、これを矯正できていない。それゆえ、女性は未だに場違いだと感じたときにはいつでも、素早く「自分の場所」に戻りたいという気持ちに駆られる。指導的立場にいる女性同士や、指導的立場の女性とその信奉者との間にも、大きな問題が存在するようである。私が判断できる限り、「指導的な」女性は、たいていの場合、あまりにも気まぐれで、道徳主義的で、辛らつなやり方を採用しており（まるで並外れて優れた厳格な女性だけがものを考えられるという前提に同意しているかのように）、まだ決心がつかない大多数の女性たちが、皆言いたいと思っていること、支持したいと望んでいること、世界情勢に関する平等な発言権をどのように活用したいと思っているか、といったことを自ら知り、代弁することには気が回らないのである。

他方、多くの男性は新たな「フェミニスト」の警告に責任をもって答えるのを躊躇しており、また別の男性は過剰に興奮しているが、これはさまざまなレベルの説明を示唆している。間違いなく男性たちの間には、性的分極、男女間の生き生きとした緊張、本質的な違いを何としてでも保ちたいと願う正直な感覚があり、それがおそらく、男女が同一化、平等化、同価値化しすぎてしまうこと、いずれにせよあまりにも自意識過剰になってしまうことによって、失われてしまうと恐れているのだろう。さらに、男性の（ここには最も高い教育を受けた男性も含まれる）防衛的態度には、さまざまな側面がある。男性が欲望を感じるとき、欲望を喚起されたいのであって、共感することや共感されることを求めてはいない。男性が欲望を感じていないときには、共感が難しいと感じる。特に、共感するためには相手を自分の中に、あるいは自分を相手の中に見ることが必要になる場合や、それゆえに境界が拡散して、他者と向き合う喜びも同一であることへの共感も両方殺してしまいがちな場合には、なおさら難しくなる。また、当然ながら、支配する側のアイデンティティが支配する側であることに依存している場合、支配される側に真の平等を与えることは難しい。そして最後に、人は無防備である、脅かされている、追い詰められていると感じているとき、思慮分別のある態度をとることは難しい。

こういったことすべてに、昔ながらの心理学的な理由がある。理性的な男性が、それを無視してどこかに棚上げしておきたがる奇妙なテーマというものがあるようだ。そういったテーマの一つに、妊娠と出産という日々の奇跡に伴う生理的変化と感情的な挑戦があり、すべての男性にとって、幼児期、青年期、そしてそれを超えてもなお、不安をもたらす。文化的・歴史的時期について説明する際、男性は妊娠・出産を、おそらく必要不可欠な余興としてしか認めることができない。習慣的に男性は自らの生存の根拠をその枠組みの一貫性にあると誇りをもって考えているが、その枠組みが試練にさらされ多くが破綻したとき、女性たちは本質がバラバラになるのを守り、再建し、再建する者を育成するという課題に立ち向かってきた事実を忘れてしまう。新しい男性と女性、父性と母性のバランスは、両性の相互関係の現代的変化の中だけではなく、科学、技術、そして真の自己吟味が発展したところに広がるより広範な自覚の中にも、明らかに予感されている。しかし、現在の状況下での議論においては、こうした問題への部分的な洞察を分かち合おうとする試みによって、古くからのアンビヴァレンスや曖昧さが緩和されるというよりむしろ、一時的には悪化しがちであるということを、最初から認識しておくことが未だ必要である。

2

これから、未だ不十分にしか定式化されてはいないものの、常に切迫したアクチュアリティを保っているテーマの議論に入るが、その前に、別の一般的な考察をしておかなくてはならない。仕事をする人なら誰でも、自らが立っている場所から始めるだろうし、またそうしなければならない。つまり、自分の分野や自分自身の仕事がうまく明らかにすることができた、あるいは正しく評価できなかった、と思うようになった問題から始めることである。しかし、いざ始めようとすると、ヴァーモント州のある農夫が道を尋ねてきた運転手に言った言葉を思い出してしまう。「そうだねえ、俺があんたの行きたいところに行くとしたら、ここからは出発しないけどねえ」。

しかし、ここが私の出発点なのであり、ここから始めなくてはならない。雑誌『ダイダロス』の青年特集から生まれた本の序文の中で、[1]私はこの素晴らしいシンポジウムも女子青年のアイデンティティ問題について十分に発展させることはできなかった——とはいえブルーノ・ベッテルハイムは確固たるスタートを切ったのだが——と指摘した。思うに、これは非常に深刻な理論的ハンディキャップであるだろう。なぜなら、発達を研究する者や精神分析を実践する者ならば、統合された女性アイデンティティの出現にとって決定的に重要な人生段階は青年期から成熟期へ移行する時期であり、若い女性はこの時期に、どのような労働キャリアを積んでいようとも、他人への愛に献身し、その人と自分の子孫に与えるべきケアに献身するために、両親のいる家族からのケアを放棄するということを知っているからである。

すでに指摘したように、忠誠を受け取り・与えるための精神的、情緒的能力の発達が青年期の終わりを特徴づけ、成年期は愛とケアを受け取り・与える能力によって始まる。なぜなら世代をつないでゆくことの強さ（ここに私は、人間のあらゆる種類の価値体系に共通する基本的な傾向という意味を込めている）とは、両性の青年が、それぞれのアイデンティティを見出し、親密さ、愛情、結婚の中でそれらを結合し、それぞれの伝統を再び活性化し、二人で次の世代を生み出し、「育てて」ゆくプロセスに依存しているからである。ここにおいて、それまでの人生でどんな性差や性質の違いが発達していたとしても、最終状態として分極化する。なぜならそれらは、成人期のしるしである生産と生殖のプロセス全体の一部分にならざるをえないからである。しかし、彼女たちは身体構造上、選ばれた男性の子孫を産み、それと同時に、赤ちゃんを世話するという生物学的、心理学的、倫理的関与が運命づけられている「内的空間」をもっているという事実によって、女性のアイデンティティ形成はどのように異なっているのだろうか。この関与への性質が（キャリアを同時に追求するかどうか、あるいは実際に母親になってからそれが実現されるかどうか）、女性の忠誠についての中核となる問題ではないだろうか。

ところが、女性に関する精神分析的心理学は、「ここから出発」しない。元来のオリジノロジー的（エリクソンの造語）志向に沿って、すなわち問題の意味を起源にさかのぼって推論しようとする努力に沿って、精神分析的心理学では、最初期の分化の経験から始める。つまり、その大部分は、女性であること、およびすでに彼女たちに運命づけられているかのような永遠の不平等を必然的に受け入れられない女性患者の経験から再構成されている。とはいえ、精神分析治療は、それが大人であれ子どもであれ、急性の苦痛を感じている人と関わりあう中で発展させていくことしかできなかったので、探求の最初の出発点として、次のような臨床観察を受け入れる必要があった。小さい子どもが性差に気づき始めるとき、何を観察可能な事実としてわかっているか、何を見たり触れたりして調べることができるか、何を強烈な喜びや不快な緊張として感じることができるか、あるいは、彼女が自分の意思で使える認知的、想像的方法を用いて、何を察したり直感したりできるか、という観察結果である。そういうわけで、女性に関する精神分析学的見解は、最初の基礎となる観察が、患者の苦悩を理解し、治療を提供することを生業としていた臨床医によってなされたという事実、および、必然的に女性の心《プシケー》を男性の共感という手段で理解せざるをえず、啓蒙精神が指示するもの、つまり「現実を受け入れること」を女性の患者に提案せざるをえなかったという事実に、強く影響されてきたと言えるだろう。臨床医たちは、幼い少女たちの再構成された人生の中に、まず、見えるもの、把握できるもの（つまり男の子にはあり、女の子にはほとんどないもの）を観察しようとする試みを見、この観察の上に広範な結果をもたらす「小児性欲論」を基礎づけようとしたが、それはこの歴史的立場に合致している。

このような観点から、男の子も女の子も、遅かれ早かれ、片方の性にはペニスが欠けており、そこには傷のような開口部が残されているということを「知る」という最も明白な事実によって女性の本質と養育に関する一般化が導かれた。しかし適応的観点から見れば、急性の、あるいは一時的な障害の時期を除くと、そこにないものにそれほど排他的に焦点を合わせて観察したり共感したりするとは考えにくい。極端に都会的な状況に置かれていない限り、すべての女児は、年上の少女たちや女性たち、あるいは雌の動物などに、身体内部の空間――生産的であると同時に危険な潜在的可能性を秘めた場所――が存在するという事実の証拠を観察しているのは、ここで考えられているのは、妊娠や出産だけではなく、授乳や、完全性、温かさ、寛容などを暗示する豊かに隆起した女性の身体構造すべてである。たとえば、少女たちは妊娠や月経の兆候を観察することによって、（ある種の）少年たちと同じように動揺してしまうのか、あるいはこういった観察を芽生えつつある女性アイデンティティに統合するのか――ただし、当然ながら、こういった自然現象の偏在性と意味を理解する機会から「守られている」場合は例外であるが――といった疑問も出てくるだろう。いまや、幼児期のさまざまな段階において、観察されたデータがそのときに入手可能な認知的方法で解釈され、そのとき最も集中的に経験されている器官とのアナロジーで知覚され、そのときに支配的な衝動を与えられているだろうことは間違いない。夢、神話、儀式は、膣が（男女どちらにとっても）、出血する傷口であるということに加えて、貪り食う口や排出する括約筋という意味があり、またその意味が保たれている事実を証言している。とはいえ、男性あるいは女性であるということ、男性や女性になりつつあることという累積的な経験は、恐ろしいアナロジーやファンタジーに完全に依存するわけではないのではないだろうか。感覚的なリアリティや論理的な結論は、運動感覚的な経験や「理解可能な」一連の記憶によって形作られ、こういった状況全体の中で、女性の身体構造や姿勢の中心部分に安全に設置された、生産的な身体内部の空間の存在は、おそらく、女性に欠けている外部器官よりもはるかに大きなアクチュアリティがあるのではないだろうか。

したがって、私がここを出発点とするのは、性差に関する将来の定式化は、フロイト以前の抑圧や否定に屈しないように、少なくともポストフロイト派の洞察を含まなくてはならないと信じるからである。

3

ここで私の主張を言葉ではないかたちで伝えてくれる、ある観察を示したいと思う。つまり遊んでいる子どもたちの観察を通してである。ここで言う子どもたちは、カリフォルニアの少年・少女で、年齢は一〇歳から十二歳。彼らは一年に二回、カリフォルニア大学の「ガイダンス研究」のために大学に来て、測定・面接・検査を受けた。責任者であるジーン・ウォーカー・マクファーレンの優れた女性的才能を物語るものであるが、二〇年以上にわたって、子どもたち（およびその親たち）は、定期的に大学を訪ねてきただけでなく、ほとんど包み隠さず彼らの考えを——マクファーレン氏のお気に入りの言葉を使えば、かなりの「熱意」とともに——、打ち明けたのである。それはつまり、彼らが成長しつつある一人の人間として尊重されているという確信があり、（納得のいくよう伝えられているように）役に立つ知識として受け入れられ、他者にとって有益であるはずのことを明らかにし、表現したいと強く思っていることを意味している。このカリフォルニア大の研究に加わる以前から、私は遊戯行動の解釈を仕事としてきたので——これは私の非常に幼い患者たちが言葉では伝えられなかったことを理解するのに役に立った、非言語的アプローチである——ここでも私は、それぞれの子どもによるおもちゃの配置構成をいくつも手にして、その形態と文脈を他の入手可能なデータと比較した。二年間の期間中、私は一五〇人の少年と一五〇人の少女にそれぞれ三回面談を行い、一度に一つずつ、机上のおもちゃを使って特定の「場面」を構成するという課題を与えた。おもちゃはごく普通のもので、家族の人形、制服を着た人物（警察官、飛行士、インディアン、修道士、など）、野生の動物や家畜、家具、自動車などであるが、同時に大量のブロックも用意した。子どもたちには、テーブルは映画のスタジオで、おもちゃは俳優たちや小道具、そして自分たちのことは映画の監督だと想像してほしいと頼んだ。彼らは「想像上の映画の面白い一場面」を配置し、それからその筋書きを語ることになる。それらは録音され、場面は写真に撮られ、子どもには褒め言葉が贈られる。ただし、どんな「解釈」もなされなかったと付け加えておく必要があるだろう[2]。

観察者はその後、個々の作品を約一〇年間に及ぶ伝記的データと照らし合わせることによって、これが子どもの内的発達の主要な決定要因を解明する鍵になるかどうかを調査した。全体として、この作業は非常に有益であることが判明したが、それはここでは重要ではない。この実験はまた、すべてのおもちゃ構成を互いに比較することを可能にした。

すでに一〇代になっている人間にとって、そんなことは力を傾けるに値しないと言わんばかりの、いくらか軽蔑的な態度で課題に取り組んだ子どもたちも何人かいた。しかし、地味なジーパンと灰色の服を着たこれらの聡明で意欲的な青年たちのほとんどは熱意をもって課題に取り組み、そこから喜びを得て、この挑戦に引き込まれていき、それはこの研究に関わった子どもたち全体に言えた。そして一度そこに加わってしまうと、この課題のもつ特質が場面を支配して、子どもたちを導いた。

こういった小道具のうち、空間的なものが優勢になることがすぐに明らかになった。「面白い」場面はせいぜい半分程度で、そもそも映画と関係があったものは一握りだった。それどころか、最後に語られるストーリーは大部分が簡潔で、口頭での面談で明らかにされたテーマの豊かさとはとうてい比較にならなかった。しかし、子どもたちがブロックやおもちゃを選ぶ際の細やかな配慮と（ついこう表現したくなるのだが）美的責任、そしてそれらを深いところで感じているように見える空間的性質の感覚にしたがって配置する様子は、驚くべきものであった。彼らは最後に「これでよし」という突然の感情によって、完成したという感覚に至るらしく、まるで言葉にならない経験から目覚めたかのように、私のほうに向き直って「いいです」と言うのだった。つまり、これが何であるかをすべてお話しする準備ができました、という意味である。

私個人としては、想像的なテーマだけではなく、ライフサイクルの段階一般や、とりわけ思春期における神経症的緊張の形態に関連する空間的な配置を観察することに最も興味があった。そのため、初めのうち性差にはそれほど興味を集中させていなかった。私は、どのようにして作りかけの作品が机の端の方に進んだり、机の後ろにある壁のほうに戻ったりするのか、どのようにして不安定なまでに高く積み上げられたり、机の表面近くに並べられたりするのか、どのようにしておもちゃが利用できる空間いっぱいに広がったり、そのスペースの一部分に制限されたりするのか、といったことに注意を集中させていた。こういったことすべてがそれを作った人の何かを「物語っている」ことは、あらゆる「投影法」の公然の秘密である。この点もここでは論じることができない。しかしすぐに私は、子どもの遊戯作品を評価していくうちに、少年と少女では空間の使い方が異なっているという事実と、片方の性別の作品ではある種の配置が際立って頻繁に見られるにもかかわらず、もう片方の性別の作品ではめったに見られないという事実を考慮しなくてはならないことに気づいた。

その違いそのものは非常にシンプルなので、最初はそれが当然のことのように思われた。しかし、しばらく時を経て、ある標語が浮かび上がってきた。少女は**内的**空間を強調し、少年は**外的**空間を強調する。

この違いを、私はすぐに非常にシンプルな配置的用語を使って表現できたので、他の観察者たちも、その作品を作った人の性別を知らされずに（あるいは、事実、こうした違いがどのような意味をもちうるかということに関する私の考えをまったく知らずに）、作品の写真を見て、それらの中にある支配的な配置に従って写真を分類することができたし、特に統計的な意味では、それが顕著だった。これらを個別に評価していくと、私が後に男性的配置と呼んだものの三分の二を大きく上回るものが少年が作った場面に見られ、「女性的」配置の三分の二以上が少女の作品の中に見られた。（明らかに少年、あるいは少女によって作られたものでも、型にはまらない場面を特徴づける繊細な点については、ここでは省略する）。したがって、典型例は次のようなものである。少女の作る場面は家の内部であり、周囲に壁は作らず家具が配置されているか、もしくはブロックで作ったシンプルな囲いによって表現されていた。そして少女が作る場面では、人間や動物がたいていの場合こうしたインテリアか囲いの内部にいて、そうした人間や動物は、主に静的な（座っているか立っている）姿勢をとっていた。少女の作る囲いは、低い壁、つまりブロック一つ分の高さなのだが、例外的に精巧なつくりの戸口が見られることもある。壁があってもなくても、家の内部はほとんどの場合、明らかに平和だった。小さな女の子がピアノを弾いているのが頻繁に見られた。しかし、いくつかのケースで、内部が動物や危険な男性によって侵入されていた。とはいえ、侵入者が存在するからといって、必ずしも防衛的に壁を築いたりドアを閉めたりすることにはつながらなかった。むしろ、こうした侵入も、多くはユーモアや喜ばしい興奮といった要素をもっていた。

少年の場面には、精巧な壁に囲まれた家や、装飾や大砲を表している円錐や円柱の突起がついたファサードのある家が登場する。高い塔も登場し、完全に外部のシーンも登場する。少年の作品では、より多くの人物と動物が囲いや建物の外部にいて、より多くの自動車と動物が、通りや交差点を移動していた。詳細に作られた自動車事故もあったが、警官によって交通整理されていたり、逮捕されたりしてもいた。高層建築が少年の配置に多く見られる一方、崩壊や失墜といった危険を伴う遊びも多く見られた。廃墟が見られるのは、少年の作品だけだった。

つまり、男性的な空間は、高さと失墜、および力強い動きとその交通整理や逮捕といったことが特徴的であり、女性的空間は、開かれているかシンプルに囲まれている静的な内的空間が特徴的であり、平和的かもしくは侵入を受けている。驚く人もいるかもしれないし、当然だと思う人もいるだろうが、ここにおいて遊びの空間を組織化する際に見られる性差は、性器的分化そのものの形態学と平行しているようだ。男性において、勃起可能で侵入的な特徴をもつ外部的器官が、移動可能な精子細胞の水路づけに役立っている。女性においては、玄関的なアクセスがあって、そこから静的に待機している卵子へと導かれる。そこで次のことが問題になる。このことの何が本当に驚くべきことなのか。何が当然すぎることなのか。そしてどちらの場合でも、それは二つの性について何を教えてくれているのだろうか。

4

私が一五年前にこれらのデータをさまざまな分野の研究者たちに提示して以来、いくつかの標準的な解釈は微塵も揺らいでいない。当然ながら、精神分析医というのはこの種のデータに古き悪しき象徴を読み取りたがるものだという俗説を当然と見なす、冷笑的な反応もあった。そして確かに、今から五〇年以上も前にフロイトは、「夢の中で、家というのは、人間の（全）身を表す、唯一定期的に現れる象徴である」と記している。しかし、夢の中である象徴が出てくることと、実際の空間の中である形態が生み出されることの間には、大きな方法論的飛躍がある。にもかかわらず、この場面は前思春期の子どもたちが自分の性器に強い関心を抱いているという、純粋に精神分析的、あるいは身体的な説明がなされてきた。

その一方で、純粋に「社会学的」な解釈では、これらの形態に何らかの象徴的なものを、あるいは身体的なものでさえも、見ることの必要性を否定している。そういった解釈では、少年は屋外を好み、少女は屋内を好むのは当然だと見なすか、あるいはいずれにせよ、自分たちの役割をそれぞれ家の内部あるいは野外での大いなる冒険に、家族や子どもたちに対する静かな女性的愛情あるいは男性的な大いなる野望といったことに、割り振っているのだという。

どちらの解釈にも、賛成せざるをえない――ただし、あるところまでは、であるが。もちろん、人間の身体に関連づけられている社会的役割は、それが何であれ、遊びの表現や芸術的な表現の中で主題として表現されるだろう。そして、当然ながら、身体のある一部分への特別な緊張があったり強い関心を抱いたりしている条件のもとでは、その身体部分が遊びの形態の中に認められるだろう。遊戯療法はそれを基礎にしている。つまり、どちらの可能性も無視できないと主張しているならば、解剖学的な解釈を唱える人も、社会学的な解釈を唱える人も、両者ともに正しい。しかし、どちらか一方だけが正しいということではないのである。

純粋に社会的役割という観点からの解釈では、多くの問題が答えられていない。もし少年が現在の、あるいは期待されている役割を第一に考えるならば、なぜ、たとえば、警察官が彼らのお気に入りのおもちゃであり、交通ストップの場面が頻繁に作られるのだろうか。もし野外での精力的な活動が少年の作る場面の決定要因であるならば、なぜ彼らは、机の上にどんな野外競技場をも配置しないのだろうか。（一人の活発な少女がこれを作った）。なぜ少女の家庭生活への愛情によって、親密さと安全を保証するものとしての高い壁や閉じたドアが増加する結果にならないのだろうか。そして、家族の団らんでピアノを弾くという役割が、こうした少女たち（乗馬に熱心に取り組んでいる者もいるし、ほとんど全員が将来は自動車を運転することになる）が最もしたいことの表現、あるいは、さらに言えば、最もしたいことだというフリをしなくてはならないと思っていることの表現だと、本当に考えられるだろうか。したがって、面白い映画の場面を作るようにという明確な指示に答えるかたちで表現された、少年の野外への注目や少女の屋内の善良性は、単なる文化や意識されうる役割への同調という理論では説明ができない、力動的な次元や急性の葛藤を示している。

私はそれよりさらにいっそう包括的な解釈を提示したいと思う。それに従えば、男女の間には、グランドプランおよび人間の身体をいかに経験するかという点において、非常に大きな違いが存在する。ここでの強調点は、何か一つの能力ではなく、素因や好みにある。なぜなら、どちらの性も（もし他の点で成熟や知性の程度が等しいならば）別の性の空間モードを簡単に模倣するからである。したがって、われわれの解釈では、どちらか一つの性はどちらか一つの空間的モードに運命づけられていると主張しようとしているのではない。むしろ、真似をしたり競争したりする文脈ではないとき、これらのモードは自然な理由で──そしてこれこそがわれわれの関心の焦点であるが──より「自然にやってくる」。ゆえに、ここで観察できる空間的現象は、空間をアレンジする際の二つの原理を表しており、それらは身体構造の男性原理と女性原理に対応している。こういったことは前思春期において特に強調されうるし、他の人生段階においてもそうかもしれないが、人生全体を通して、文化的な空間 - 時間の中で性的役割を入念に創り上げることと関係している。もちろん、こうした解釈は、ここで示した一つの観察によって「証明」できるものではない。問題になるのは、他の媒体で異なる年齢の人々の空間行動を観察したときの結果と一致するかどうか、これが発達理論の中で妥当な位置を占めることが可能かどうか、そして、まさに、男性や女性の構造や機能に密接に関連した他の性差に、より説得力のある秩序を与えるかどうか、である。その一方でこの結果は、男性と女性のパフォーマンスを検査するための他の観察媒体によって、宇宙の数学的本質や文化的伝統についての言語的一致に支配される問題について言語的あるいは認知的な一致を保証する機能をもつ精神の領域では、性差がごくわずかかほとんど見られないことが明らかになるだろうという事実と、矛盾するものではない。この一致によって、実際には、まさしくその機能において男女両性の経験の分化が矯正されるだけでなく、異なった階級に属する人々を隔てる直感的判断も矯正されるのである。

カリフォルニア州バークレーの子どもたちによるおもちゃの構成は、特に女性の発達と展望に関して、さまざまな空間的考察を与えてくれるだろう。ここで男性についていささか述べておきたい。地理的空間や科学的分野の征服、思想の伝播といった事柄において男性が達成してきたことを見れば、それ自体が男性というものを雄弁に物語っており、男性性の伝統的な価値を確証している。しかし、バークレーのおもちゃを配置構成した少年たちのことを考えると、考え直す必要に迫られる。世界という場面において、われわれは、非常に才能豊かでありながらもいくらか少年のような人類が、歴史やテクノロジーで興奮しながら遊んでいて、前思春期の少年のおもちゃ構成のように、(たとえ技術的には複雑であっても)当惑するほどシンプルな男性的パターンをたどっているのを目にしているのではないか。拡大しつつある人間の空間――つまり、高度、侵入、スピード、衝突、爆発、そして宇宙警察――を支配する、おもちゃの小宇宙というテーマを目にしているのではないか。そうしている間に、女性たちは自分の身体内部や子どもの欲求の中に示されているケアの中に自分たちのアイデンティティを見つけ、外の世界空間は男性に属するものだと思い込んでしまったようである。

5

さらに先に進む前に、私がすでに述べたこと、つまり観察の結果は「予期されていなかったが、長い間待ち望まれていた何かを確証した」という報告に戻らなくてはならない。それらは、女性性の精神分析的理論に関してすでに言及されていた多くの疑問を明確化するのに役立った。もともと精神分析が女性に関して結論づけてきたことの大半は、いわゆる性器トラウマに依存してきた。これは、小さい女の子が、自分はペニスをもっていないし、これからも決して所有することはないという事実を突然理解することを指す。女性は誰でも羨望をもっているという、広く行き渡った仮定、将来の赤ちゃんはペニスの代用品であるという仮定、少女は、母親が彼女からペニスを騙し取っただけでなく、彼女自身をも騙してきたことに気づいて、母親から父親に目を向けるようになる、という仮定、そして最後に、「受動的 - マゾヒズム的」性向のために、女性は（男性的な）攻撃性を放棄する性質があるという仮定。こうしたことすべてが「トラウマ」に依存しており、すべてが女性らしさに関する精巧な説明の中に組み込まれている。こうしたことはすべての女性の中のどこかに存在していて、その存在が精神分析で何度も繰り返し示されてきた。しかし、特別な方法が真実を露わにするという考え方、特に、隠された憤りや抑圧されたトラウマを自由連想によって放出させる方法によって生み出された状況下で真実が露わになるという考えには、常に疑いの目を向けておくべきである。こうした同じ真実が、女性の発達の規範的理論の中では非常に部分的な真実という性格をもち、そこにおいては初期の生産的な内部の支配に従属しているように見える。ゆえに、このことは、理論的な重点を移すことを可能にするだろう。外的器官の喪失から活力ある内的潜在力へ、母親への憎しみに満ちた軽蔑心から、母親や他の女性との連帯へ、男性的活動の「受動的」放棄から、卵巣、子宮、膣の所有と調和した活動を目的と適性をもって追求することへ、苦痛の中でのマゾヒズム的快感から、人間としての経験全般や、とりわけ女性の役割における意義深い側面として苦痛を耐える（そして理解する）能力へ。そしてこれは、ヘレン・ドイッチュのような傑出した作家たちが見抜いていたように、「完全に女性らしい」女性の中に存在している。もっとも、彼らの用語は精神病理学用語「マゾヒズム」に結びついていた。「マゾヒズム」は、とりわけ苦痛を与えられることによって性的に興奮し満足を覚える倒錯について記述した、オーストリア人男性作家の名前に由来する（と同時に、苦痛を与える傾向のことは、マルキ・ド・サドにちなんで名づけられた）。

以上のことがわかると、今は分散している多くのデータが一つにまとまるのがわかるだろう。しかし、臨床医はここで、どのような考えによって、こうした用語が成り立ち、こうした発達理論が可能になり、しかもそれを非常に優秀な女性臨床医たちが受け入れたのかを、自らに問いかけなくてはならない。思うに、この考え方は、精神分析の精神医学的起源のみならず、この分野によって採用されたもともとの分析的-原子論的起源までさかのぼる必要があるだろう。科学の分野において、われわれの原子論的に思考する能力は、かなりの程度物質の本質に対応しており、それゆえにその物質に精通することができる。しかし、人間に原子論的思考を応用すると、人間を構成する要素として各要素を見るよりも、むしろバラバラの断片に分解してしまう。実際のところ、病的な状態の人間を観ると、その人はすでに断片化されているので、精神医学では原子論的な精神は断片化の現象に出会い、その断片を原子であると間違えてしまう。精神分析において、自分たちを励ますため（そして他人を論破するため）に繰り返し語られることがある。それは、人間の本質は、部分的な崩壊状態のとき、あるいはいずれにせよ顕著な葛藤状態のときに最もよく研究できる、そしてそれは――これはわれわれの言葉であるが――葛藤は境界線を引き、境界線上で衝突している力を明確化するからである、ということである。フロイト自身が述べているように、水晶の構造は、それが割れたときに初めて見ることができる。しかし、一方の水晶と、他方の有機体あるいはパーソナリティは、前者は無生物であり、後者はバラバラに分解すると一つひとつのパーツがしぼんでしまうことが避けがたい、という事実において、異なるものである。自我は、精神分析学的に言えば内的連続性を保護する役割を担っているが、それが病的な状態であるとき、多少とも不活発になる。つまり、人格や経験を体系化し、相互に活性化しながら自らを他の自我と関連づける能力を失っている。その点において、自我の非合理的な防衛は、他人と生き生きと交流している人よりも、葛藤や孤独の状態のほうが「研究しやすい」。とはいえ、私は自我の機能不全を理解することによって自我の通常の機能を完全に再構成できるとは思っていないし、すべての生き生きとした葛藤を神経症的な葛藤として理解できるとも思ってはいない。

それゆえ、ポストフロイト派は次のように位置づけることができるだろう。つまり、精神分析が最初に人間の本質への理解を飛躍させたことによって明るみに出た複雑性や葛藤は、確かに存在するものとして認識される。そして、それらは確かに、発達的な危機や付随的な人生の危機を支配しようと、われわれを脅かしている。しかし経験の新鮮さや全一性《ホールネス》、そして解決した危機に伴って生じる機会は、現在進行中の人生において、トラウマや防衛を超越する。これを説明するために、しばしば繰り返し語られるある言説を簡単に記述してみよう。小さな少女は、それまでのすべての段階において母親に第一に愛着心をもっていたのに、ある特定の段階になると父親に「注意を向ける」という言説である。実際にはフロイトは、理論的「リビドー」はこのように一つの「対象」から別の対象へ方向を変えると主張しただけであったが、この理論はこの時期において、シンプルかつ（原則として）測定可能なエネルギーの転移という考え方に対応していたので、科学界に受け入れやすいものだった。しかし、発達的に見ると、少女は第一に母親に依存していたときの彼女とはまったく異なる人間として、父親に注意を向ける。通常の場合、少女は母親から決定的に「対象関係」の本質を学んでいる。それゆえ父親との関係は、すでに彼女が母親を信頼することを学び、基本的な関係を再検査する必要がなくなったときに非常に重要になるという点において、まったく異なる関係になるのである。いまや彼女は、彼女の中の芽生えつつある悩ましい女性に応える、あるいは応えるべき存在として、新しいかたちの愛情を発達させることができる。それゆえこのプロセス全体は、少女はリビドーを母親から父親に向けるようになる、という例の言説に濃縮されるものよりも、はるかに多くの側面をもっている。それどころか、こうした転移は、自我が感情的、身体的、認知的成熟と一致したかたちで経験を再組織化する能力がいくらか不活発にされている場合にのみ、独立した「メカいらしいもの、つまりペニスに関して母親に失望したために、少女は父親に注意を向けた、と言うことができるのである。さて、明らかに、それまでの人物や活動から新しい人物や活動に愛着が変化する際には、かつての失望や新しい期待が際立った役割を演じるが、しかし健康的な変化においては、常に新しい関係のもたらす新鮮な機会のほうが、かつての失望が繰り返し訴えかけてくるものよりも重要になっていくだろう。また、明らかに、新しい愛着は新しい失望を準備する。なぜなら、早いうちから萌芽のかたちで存在すると思われる内的 - 生産的な役割は、小さな女性に——たとえば、どんな娘も父親の子どもを産むことはないという洞察において——、必ず抑圧や欲求不満に屈服することになる幻想を引き起こすからである。明らかに、内的生産的空間がまさしく存在するために、女性は早期から、特別な孤独の感覚や、空っぽにされる、宝物を奪われる、満たされぬまま取り残される、渇ききってしまうといった恐怖にさらされる。これが、小さな「エレクトラ」の努力と失望に負けず劣らず、一人ひとりの人間や民族全体に運命的な影響をもたらすのである。まさにこの理由のために、こういった感情は全面的に、少女が自分は男の子ではないとか［ペニスを］切除されてしまったと恨んでいることに起因する、という誤った解釈をしないことが、決定的に重要である。

子どものおもちゃの構成が、予期せぬものであると同時に待ち望まれていたものでもあった、というのはどういう意味なのか、いまや明らかであろう。予期しなかった点とは、性差による空間全体の支配——性器のいかなる象徴的表現の力をもはるかに超える「場」の支配——である。さらにデータは、女性のライフサイクル全体を通して「内的空間」がいかに重要であるかという点に関する、広く浸透した印象を非臨床的・非言語的に補完するものとして、「待ち望まれて」いた。こうした仮定がなければ、ガイダンス研究に参加した少女たちのライフヒストリーは意味を成さないが、同時に、あらゆる年代の女性患者たちの症例史も意味を成さなくなる。なぜなら、すでに指摘したように、女性の経験において、「内的空間」は潜在的充足感のまさに中心点であると同時に、絶望の中心点でもあることを、臨床観察は示唆しているからである。空虚さとは女性的な破滅の形式――内的生活を送る男性（そうした人については、後に論じることにする）もときおり経験する――であるが、すべての女性にとって標準的な経験でもある。取り残されることは、女性にとって、空っぽのまま残されること、身体中の血液、心の温かさ、活力すら失うことを意味する。こうしたときになぜ女性がそれほどまでに深く傷つきうるのか、というのは、多くの男性にとって謎であり、男性の共感的恐怖心と理解の拒否のどちらも引き起こしうる。こうした痛みは、月経のたびに再経験されうる。月経とは子どもを失った悲しみを天に向かって嘆くことであり、閉経を迎えてそれは永遠の傷になる。臨床的に見れば、この「空虚感」は非常に明らかであり、歴代の臨床家たちがこれに焦点を当てなかったのには何か特別な理由があるに違いない。おそらく、かつて原始的な人間がそれを恐怖症的に避けたり、魔術的な儀式によって浄化したりして禁じたのと同じように、現代文明によって啓蒙され、テクノロジー的自尊心が染み付いている人間は、苦悩する女性は何よりも男性がもっているもの、すなわち外的装備と「外部」空間への伝統的なアクセスが欲しいのだという解釈しかできないのだろう。もう一度述べるが、こうした女性的な羨望はすべての女性の中にあり、ある種の文化においてはそれが悪化する。しかし、これを男性の言葉で説明したり、宿命的に生まれたものなので女性的装備＝二級品であると正規に保証され、そのように受け止められている）の享受を倍加することによって補償されると提案したりしてみても、女性が現代世界において居場所を見つける助けにはならない。なぜなら、それは女性性というものを、至る所で見られる補償神経症にしてしまったからである。そしてそれは、「回復」されることに痛ましくも固執するという特徴がある。

そこで、私はここで二つの方向から一般化しようと思う。私は、精神分析学において、性的形態論に内在する生殖パターンを十分に重要視してこなかったことを問題提起したい。そして、生殖パターンというものは、その強度が異なるとはいえ、すべての興奮やひらめきの状態に広く浸透しており、**もし統合されているならば**、すべての経験とその経験相互のやりとりに力を添える、という仮説を立ててみたい。

生殖能力をもつモダリティに中心的な役割を与えることによって、私もまた、性的象徴をしばしば強迫的に強調するという精神分析理論にありがちなやり方を繰り返しているかもしれない。また、女性も男性と同じように性的とはかけ離れた活動に適しており、たいていの場合はそれを楽しむことができるような、すべての人間に共通する器官を所有しているという事実を無視しているように見えるかもしれない。しかし、性的抑圧も性的偏執狂も、セクシュアリティを人間活動の全体的デザインから**分離させる**ものであるが、どのようにして性差が、一度当然のものと見なされると、そのデザインの中に**統合される**のかという点に、われわれは興味をもつ必要がある。ところで性差は、ライフスタイルの分極化をもたらし、相互の楽しみを最大化する（現在、かつてないほどに生殖活動から切り離されている）が、それでもなお、生殖の形態論を維持している。現在、セントルイスで人間の性的反応に対して医学的に行われているような内的空間へのあからさまな探究でさえも、あらゆる種類の性的行為の興奮に生殖器官が生き生きと関与していることを明らかにすると思われる。

6

もし「内的空間」があらゆる形態の中にそれほど広く浸透しているのならば、それが社会組織の進化論的な始まりにもその位置を占めているのが発見されるはずである。ここでも、具体的なデータに頼ることができる。

最近、ウォッシュバーンとドボア[3]によってアフリカで撮影された映画には、基本的なヒヒの組織の形態学が生き生きと描かれている。食物を探して一定の地域をさまよい歩くヒヒの群れ全体は、非常に組織化されていて、内側の安全な空間に、未来の子孫を身ごもっている雌ヒヒや幼いヒヒを連れている雌ヒヒを保護している。雌ヒヒは力強い雄ヒヒに囲まれて守られており、雄ヒヒは地平線に目を配り、入手可能な食べ物に向かって群れを導き、潜在的な危険から隊列を守っている。平和時に、強い雄は、妊娠中や養育中の雌ヒヒの「内的サークル」を、比較的力が弱いが間違いなくより執拗な雄ヒヒの侵略から守っている。一度危険が見つかると、移動中のヒヒの群れ全体が立ち止まり、安全な内的空間と戦闘のための外的空間という形を固める。中央には、妊娠中の雌ヒヒと新生児を連れた母親ヒヒが座る。その周辺には、敵と戦い追い払うために雄ヒヒが身構えている。

私は、この映画が美しく創造性に溢れているというだけでなく、茂み中でのヒヒの配置の中にバークレーのおもちゃの構成に見られるものと類似するものを見出して、感動した。とはいえ、このヒヒの映画はわれわれの考察をもう一歩、前に進めてくれる。雌ヒヒと雄ヒヒの骨格、姿勢、行動が形態論的にどのような違いがあるにせよ、保護する子宮から防御可能なテリトリーという境界まで、同心円状に群れを守り、防御している。このように形態論的な傾向は所与の必要条件に「適合」し、基本的な社会組織によって精緻化される。そして、ヒヒの間でさえも、最も偉大なる戦士たちは騎士道精神を発揮し、そのために雌ヒヒは、たとえば、より弱い肩肉をもち、戦いのための装備がより少なくてもよいのである。したがって、人類以前の動物についても人間についても、次のように定式化できる。いつ、どのような観点から、女性が何においても「弱い」と言いうるかは、個別の筋肉・能力・性質に関する比較検査に基づいて決められるのではなく、個別機能の生態と適合している有機体にとって、それぞれの項目がどのように機能的に適合しているかに基づいて決定されるべきものである。

人間の社会と技術は、当然、進化の法則を超越し、適応という文化的勝利と大規模な身体的・精神的な不適応が存在する余地を残している。しかし、生物的に人間の女性に与えられた強さと弱さについて語ろうとするならば、あらゆる差異の測度の一つとして、性的差異という生物学的な基底を受け入れなくてはならないだろう。そのような意味において、女性の生産的な内的空間は、女性がそれをめぐって部分的に、あるいはすっかり自分の人生を創り上げることを状況が許すかどうかにかかわらず、不可避の基準であり続けるだろう。いずれにせよ、人間の男性と女性の「生得的な」違いを記した長いリストの中の検査可能な項目の多くは、生態系の中で有意義な機能をもっていることを示すことができる。その生態系は、あらゆる哺乳類の生態系がそうであるように、人間の胎児は一定の期間、子宮の中で育てられる必要があるという事実や、赤ちゃんは、最初は母親によって（そしてこれは母親の目覚めたばかりの母親らしさを満たすためでもある）、次に他の女性が次第に加わっていくような母親的世界の中で、授乳されたり、ともかく養育されたりする必要があるという事実に基づいて作られている。ここには、数年にわたる、専門化した女性に特有の仕事も含まれている。それゆえ、将来の卵子と母親的な労働の担い手となる小さな少女は、出生時のトラブルがより少ない傾向があり、男性よりもタフな生き物であることがわかっているということ、つまり小さな病気には確かに罹るものの、致命的な病気（たとえば心臓病など）にはより抵抗力があり、平均寿命も男性より長いというのは、理にかなっている。少女が少年よりも早い時期から時間的、空間的に直接関係する詳細に集中することができ、またいつでも見たもの、触ったもの、聴いたことについてより繊細に識別できるというのも、理にかなっている。こういった物事について、少女はより生き生きと、より個人的に、そして大きな共感をもって、反応する。また一方で、より感動しやすく、人を感動させやすいので、回復が早く、再び別の方面で反応する準備が整っているとも言われる。これらすべてのことは、他の人間の、特にか弱い者からの個別的な要求に応えるための「生物学的な」課題にとって必要不可欠であるとする解釈は、筋の通らないものではないだろう。また、この文脈において、筋肉を大きく動かす場面において、女性が熱意、速度、協調を大きく示さないのは、嘆くべき不平等であるとは言えないだろう。また少女は、限られた活動の範囲内でより簡単に満足を得ることができ、コントロールされることへの抵抗が少なく、のちに少年や男性が「逸脱」へと導かれるような種類の衝動性もあまり見せることがない。こういったことすべてや、より検証済みの「差異」は、われわれのおもちゃの構成の中にも当然の結果として存在すると示すことができる。

ここで女性的なものとして示した基本的な枠組みの大部分は、何らかのかたちですべての男性の中にも存在しており、特別な才能――あるいは弱さ――をもつ男性の中に決定的に存在していることは、いまや明らかである。ある種の芸術的あるいは創造的な男性に特徴的な内的生活は、通常は女性のものとされる内面性や敏感な内在性（ドイツ語で言うInnigkeit）に専念するようにすることで、確かに生物的に男性であることを補償している。彼らは内に抱いた理念を育てて結実させ、しっかりとした成果という行為に向かってゆく一方、周期的な気分の変動を味わいやすい。ここでの論点は、女性においては、文化が**大部分の女性**の中に当然育てるべきような全体的に最適な布置《コンフィギュレーション》の中に基本的な枠組みがあり、それは個人の充実のためであると同時に集合体としての生存のためでもある、ということである。それゆえ、基本的な性差について論じる際に、多面的なパーソナリティや独特の葛藤、複雑なライフヒストリーの包括的な説明をすることなく、例外的な際立った男性や女性の逸脱や達成（あるいはその両方）を引用することは、ほとんど意味をなさない。その一方で、一連の人生段階においては、成長し成熟しつつある個人に必要不可欠の同一性《セイムネス》の中にも、自由なバリエーションの余地が十分に与えられていることを強調しておかなくてはならない（そして、無慈悲に個人をタイプわけすることによって運命論を決定づけ続けるポスト‐ピューリタニズムの文明の中では、特にそうである）。

たとえば、女性の人生の中にも、私が心理・社会的モラトリアムと呼ぶ期間、すなわち成人としての機能を遅延させることのできる、承認された期間が含まれている。成熟しつつある少女や若い女性は、小さな少女や成熟した女性とは対照的に、内的空間の独裁から比較的自由でありうる。事実、彼女たちは、完全に「男性的」とは言えないとしても、しばしば雌雄両性的に見えるような態度と好奇心をもって、「外的空間」に敢えて入ってゆくだろう。彼女の空間的行動の目録の中に、特別な歩行的次元が加わることになるが、これに対して社会は、純潔の制約という特別なルールによって対応する。しかし、もし社会慣習が許すならば、少女は男根‐歩行移動的な男性とさまざまな同一化の可能性を試してみる。彼女は男性の相棒となり、その人にとって最も魅力的な人物になる経験——一見すると矛盾しているようだが、結果的には分極化と性的・人格的スタイルに形を変えてゆくことになる——さえも実験してみるのである。これらすべてにおいて内的空間は主観的経験の中心であり続けるが、外的には持続的で選択的な魅力としてのみ表現される。というのも、他人を若い女性に惹き付けるものが、磁石のような内向性であれ、挑戦的な外向性であれ、あるいはその両者の劇的な入れ替わりであれ、彼女は彼女を探す人を選択的に招くからである。

若い女性たちはしばしば、誰と結婚し、誰のために家庭を作るのかを知る前に「アイデンティティをもつ」ことができるのかと尋ねる。確かに若い女性のアイデンティティの何かは、一緒になる男性や育てられるべき子どもたちの特性を受け入れるために開かれていなくてはならないが、思うに、若い女性のアイデンティティの大部分は、どのような男性（あるいは男性たち）に探されたいかという観点から男性を探すという、彼女の魅力や選択的な本質の中に、すでに定義されている。これは当然、彼女のアイデンティティの心理・社会的な側面に限ったことであり、彼女は引き続き一労働者や市民としての訓練を受けたり、その時代の役割可能性の中で一人の人間として発達したりしながら、その終結を引き延ばすこともある。若い女性が、子育てという未来の機能とは明らかに切り離された一連の活動の中で見せる並外れた愛らしさや聡明さは、一つの審美的な現象であり、ほとんどすべての目標や目的を超越しているように見え、それゆえにその内の純粋な存在を象徴する。それゆえ、若い女性は、あらゆる時代の芸術において、理想や理念の目に見える表象として、そして創造的な男性のミューズ、アニマ、そして謎として、認められてきたのである。ゆえに人は、それ自体に非常に大きな意味があると思われるものに隠された意味を付与することや、そのすべての中に内的空間が暗々裏に存在していると指摘するのは、いくらか気が進まないものなのである。本物のモラトリアムには、一定の期間と、その終結がなくてはならない。女性性は、自らの魅力と経験によって内的空間が「本気で」歓迎するに値すると認められるものを選択することに成功したとき、現れてくるものなのである。

このようにして、個別的な意味のない比較ではなく、身体的、歴史的、個人的な全体をその布置においてみるアプローチのみが、文脈の中で機能や経験の差異を識別する助けとなる。ゆえに、女性は、彼女の中心的な生物学的機能が、身体内部のプロセスに合った方法で活動的であることを強制する、あるいはそれを許可するということ、ある種の親密さを形成する能力や、強烈な感情を自制する能力があるということ、その内部で母親的なケアが開花できる保護された内的空間で生活することを選ぶだろうということ、といった理由で、単純に男性と比べて「より受動的」ではない。また女性は、出産の痛みに加えて、内なる周期性を受け入れなくてはならないからといって「よりマゾヒスティック」ではない。出産の痛みについて、聖書の中ではイヴの逸脱行為への永遠なる罰として説明されており、ボーヴォワールのような近年の作家たちからは「自らの身体内部の敵対的要素」であると解釈されている。性生活や母親の仕事という現象をもとに考えてみれば、女性はその痛みに関する知識によって、小さな痛みに中毒的な快感を得ているというよりも、深い意味での「真の苦痛《ヴィア・ドロローサ》」〔イエスの最後の歩み〕となっていることは明らかである。女性はむしろ、苦痛を理解し和らげるために「痛みを受け止め」、避けがたい痛みに耐えるのに必要な忍耐力をもてるように他人を訓練することができる。それゆえ、痛みを倒錯的あるいは復讐的に活用するときに限り、女性は「マゾヒスト」なのであり、それは女性的な機能の中に深く入り込むというよりは、そこから出ようとしていることを意味している。同様に、女性的な活動に向かう性質を含めて、効率性や人格的統合の領域であまりにも受け身になりすぎたときに限り、女性は病理学的に見て受動的であると言える。

しかし、反論が難しい議論が一つある。女性は、時代を超えて、（少なくとも家父長制の時代においては）マゾヒスティックな可能性の搾取につながるさまざまな役割を果たしてきたという主張である。女性は、制約を課され、身動きがとれなくされ、奴隷化され、子ども扱いされ、売春をさせられ、搾取されるがままであり続けてきて、そこから得たものと言えばせいぜい、婉曲的な支配という、精神病理学の用語では「副次的利益」と呼ばれるものくらいであった。しかし、この事実は新しい種類の生物文化史の中でのみ、十分な説明が可能になる。そしてそのような新しい試みは（これは私の主要な論点なのであるが）、まず、女性は特定の歴史的条件のもとでそうである姿、あるいはそうであった姿のままであらねばならない、あるいはこれからもそうあり続けるだろう、という偏見に満ちた見方を克服しなくてはならない。

7

では私は、「解剖学的事実は運命である」と言おうとしているのだろうか。確かに、生物学的機能の範囲と形態、およびその限界を決定するだけでなく、ある程度はパーソナリティの形態も決定するという限りにおいて、それは運命であると言えるだろう。女性の献身と関わりの基本的モダリティは、当然ながら、彼女の身体のグランドプランも反映している。私は別のことを論じた際に、「インセプション（inception：

発端)」を、すでに人生の初期の段階や子どもの遊びの中での支配的モダリティであるとして取り上げた。[4]

ついでに、女性の能力をさまざまな存在のレベルから言及しておくと、積極的に包摂すること、受容すること、「手に入れて、それを保護すること」、さらには、それをしっかり掴んでおくこと、抑制することなどがある。女性はきわめて選択的に保護的であり、無差別的に過保護である可能性もある。彼女が保護しなくてはならないとは、彼女が保護に頼る必要があるということである——そして、過保護を要求することもあるかもしれない。そして確かに女性は侵入器官、すなわち授乳のための乳首をもっていて、事実、彼女の支援したいという想いは、侵入的・抑圧的になりうる。実際、女性に特有の可能性を議論するとき、多くの男性が——そして女性も——考えるのは、このような誇張と逸脱なのである。

しかしながら、すでに指摘したとおり、女性であることの枠内でどれほどの多様性をもちうるか、あるいはその人生段階や歴史的・経済的機会の中で自由裁量の余地として残されている部分をどう生かすか、という観点から見て、女性が男性よりも「よりそう」であるかどうかを尋ねてみることには、ほとんど意味がない。これまでのところ、私は、やみくもに否定されたり排他的に強調されたりするべきではない、生理学的に見て最低限度のことを繰り返し述べてきたにすぎない。なぜなら、人間は、身体を所有しているのみならず、何者かであるからである。つまり、分割不可能なパーソナリティであり、定められた集団のメンバーでもある。この意味で、ナポレオンが「歴史とは運命である」という格言を残し、フロイトが——これは私が信じていることなのだが——それに対比させようとして「運命は解剖学の中にある」という格言を残したが(忘れてはならないのは、人は自分の最も一方的な格言に、どの格言を対比させようとしたかよく知っているものである)、両者は同じくらい妥当である。換言すれば、解剖学、歴史、パーソナリティが組み合わさって、われわれの運命となる。

当然ながら、男性は、女性が耐えてきた懸念事項のいくらかを分かち合い、配慮してきた。どちらの性別であれ、人は性を超越して、他者を感じ、他者の懸念を表現することができる。なぜなら、現実の女性は、正統的なものであれ補償的なものであれ、男性らしさを心に抱いているのと同じように、現実の男性は、それが力強い慣習によって許されているならば、母性を帯びることができるからである。

生物学と歴史学を橋渡しする観察を探し求めているうちに、私はある極端な歴史的事例に思い当たった。女性が、男性たちが完全に敗北したと思われたとき、自らの生殖的機能を生活スタイルにまで押し上げた例である。

この話は、私がカリブ諸島の会議に出席し、この島々に広く浸透している家族パターンについて学んだ際に、二度の機会にわたって紹介されたものである。聖職者がこれを非難するのは当然のことであるし、人類学者が調査するのももっともであるが、カリブ諸島の家族生活のパターンは、アフリカ的であると解釈されたり、プランテーション時代のアメリカにおける奴隷時代の副産物であると解釈されたりを、交互に繰り返してきた。このプランテーションは、ブラジルの北東部沿岸からカリブ海の半円を通って、現在のアメリカ合衆国の南東部にまで広がっていた。もちろんプランテーションというのは、有閑階級によって所有され操業されていた農業工場で、その文化的・経済的アイデンティティは地域を超えた上流階級にそのルーツをもっていた。そこで働かされていたのは奴隷であり、奴隷となった人々は、雇い主にとってはただの備品であったので、必要な時や場所に応じて使われ、彼らはしばしば自分の家族や共同体の支配者となるあらゆる機会を放棄しなくてはならなかった。それゆえ、女性たちはさまざまな男性の子どもたちと共に置き去りにされたが、その男性たちは何かを与えることも保護することもできなかったし、従属する者としてのアイデンティティ以外には、どんなアイデンティティも提供することはできなかった。その結果として出来上がった家族システムは、文献の中で数々の限定というかたちで記述されている。「恋人」とも呼べないほど曖昧な関係にある人同士で「性的奉仕」を行う、若い少女たちの性生活における「最大限の不安定さ」、そしてその少女たちは、しばしば子どもの世話を母親に委ねて「放棄して」しまう。少女の母親や祖母たちが「標準的協働様式」を決定するが、その様式は個人から成る集団を家族と呼ぶのに最小限必要なことを満たしているにすぎず、これらは「世帯集団」、すなわち、共通の食物供給を分かち合い、「母親中心に」営まれている人々の集団によって占有された単体の住居を指す。「母親中心に」という言葉は、全権力を掌握している祖母的な人物の非常に大きな役割を過小評価している。この祖母的人物は、娘に対して、自分のもとに子どもを残してゆくように、あるいは少なくとも、子どもを産み続ける間は自分のもとに留まるように勧める。こうして、母親であることが共同体の生活となり、聖職者が道徳心というものをほとんど、あるいはまったく見出せないところで、そしてちょっと立ち寄った観察者が伝統というものをほとんど、あるいはまったく見出せないところで、母親たちや祖父母たちは父親や祖父母にならざるをえなかった。それはつまり、子どもの父親である男性の経済的義務に関する一連の規則が常にころころと変わる中で、たった一つの連続する影響を行使した、という意味である。彼女たちは近親相姦を避けるというルールを守った。これらに加えて、私には彼女たちが、男性が奴隷化された後に開かれていたただ一つの超アイデンティティを提供していたように見える。つまり、人間の子どもの価値は、家系には関係がないということである。

子ども時代の小さな白人紳士たちの多くが慈しみ深き黒人女性たちの長きにわたる熱情にいかにして利益を受けてきたかは、よく知られている。これらの女性たちは、アメリカ南部での「ばあや（mammies）」、クレオール語での「das」、ブラジル語の「babas」である。この驚くべきケアの精神は、当然、人種差別主義者からはただの奴隷状態だと軽蔑され、道徳主義者からはアフリカ的官能主義だと非難され、「大陸的な」女性らしさから逃れてきた白人たちからは、これぞ真の女性らしさであると理想化されている。しかし、この母性主義の根本には、人間の適応というものが壮大なかたちで示されているのが見られるだろう。これが、カリブ海地域（現在、その文化的統一体に正当な価値を与えるための政治的・経済的パターンを探し求めている）に、肯定的な母性的アイデンティティの約束と、否定的な男性的アイデンティティの脅威の両方を与えている。なぜなら、単に生まれたということだけに頼るアイデンティティは、多くの男性たちの中の経済的な大志を間違いなく弱めてしまうのが事実だからである。

これが重要な歴史的問題であるということは、シモン・ボリバルの人生を見てもわかる。「南アメリカの解放者」と呼ばれるボリバルは、ベネズエラの海岸地域で生まれた。ここは偉大なるカリブ海半円の枢軸点である。一八二七年にボリバルがカラカスを解放し、勝利者としてその町に入ったとき、ボリバルは群集の中にかつての乳母、黒人のイポリタを見つけた。彼は馬を降り、「黒人女性の腕の中に身を投げ出し、その女性は喜びのあまり涙を流していた」。その二年前、ボリバルは姉に宛てた手紙にこう書いている。「我が母イポリタへの手紙を同封しますので、彼女が望むものは何でも与え、彼女を私の母親のように扱ってください。彼女の乳が私の人生を養ったのですし、私は彼女のほかに父親を知らないのです」

（翻訳は私のものではない）。ボリバルのイポリタへの溢れ出す感情にどのような個人的理由があったにせよ（ボリバルは九歳のときに母親を亡くしている、など）、この出来事の個人史的な重要性は、この事実の歴史的重要性と十分に合致している。その事実とは、彼はこの関係を宣伝活動の一つとして利用し、それが人種と起源に関する奇妙なイデオロギーの中で、彼が――彼の祖先から――解放した大陸の全域にわたって彼のカリスマに貢献したことである。

この大陸については、ここでの検討事項ではない。しかしカリブ海地域について言えば、母親中心性という主題によって、自主性《イニシアティヴ》が極端な信頼感から弱さへと移り変わるある種のバランスの不均衡のほとんどを説明することができる。この自主性《イニシアティヴ》の特徴は、この土地出身の専制君主によっても外国資本によっても搾取されうるものであり、今ではかつての植民地支配者にとっても、さまざまな島の集団の自由な指導者たちにとっても、懸念事項となっている。このことを踏まえた上で、この島の一つを引き継いだ、あごひげをたくわえた男性や少年の集団は、まったく新しいタイプの男性像を表現しており、カリブ諸島の男たちは生産においても生殖においても同様に、「大陸」の指導や所有を押し付けられることなく、自ら価値を示すことができると証明しようとしていることを理解しなくてはならない。

このカラフルな諸島地域が女性によって構造化された内的空間に変化するという現象は、注意をもって応用すべき、ほとんど臨床例と言ってもよい例である。しかし、これは非公式の歴史からつむぎだされた一つのストーリーにすぎない。ただし、こうしたストーリーは、あらゆる地域や時代について、今後書かれていくだろう。つまり、領土や支配地の歴史、市場や帝国の歴史、そして、公式な歴史がずたずたに引き裂いてしまったものを保護し回復させる、女性の静かな創造性についての歴史である。現代の歴史科学における活発な動き、たとえば、ある歴史的時代のある特定の場所の日常的な雰囲気を詳しく記述する試みなどは、いわば統合された歴史が必要であるという意識が次第に高まりつつあることを表している。

したがって、本当に問題になるのは、ある一つの研究分野が、男女の性差に関して、確かな推論の基礎となるようなデータを提供できるかどうかである。ここで言いたいのは解剖学的、歴史学的、心理学的事実のことであるが、明らかにしておかなくてはならないのは、こうした分野の一つにおけるやり方で確実なものとして確認された事実は、まさにそのことで、最も活力のある相互連絡を失ってしまうということである。人間は、かつても、そして現在も、身体的秩序の一部であると同時に、人格的・社会的秩序の一部でもある。こういった秩序について既存の分野で特定するのを避けるために、ここでは身体（ソマSoma）、精神（サイキPsyche）、政治（ポリスPolis）と呼ぼうと思う。なぜならこれらは、少なくとも、既存の精神身体医学やこれから確実に現れてくる精神政治学など、新しい分野の探求を目指す試みに役に立ちうるからである。それぞれの秩序は一定程度損なわれないよう保護するとともに、自由意志による選択肢、あるいは少なくとも運用可能な選択肢に幅をもたせてくれるが、その一方で、人はこの三つすべてを生きており、それらが相互に補完しあい、「永久に」矛盾しているのを何とか調整しなくてはならないのである。

身体は、ライフサイクルを生きている有機体の本質である。しかし、女性の身体は、女性の肌の内部や、服装の現代的な変化によって示される多様な見た目によって包まれているものだけを指しているのではない。女性の身体は、発達的な進化および社会発達的な進化の仲介者としての役割を含んでおり、それによって女性はそれぞれの子どもに、身体的、文化的、個人的アイデンティティの身体的（肉体感覚的、知覚的）基礎を創り出す。この使命は、一度子どもを身ごもったら、必ず達成しなくてはならない。これは女性に特有の仕事なのである。しかしこの拡大された身体的領域でのみ生きている女性はいないし、またその必要もない。現代世界において、女性は、より意図的かつ責任をもって、自らの身体的課題を選択し、計画し、放棄するための、かつてないほど大きな余地が用意されている。ゆえに女性は市民として、労働者として、そして当然、個人として、決定を下すことも、あるいはそれを無視することもできるし、そうしなくてはならない。

精神の領域については、自我と呼ばれる組織化する原理について、すでに議論した。自我の中には個人の経験を組織化する中心が備わっているが、それは自我がその人をその人ならしめるものの守護者だからである。自我組織は、身体的・個人的経験と、最も広義な政治的アクチュアリティを仲介する。そのために、自我は男女に共通する心理的機能を使う――この事実によって、知的交流、相互理解、社会的組織化などが可能になる。戦闘的な個人主義や平等主義は、個人のこの中核を膨張させ、そのためほとんど身体的・社会的差異がなくなってしまったように見えるところにまで至ってしまった。しかし、自我の能動的な強さ、そして特に個性の内部のアイデンティティは、身体発達と社会組織の力を必要としているし、またそれを利用している。それゆえ、ここで、女性というのはいかなる人間になろうとも女性でなくなることはできないという事実によって、彼女の個性、身体的存在、社会的可能性の間に独特の関係が生み出されるのであり、女性的アイデンティティはそれ自体で研究され、定義されなくてはならないという必要が生じるのである。

私は市民生活の領域を政治と呼ぶが、それは、その領域が自分の「都市」として認識される境界にまで達することを強調したいからである。現代の通信手段の発達によって、こういった共同体は、全世界とまではいかなくても、ますます拡大している。この領域で、女性は知的志向や労働の能力やリーダーシップなどにおいて、男性と互角であるように見えうる。しかしこの領域においても、「内的空間」の事実や、女性的精神の可能性や欲求という事実を、何の弁解もなく反映できるようになるまでは、女性の影響力が十分に発揮されることはないだろう。女性が、経済や仕事の分野で、単に男性の仕事に適応するだけでなく、仕事そのものを自分に適応させられるようになったとき、課題や役割、機会、仕事の特殊化などがどのようになってゆくのかは、まだ予言不可能である。こうした革命的な再評価によって、現在男性的であると言われている仕事が男性にも非人間的な適応を強いているという洞察さえ、生まれてくるかもしれない。

ただし、私が女性の生殖的な資質の中心的な重要性に関する定義を用いているからといって、すべての女性に永遠の母親らしさを「運命づける」新しい男性の試みに乗ろうとしているのではないし、女性が個人として同等であることや市民生活において平等であることを否定するつもりはないことを、明らかにしておかなくてはならない。しかし、女性は女性ではない者になれない以上、彼女の自然な性質を包含し、統合するような活動様式の中でのみ、長期的な目標を見ることができる。思うに、真に解放された女性というのは、あらゆる達成の領域において自分は男性の実績や能力に敵うことができると明らかにわかったときでさえ、むしろまさしくそのときにこそ、平等の尺度として、より「活動的な」男性の性向と比較されることを拒否するだろう。

最も検証しやすい性差というものは（セクシュアリティや生殖に内在するもの以外では）、それぞれの性に、ただ態度や特性の幅をもたらすだけである。その態度や特性とは、ほとんどの構成員にとって「自然である」こと、すなわち、性質や好み、傾向などのことである。当然、これらの多くは忘れることもできるし、多少なりとも努力し、特別な才能に恵まれていれば、再び学ぶこともできる。しかし次のことは否定されるべきではない。つまり、テクノロジーと啓蒙の恩恵によって女性に与えられた選択肢が常に拡大し続けている中で、問題になるのは、ただ、未来の女性は、生まれもった性質のどのくらいを、そしてどの部分を、保ち、育成することが最も自然であると感じるのか、という点のみである。ここで「自然」というのは、すでに述べた三つの基本的側面の中で統合され、連続性をもつことができるものという意味である。

ゆえに、身体をもつ者として、女性は、その身体的存在が（彼女自身の選択によって次第にその程度が増してゆく）彼女と相互依存的である人間の生活と連結している人生の段階を通過する。しかし、労働者としては、たとえば、数学的法則によって構造化されているような分野において、女性は、性相互の、あるいはより理想的には性を超えた判断基準によって、いかなる男性とも同じく責任を負う。最後に、一人の個人としては、（生物学的に与えられた）性質や、（技術的に、あるいは政治的に与えられた）機会を活用して、母親であることや市民としての課題でしくじることなく、彼女の人生が最も連続性をもち、最も意味のあるものになるように意思決定を行う。問題は、どのようにこれらの人生の三つの領域がお互いに浸透しあうのかである。そこには間違いなく葛藤や緊張が付きものであるが、それでも、ある程度の目的の連続性があるはずである。

最後にまとめとして、女性の仕事の最先端について考えてみよう。たとえば、工学や科学の本質は、労働者の性差とはほとんど何も関係がないし、同様に、科学の分野での訓練は、女性であることや母親であることなどの親密な課題から見れば、多かれ少なかれ末梢のことである。私は十分に確信をもって言うのだが、女性によって作られたコンピュータは、「女性の論理」を裏切ることはないだろう（ただし、この確信がどの程度確かなものであるのかはわからない。なぜなら女性は、そもそもコンピュータを発明しようという気がなかったのだ）。コンピュータの論理は、良かれ悪しかれ、性別を超えたものである。しかし、この怪物に何を尋ね、何を尋ねるべきではないか、またしっかりとした意志をもって、いつそれを信頼し、いつそれを信頼すべきではないか――思うに、こうした問いについて、高度な訓練を受けた女性ならば、科学的思考法を人道的な課題に微分的に応用するという、新しい種類の洞察に貢献するだろう。

さらに先に進もう。もし、科学やそれ以外の領域に女性が本当の意味で参加したとき――ごく少数の栄光に満ちた例外としてではなく、ごく普通のエリート科学者の一人として参加したとき――そこで何が起こるのか、われわれは本当に知っているのだろうか、あるいは知りうるのだろうか。科学的なインスピレーションというのは、それほど非人間的で方法論に縛られているので、科学的創造にパーソナリティは一切関係がないのだろうか。もし優秀な科学者や共同研究者になったとしても、女性は女性でなくなることはできないということを認めるならば、そしてとりわけ、女性が特別な申し訳や主張をしなくなるまで成長したとするならば、女性のビジョンと創造性が、新しい検証の法則ではなく、新しい探求分野や新たな応用につながるような科学の分野（ある種の課題にとっては科学的周辺部であったとしても、おそらく別の課題にとっては非常に核心の部分）もありうることを、それほど強硬に否定し続けられるだろうか。思うに、女性たちが十分に科学に参加して、課題や役割についてリラックスし、未知なるものに自分たちを適応させることができるようになったときにはじめて、こうした可能性が支持されるか否定されるかがわかるのだろう。

私が最も主張したいのは、制限が解かれたときも、女性は生物学的、解剖学的に与えられたものの含意を育成することが期待されるかもしれないという点である。女性は、新しい活動分野において、計画された人間性の中で生まれた一人ひとりの子どもに責任をとるような配慮や世話の数々を強調する決意をもつことで、国家的・テクノロジー的拡大（たとえ人類を滅亡させる危険を冒してでも）によって外的世界の支配を完全なものにしたいという男性の無差別的な努力に、バランスをもたらすかもしれない。変化しつつある状況に、両性が新たに共同して適応していく際には、多くの困難が待ち受けているかもしれない。しかし、人類の半分を計画や意思決定に参加させないという偏見は正当化されるべきではない。とりわけ、その人類の残りの半分が、テクノロジー過程の競争の高まりや加速によって、今の豊かさを謳歌しながらも、われわれ自身やわれわれの子どもたちを巨大な崖っぷちに連れてきており、われわれがそこで生活している現在においては、女性の参加は必須事項なのである。

新しい適応力とは、常に、解放された個人のエネルギーと、新しい技術的・社会的秩序の潜在的可能性が合流する歴史的状況において発達する。新しい世代は、進歩しつつある技術と歴史的展望を伴う新しい自由の連続性の中で、完全なる活力を獲得する。またそこでは個人的な統合が強化され、それに伴って人間性の感覚も増す。それは、子どもでも感じるものであり、母親的領域において新たな適応が必要とされるとしても、それは変わらない。社会的創造力や新しい技術は、その価値に確信を抱いている社会の中において、必要不可欠な適応を計画する手助けをする。しかしこうした価値がなくては、行動科学が為しうることはほとんどない。

それゆえ、われわれはおそらく、女性の特有の創造性には何かがあると期待できるだろうし、それは、人間に関する非常に重要な問題についてリーダーシップを共に担うために、女性と男性性との関係（自分自身の男性性も含めて）が解明されることにかかっている。これまで人間に関する非常に重要な問題については、才能ある精力的な男性の手に完全に委ねられてきたが、そうした男性のリーダーシップの才能は、結果として残酷な自己権力の拡大に屈することもしばしばあった。いまや人類は、新しい種類の社会的発明や、養い、育て、世話をし、忍耐し、包み込み、保存するものを保護し、涵養する制度を頼みにしている。

ポール・ティリッヒと最後に会話を交わしたとき、彼は臨床医学が「適応的な自我」に注意を向けすぎていることへの不安を表明した。彼は、この傾向が、あまりにも「適応的」であるがゆえに、「究極の関心ごと」に向き合うことができない人間を作り出してしまうような、さらなる試みを支持することになる（これは私の表現である）と感じていたのである。私は、精神分析が、存在を合理化するような空しい試みの一部になるという危機に直面していることには同意したが、精神分析はその起源や本質において、人間を「究極の関心ごと」に向かって解放することを意図していると考えている。なぜならこういった関心ごとは、神経症的な怒りが終焉し、単なる再適応が超越されるような稀な瞬間や場所においてのみ、究極的になりうるからである。おそらくティリッヒも同意してくれたと思う。こう付け加える人もいるだろう。人間の究極性は、男性による外的空間への征服が終わるところ、あるいは、「より」全能で全知の存在に服従して承認しなくてはならない領域から始まる永遠なるものとして、あまりにも頻繁に描かれてきた、と。しかし、究極性は、直接的なもの（the Immediate）の中にも存在することがわかるだろうし、この直接的なものは、女性や内的精神の持ち主の領域なのである。

第8章　民族、そしてより広いアイデンティティ

1

アイデンティティという概念、あるいは少なくともこの用語は、アメリカにおける黒人革命に関する文献の中でも広く浸透しているようである。また、この言葉は他の国においても、植民地的思考パターンの残存物からの解放を探し求めている有色民族や国家における革命の、心理的中核の何かを表現するようになった。この用語が提起するものが何であれ、この歴史的分岐点に立ち会っている多くの真剣な観察者たちに向かって、何かを語りかけているらしいことは確かである。たとえば、ネルーは「ガンディーはインドにアイデンティティを与えた」と言った（と言われている）が、明らかに彼は、この用語を、宗教的な意味でも政治的な意味でも、非暴力的方法の発達の中核に置いた。ガンディーはこの非暴力的方法によって、大英帝国の内部で自分たちの完全なる自治権を主張しつつ、インド人の独自の統一を築こうと努力したのである。ところで、ネルーは何を伝えようとしていたのだろうか。

ロバート・ペン・ウォーレンは、『誰が黒人のために語るのか』の中で、情報提供者の一人からこの言葉を最初に聞いたとき、驚きをもって反応したことを記している。

私はアイデンティティという言葉を捉えた。これはキーワードだ。何度も何度も聞くことになるだろう。数多くの争点が、この言葉に焦点を合わせ、この言葉の周りに凝固し、動きながら、互いに変化してゆくだろう。自らが生まれた世界から疎外され、自らが市民たる国から疎外され、しかもその新たな世界の、その国の成功価値に囲まれていて、どうすれば黒人は自らを定義することができるだろうか。[1]

当然、アイデンティティという用語の使い方一つをとってみても、われわれがそこに込めた意味に少しでも似たものを含意しているのはどのくらいの頻度なのかを言うことは不可能である。「危機」という言葉がそこに連結していれば、意味が一致している可能性はより高まる。そして確かに、国家的危機あるいは民族的危機と言えば、人々にある種の意識革命をもたらすような意味がしばしば込められている。インドにおける背景は、他の場所と同じく、植民地化されることによってもたらされた、ガンディーが「四重の破滅」と呼んだもの——政治的、経済的、文化的、精神的な破滅——からの覚醒である。

したがって、アイデンティティの問題の側面をいくつか改めて述べ、それをアメリカ合衆国で突然現れた黒人の地位に関する国家的な意識の高まりに関連づけても差し支えないだろう。

伝記から話を始めると、私はこの本の初めで、ウィリアム・ジェームズのほとばしるような告白やジークムント・フロイトの謹厳な告白に見られるような、自分自身や自分を取り囲む世界と一つになっているという内的感覚を肯定的に述べた例を示したが、これは黒人作家にはまったく期待できない要素である。彼らは、同じくらい真実に忠実であろうとするならば、同じような熱意をもって、われわれがアイデンティティと呼ぶこの心理学的プロセスの憎しみに溢れた結果を定式化しなくてはならないからである。そして実際のところ、これに対応する黒人作家の記述はあまりにも否定的な言葉で表現されているので、まずもってアイデンティティの欠如を、あるいはいずれにせよ、否定的アイデンティティ要素が完全に行き渡っていることを示している。黒人の不可聴性についてはデュボイスの古典的な記述があるが、覚えておかなくてはならないのは、デュボイスは他のアメリカの黒人の子どもとまったく同じように「人種統合された地域」で育ち、しかもバークシャーの街での生活を愛していた点である。だが彼はこう述べる。

カースト的人種差別の心理的意味あいを他人に理解させるのは難しい。それはまるで、切り立った険しい山の中腹にある暗い洞穴から外を見ながら世界が通り過ぎていくのを眺め、その世界に話しかけているかのようだ。その人は、礼儀正しくも説得的に話しかけながら、この埋葬された魂たちが、いかにその自然な動き、表現、発達を妨げられているか、彼らを刑務所から解き放つことが、いかにして単に彼らに対する厚遇、同情、助けとなるだけでなく、全世界への救済となる問題なのかを示そうとする。このように公平に論理的に語りかけているものの、やがては、通行人は振り返ることさえなく、もし振り返ったとしても、好奇心に満ちたまなざしを向けて歩き去ってしまうことに気づく。次第に囚人たちの心には、通行人には聞こえていないという事実が浸透してゆく。日には見えない、しかし恐ろしく存在感のある分厚いガラスの板が、彼らと世界の間に存在している。彼らは興奮し、もっと大声で話し、身振り手振りで伝えようとする。通り過ぎゆく世界の一部は、興味をもって立ち止まる。これらの身振り手振りはあまりにも無意味なようだ。通行人は笑って立ち去ってゆく。今もなお、彼らはまったく聞こえていないか、聞こえたとしてもぼんやりとしか聞こえておらず、たとえ聞き取れたとしても、理解できないのである。すると、中にいる人はヒステリックになるだろう。叫び出し、障壁に体当たりでぶつかってゆくが、あまりに動揺しているため、自分たちは真空の中で叫んでいてその声は誰にも聞こえていないこと、自分たちの行動は外から覗き込んでいる人には本当に奇妙に見えていることに、まったく気づかない。彼らは、血を流し醜い傷を負いながら、あちらこちらでその壁を突破しさえするかもしれない。そして気づくと、彼らという存在そのものに恐れをなしている、恐怖に満ちた、無慈悲な、そして圧倒的な力をもつ群集と向かい合っていることに気づくのだ[2]。

デュボイスの**不可聴**の黒人からボールドウィンとエリソンの**不可視性**、**無名性**、**匿名性**を提示する著書まで、わずか一歩でしかない。しかし私は、これらのテーマを、アメリカの黒人の「何者でもない」感覚——これは、まったくわけのわからない理由で引き継がれた社会的役割である——を単に哀れげに表現したものと解釈しようとは思わない。私はむしろ、こう解釈したい。つまり、これらの創造的な人々が不可視性に、必死に、だが断固として取り組むのは、あまりにも表面的に目に見えるもの、つまり肌の色によって特徴づけられた人間として見られるよりも、**ある選択をもつ個人**として、耳を傾けられ、視線を向けられ、認識され、向き合ってほしいという、この上なく能動的かつ力強い要求であると解釈したいのである。彼らは取り付かれたように、潜在的には存在するが、ある意味で声をもたないアイデンティティを、それを隠そうとするステレオタイプから防御している。彼らは、ヴァン・ウッドワードが「降伏させられたアイデンティティ」と呼んだものを再び取り戻す戦いに、彼らの仲間のために、そして何よりも自分たちのために加わっている（作家はそうでなくてはならない）。私はこの表現が好ましいと思う。なぜなら、多くの現代的な著作の中に見られるように、アイデンティティの完全なる欠如――つまり、探し求めてやがて見つかるはずの何か、授与されたり与えられたりする何か、あるいは創造したり編み出したりする何か――ではなく、回復されるべき何かを想定しているからである。この点は強調しておかなくてはならない。なぜなら潜在しているものは生き生きとした現実になりうるのであり、それゆえ、過去と未来をつなぐ架け橋になりうるからである。

したがって、アイデンティティへのこだわりの広がりは、「疎外」の兆候としてだけではなく、歴史的進化における矯正の流れとしても見ることができる。革命的な作家や国家的・民族的マイノリティ集団出身の作家たち（アイルランドの国外追放者たちやアメリカの黒人、ユダヤ人の作家たち）が、アイデンティティ混乱の芸術的代弁者や予言者になったのは、このためかもしれない。芸術的創造は、不満や暴露を超えて、ある種の痛みを伴うアイデンティティ意識を耐え忍ばねばならないという道徳的決断を含んでいる。それは人間の良心に状況の批判を提供し、最も深いところで人を分断し脅かすもの、すなわちわれわれが擬似種と呼んだものに分断された状態から回復するために必要な、洞察や概念を提供するためである。

この新しい文学では、以前は意識されなかった、あるいは言語化されなかった事実に直面させられ、その事実はしばしば精神分析の過程に似ている方法で象徴化される。しかし、「症例」は人間の抵抗によって超越され、歴史的現実との緊密な接触によって内的に再編成される。そして最後に著者たちは、苦しみに耐えているアイデンティティのほうが、まるで穏やかで退屈な郊外の家のように安全で遠く離れているように感じられるアイデンティティよりも、本質的に優れていることも宣言しているのではないか。

ここで問題になっているのは、人間の種族性の事実と義務を認識することに外ならない。偉大な宗教的指導者たちは、この気づきに対する抵抗を突破しようと試みてきたが、その教会は、ここで今想定されているような展開、つまり、何らかの恩寵によって、自分たちの種族や民族やカーストや、そしてもちろん、自分たちの宗教も、他の人々よりも「当然」優れているとする、人間の奥深くに根付いている確信を避けるよりも、むしろそれに加担しようとしてきた。これは、すでに指摘したように、**擬似種**に発達してきた、われわれの心理・社会的進化の一部であるようだ。この事実は、当然、部族による生活にその根源があり、人間を育んできたあらゆる進化論的特性にその基礎を置いている。そのうちの一つが、人間の引き延ばされた子ども時代であるが、その時代に、新生児は「自然に」、あらゆる生き物の中で最も「万能の」動物となり、幅広い環境に適応が可能になる。そして、「内的世界」と社会環境との間の複雑な相互交流を伴いながら、ある一つの人間集団のメンバーとして特殊化される。そして、その人は彼の「種」のみが、全知全能の神によって計画された、特別な宇宙的出来事の中で創造され、選ばれたエリートや指導者のリーダーシップのもと、唯一の真正なる人間性を保護すべく、歴史によって承認されたのだと確信するように教化される。いまや、「擬似」とは虚言症、つまり少なくとも一時的には確信をもって嘘をつく一つの形態を指す。そして実際、人間の進化の過程そのものが、さまざまな発達の組み合わせだったのであり、もはや神話という名前に値しない幻想や偏見に抗して、人間が支配できる合理性や人間性を持ち出すのは難しいように思われる。当然ながら、私はここで技術的専門化（兵器を含む）、道徳的正しさ、そしてわれわれが**アイデンティティの縄張り意識**とでも呼びたいものの危険な組み合わせのことを意味している。これらのすべてが、狼の群れの中の狼に典型的な何者をもはるかに超えて、「人を人にとっての狼（hominem hominis lupum)」にする。[3] なぜなら人間が一度殺人兵器と道徳的偽善とアイデンティティ・パニックの組み合わせに取り付かれると、あらゆる種の感覚を失いがちであるにとどまらず、「社会的」動物の世界では一般に無縁の凶暴性をもって、他の下位集団を攻撃するからである。事実、科学技術の洗練は、外ならぬ生存への必要性によって、より普遍的でより包括的な人間のアイデンティティが激しく求められるまさにそのときに、問題をエスカレートさせるようだ（そしてこれはどうやら、偶然ではないらしい）。国家社会主義のドイツは、現代国家に降りかかりうる残忍な集団虚言症の、最も凶悪な現れ方である。

　われわれは誰もが、ある種の擬似種を自らのアイデンティティの拠り所にしようとする傾向や性質をもっているが、第二次世界大戦はこうした無邪気な自己耽溺を奪い去った。第三次世界大戦の脅威は、それがどのようなものであれ、人間の適応的才能を敗北に導くだろうと心底思われる。しかし、「凝縮された多数派」が否定し隠そうとしているものを見抜いている者は、次のことを理解すべく努めなくてはならない。つまり、人間が自らの種族性に気づき、擬似種をより広いアイデンティティに入れ換えるためには、新しい共有された技術的人間世界を創造するのみならず、すべての（あるいはほとんどすべての）過去のアイデンティティにとって必要だった偏見から脱却しなくてはならない。なぜなら、すでに見たように、それぞれの**肯定的アイデンティティ**は、**否定的**イメージによっても定義されているからであり、われわれの天与のアイデンティティは、しばしば他人を貶めることによって生きながらえるという不愉快な事実も、いまや議論しなくてはならない。

2

エリソンを引用したとき、黒人作家が否定と混乱を強調することには建設的な役割があるという私の主張を裏付けるために、「ブルースが、その歌う痛ましい状況を超越した」ように、確かに彼の著作は状況を超越しようとする試みであったと述べそうになったが、自制した。そして、われわれがアイデンティティ意識と呼ぶ、悪化した自己意識に伴う困難を際立たせるために、彼を引用したのだった。明晰な会話が成り立つ特別な瞬間を除いて、かつて黒人アメリカ人の世界とわれわれの世界との間の交換通貨であった心的イメージ全体、そしてとりわけブルースのように一見すると無垢なアイテムは、われわれの眼前で万華鏡のようなスピードでその価値を切り下げられたり、再評価されたりしている。ブルースは、抑うつや絶望感という感情を「扱っている」にもかかわらず、かつては肯定的アイデンティティや優越的独自性を確認するものであったかもしれない。今日の作家は、古いイメージを今では差別のしるしとなってしまっているものとして使用することを避けられないし、そういうものとして使用することに同意せざるをえない。これはまるで黒人は、ブルースや、われわれ皆の出自である奴隷制度後の時代への考えのない適応行動にしがみついていればよいと言おうとしているかのようである。しかし、かつては白人の側はもっと罪と恐れが無意識的に入り混じっていたし、黒人の側は、憎しみと恐れがより無意識的に入り混じっていたが、今では、良心の呵責と不信という、より意識的であるにせよ常により実際的とは言えない情緒に取って代わられつつある。われわれは今のところ、こういうステレオタイプや感情と共に生きていく以外の選択肢はない。そうしたものに直面する中で、いくつかは誤りであることが証明できるだろうし、いくつかは歴史を経て消滅するだろう。しばらくの間は、こうした概念のいくつかをアイデンティティ意識を帯びたものとして、この問題に取り組むことが役に立つだろう。そうすれば万華鏡は、目まぐるしい変化だけでなく、一定のパターンを示すかもしれない。

　当然ではあるが、アイデンティティ意識は、行動の中で勝ち取ったアイデンティティ感覚によってのみ克服できる。「自分がどこに向かっているのか、そして誰が一緒にそこに向かっているのかを知っている」人間だけが、いつでも容易に定義できるとは言えないまでも、紛うかたない外観と存在の統一と輝きを示すのである。だがその一方で、どこから見ても「自分を見つけた」ように見えるまさにちょうどそのときに、その人は新しい課題と関係の中で「自分を失いつつある」とも言える。つまりその人は、アイデンティティ意識を超越するのである。これはどのような革命においても、その初期の日々に確かにそうであるし、黒人革命に参加した青年たちの場合もそうであった。彼らは闘争の激しさの中で自分自身を失うというまさにその決断において、自分自身を発見し、さらには同年代の青年たちも発見したのである。ここにおいて、アイデンティティ意識は、アクチュアリティの中に吸収されたのである。この状態の生き生きと感動的な記述はいくつかあるが、ＳＮＣＣ《スニック》の初期の日々を描いたハワード・ジンの記述は特に優れている[4]。明らかに、最初は匿名だった英雄たちは、その後よりいっそうの自己意識、歴史という舞台でのある種のダブルテイクに直面したのであり、いまや革命的意識のために、平凡な生活の統一性を犠牲にしなくてはならなかったのである。

こうした「心理学的分析」が常に歓迎されるわけではないということは十二分に理解できるし、自己意識的でない行動が求められているときに理論的な洗練を行わねばならない運命は、常に気持ちのよいものとは限らない。論争の的になった「モイニハン・レポート」は、長大な文書で、当初はジョンソン大統領に向けた機密報告であり、これによって大統領は非常に多くの下層黒人家庭の父親不在がもたらす有害な結果を知ったのであるが、この報告書はこうした抵抗を表面化させた。ここで採られた調査方法がどのようなものであったにせよ、パトリック・モイニハンの意図は疑いようがない。しかし、危機のときにあっては、過去の歴史の結果はほとんど取り消せないと指摘する説明はどんなものであれ、民族的な偏見がそうであったように、宿命論的に未来を排除する試みと受け取られる可能性があるし、事実そういう効果があるのである。

また、見過ごしてはならないのは、アイデンティティ問題のより無意識的な側面に突然気がついたときにわれわれの誰もがもつ、より深刻な抵抗である。最も熱心に啓蒙を求め、無制限の探求というイデオロギーが最も染み込んだ学生でさえも、次のように問わずにはいられない。もし、無意識の決定要因が、われわれのまさに自己感覚の中で、またまさに価値のパトスの中で、実際に作用していることが証明されるとするならば、意思決定の問題における自由意志や道徳的選択は、幻想と思えるということになるのではないか。あるいは、もし個人のアイデンティティが共同体のアイデンティティに連結していると言うならば、われわれは外ならぬ人間の運命の感覚を歴史の弁証法の盲目的機能の一つにしてしまう、秘かなマルクス主義に直面しているのではないか。さらには、そうした無意識の決定要因を実際に明示できるとして、それを意識することはわれわれにとって望ましいことだろうか。

哲学者たちは、おそらくこうした質問に答えを用意しているだろう。しかし、明らかなことは、誰もが、こうした疑念から逃れることができないということである。この疑念は、実のところ、ダーウィンが人間の進化論上の祖先にあたる動物を発見し、マルクスが人間の階級に縛られた行動を暴露し、フロイトが無意識を系統的に探求したことまで、人間の動機を精査する幅広い傾向の一部にすぎない。

3

最近、黒人家族について議論する機会があったが、そこである非常に博識で影響力のあるユダヤ系アメリカ人が、彼なりの民族的不信をうっかり漏らした。「本能的な感覚によって、ユダヤ人の母親なら誰でも、子どもに勉強させなくてはいけないとわかっているし、知性こそがその子どもの未来への通行証だとわかっている。どうして黒人の母親は無関心なんでしょうね。どうして、同じような本能的感覚をもっていないのでしょうかね。」これに対して、私は次のように指摘した。アメリカにおける黒人の歴史を考えると、その同じ「本能的感覚」によってたいていの黒人の母親たちは自分の子どもたちを、そして才能があって探求好きの子どもであればなおのこと、無益で危険な競争から遠ざけておきたいと思うのではないだろうか、と。つまり、生き残るために、無関心で憎悪に満ちた「凝縮された多数派」によって定義された自分たちの居場所に、残しておきたいと思うのではないか。

その男性は「母親たち」と言ったが、これはそのまま、黒人アイデンティティに接近する際に向き合うことになる問題の一つを指し示している。彼が頭の中で描いているユダヤ人の母親は、夫から支持されていると思っているだろうし、むしろ夫のために行動しているつもりでいるだろう。しかし、黒人の母親の多くは、そう思ってはいない。黒人の母親たちは、何世代にもわたって黒人男性に押し付けられてきた「服従的なアイデンティティ」を育む傾向がある。文学が訴えているところによると、多くの黒人男性は、歪んだ鏡に取り囲まれて果てしなく姿をさらされ続けているかのように、鏡に映った「否定的な」自分の姿に矮小化されてしまった。いかにして彼らの肯定的アイデンティティが系統的に傷つけられてきたかは――初めは北アメリカにおける言語に絶する奴隷制度のもとで、次に南部地方と北アメリカ都市部で長く続いた奴隷制度によって――広範囲にわたって、注意深く、そして目を見張るほど詳しく記録されている。

ここで、否定的アイデンティティという概念が、数々の関連する複雑な要素を明らかにするのに役立つかもしれない。

すでに概略を述べたように、あらゆる人間の心理・社会的なアイデンティティには、肯定的な要素と否定的な要素が階層化されて含まれており、後者は、子ども時代を通して、成長する間に人は理想的なプロトタイプと同時に邪悪なプロトタイプも提示されるという事実の結果として生じる。これらは、すでに述べたように、文化と関連している。たとえば、知的達成を高く評価するユダヤ人的背景にあっては、「どじ（Schlemihl）」というような否定的な役割は望ましくないものとされる。実際、人はしばしば自分がそうなりたいとまったく思っていないものにならないようにと警告されているので、自分が避けなくてはならないものを予期できるようになる。それゆえ、肯定的アイデンティティは、さまざまな性質や役割の静的な集まりと言うには程遠く、常に、ずっと生きてきた過去と防がなくてはならない潜在的未来との葛藤状態にある。

抑圧され搾取されている少数者集団に属している個人は、支配的な文化的理想を意識してはいるが、それを真似することを妨げられており、支配的な多数者が掲げた否定的なイメージと、自分の所属する集団の中で育まれた否定的アイデンティティを融合させがちとなる。ここで思いつく例としては、黒人が別の黒人に向かって「ニガー」〔Negroよりも軽蔑的な言葉〕と呼ぶときに含まれている、さまざまなニュアンスを挙げることができる。

この搾取されやすさ（そして搾取することへの誘惑）の理由は、まさに人間が擬似種として進化し、発達してきた中にある。すべての少数者集団には「劣等」感と病的な自己嫌悪が見られるという証拠は十二分にある。アメリカの黒人奴隷は、独立への野望をかきたてる要因がすべて抑止される状態を強いられ、その状態に置かれてきたが、その際に当然のごとくに行われた悪魔的なまでに効果的な方法は、たとえ「許可されている」場合でさえも平等を行使することを禁止する、広く浸透し深く根付いた抑制であり、これが未だに効力をもっていることは疑う余地がない。また、これとは逆に、黒人が音楽の世界や精神世界に安らぎを見出す様子や、今では風刺漫画に見られるような妥協的行動──たとえば、執拗なまでの従順さ、誇張された子どもっぽさ、あるいは表面的な服従状態──の中で反抗を表明する様子を描いた文学の描写は枚挙にいとまがない。とはいえ、「黒人」について、彼らの否定的アイデンティティが支配的な多数派である白人に対する防衛的な適応という側面だけから語られるというように、しばしばあまりにも大ざっぱに、しかもそれだけが議論されているのではないだろうか。われわれは黒人のパーソナリティの**内部**や、黒人の共同体の**内部**における肯定的要素と否定的要素の関係について、十分に知っている（知ることができる）のだろうか。これだけでも、否定的要素がどのように否定的であり、肯定的要素がどのように肯定的であるのかが明らかになるだろう。

しかし、さらなる事実がある。抑圧する側は、抑圧される側の否定的アイデンティティの中に既得権益をもっている。なぜなら、その否定的アイデンティティは、抑圧する側の無意識の否定的アイデンティティの投影だからである。そしてこの投影は、ある程度は優越感をもたらしてくれ、同時に、危ういやり方ではあるが、全体としての自分を感じさせてもくれる。擬似種についてのこうした議論は、この問題の一部を理論的に明らかにしてきたと思うが、歴史的な緊急性から、直接的な応用——つまりわれわれ自身に応用してみること——が迫られている。

たとえば、次のような奇妙な現象がある。多数者の側が、少数者にほとんど致命的な分裂を引き起こしてしまったという事実をめぐって自分たち自身が決定的に分裂しているということに突然気がつき、自らの道徳的な地位を取り戻し、「事実に直面したい」という突然の熱意に突き動かされて、多数者の罪について排他的に、しかも自己耽溺的に考え続けるまさにその行為によって、うかつにも少数者の否定的なイメージそれ自体を確証してしまいがちとなる。臨床家なら、過剰な道徳的熱意によって得られる回復的価値に疑問を挟むのも許されるだろう。たとえば、スラム街の子どもたちには剥奪されている中産階級の文化が、白人の子どもたちから多くの神経症的不適応を予防するような経験を剥奪しているという事実に気づくならば、「文化的に剥奪された」と呼ぶこと自体、何かしら皮肉なものに思えるだろう（とはいえ、この旗印のもとでなされた活動のほとんどは称賛されるかもしれないが）。実際のところ、自分たちの家族の「文化」ゆえに徹底的に剥奪されていると感じている白人たちの多くが、こういった文化に欠けているために剥奪されていると言われる人々と生活や労働を共にすることで、アイデンティティと連帯を見つけるという歴史的事実には、詩的正義を超える何かが含まれている。このようにして直面することは（平和部隊の経験と並ぶものであるが）、当然、より広いアイデンティティを創造する際の重要なステップである。私は、初期のガンディー主義者によるインド民衆の発見を研究していく中で学んだものを除くと、今日の南部から届く物語の中で明らかにされているものほど人間に共通する経験の直接性に近づけるものを、これまでの人生で未だ聞いたことがない。

4

したがって、悔恨の念に駆られる多数派でさえも、習慣的なパターンに無意識で固執しないように警戒しなくてはならない。隠された偏見は、加えられたダメージを計る測定基準そのものになってしまうらしい。そして、覚えておかなくてはならないのは、診断が予後を決定づけてしまうということである。

トーマス・ペティグリューは、その称賛すべき資料集『アメリカ黒人のプロファイル』の中で、アイデンティティの概念にはわずかしか触れていない。彼は、アメリカの黒人の知性が使われなくなっている事実や、その家庭生活が解体されてしまっている事実について、確かな、だからこそいっそう衝撃的な証拠を、豊富に提供している。もし私がペティグリューによって報告された例のうち、最も疑問の余地があり、なおかつ興味深いものの一つを選ぶとすれば、それはただ、ある一つの検証可能な特質と人々の歴史との関係を明らかにするためである。

ペティグリューは、バートンとホワイティングを受けて、次の問題について論じている。

> 父親不在の家庭で育った「少年たち」は、彼らにとっての唯一の両親モデル、つまり母親を基礎としたオリジナルの自己像を築き上げた後、子ども時代の終わりになって、努力によって男性的な自己像を手に入れなくてはならない。いくつかの研究によって、この性アイデンティティ問題は下層の黒人男性にも当てはめることができると指摘されている。

また、彼は次のように報告している。

> 非常に異なる二つの集団――すなわち、アラバマ刑務所の囚人と、ウィスコンシン州の労働者階級の退役軍人で結核に罹っている人――の客観的な評価試験の結果、黒人男性は白人男性よりも**女性的な尺度**において得点が高いことがわかった……この測定項目は、ミネソタ多面人格テスト（ＭＭＰＩ）の一部である。これは有名な心理測定テストで、応答者は五〇〇以上の簡単な記述に自分が当てはまるかどうかを判断するよう求められる。そしてこれらのサンプルの黒人たちは、全体的に、「**私は歌手になりたい**」や「私は他の人たちよりも、**より強い感情を味わっていると思う**」といったような「女性的な」選択肢に、同意することが多かった[5]。

ペティグリューは、賢明にも「女性的な」の一語に引用符をつけている。われわれは、ＭＭＰＩが、そう主張されているとおり、アラバマ刑務所の囚人や結核病棟の患者を含む「非常に異なる集団に対する客観的な評価試験」であること、そしていずれにせよ、評価上の偶発的な欠陥も、最終的にはすべて統計的に「洗い流される」だろうことを前提としている。実際のところ、包括的な結論としては、黒人と白人の間に、また女性的指標と男性的指標の間に、重要な差が見られるだろう。しかしこのテストが、歌手になりたいという望みや「他の人よりも強く」感じていることを「女性的」であるとして選び出すということは、テスト項目の選択、およびそこから引き出される一般化によって、少なくとも、テストを受ける被験者と同程度に、テスト自体やテストを作成した人々のことも語るだろうということを示している。「歌手になりたい」や「強い感情を味わう」というのは、テストが最初に開発され標準化されたときに参加した回答者の多数派の中では、女性的特質をもつ男性だけが認める何かだったようである。しかしなぜ、刑務所や結核病棟に閉じ込められている下層階級の黒人たちは、シドニー・ポアチエやハリー・ベラフォンテのような男になりたいと望んでいると認められるべきでなく、現在周りにいる人々よりも強く感情を感じていると（もし、本当に彼がこの言葉の意味を理解しているとして）承認されるべきでないのだろうか。歌手になることや感情を強く感じることは、もし南部の黒人コミュニティで（あるいは、この二つで言えば、ナポリで）育ったならば、喜んで認められる男性的理想の一様相かもしれず、一方、他の男性的理想に適応してきた多数派の中では汚点となるだろう。事実、ハーレムやナポリでは、芸術的自己表現や強い感情を強調することは――そしてこれが重要な点であるが――個人の肯定的アイデンティティの核に近い可能性があり、あまりにも近いので、「人種統合政策」によってそうした強調点が失われたり減じられたりすれば、その人を適応可能な「役割」という暗鬱な海の漂流者にしてしまうかもしれない。白人の凝縮された多数派の場合、逆に、「強い感情」の否定は、否定的アイデンティティ問題の一部をなしているかもしれず、白人が偏見から黒人の感情の強さを否定することに大きく貢献している。これと似たような特徴を抱えているテストは、民族的差異についての「客観的な」証拠を提供しうるかもしれないが、しかし、そうした差異の症状であるのかもしれない。もしこの点が完全に見逃されたならば、黒人の「崩壊した」自己イメージと白人の「統合されている」と思われている自己イメージの間にある距離を、テストはただ強調し、テストする側はただ報告し、その報告を読む読者は（白人であれ黒人であれ）ただ受け取るというにすぎなくなるだろう。

ペティグリューは（別の事柄との関連で）テストを受ける黒人の子どもの視点に立って、こう断言している。

…結局のところ、知能テストは中産階級の白人の道具である。白人が自分たちの能力を証明し、白人の世界で抜きん出るために使う道具なのだ。テストで高得点を取ることは、下層の黒人の子どもにとって同じ意味をもつのではないし、それどころか、個人的な脅威という含みを明白に伝えることさえある。そういった意味で、知能テストで低スコアを取ることは、才能ある黒人の子どもの一部にとっては、感じた危険に対する理性的な反応であるかもしれない。[6]

テストという出来事そのものの全体の根底には、異なるアイデンティティ形態のアクチュアリティという観点から明確化が求められる、ある種の歴史的・社会的連関がある。さらに、こうしたテスト手続きを受けている子どもが、このテストという苦境から逃げ出して、たとえば、遊び場や街角で仲間たちに加わったときの子どもと、そもそもまったく同じ人間であると断言することは決してできない。その一方で、あまりにもしばしば、調査者、および彼のアイデンティティ葛藤が、彼自身が採用する方法と目に見えないかたちで交じりあっていても、それは当然のことと見なされてきた。彼自身が高度に、そしておそらく防衛的に、言語能力に優れた白人の集団に属していて、ほとんど非識字であるか非識字的な環境で生まれ育った被験者からもそのような人間として（意識的にも「潜在的」にも）認められているときでさえも、そうなのである。

これとの関連で、「ゲットーの境界人的な青年」の性生活を感動的に描いたケネス・クラークを引用したい。青年は、責任ある父親的人物として見逃してはならず、しかも致命的なステレオタイプに抗して防御しなくてはならないものを知っている。

ゲットーにおける私生児は、未婚の母親がもし私生児の出産を繰り返すならば社会福祉を受けられなくすべきである、といった提案に見られるような、懲罰的敵意という観点から理解したり扱ったりすることはできない。こうしたやり方は、空虚で時に偽善的な道徳化によって、青年の受容とアイデンティティを求める命がけの渇望を見えにくくする。また、不滅の忠誠や永遠の誓約というような意味あいなしに、ひとときであれ誰かにとって意味のある存在になりたいという青年の欲求も見えにくくしてしまう……信頼をもてる関係性に失敗する機会にさらに自らをさらすことは、あまりにもリスクが大きすぎる。その関係性のもつ**本質的な価値**が、唯一の価値なのである。なぜなら、そのほかにはどんな価値もありえないからである。[7]

このことが、法律的な事項や道徳的な事項をその「アクチュアルな」文脈に置くのであり、この文脈はまた、常に、理解するよりも判断しステレオタイプ化する人々について、何事かを明らかにする。というのも、まさしく**関係性の本質的な価値**こそが、混乱を引き起こす激しい価値の多元化のもとで苦しんでいる、もっと特権的な青年たちの中で失われてしまったもの（定義が難しく、テストすることが難しく、法的には無関係なもの）ではないだろうか。[8]

5

さて、現代の黒人青年に話を戻そう。先日、ある黒人の女子学生が小さな集まりでこう叫んだ。「まあ、私は何から統合されることになっているんですか？　私は祖母のような笑い方をします。――そして、この笑い方ができないなら、死んだほうがましだわ。」その場は誰もが沈黙したが、ここであからさまなステレオタイプがカチっと音をたてたのがわかるだろう。なぜなら、笑い声さえも、服従と諦め、妄想と逃避の印であるとの容疑がかけられるようになった黒人の文化や黒人のパーソナリティの側面に加わったからである。しかし、その女子学生は、「もちろん、私はそういう意味で言ったのではないのですが……」といった機械的な申し訳をして、急いで降参したりはしなかった。その沈黙には、アイデンティティ葛藤が触知できるほどに明確になる瞬間を特徴づける、あの直接性を孕んでいた。それから、笑いが起こった。

当惑したような、面白がっているような、それでいて挑発的な笑いである。

私から見れば、この若い女性は、アイデンティティ要素の急速な再構成に付きものの不安の一つを表現している。「されることになっている」という言葉は、活動的な選択する役割を失いつつあるという感覚を反映しており、これは生きてきた過去と予期される未来の連続性としてのアイデンティティ感覚にとって本質的なものである。すでに指摘したように、個々の行動や心的イメージは、新しいアイデンティティ構成の内部でその質を変化させうる。そして、それら同じ指標が、かつてはそのときにのみ可能な内的統合を表していたが、この黒人女性はいまや、不確実な外部の統合と交換する「ことになっている」。人種差別廃止、補償、バランス、和解――これらすべてはときに、飲み込まれるという代償を払って黒人を救うとは思えないのではないだろうか。飲み込まれたら、彼の大部分が残されるのか、確信がもてないのである。このようにエリソンが黒人作家の「複雑な主張とアイデンティティの否定」と呼んだものには、より単純な先例があるのであって、単純であるからといってより悲劇的でないわけではない。

先述の若い女性の叫びは、アイデンティティ発達には時期がある――むしろ、二種類の時期がある――ことを思い起こさせる。個人の人生における**発達段階**と、歴史上の特定の**時代**である。すでに概要を述べたように、ライフヒストリーと歴史は相互補完的である。未成熟な状態で悲惨な刺激を受けない限り（黒人作家の伝記を読んだり、黒人の子どもを直接観察したりすると、こうした悲惨な未成熟さがどんなものかよくわかる）、アイデンティティ危機は、青年期が過ぎればないというわけではないにせよ、青年期が始まる以前にはありそうにない。青年期に、いまや十分に成長した身体が統合されてその人個人の容貌を完成する。セクシュアリティが成熟し、性的遊びの、そして早晩親になるための、パートナーを探す。精神が十分に発達し、個人のキャリアを歴史的展望の中で予見し始めることが可能になる――これらすべては個人に特有の発達であって、そのことは少数者集団の中の子どもの場合、あまりにも多くの葛藤となって直ちに明らかになる。

しかし、青年の危機は世代の危機でもあり、その社会のイデオロギー的健全性の危機でもある。アイデンティティとイデオロギーもまた、相互補完的である。もし、所与の時代において、新しい技術的・経済的拡大に関連したイデオロギー的傾向――たとえば、重商主義、植民地主義、産業化――にその忠誠心を注ぐことができる青年たちの中では、危機が最も見られないと述べるとすれば、それはわれわれがそういった傾向からのいかなる系統的な排斥も、壊滅的な結果をもたらすことを認識しているからである。社会で支配的な技術を熱心に求めているものの、そこに近づく方法を見つけることができない青年は、社会から疎外されていると感じるだけではなく、セクシュアリティの面でも混乱し、何よりも、攻撃性を建設的に用いることができない。おそらく今日、大部分の黒人青年は、芸術や人文科学に関わる白人青年と同じように、不利な立場に置かれていると感じており、それゆえ、「危機」や「革命」にまつわるある種の連帯感を育むようになったのかもしれない。なぜなら、特権をもつ中流階級の家庭の青年も、恵まれない黒人の家庭の青年も、発達過程を通じて、おばあさんの温かさと素朴な技術への憧れの両方を同じ世界の一部にするような、あの同一性と連続性を得られないかもしれないからである。さらにもう一歩進んで、次のように言う人もいるかもしれない。アメリカの青年たちの全体が、彼らの生活の明らかな空虚さを埋めるために、外国のフロンティアにアメリカ的生活をもたらす公共の呼びかけに従ったり（平和部隊）、国内のフロンティアに行ったり（アメリカ最南部）、大学に入学しようとしたり（カリフォルニア）することによって、自分たちのイデオロギーと確認の儀式を発展させようとしているのだ、と。しかしいつ、アメリカの青年たちは、現実主義と連帯、確信を分かち合い、一緒に融合して、革新的な対抗機能をもてるのだろうか。

こうしてみるとアイデンティティにはまた、個人の中でも社会の中でも、過去と未来を相互に補完するという要素がある。それは、今も生きている過去のアクチュアリティと有望な未来のアクチュアリティを結びつける。どんなに過去を美化して描いても、どんなに未来を創り出す「姿勢」を売り込もうとしても、それでは要件を満たせない。たとえばペティグリューの「プロファイル」には、社交性、ユーモア、母性、音楽、官能性、精神性、スポーツといった、いずれにせよテストできない項目はリストされていないが、この精神に沿っている。それらはすべて、白人によって美化されてきた、適応の性質としては疑わしいものである。しかしこのことが、現在手にすることのできる「プロファイル」を、肖像画をスケッチする試みというより、実際には戯画の修正にしてしまっているのである。そして、次の問いを問わなくてはならない。新しい、あるいは刷新されたアイデンティティが、修正された戯画から出現するだろうか。ここで考えているのは、最悪の「現実の受容」からアイデンティティの発展を引き出すことのできないすべての人々と（作家たちのように、そして研究者たちが見てきたように）、すべての古い構造の偽りをあばいても、無価値感や無力感をよりいっそう確認することになるであろうすべての人々である。

多くの項目の中で、黒人の父親が「不在」という見出しの下で**のみ**現れるという事実を問わなければならないのも、この文脈においてである。ここでも、家族の解体、父親不在、そしてあらゆる種類の社会的・精神的病理の関係は、圧倒的に大きい。「父親不在」は、国の関心事のすべての指標、議題に含まれているが、父親であることや母親であることの唯一の項目として、何人もの母親たちの存在や、少なくともわずかながらいる父親たちの存在に対して、非常に不当な扱いをしているのではないだろうか。ベネズエラからカリブ海を通ってアメリカ南部に至るプランテーションの半円の文化全体において、黒人の母親の（そして祖母の）救いとなる存在が歴史的、社会学的、法的にどのように解釈されていようとも、それは伝統的な黒人アイデンティティに関する議題から削除される項目なのだろうか。黒人文化は、責任としてステレオタイプ化された「強い母親」をもつと言えるのだろうか。なぜなら、個人の、あるいは人々のアイデンティティは、幼児期の儀式の中から始まるからである。幼児期において、母親たちは、あれこれの文字使用以前の手段を用いて、生まれることは善いことであり、子どもは（悪い世界がその子を黒人と呼んだり私生児と記載したりしても）温かく迎えられるに値するということを、はっきりと伝えるのである。「見えない人間」（ラルフ・エリソンの著作名）でさえ、こう言う。

聖母マリア以外、私には友達はいなかったし、欲しいと思ったこともなかった。マリアを「友達」と思っていたのでもない。彼女はそれ以上の存在だった。私の過去からやってきた何らかの力のようなもの、断固とした、それでいて慣れ親しんだ力であり、それは私が直面しようとしなかった何か未知のものに私が引き込まれてしまわないように留めてくれた。それは最も苦しい状態でもあった。なぜなら同時に、マリアは私に何かが期待されていることを絶えず思い出させたからである。何らかの指導的立場に立つこと、何らかの報道価値のある達成をすること。私は、そのことで彼女に対して憤慨してもいたし、彼女が灯し続けてくれた漠然とした希望のために彼女を愛してもいて、その二つの感情の間で引き裂かれていた[9]。

他方、黒人男性を家畜として組織的に搾取してきたことと、彼らが責任ある父親としての立場にあることを否定してきたことは、このキリスト教国家の歴史の中で、最も恥ずべき二つの章を構成している。なぜなら、母親と父親の存在の不均衡は決してよいことではないし、子どもが成長するにつれてますます悪化してゆき、そのとき、幼児期に築かれた世界への信頼はいよいよ幻滅をもたらすだろう。都市化され工業化された状況下では、事実、パーソナリティ混乱の最も重要な要因になりうる。しかし、繰り返しになるが、黒人家庭の「解体」は、家族で住む住居をもち法的・宗教的正当性を備えた白人や黒人の中流家庭からの距離でのみ測られるべきではない。黒人家庭が崩壊しているかどうかは、しばしば非公式なものであるにせよ、**伝統的な黒人家庭のパターン**からの逸脱によっても、測られ理解されるべきである。母親たちの伝統的な知恵は、（そういった状況にもかかわらず）実際に本来の意味で父親の役割を果たしてきた黒人男性たちの援助と同じく、必要とされるだろう。

いずれにせよ、両親の機能という問題、すなわち父親も母親もそれぞれ特有の強さをもち、最も必要とされるときに家庭に慈愛とともに存在できるかどうかという問題は、世界中どこであれ、あらゆる工業化された社会において家族が直面している問題である。大社会全体が、雇用機会の平等を提供する方法を発達させせなくてはならないが、なおかつ、母親たちや父親たちに、子どもに対する彼らの義務を果たすことを可能にする、それぞれに独自の方法をも発達させせなくてはならない。母性・父性という次元は、それぞれの発達段階はそれぞれに特有の最適な環境を必要とするという事実、母性的な強さと父性的な強さの間の均衡を見出すことは、子どもの人生においてそれぞれが支配的な時期を割り振ることを意味するという事実を明確化することにも役立つ。母親が支配的な時期とは最初期であり、それゆえ最も基礎的な時期である。すでに見てきたように、母親（たち）との初期の身体的・感覚的な交流の中で得られる最初の「アイデンティティ」経験――最初の承認――と、それまでのすべての同一化がまとめ上げられ、青年が社会やその歴史的時期との出会いを果たす青年期の最後の統合との間には、深い関係がある。

6

『誰が黒人のために語るのか』の中で、ウォーレンは別の女子学生の叫びを記録している。

講堂は満席だった。ほとんどが黒人だったが、白人もチラホラいた。青ざめた顔の若い女性が、男女共学ならどこでも見かけるような、女子学生らしい、公の場にふさわしい服装で、演台の上にいた。彼女はハイヒールを履いて、少し前かがみになり、独特の響きをもった奇妙に不規則なリズムで話していた。何か内側からにじみ出る興奮のためか、憤慨したような、ピンと張り詰めたような熱情で、こう語った。「――そして、皆さん、私は偉大な真理を発見したのです。それは大きな喜びでした。私は黒人だということを発見したのです。そう、私は黒人なのです！　そこにいる皆さん――ええ、皆さんは黒い顔をしているかもしれない。でもあなたたちの心は白い。あなたたちの精神は白い。白く塗られているのです！」

ウォーレンは、この叫びに対するある白人の女性の反応を報告し、次のように推測している。もしこの女性が、

そのときに頭の中で何か言葉を聞いたとすれば、それらはたぶん、マルコムXの言葉のこだまだろう。つまり、「白い悪魔」と。そしてもし彼女が誰かの顔を見たとすれば、それは冷笑的な確信をもってニヤリと笑う、マルコムXの面長な顔だったに違いない。[10]

彼女はいくつもあるマルコムXの顔の一つを見ただけとはいえ、この恐怖はわれわれにもよく理解できると思う。彼女はわれわれがイメージの「全体主義的」再編成と呼ぶものを目撃したのであり、これは現代のイデオロギー的運動のいくつかにおいて、まさに基本的なものである。われわれは全体主義を心的イメージの内的な再編成として記述したが、これはほとんど**否定的回心**であり、これによって以前の否定的アイデンティティ要素が完全に支配的になり、その一方で以前の肯定的アイデンティティは完全に排除されるようになる。[11]これは、すでに述べたように、反逆したり参加したり、横道に逸れたり孤立したりする、あらゆる人種や階級の多くの青年に、一時的であれ起こりうる。そして発達の嵐とともに弱まることもあれば、何らかの全体主義的な関与に結びつくこともある。歴史的・社会的状況によっては、この過程は悪性の潜在的可能性を秘めており、精神や行動形式の「確認された」倒錯的‐非行的な状態、あるいは奇怪な過激主義的状態がこれを示している。

この過程には背筋に寒気を感じさせる政治的含意があり、ベルサイユ条約以後のドイツ青年が、かつては外国からの批判に非常に敏感であったが、現実的なアイデンティティを何も約束してくれなかった文化（Kultur）に対する愛情の反動から、ナチスの文明的価値の再評価に傾倒してしまったときの、歴史的な衝撃の感覚に引き戻される。しかし、一時的なナチスのアイデンティティは、実際には外国人、特にユダヤ人の過激な**排斥**を特徴とする**全体主義**に基づいていて、豊かなドイツ人的なアイデンティティ要素の統合には失敗し、その代わり擬似種的な歴史の歪曲に至った。明らかに、十字架を焼く〔アメリカで人種差別のシンボルとして行われることが多い〕過激な人種差別もブラックムスリムも、アメリカにおけるこうした現象の現れなのである。マルコムXという人物の中で、アイデンティティ発達に伝統的に保証された全一性《ホールネス》の見込みが失われたとき、**特有の怒り**が引き起こされ、それが劇的に表現された。だが一人の人間として、また一人の指導者としては、この人を惹き付ける魅力をもった男は、明らかに自分が始めた運動の彼方を目指していた。一方ブラックムスリムはまた、〔自分が〕「含まれている」と感じる個人の最も優れた潜在力に訴えることができたのである。

しかし、アメリカという国全体としては、こうした全体主義的な方向転換を歓迎することはなく、反乱を起こしている青年が系統的なイデオロギー的結論に至ることができない、あるいは実際のところ、それを意図していないということは、それ自体重要な歴史的事実である。われわれはまだ、過激主義と統治への望みとを結びつける、大きな影響力をもった「忠実な反対勢力」を構成するだけの材料を手にしていない。カリフォルニアで起こったフリースピーチ・ムーブメントは一時衰退して「汚い」言葉の反逆に成り下がったが、これはおそらく、虚弱な全体主義が前途有望な過激主義に入り込んだ結果だろう。しかし、政治的イデオロギーに奉仕するよう厳格に統制されることには気が進まないということが、逆に我が国の恵まれない境遇にいる青年たちの中に潜む暴力に、人格的統一、そしてときおり「法と秩序」を破壊するほどの力を与える可能性がある。しかし、南部のいくつかの都市の犯罪率と非行率は、黒人たちが社会的抗議運動に参加してから急激に低下したことを記しておく必要がある。不運なことに、暴力的な社会は非暴力を弱さと見なし、暴力的な解決を押し付けるものなのである。

　すでに示唆したように、排他的な全面性《トータリティ》に代わりうるものは、**より包括的なアイデンティティ**の全一性《ホールネス》である。アメリカの黒人はどのような**歴史的アクチュアリティ**を期待できるだろうか。どのようなより広いアイデンティティであれば、黒人（あるいは黒人の子孫）としての自己確信をもちつつ、**同時に**アメリカ国民として統合されうるだろうか。というのも、すべての**現実**が分類され調査され、すべての研究が評価された後も、次の疑問が残ることを知っておかなくてはならないからである。発達しつつあるアイデンティティが期待できる、**歴史的アクチュアリティ**とは何であるのか。

　もう一度、個人のライフヒストリーと歴史の相互補完性を強調するにあたって、私が感じているある種の焦りを書き記しておかねばならない。それは、私自身は一度も示唆したことはないのだが、アイデンティティという用語と、「私は誰か？」という問いとの間を等式で結んでしまう、今流行の考え方のことである。この疑問は、多かれ少なかれ一時的に病的な状態であるか、創造的な自己探求をしているとき、あるいはときに、この二つの状態が重なる青年期の段階でない限り、誰も自分自身に問いかけはしないだろう。それゆえ、今「アイデンティティ危機」の状態なのだと主張する学生に出会うと、私は思わずその学生に、今不平を言っているのか自慢をしているのかと、問いかけてしまうのである。そもそも、一人称で問いかけうるとするなら、この場合の適切な問いかけとは、「私はどんな人間になりたいと思っているのか、何に取り組めばいいのか?」であるだろう。しかしこうして内的動機を意識したとしても、せいぜい幼児期の願望や青年期の幻想を現実的な目標に置き換えるのに役に立つにすぎない。そうしたことを超えて、歴史的アクチュアリティの感覚を回復するか、あるいはより訓練することによってのみ、潜在的な発達を活性化し、またそれによって活性化されるようなエネルギーの発達に導くことができるのである。いかにして潜在的な発達が歴史的事実になるかは、「文化的に剥奪された」黒人の子どもが突然の歴史的要求に出会って、驚くべき威厳と不屈の精神をもってそれに応える様子によく示されている。ロバート・コールズは、幼少期に「人種統合された」黒人の子どもたちのライフヒストリーを研究し、この問題に非常に重要な貢献をした。入手できたデータは、もし広く流布していた精神病理学的な使用法に従って解釈されたならば、たとえば非常に病理的な背景をもつ孤独な黒人少年は、敵意に満ちた高校で人種差別廃止を体現するという課題に失敗するだろうが、それは不可避的であるしやむを得ない、というような予想に導かれるだろう。しかしコールズは、新しい種類の「参与観察者」として証人となり、いかにその少年が忘れがたい印象を残して立ち上がったかを描き、卒業するまでを見届けたのである。[12]

世界の多くの場所で見られる闘いは、期待される、**より包括的な**アイデンティティを求めてなされている。革命や改革、教会の建立や帝国を築く推進力となったものは、今では同時的な全世界的規模の競争になってしまった。革命的な教義は、部族的、封建主義的、植民地支配の過去を克服しなくてはならない国の青年たちに、新しい農民および労働者としてのアイデンティティを約束する。新しい国家は、地域を、つまり新しい市場や国家を、吸収しようとする。そして世界空間は、普遍的な技術的アイデンティティのためのふさわしい「環境」として、宇宙空間まで拡張された。

ここに至って、われわれは、悔恨の念に駆られた、あるいは恐れをなした植民地主義者たちが、より広いアイデンティティへの欲求を宥めるためにいかにして矯正的な福祉事業を施すか、という問題（そしてガンディーはこれを少なくともイギリス人に教えるために、大いに奮闘したのだった）を超えてしまった。問題はむしろ、いかにして植民地主義者がより広いパターンの中に自分自身を含めるかである。というのも、より包括的なアイデンティティとは、かつて互いの否定的アイデンティティに依存するようになっていた（相互の敵意という伝統的状況の中で生きるか、あるいは、一方的な搾取という共生的な適応の中で生きるか）二つの集団が、両者の中で新しい可能性が活性化されるようなやり方で、アイデンティティを結合させる発達だからである。

それでは、どのようなより広いアイデンティティが、アメリカの黒人の関与を求めて競いあっているのだろうか。いくつかは「現実的」であるにはあまりにも広すぎ、あるものはあまりにも狭すぎる。現代の人文主義的ナルシシズムの奇妙な習慣に従って、人間によって人間・患者・黒人などに授けられた「人間存在」というアイデンティティは、私から見るとあまりにも広すぎる。「人間存在」であるというこの奇妙な言い回しは、時に擬似種的な精神構造からの本物の超越を表現することもあるかもしれないが、しばしば、それを発する人物が何か天啓のような苦難を経験したために、他の人間に人間性という会員資格を授ける地位にいることをも示唆している。私は、黒人の同僚や友人たちが、われわれの「最良の人々」の中に、しばしばこのような知的植民地主義の残滓を感じ取っていると気づいても、驚くことはないだろう。しかしそれは、「人間の」関係からすべての特殊性を取り去ってしまう傾向がある。なぜならより広いアイデンティティにあっても、人は常にカテゴリーの中で人に出会うのであり（それが大人であれ子どもであれ、男性であれ女性であれ、雇用者であれ被雇用者であれ、指導者であれ追従者であれ、多数派であれ少数派であれ）、「人間の」相互関係は、まさに分割された機能の単なる表現でありえるし、そこに内在されている特殊な両義性を具体的に克服していくことだからである。だからこそ私は、黄金率（他人にしてもらいたいと思うような行為をせよ）を、常に行為者およびその行為を受ける者両者のアイデンティティが高められるようなやり方で行為せよ、と命じるものとして再公式化することになったのである。

おそらく、今日の世界で最も包括的で、最も多くを吸収するアイデンティティの可能性は、**技術的《テクニカル》スキル**であるだろう。これはおそらく、レーニンがまずは農民をトラクターに乗せよと主張したときに意味していたことである。確かに彼は、階級を自覚したプロレタリアのアイデンティティを準備することを意図していた。しかし今日では、より多くのことを意味するようになっている。つまり、近代人が労働者であり計画者であることを立証するような活動や経験の分野に（良かれ悪しかれ、そして私は両方の可能性について触れたつもりである）参加することを意味している。非機械的な点で才能を証明して、人文主義や啓蒙主義が提供する伝統的な立証を専門的に、また美学的に当てにすることができるとして、そういった立証を**避ける**のも一つの方法である——技術を遠ざけることが、少なくとも十分に快適な「人間的アイデンティティ」に至る限りはそうである。しかし、技術から**疎外される**のはまったく別の話であり、たとえば、識字の必要条件を満たしていなければ、機械に関する才能を証明しようとしても妨げられてしまうし、偏見に満ちた雇用の慣例によって、才能があると証明されてもそれを発揮することが不可能になってしまう。イスラエルという国は、小国ではあるがアイデンティティを更新する才に恵まれており、軍隊を教育制度として利用し、明らかに一風変わった状況下で、人々を自分が必要とされていると感じられる場所に配置する過程で非識字を矯正でき、しかも戦闘に対する士気はそれによって変わらないということを示して見せた。

アフリカン・アイデンティティは、ハロルド・アイザックスが示したように、アメリカの黒人アイデンティティの強力な競争者である。これは、黒い肌の連帯のためにかなり現実的な場を用意していると同時に、アメリカ人なら誰もが自慢して回りたくなるに等しいもの、あるいは人によっては、否認したいと思うに等しいもの――つまり、非常に遠いとはいえ、祖国を提供している。なぜなら、アメリカの黒人をアフリカから分離したそのやり方は、彼らから「**移民**」というアイデンティティ要素すら奪ったからである。しかし、ここで疑問が生じるだろう。アフリカ人にとって、アメリカの黒人はより黒人なのか、あるいはよりアメリカ人なのか。そして、アメリカの黒人は、実際にアフリカ人と接触するときに、よりアメリカ人でありたいと思うのか、それともより黒人でありたいと思うのか。ブラックムスリムでさえ、自らをイスラム教徒の一員と呼び、より広い神秘的な結束を強調しようとしているが、これはすべての全体主義が求めることでもある（ドイツの「アーリア人種」を参照）。

消費者のアイデンティティを提供している膨大な**中産階級**は、実際のところ、「札束と威厳」というペティグリューの万能薬の処方が最も適しているように見えるが、その限界については多くによって議論されている。中産階級は、現状では不動産や消費、地位や立ち振る舞いといった問題で頭がいっぱいになっているが、今後はさらに多くの優れた才能や幸運をもつ人たちを含むようになるだろう。しかし、アメリカ黒人のより広いアイデンティティに譲歩しないならば、明らかにそういった少数派と黒人大衆との間に新しい障壁を生み出すことになり、黒人大衆と白人の競争との間の距離は、ただ離れてゆくだけになるだろう。労働が「生計を支えるお金」を提供すると同時に能力に対する挑戦の機会を提供することによって尊厳あるものであるならば、「労働と尊厳」が、より適切なスローガンになるだろう。なぜなら、そのどちらもがなければ、すべての機会は隷属状態が続くことを意味するからである。

しかしここでもまた、アメリカ黒人のアイデンティティという問題は、気づかぬうちに、アメリカ人は未来のテクノロジーの中でどうなりたいのか、という問題に変わってしまう。この意味で、あらゆる点から見て最大の成果は、ハワード大学の学者たちが黒人の側の**向社会的行動**として議論したものだろう。[13] 私がここで言っているのは、黒人の抗議は、非暴力精神によって正当化される限り広く浸透しているが、明らかに社会化された法律や慣習に反抗しており、大多数の国民からアメリカ的なものとして受け入れられているという事実のことである。政府高官の演説も、司法・立法的行為も、「革命」を大規模なかたちで吸収しようと試みてきた。しかし吸収というのは、単なる同調的、実際には防衛的な行為となるか、適応的かつ創造的になるかであり、まだ注視せねばならない。

一方で、向社会的行動の成功によって、アメリカ黒人の伝記の中で的確に語られている重要な**反社会的**要素が完全に曖昧になってしまうことは避けねばならない。ここで意味しているのは、逸脱的であるとか犯罪的であるとされる青年たちの、悲劇的な犠牲のことである。おそらく彼らは、多くの場合、彼らに唯一開かれていた方法で抵抗することによって、何であれ彼らが手にすることのできるアイデンティティ要素を防衛したのである。それは、非常に危険ではあるが、それでもしばしば手ごたえのある、自尊心と連帯のための唯一の方法であった。アメリカのフロンティアで社会からのけ者にされた英雄のように、黒人の反社会的ないくつかのタイプは、彼らの歴史の中で消費されてしまってはならないのである――今はまだ。

しかし、真に人文主義的な青年は、宗教的アイデンティティ要素を民族関係の中に拡大し続けるだろう。なぜなら、アイデンティティをめぐる将来の包括的な論点には、人間の内面における科学技術的な努力と倫理的・究極的関心事との間のバランスを含むはずであるからだ。完全なる匿名の状態からまっすぐに国家的関心事に歩み出て行く青年たちの出現は、擬似種的な態度からより自由な人類を少なくとも展望させる、新しい宗教的要素を含んでいるに違いないと、私は信じている（ただし、彼らはこういった言葉に疑いを抱いているので、彼らには伝えないでもらいたい）。普遍性というユートピアは、世界中のあらゆる宗教によって最も価値のある目標であると宣言されながら、新しい擬似種に変化したりそれと同盟を結んだりする新しい教義の帝国によって、繰り返し葬り去られてきた。教会もまた、地上的な偏見――すなわち、狂信的な偏見や、無関心の影に隠れた偏見――が、人間をローレン・アイズリーが宇宙の「死を招く要因」と呼ぶ存在にしてしまっている致命的な組み合わせの中に流れ込んでいるという洞察に至っている。この要因が、すでに見たように、限りない技術的野心（絶滅兵器の優位性を含む）と時代遅れの道徳的教義の偽善とを、相互に排他的なアイデンティティの領土争いに結びつける。これに反撃する力、つまり非暴力は、おそらく、危機的瞬間にのみ、そして「地の塩」のためにのみ、やむにやまれぬ創造的なアクチュアリティとなるだろう。しかしガンディーは、かつては純粋に宗教的であった原則を全世界的に政治に応用するための、最初の歩みを踏み出したのである。

植民地独立後の、そして有色人種のアイデンティティの世界的な運命は、アフリカとアジアにおける新しい国家的利害の衝突を見る限り、予測が難しい。ここで、ベトナムで続行されるアメリカの行為の、有色人種がベトコン革命家の裸のヒロイズムに同一化する全世界的な動きに与えている影響の可能性を無視することはできない。北ベトナムに対して、過剰な凶器を用いた超組織化された攻撃に降参しろという要求は（北ベトナムの出した条件に近いものであったとしても）、単純に、植民地拡大一般における火力の機能、個別には警察の権力、そして、「その土地の者」は支配側の人種の圧力に屈服するだろうし自分たちはそれに何の影響も受けないと想定する、ある種の（暗黙のうちに軽蔑的な）態度（電撃攻撃のときのイギリス人を見よ）を連想させる。アジアでのアメリカ軍の軍事介入に関するアメリカ国内の意見の相違は、単にどちらか一方が事実を不完全に読み取っていたり道徳的持久力が欠けていたりするというだけではなく、巨大なアイデンティティ葛藤でもあることは明らかだ。今解き放たれようとしているこうした力は、限定的に利用すれば利益をもたらすものであり、思いもよらない大災難に対しては内蔵型の安全装置をもっているはずだという期待は、アメリカ人のアイデンティティに支配的な政治的・技術的核心部に内在されている。逆説的なことだが、非常に多くの黒人兵士が、戦闘においても、また彼らの国が非軍事的な機会では認めていない技術的奉仕においても、自らの能力を証明しているという事実から、黒人人口のかなりの部分が、アイデンティティの強化を感じている。しかし、平等と平和というただ一つの積極的な道徳的フロンティアが、アメリカにおける日常生活の中心から外国への懸念という周縁にまで広がらねばならないと感じ取っている人々の困惑を表現しようと、外国では差し迫った声が上がっており、国内では誠実な抗議活動が行われている。この点において、アメリカの黒人は、新しいアメリカのジレンマと運命を分かち合っている。

本書の冒頭で、私は「アイデンティティ」や「アイデンティティ混乱」のような概念が、症例史、生活史、歴史にとって必要不可欠な概念であると例証すると約束した。論旨を明確にできたところでは、おそらく非常に現実味のある問題に読者を導くことにも成功したのではないかと思うが、それはあまりにも現実的なものなので、議論の途中でそのままにしてしまうのは冷淡に思われるかもしれない。またその一方で、ここで提案した概念の用法の大部分は勉強会のようなシンポジウムで立ち上がってきたものであり、そこで精神分析医である私は、結論を導くのではなく、特徴を明らかにすることに貢献しようと試みた。こうした参加のしかたそのものは、「時代の現れ」である。とはいえ、貢献されるべき特徴が変わるということはない。激しく議論が交わされている議題に目を向けているときでさえ、また、それゆえに歴史の「表層」や労働者の党派心により接近しているときでさえ、精神分析的視点は、それまで無視されてきた人間経験の側面に新しい気づきが光を当てるまさしくそのときに、最も無意識になりがちなもの、無意識にとどまっているものに焦点を合わせ続ける。この過程において、まさにわれわれの概念は新しい歴史意識によって精査されるのであるが、そのことは本書のより理論的な記述において、手探りではあるが示しておいた。しかし、社会問題の評価に応用される場合ですら、われわれのアプローチは方法論的に臨床的であり続ける。それはつまり、さまざまな異なる学問分野の専門家による共同研究の思考を焦点づけるためにだけ使うことができるということである。診察室では、アイデンティティの問題の評価には「歴史聴取」、解離の位置と診断的評価、傷害されていない資源の検査、暫定的な予後診断、起こりうる行動の考量が必要とされるが、これらはアプローチの特殊性や、しばしば〔それを評価する人間の〕気質にもその基礎を置いている。社会的応用を試みるならば、それと同類のさまざまな方法がよりいっそう求められる。臨床的試みや発達論的試み、社会的試みや歴史的試みが互いに接近しあうとき、ある種の新しい用語が必要とされる。しかし、概念というものは、そのままでは不可解で一見すると無関係に見える現象に予備的な秩序を与えるにすぎない。そしてその秩序は、危機という混乱状態の中にある復興の力を明らかにするものなのである。

注

第1章　プロローグ

[1] Erik H. Erikson, "A Combat Crisis in a Marine," *Childhood and Society*, Second Edition, New York: W. W. Norton, 1963, pp.38-47.（『幼児期と社会』1・2　仁科弥生（訳）　みすず書房　1977, 1980.）

[2] *The Letters of William James*, edited by Henry James (his son), Vol.I, Boston: The Atlantic Monthly Press, 1920, p.199.

[3] Sigmund Freud, "Address to the Society of B'nai B'rith" [1926], *Standard Edition*, 20: *273*, London: Hogarth Press, 1959.（「ブナイ・ブリース協会会員への挨拶」石田雄一（訳）『フロイト全集19』岩波書店　2010.）

[4] 第8章参照。

[5] 第4章、第5節参照。

[6] Joan M. Erikson, "Eye to Eye," *The Man Made Object*, Gyorgy Kepes (ed.), New York: Braziller, 1966.

[7] 第8章参照。

[8] Erik H. Erikson, "Psychoanalysis and Ongoing History: Problems of Identity, Hatred and Nonviolence," *The American Journal of Psychiatry, 122:* 241-250, 1965.

第2章　観察の基礎

[1] 第5章参照。

[2] フェニケルの包括的な著作、Fenichel, *The Psychoanalytic Theory of Neurosis*（New York: W. W. Norton, 1945）において、社会的プロトタイプのテーマは、精神の発達に関する章の終わりのほうで初めて扱われているにすぎず、それも否定形で表現されている。「『理想モデル』への信仰も、ある程度の『社会恐怖』も、必ずしも病的なものとは言えない」。社会的道徳観の中の超自我の起源という問題は、人格障害に関する章の463ページまで議論されていない。

［3］Sigmund Freud, "On Narcissism: An Introduction" [1914], ***Standard Edition***, 14: 73-102, London: Hogarth Press, 1957.（「ナルシシズムの導入にむけて」立木康介（訳）『フロイト全集13』岩波書店　2010.）

［4］Sigmund Freud, ***An Outline of Psychoanalysis*** [1938], New York: W. W. Norton, 1949, pp.122, 123.（「精神分析概説」津田均（訳）『フロイト全集22』岩波書店　2010.）

［5］Erik H. Erikson, "Hunters Across the Prairie," ***Childhood and Society***, 2nd ed., New York: W. W. Norton, 1963, pp.114-165.（『幼児期と社会』１・２　仁科弥生（訳）　みすず書房　1977, 1980.）

［6］"Hunters Across the Prairie" 参照。また、Erik H. Erikson, "Observations on Sioux Education," ***Journal of Psychology***, 7: 101-156, 1939. も参照。

［7］Erik H. Erikson, "On Submarine Psychology." the Committee on National Morale for the Coordinator of Information, 1940 のために執筆。未公刊。

［8］Erik H. Erikson, "Hitler's Imagery and German Youth," ***Psychiatry***, 5: 475-493, 1942.

［9］ブルーノ・ベッテルハイムは Bettelheim, B. "Individual and Mass Behavior in Extreme Situations"（***Journal of Abnormal and Social Psychology***, 38: 417-452, 1943）の中で、初期のドイツ強制収容所で経験したことを記述している。彼は、被収容者たちが、彼らを苦しめる者たちに気に入られようと、反ファシストとしてのアイデンティティを放棄してゆくさまざまな段階と外見に現れる兆候（姿勢や服装にみられる見せかけ）を報告している。ベッテルハイム自身は、物理的に優位な外的世界に対する揺るぎない精神的・知的優位性という歴史的なユダヤ人アイデンティティに細心の注意を払い、粘り強くしがみつくことで、生命と正気を保った。彼は自らを苦しめる者たちを無言の研究プロジェクトのテーマとし、その成果を、表現の自由が保障されている世界に無事届けたのである。

［10］この症例史については、『幼児期と社会』でより詳細に論じている。

［11］"'Civilized' Sexual Morality and Modern Nervousness" [1908], ***Collected Papers***, 2: 76-99, London, Hogarth Press, 1948.

［12］典型的な症例史については、"A Combat Crisis in

A Marine"（*Childhood and Society*, pp.38-47）を参照。

［13］Anna Freud, ***The Ego and the Mechanisms of Defence*** [1936], New York: International Universities Press, 1946.（『自我と防衛機制』黒丸正四郎・中野良平（訳）岩崎学術出版社　1982.）

［14］この基本的計画はフロイトの著作、Freud, S. "'Civilized' Sexual Morality and Modern Nervousness" [1908]（「『文化的』性道徳と現代の神経質症」道籏泰三（訳）『フロイト全集 9』岩波書店 2010.）で確立されたが、彼自身の人生から例を引くときには必ず、彼自身の存在の文化的・社会経済的協応に言及したことにも示されている。

［15］H. Nunberg, "The Synthetic Function of the Ego"［1931］, ***Practice and Theory of Psychoanalysis***, New York: International Universities Press, 1955, pp.120-136.

［16］H. Hartmann, E. Kris, D. Rapaport, and others, in D. Rapaport, ***The Organization and Pathology of Thought***, New York: Columbia University Press, 1951. の諸論文を参照。

［17］Erik H. Erikson, ***Childhood and Society***, Chapter II（特に pp.147ff.) and Chapter IV 参照。

［18］Erik H. Erikson, "Ontogeny of Ritualization in Man," ***Philosophical transactions of the Royal Society of London***, Series B, 251: 337-349, 1966.

［19］第3章参照。

［20］個人に関しても、集団に関しても、私は「性格構造」や「基本性格」よりも、「アイデンティティ感覚」という表現を選びたいと思っている。国家についても、臨床の概念を用いることで、静的な国家の性格よりも、国家的なアイデンティティ感覚を高めたり危うくしたりする状態、経験、行動パターンに集中することができる。

第3章　ライフサイクル ── アイデンティティのエピジェネシス

［1］Marie Jahoda, "Toward A Social Psychology of Mental Health," ***Symposium on the Healthy Personality***, Supplement II: Problems of Infancy and Childhood, Transactions of Fourth Conference, March, 1950, M. J. E. Benn（ed.）, New York: Josiah Macy, Jr.

Foundation, 1950.

[2] Erik H. Erikson, *Childhood Society*, 2nd ed., New York: W. W. Norton, 1963, Part I. 参照。

[3] 私はカリフォルニア大学児童福祉研究所での長期研究に参加することによって、個々の子どもたちの回復力と心の柔軟性に最大限の敬意を払うことを学んだ。子どもたちは、開放的な生活様式と寛大な直接的な関係を持つ集団の助けを得て、われわれの臨床的な歴史からみれば強い確信をもって機能不全を説明しうるような幼児期の不幸な経験を償うすべを学んだ。この研究によって、私は約50人の（健康な）子どもたちの10年間のライフヒストリーをまとめる機会を得ることができ、また、そのうちの何人かについては、その後の成り行きもいくらか情報を得ることができた。ここに記された記録の大部分がこの研究の成果であるが、ただアイデンティティという概念のみが、これらの子どもたちのパーソナリティの発達を理解する助けとなった。J. W. Macfarlane, "Studies in Child Guidance," I, Methodology of Data Collection and Organization, *Society for Research in Child Development Monographs*, Vol. Ⅲ, No.6, 1938, pp.254ff 参照。また、Erik H. Erikson, "Sex Differences in the Play Configurations of Preadolescents," *American Journal of Orthopsychiatry*, 21: 667-692, 1951. も参照。

[4] R. A. Spitz, "Hospitalism," *The Psychoanalytic Study of the Child*, 1: 53-74, New York: International Universities Press, 1945.

[5] Benjamin Spock, *The Common Sense Book of Baby and Child Care*, New York: Duell, Sloan & Pearce, 1945.（『スポック博士の育児書』高津忠夫（監修）／暮しの手帖翻訳グループ（訳） 暮らしの手帖社 1966.）

[6] 体系的な説明については、*The International Encyclopedia of the Social Sciences*（in press 訳注：初版 1968）中の私の章、"The Human Life Cycle" を参照。

[7] Erik H. Erikson, "Ontogeny of Ritualization in Man," *Philosophical Transactions of the Royal Society of London*, Series B, 251: 337-349, 1966. 参照。

[8] ここに示した図表が誤用される主な例の一つは、信頼の感覚、および他のあらゆる「肯定的な」感覚に付与された優勢な含意を、**達成されるもの**、ある段階において最終的に確保されたものとすることである。

事実、何人かの著者は、これらの段階から達成尺度を作成しようとするあまり、例えば基本的不信のようなすべての「否定的な」可能性を、軽率にも省略してしまった。これらの否定的な可能性は、人生全体を通して、肯定的な可能性のダイナミックな対応物であり続けるだけでなく、心理・社会的な生活において肯定的な可能性と等しく必要なものである。不信を持つ能力を欠いている人間は、信頼を持つ能力を欠いている人間と同じく、生きてゆくことができないであろう。子どもがある一つの段階において獲得するものは、肯定的なものと否定的なものとの、ある種の**比率**である。もし肯定的なほうにバランスが傾いていれば、その子どもは活力の源に向かう傾向をもってのちの危機を迎えることができるだろう。しかし、どの段階であれ、あらゆる新しい内面的葛藤や外面的変化に影響されない何か善きものが達成されるという考えは、我々の私的・公的な白昼夢のなかに危険なまでに浸透している、成功し所有するというイデオロギーが子どもの発達に投影されたものである。

[9] 2つの確信がルターの啓示的経験にこだましていることについては、Erik H. Erikson, ***Young Man Luther***, New York: W. W. Norton, 1958. 参照。

第4章 個人史と症例史に見られるアイデンティティ混乱《コンフュージョン》

[1] G. B. Shaw, ***Selected Prose***, New York: Dodd, Mead, 1952.

[2] F. O. Matthiessen, ***The James Family***, New York: Alfred A. Knopf, 1948, p.209.

[3] ***The Letters of William James***, edited by Henry James, his son, Boston: Atlantic Monthly Press, 1920, p.145.

[4] Matthiessen, p.161.

[5] Ibid., p.162.

[6] ***The Letters of William James***, p.147.

[7] Ibid., p.148.（強調は筆者）

[8] Ibid., p.169.

[9] Child Guidance Study, Institute of Child Welfare, University of California. Chapter III の脚注3を参照。

[10] H. Hartmann, ***Ego Psychology and the Problem of Adaptation***, New York: International Universities

Press, 1958.

[11] ウィリアム・ジェームズは、「古い代替的な自我」の放棄や、「殺された自我」の放棄すら語っている。"The Will to Believe," *New World*, V, 1896. 参照。

[12] もう一つのアプローチについては、アンナ・フロイトとソフィー・ダンによる強制収容所の子どもたちに関する報告を参照。Freud, A. and Dann, S. "An Experiment in Group Upbringing," ***The Psychoanalytic Study of the Child***, 6: 127-168, New York: International Universities Press, 1951.

[13] Edward Bibring, "The Mechanism of Depression" in ***Affective Disorders***, P. Greenacre (ed.), New York: Intematiorial Universities Press, 1953, pp.13-48.

[14] 私がこの分野に親しむことになったきっかけは、以下の著作である。Robert Knight, "Management and Psychotherapy of the Borderline Schizophrenic Patient" in ***Psychoanalytic Psychiatry and Psychology***, Austen Riggs Center, Vol.I, R. P. Knight and C. R. Friedman (eds.), New York: International Universities Press, 1954, pp.110-122; および Margaret Brenman, "On Teasing and Being Teased: and the Problem of 'Moral Masochism'." 同じく ***Psychoanalytic Psychiatry and Psychology***, pp.29-51. 所収。

[15] この実例は、こういった患者を解釈する際には、性的シンボル（ここでは去勢）と自我に対する危険の表象（ここでは自分の自律性の脈絡が切断されてしまうこと）との間の均衡を見つけなくてはならないことを、十分に説明している。前者の性的シンボルは、もし臨床医によって強調されすぎた場合、患者の危険にさらされているという魔術的な感覚を助長するだけになってしまう。また後者の自我に対する危険の表象は、これを伝達することが、実際のところ、性的意味について安全に議論するための一つの条件なのである。

[16] D. Burlingham, ***Twins***, New York: International Universities Press, 1952.

[17] Anna Freud, ***The Ego and the Mechanisms of Defence***, New York: International Universities Press, 1946.（『自我と防衛機制』黒丸正四郎・中野良平（訳） 岩崎学術出版社 1982.）

[18] Kai T. Erikson, "Patient-Role and Social Uncertainty—A Dilemma of the Mentally Ill," ***Psychiatry***, 20: 263-274, 1957. 参照。

［19］August Kubizek, ***The Young Hitler I Knew***, Boston: Houghton Mifflin Company, 1955.

［20］S・アイゼンスタット教授およびC・フランケンシュタイン教授によって、1955年、ヘブライ大学で組織された。

［21］歴史的変動の中から出現するエリートたちとは、最も深い共通のアイデンティティ危機から、彼らの社会の際立った危機的状況に対処するために新しい様式を生み出すことのできる集団のことであると、暫定的に述べておくことができるだろう。彼らはそうすることによって、特権や財産を持たない人たちの「革命的な」エネルギーを解放する。

［22］言い換えると、それぞれの地域社会内部での相対的な共産主義のことである。しかし、国家経済との関係でいえば、それはむしろ資本主義的な協同組合を代表している。

［23］この無謀な宣言を部分的に成就したものとしては、Erik H. Erikson, ***Young Man Luther***, New York: W. W. Norton, 1958. 参照。

［24］これで図表について言及するのは最後にしよう。これより後の段階での混乱の再発は、VI-5、VII-5、VIII-5に「位置づける」ことができるだろう。このうちVI-5についていえば、アイデンティティ混乱は、第3章で指摘するように、アイデンティティ問題が親密さと連帯という関係のなかに不穏に持ち越されるという形をとる。後の2つについては、次の中に例示されている。フロイトの夢においてはアイデンティティ混乱および孤立の感覚（VII-5）、ジェームズの夢においては、老年期の絶望が、急性の混乱（VIII-5）として経験され、職業的アイデンティティ、ジェネラティヴィティ、インテグリティを再度表明することによってはじめて克服される。

［25］Sigmund Freud, "The Interpretation of Dreams," ***The Basic Writings of Sigmund Freud***, A. A. Brill（ed.）, New York: Modern Library, 1938, pp.195-207.（「夢解釈Ⅰ・Ⅱ」新宮一成（訳）『フロイト全集4・5』岩波書店　2010.）

［26］Erik H. Erikson, "The Dream Specimen of Psychoanalysis," ***Journal of the American Psychoanalytic Association***, 2: 5-56, 1954.

［27］Sigmund Freud, ***Aus den Anfangen der Psychoanalyse***, London: Imago Publishing Co., 1950, p.344; published in English as *The Origins of Psychoanalysis: Letters to Wilhelm Fliess*, Drafts and Notes: 1887-1902, edited by Marie Bonaparte, Anna Freud, and Ernst Kris, New York: Basic Books, 1954.

[28] Sigmund Freud, *The Origins of Psychoanalysis*.

[29] William James, "A Suggestion About Mysticism," *Journal of Philosophy, Psychology and Scientific Methods*, 7: 85-92, 1910.

[30] G. B. Blaine and C. C. McArthur, *Emotional Problems of the Student*, New York: Appleton, 1961, pp.xiii-xxv.

第5章　理論的間奏

[1] George H. Mead, *Mind, Self and Society*, Chicago: University of Chicago Press, 1934.（『精神・自我・社会』稲葉三千男・滝沢正樹・中野収（訳）　青木書店　1973.）

[2] Harry S. Sullivan, *The Interpersonal Theory of Psychiatry*, New York: W. W. Norton, 1953.（『精神医学は対人関係論である』中井久夫ほか（訳）　みすず書房　1990.）

[3] P. Schilder, *The Image and Appearance of the Human Body*, New York: International Universities Press, 1951.（『身体の心理学 ― 身体のイメージとその現象』秋本辰雄・秋山俊夫（編訳）　星和書店　1987.）

[4] P. Federn, *Ego Psychology and the Psychoses*, New York: Basic Books, 1952.

[5] Heinz Hartmann, "Comments of the Psychoanalytic Theory of the Ego," *The Psychoanalytic Study of the Child*, 5: 74-96, New York: International Universities Press, 1950.

[6] Sigmund Freud, "On Narcissism: An Introduction" [1914], *Standard Edition*, 14: 73-102, London: Hogarth Press, 1957.（「ナルシシズムの導入にむけて」立木康介（訳）『フロイト全集13』岩波書店　2010.）

[7] Sigmund Freud, "The Anatomy of the Mental Personality," Lecture 31 in *New Introductory Lectures on Psychoanalysis*, New York: W. W. Norton, 1933, pp.95, 96.

[8] Sigmund Freud, "On Narcissism," p.101.

[9] Heinz Hartmann, *Ego Psychology and the Problem*

of Adaptation, New York: International Universities Press, 1958.

［10］ H. Hartmann, E. Kris, and R. M. Loewenstein, "Some Psychoanalytic Comments on 'Culture and Personality,'" ***Psychoanalysis and Culture***, G. B. Wilbur and W. Muensterberger (eds.), New York: International Universities Press, 1951, pp.3-31.

［11］ ***Insight and Responsibility*** (New York: W. W. Norton, 1964)(『洞察と責任 ―― 精神分析の臨床と倫理』鑪幹八郎（訳） 誠信書房 2016.）の中で、以後、私はこの相互活性化を**アクチュアリティ**と呼び、単なる**事実**の認識から、何よりも**現実性**《リアリティ》の側面を区別した。

［12］ Anna Freud, "Indications for Child Analysis," ***The Psychoanalytic Study of the Child***, 1: 127-149, New York: International Universities Press, 1945.（「児童分析の指針」黒丸正四郎・中野良平（訳）『アンナ・フロイト著作集 第5・6巻』岩崎学術出版社 1984.）

［13］ 近刊予定の ***Instrument of Peace: Origins of Gandhi's Militant Non-Violence*** 参照。

第6章 現代の問題に向けて ―― 青年期

［1］ 徳（virtue）は、かつて「生来の強さ」や「活発な資質」を含意していた。この意味で、私は次のような活力ある徳が、人生の連続する諸段階にその錨点があると考えている。希望：幼児期、意志と目的：遊戯期、技能：学齢期、忠誠：青年期、愛：成人前期、世話すること：成人期、知恵：老年期。ライフサイクルに関するこれらの概念の進化論的・発生論的な理論的根拠については、著者による "The Roots of Virtue" in ***The Humanist Frame***, Sir Julian Huxley (ed.), London: Allen and Unwin, 1961.（『ヒューマニズムの危機 ―― 新しい人間主義の構想』日本ユネスコ協会連盟ヒューマニスト・フレーム翻訳刊行委員会（訳） 日本ユネスコ協会連盟 1966.）参照。これは著者による "Human Strength and the Cycle of Generations" ***Insight and Responsibility***, New York: W. W. Norton, 1964.（『洞察と責任 ―― 精神分析の臨床と倫理』鑪幹八郎（訳） 誠信書房 2016.）に改訂した形で掲載されている。

［2］ Ernest Jones, ***Hamlet and Oedipus***, New York: W.

W. Norton, 1949.（『ハムレットとオイディプス』栗原裕（訳） 大修館書店 1983.）

［3］Saxo Grammaticus, ***Danish History***, translated by Oliver Elton, 1894. Quoted in Jones, op. cit., pp.163, 164.

［4］青年の心理・性的資質と自我防衛に関する古典的な精神分析の著作としては、次のようなものがある。Sigmund Freud, "Three Essays on the Theory of Sexuality," ***Standard Edition***, 7: 130-243, London: Hogarth Press, 1953（「性欲論三篇」懸田克躬・高橋義孝他（訳）『フロイト著作集５』人文書院 1969.）；Anna Freud, ***The Ego and the Mechanisms of Defence***, New York: International Universities Press, 1946.（『自我と防衛機制』黒丸正四郎・中野良平（訳） 岩崎学術出版社 1982.）より新しい著作としては、Peter Blos, ***On Adolescence, A Psychoanalytic Interpretation***, New York: Free Press of Glencoe, 1962.（『青年期の精神医学』野沢栄司（訳） 誠信書房 1971.）参照。

［5］B. Inhelder and J. Piaget, ***The Growth of Logical Thinking from Cmldhood to Adolescence***, New York: Basic Books, 1958.

［6］Jerome S. Bruner, ***The Process of Education***, Cambridge: Harvard University Press, 1960.（『教育の過程』鈴木祥蔵・佐藤三郎（訳） 岩波書店 1985.）

［7］Erik H. Erikson, ***Young Man Luther***, New York: W. W. Norton, 1958.（『青年ルター』１・２ 西平直（訳） みすず書房 2002-2003.）

［8］Sigmund Freud, "Fragment of an Analysis of a Case of Hysteria," ***Standard Edition***, 7: 7-122, London: Hogarth Press, 1953.（「あるヒステリー分析の断片『ドーラ』」渡邉俊之・草野シュワルツ美穂子（訳）『フロイト全集６』岩波書店 2010.）

［9］Ibid., p.50.

［10］Erik H. Erikson and Kai T. Erikson, "The Confirmation of the Delinquent," ***The Chicago Review***, 10: 15-23, Winter 1957.

［11］１９６７年1月24日付。再読してみると、ロンドンタイムズ紙は、以下のような否定的提案の自己確証を報告している。４万ポンドを相続予定の23歳の青年が深刻な問題に直面している。彼の養父の遺言によ

ると、この財産は、「もし彼が2年あるいはそれ以上、刑務所に収監される判決を受けることがなければ」、48歳で彼のものになることになっていた。この条件は、担当判事が語ったところによると、「すさまじい影響力があり、彼を自身にも社会的にも無力にした」。そして実際、その青年が（盗難小切手を受け取ったことにより）15ヵ月ほど刑務所務めをしており、刑事控訴裁が、明らかに青年のなかにある種の自己破滅的な衝動を認め、精神病院に入るという条件付きで3年の執行猶予に代えたのであった。しかし、悲しいかな、彼はたった2週間で、病棟で麻薬を配布したとして、医師および患者からなる委員会の決定により追放されることになった。委員会の判断によると、「こうしたことをする人間は、この病院に留まりたいと思っていない」。はたしてこの青年は、養父の遺言を交わすことに成功するであろうか。

第7章　女性と内的空間

［1］Preface, ***Youth: Change and Challenge***, Erik H. Erikson (ed.), New York: Basic Books, 1963.（『青年の挑戦』栗原彬（監訳）　北望社　1971.）

［2］典型的な遊び構成を素描したものとしては、Erik H. Erikson, ***Childhood and Society***, 2nd ed., New York: W. W. Norton, 1963, Chapter II. 参照。（『幼児期と社会』１・２　仁科弥生（訳）　みすず書房　1977, 1980.）

［3］１９５９年、ケニアで三本の映画が撮影された。***Baboon Behavior, Baboon Social organization***, and ***Baboon Ecology***.

［4］***Childhood and Society***, p.88.

第8章　民族、そしてより広いアイデンティティ

［1］Robert Penn Warren, ***Who Speaks for the Negro ?***, New York: Random House, 1965, p.17.

［2］W. E. B. Du Bois, ***Dusk of Dawn***, New York: Harcourt, Brace & Co., 1940, pp.130, 131.

［3］Erik H. Erikson, "Psychoanalysis and Ongoing History: Problems of Identity, Hatred and Nonviolence," ***The American Journal of Psychiatry***, 122: 241-250, 1965.

［4］Howard Zinn, ***SNCC, The New Abolitionists***, Boston: Beacon Press, 1964.

［5］Thomas F. Pettigrew, ***A Profile of the Negro American***, Princeton: Van Nostrand, 1964, p.19.（強調付加）

［6］Ibid., p. 115. .

［7］Kenneth B. Clark, ***Dark Gretto***, New York: Harper and Row, 1965, p.73.（強調付加）

［8］新しいステレオタイプは、最も思慮深い人間の心的イメージの中に入り込む傾向がある。C・E・シルバーマンは、Silberman, ***Criris in Black and White***（New York, Random House, 1964）の中で、S・M・エルキンの基礎的な著作 ***Slavery*** について論じ、半分は引用し半分は論評しながら、黒人のパーソナリティと強制収容所の被収容者たちの一時的退行に共通する性質として、「子どものような」というステレオタイプ的表現を用いている。愚かさのような本当に子どもじみた資質と並んで、こびへつらう、卑屈な、不正直な、嘘つきの、自己中心的な、コソコソした、といった行動のすべてが「この子どものような行動」（76ページ）としてまとめられている。ここでは、女性らしいという言葉が、女々しいという言葉と置き換えられているのと同じように、子どものようなという言葉が、子どもっぽい、あるいは退行した、という言葉と置き換えられており、これは誤解を招くだけでなく、その言葉の持つ本来のイメージを破壊する危険がある。

［9］Ralph Ellison, ***Invisible Man***, New York: Random House, 1947, p.225.

［10］Robert Penn Warren, ***Who Speaks For the Negro?***, pp.20, 21.

［11］Robert J. Lifton, ***Thought Reform and the Psychology of Totalism***, New York: W. W. Norton, 1961. 参照。（『思想改造の心理 —— 中国における洗脳の研究』小野泰博（訳）誠信書房　1979.）

［12］Robert Coles, ***Children of Crisis: A Study of Courage and Fear***, Boston: Atlantic-Little, Brown, 1967, Part II, Chapter 4.

［13］J. Fishman and F. Solomon, "Youth and Social Action," ***Journal of Social Issues***, 20: 1-27, October, 1964. 参照。

訳者あとがき

本書は、エリク・H・エリクソンの *Identity: Youth and Crisis* の全訳である。本書の出版は、エリクソンがハーバード大学で教授を務めていた一九六八年で、それまでの二十年間に発表された論文の改訂版、およびそれぞれの論文と同じころに書かれた論文の抜粋を組み合わせ、章立てした論文集である。各章がどの論文や資料に基づいて書かれているかについては、巻末に一覧が載せられているので、ご参照いただきたい。

第2章、3章、4章については、本書の十年ほど前に出版された *Identity and the Life cycle*（日本語訳は『アイデンティティとライフサイクル』、最初に出版されたのは *Psychological Issues*, Vol.I, No.1）と重複する部分も多い。その意味で本書は、『アイデンティティとライフサイクル』の「アイデンティティ」および「アイデンティティ危機」をテーマとして取り出して、詳細に語りなおした論文集であるとも言える。

エリクソンは、アイデンティティをきわめて多義的・動的なものとして考えており、個人の内面と共同体の歴史的状況との相互関係として描きだそうとした。それゆえ、文化の変遷に従って、新たなアイデンティティ問題が現れてくることになる。本書の第6、7、8章はそれぞれ、当時の青年、青年期と女性、青年期と黒人について論じているが、これらの論文が書かれた一九六〇年代の社会運動やジェンダー論の高まりに呼応する形で、問題提起しつつ、アイデンティティ形成と危機を論じている。

本書で扱われている題材は、フロイト、ウィリアム・ジェームズ、ジョージ・バーナード・ショウの「クリエイティブな混乱」から、エリクソン自身が臨床で出会った個人の病理誌まで、非常に幅広い。精神分析から文学まで様々な文献からの引用も数多く、豊富な具体例が面白さと魅力の一つとなっている。

さて、エリクソンという人は、訳者泣かせで定評があり、その翻訳の難しさは『アイデンティティとライフサイクル』で経験済みではあったが、今回も改めて、非常に苦戦した。数行訳して力尽きる日があるほど、とにかく時間と労力がかかった。しかも、『アイデンティティとライフサイクル』と重複している部分も、簡単に済ませられるものではなかった。エリクソン自身がかなり手を入れている部分が多く、一語一語確認しながら訳を補い、削除し、調整を繰り返す必要があったからだ。ただ、エリクソンは書きながら考える人というか、同じことを何回も語っているようで少しずつ考えを深めていくタイプの著述家であり、それをたどるのは、次第に私のひそかな楽しみとなった。そして、その過程のなかで私が感じたのは、エリクソンの誠実さだった。一語たりともおろそかにしない、複雑なことをそのまま描写する実直な姿勢に、いつしか影響を受け、それに応えたいという気持ちになっていった。

だから、私がこの翻訳の中で一番大切にしたのは、エリクソンの文体をできるだけ尊重することだった。『アイデンティティとライフサイクル』のあとがきの中で、共訳者の西平直先生が、エリクソンの文体は「もつれた糸が絡み合ったような」文体であると語っているが、私も同感である。私自身も、今までのエリクソン以外の翻訳では、著者の言いたいことを一本の糸を手繰り寄せていきながら、それを日本語に編みなおしていく、ということを、自分がしていることのイメージとして持っていた。ところが、エリクソンの場合はそれができない箇所があって、苦肉の策として、断片的に訳したものをなんとかあとから日本語につなぎ合わせるという「作業」をせざるをえなかった部分がいくつかあった。

なぜエリクソンの文体がこれほど読みにくく訳しにくいのかというと、本人の独特のリズム、母語ではない英語で書いている、著者だけではなく別の人も手直しをしているなど、いくつか理由があると思うが、しかしそれもすべて含めてエリクソンの持ち味である。途中、私は翻訳の方法に迷い、何冊もの翻訳指南本を読んだが、そこにあるような「前から細かく切って訳す」といった常套手段を用いてしまっては、何か別のものを訳したようになってしまうような気がした。細かく切ったところで、わかりやすくなるようには思えなかったし、何より、エリクソン自身は、手軽な簡潔さを目指しているのではなく、頭の中の思考の流れを丸ごとそのまま描き出すように書いているのである。繰り返しや冗長な部分も多いが、それもエリクソンなのであり、明快すぎる日本語訳ではニュアンスが失われていくような気がした。だから、今回の翻訳の作業は、「もしエリクソンが日本語で書いていたらどう表現していただろうか」という、翻訳の基本に戻って、あくまでも原文に忠実に、できる限りのところでわかりやすさや読みやすさを追求するという挑戦になった。

また、訳語に迷ったらカタカナのままに残すことが多かったが、それは多面的な意味を持たせた言葉を一つの意味に限らないようにしたかったからである。エリクソン本人も、アイデンティティという言葉についてまえがきのなかで「決定的な説明を与えるものではない」「多様な文脈の中でこの概念が不可欠であるということを立証してゆきながら、探求する」と記しているように、言葉に限定的な意味を持たせることを避けようとしているが、その姿勢を尊重したかった。ところで、用語の説明の際に、delineate（輪郭を描く、スケッチする）、sketch といった言葉が散見されたのが印象的だった。この言葉に出会うたびに、かつて画家を志していたというエリクソンらしい言葉の選択だなあと、彼の人となりや生き方を感じられる気がして嬉しかった。

なお、「インディアン」という言葉が何度もでてくるが、本来ならば「アメリカ先住民」と訳すところを、歴史的な意味もあるので、原著どおりに訳した。また、訳注は本文中に〔　〕として挿入している。そして、１０７ページの図表について、原著の図には二重線が入っていなかったが、本文の意図に沿ってこれを補った。

本書を訳し始めてまもなく、私は当時四歳の息子のために購入した図鑑『小学館の図鑑ＮＥＯ　人間――いのちの歴史』の中に、エリクソンのアイデンティティや「人生の八つの段階の発達課題」の一覧を見つけた。そのとき、エリクソンの理論は、「人間って何？」という素朴かつ根源的な問いに一つの答えを用意したと受け止められていること、教育学・心理学という範囲を超えて理解されようとしていることを知った。さらに、息子のようなこれからの世代の人たちもエリクソンを学び続けていく未来が見えた気がした。同時に、アイデンティティ、ライフサイクル、発達課題といった、とても飛びつきやすい、明快に定義ができそうな言葉や、八つにきっちりと区切られた図式が、図鑑の中であまりにもわかりやすすぎることに違和感を覚えた。そのときから、私は、本書を訳すということに、改めて身が引き締まるような想いと、今までにはない特別な想いを抱くようになった。

私も多くの同年代の人々と同じく、高校の倫理の授業でエリクソンの名前を知った。テスト勉強のために、言葉の定義を覚え、図式を暗記した。そんな私が大学院で初めて英語で読んだエリクソンの著作が『青年ルター』だったのだが、あまりのイメージのギャップに、心の底から驚いたことを、今でもはっきり覚えている。あの単純明快な図式を考えた同じ人とは思えない、細かい膨大な歴史的資料の扱い方、詳細で複雑な記述、哲学的な考え方、そしてあの独特の文体に触れ、そのとき私は、それまでの思い込みとは全然違うエリクソンの世界を垣間見て、自分の世界が広がった（無理やり広げられた？）ように感じた。

エリクソンという人は、決してキーワードや図式だけの人ではない。だからこそ、「エリクソンについて」書かれた本だけではなく、エリクソン自身の言葉で書かれた書物が、現在や未来の書店や図書館に並ぶことは非常に重要な意味があると思うし、訳者としてとても嬉しく思う。アイデンティティという概念や、青年期を研究することの重要性は、今後失われることはない以上、その重要な礎の一つとなったエリクソンの著書は、今後も研究や学びの対象であり続けるだろう。また、エリクソンは優れた社会思想家であるとも評価されているが、エリクソンが提起した問題や論点は、現代の世界にも大いに通じるものがあるはずである。

ところで、英文科の出身で、英語の読解に少しは自信があった私でも、大学院で教育学科に移り、そこで様々な哲学や社会学や心理学の本を読もうとしたとき、原著に全く歯が立たないという経験をした。自分の研究で忙しい傍ら、あれもこれも学びたいというときに、なかなか外国語の書物に当たることは難しい。このとき、翻訳本のありがたさが身に染みてわかった。だから、この本は、本書を手に取ってくださるすべての方のためにということはもちろんであるが、これからエリクソンを学んでいく私よりももっと若い人々のために――学ぶ意欲にあふれた現在と未来の後輩たちのために――自分の力を尽くしてできるだけ読みやすく、できる限り忠実で、正確なものを手渡したいという想いで訳し進めてきた。青年期にエリクソンに出会ったからだろうか、私にとっては青年期にある読者がこの本を手に取ってくれるかもしれないという希望が、長い翻訳作業のなかで一番の自分自身への励ましであった。

最後に、本書はすでに岩瀬庸理先生の訳で出版されている。今回は一から訳し直すことにしたが、旧訳書は折に触れて参考にさせていただく機会があった。岩瀬先生には、感謝と敬意を表したい。
また、新曜社の塩浦暲社長には、この本を翻訳する機会を与えていただき、翻訳の進め方についても、実際の訳文をつくる上でも、編集作業においても、非常に丁寧なサポートをしていただいたことに、深く感謝いたします。

『小学館の図鑑NEO13　人間――いのちの歴史』小学館、２００６年
エリク・Ｈ・エリクソン著、岩瀬庸理 訳『アイデンティティ――青年と危機』金沢文庫、１９８２年（『主体性――青年と危機』北望社、１９６９年）
エリク・Ｈ・エリクソン著、西平直・中島由恵 訳『アイデンティティとライフサイクル』誠信書房、２０１１年

本書が依拠した原著論文

第１章

Transcript of a Workshop on Identity, San Francisco Psychoanalytic Institute (1966). Letter to the Committee on the Year 2000 (1967).

第２章

Ego Development and Historical Change (1946). On the Sense of Inner Identity (1951). Wholeness and Totality (1954).

第３章

Growth and Crises of the "Healthy" Personality (1950).

第４章

The Problem of Ego Identity (1956). The Dream Specimen of Psychoanalysis (1954). The Syndrome of Identity Confusion (1955). Ego Identity and the Psychosocial Moratorium (1956). Preface to *Emotional Problems of the Student* (1961).

第５章

The Problem of Ego Identity (1956) and unpublished notes.

第６章

Youth: Fidelity and Diversity (1962).

第７章

The Inner and the Outer Space: Reflections on Womanhood (1964).

第８章

The Concept of Identity in Race Relations (1966).

新曜社の本

エリクソンの人生　上・下
アイデンティティの探求者
L・J・フリードマン
やまだようこ・西平　直　監訳
上巻A5判344頁／本体4200円
下巻A5判414頁／本体4500円

やまだようこ著作集第10巻
世代をむすぶ
生成と継承
やまだようこ
A5判344頁
本体3200円

発明はいかに始まるか
創造と時代精神
J・H・リーンハード
中島由恵　訳
四六判472頁
本体4500円

心理学者、心理学を語る
時代を築いた13人の偉才との対話
D・コーエン
子安増生　監訳／三宅真季子　訳
四六判512頁
本体4800円

この世とあの世のイメージ
描画のフォーク心理学
やまだようこ　編
やまだようこ・加藤義信・戸田有一・伊藤哲司　著
A5判360頁
本体4800円

つらさを乗り越えて生きる
伝記・文学作品から人生を読む
山岸明子
四六判208頁
本体2200円

発達心理学・再入門
ブレークスルーを生んだ14の研究
A・M・スレーター、P・C・クイン　編
加藤弘通・川田　学・伊藤　崇　監訳
A5判292頁
本体2900円

社会心理学・再入門
ブレークスルーを生んだ12の研究
J・R・スミス、S・A・ハスラム　編
樋口匡貴・藤島喜嗣　監訳
A5判288頁
本体2900円

＊表示価格は消費税を含みません。

訳者紹介

中島由恵（なかじま　よしえ）
千葉県生まれ。早稲田大学第一文学部英文学専修卒業。東京大学大学院教育学研究科博士課程中退。共訳書に S. ベンサム『授業を支える心理学』（新曜社，2006 年），エリク・H・エリクソン『アイデンティティとライフサイクル』（誠信書房，2011 年），訳書に J. H. リーンハード『発明はいかに始まるか』（新曜社，2008 年）がある。

新曜社
アイデンティティ
青年と危機

初版第 1 刷発行　2017 年 11 月 20 日
初版第 3 刷発行　2024 年　9 月 30 日

著　者　エリク・H・エリクソン
訳　者　中島由恵
発行者　塩浦　暲
発行所　株式会社　新曜社
101-0051　東京都千代田区神田神保町 3-9
電話（03）3264-4973（代）・FAX（03）3239-2958
e-mail：info@shin-yo-sha.co.jp
URL：https://www.shin-yo-sha.co.jp/

印　刷　メデューム
製　本　積信堂

ISBN978-4-7885-1549-9 C1011

索　引

■か行

■さ行

■た行

■な行

■は行

■ま行

■や行

■ら行

■わ行